Mein Tagebuch

Nord und Süd

(Band 1)

Sir William Howard Russell

Writat

Diese Ausgabe erschien im Jahr 2024

ISBN: 9789359948713

Herausgegeben von
Writat
E-Mail: info@writat.com

Inhalt

EINLEITEND.

Ein Buch, das Entschuldigungen bedarf, hätte nie geschrieben werden dürfen. Dies ist ein so allgemein anerkannter Kanon der Kritik, dass die Autoren in letzter Zeit davon Abstand genommen haben, Feindseligkeiten durch Eingeständnisse von Schwäche zu entwaffnen, und sich fast scheuen, ein einleitendes Wort zu sagen lieber Leser.

Ich möchte hier nicht auf Strafmilderung plädieren oder einen Appell *ad misericordiam einlegen* , sondern verstoße gegen die übliche Vorgehensweise. Als Einführung und Erklärung für die Leser dieser Bände möchte ich anmerken, dass es sich größtenteils um Auszüge aus den Tagebüchern und Notizbüchern handelt, die ich während meiner Zeit in den Vereinigten Staaten gewissenhaft geführt habe, um die Ereignisse und Eindrücke der damaligen Zeit festzuhalten. Ich war gezwungen, viele Passagen wegzulassen, die Menschen, die noch immer mitten in einem Bürgerkrieg leben, Schmerz oder Schaden zufügen könnten, aber der Geist des Originals wurde so weit wie möglich bewahrt, und ich möchte meine Leser bitten, die häufige Verwendung des Personalpronomens und der persönlichen Bezüge eher der Natur der Quellen zuzuschreiben, aus denen das Werk stammt, als der Eitelkeit des Autors.

Wären die Seiten wörtlich und ohne Auslassung eines Wortes abgeschrieben worden, hätte das Schicksal eines Menschen, dessen Aufgabe es war, das Wahre vom Falschen zu trennen und Fehler in Tatsachenbehauptungen zu vermeiden, in einem Land, das für die außerordentliche Fruchtbarkeit der Produktion des Unwirklichen bekannt ist, einiges Mitleid erregt; aber obwohl auf diesen Seiten vieles beschönigt wird, ist meines Erachtens nichts aus Bosheit niedergeschrieben. Mein Ziel war es, so viel von den Ereignissen festzuhalten, die sich vor meinen Augen abspielten, oder von Personen, die in diesem großen Kampf berühmt wurden, wie sich für den Augenblick als interessant erweisen könnte, auch wenn sie damals nicht immer in der ihnen gebührenden Größe oder Bedeutung erschienen.

Während meines Aufenthalts in den Staaten sind viele Sterne erster Ordnung aus dem Weltraum aufgestiegen oder in die äußere Dunkelheit versunken. Millionen von Menschen, die gespannt und vertrauensvoll zusahen, haben mit Entzücken die Ankunft eines leuchtenden Planeten oder eines prächtigen Kometen begrüßt oder mit Schrecken beobachtet, die sich bei kurzer Beobachtung in wässrige Nebel auflösten. In der südlichen Hemisphäre haben Bragg und Beauregard Lee und Jackson Platz gemacht. Im Norden ist M'Dowell vor M'Clellan verschwunden, der, nachdem er von Pope für eine kurze Zeit in den Schatten gestellt worden war, nur um in noch stärkerem

Glanz zu gipfeln, schließlich vor Burnside verblasst ist. Die Helden von gestern sind die Märtyrer oder Ausgestoßenen von heute, und kein amerikanischer General braucht einen Sklaven hinter sich im Triumphwagen, der ihn daran erinnert, dass er ein Sterblicher ist. Hätte ich solche schnellen Drehungen im Glücksrad vorausgesehen, hätte ich den Männern, die unten waren, vielleicht mehr Beachtung geschenkt, aber meine Aufgabe war es nicht, zu spekulieren, sondern zu beschreiben.

An dem Tag, als ich in Norfolk landete, stand ein großer, hagerer Mann, schlecht gekleidet, mit Schlapphut und zerknitterter Kleidung, mit verschränkten Armen und weit gespreizten Beinen an der Wand des Hotels und blickte auf den Boden. Einer der Kellner sagte mir, es sei „Professor Jackson", und ich hatte das Gefühl, dass ich, indem ich eine mir angebotene Empfehlung ablehnte, eine Gelegenheit verpasste, den Mann der Steinmauern von Winchester kennenzulernen. Aber insgesamt hatte ich das Glück, viele der Soldaten und Staatsmänner kennenzulernen, die sich in diesem unglücklichen Krieg hervorgetan haben.

Obwohl ich keinen einzigen Moment einen Grund gesehen habe, meine in meinem ersten Brief aus den Staaten geäußerte Meinung zu ändern, dass die Union, so wie sie war, nie wiederhergestellt werden könne, bin ich überzeugt, dass die Freistaaten des Nordens durch den Kampf große Vorteile behalten und erlangen werden, wenn sie sich nur an die Arbeit machen, ihr Schicksal zu erfüllen, und ihre Zeit nicht damit verschwenden, über verschwundene Reiche zu seufzen oder sich fehlgeschlagenen Eroberungsträumen und Racheplänen hinzugeben. Meine Leser brauchen von mir jedoch keine Abhandlungen über die Gegenwart oder Zukunft der großen Republiken zu erwarten, die durch den Bund so locker vereint wurden, und auch keine Beschreibung des politischen Systems, des gesellschaftlichen Lebens, der Sitten und Gebräuche der Menschen, abgesehen von dem, was man diesen Seiten beiläufig entnehmen kann.

Es war mein Schicksal, die Amerikaner von ihrer ungünstigsten Seite zu sehen, mit all ihren Nationalgefühlen und den Lastern unserer gemeinsamen Menschlichkeit, die durch die schrecklichen Qualen eines Bürgerkriegs und die Wirren einer politischen Revolution noch verstärkt und entwickelt wurden. Statt des Dröhnens der Industrie hörte ich im ganzen Land Kanonendonner. Die von grausamen Leidenschaften und Befürchtungen erschütterte und durch Gewalt zerschmetterte Gesellschaft präsentierte dem Fremden ihre zerbrochenen Seiten, und ich kann mir leicht vorstellen, dass das Amerika, das ich sah, dem Land, dessen sich seine Menschen so laut rühmen, nicht ähnlicher war als der St. Lawrence, wenn das Eis aufbricht, die schroffe Düne und ihre schneebedeckte Kruste mit heiserem Gebrüll vorwärtstreibt und mit unwiderstehlicher Kraft und Wut ins Meer stürzt, dem ruhigen Fließen des stattlichen Flusses an einem Sommertag ähnelt.

Es war mir verwehrt, die pulsierenden Gemeinden und glücklichen Heimstätten der Neuenglandstaaten zu sehen – die umfassendste Darstellung der besten Ergebnisse des amerikanischen Systems. Doch wenn mir auch das Vergnügen verwehrt blieb, den frostigen Intellektualismus Bostons zu verehren, so sah ich doch vor Ort, bei den Menschen, denen ich begegnete, die Auswirkungen der Lehren und Theorien der politischen, moralischen und religiösen Professoren, der Häuptlinge dieser universellen Yankee-Nation, wie sie sich selbst gern nennen, und erkannte dort die radikalen Unterschiede, die sie für immer von einer wahren Union mit den Südstaaten trennen würden.

Der Kampf, dessen Ausgang oder Ergebnis niemand vorhersagen kann, tobt noch immer, doch trotz der Dunkelheit und Wolken, die über der Szene liegen, vertraue ich so sehr auf die angeborenen guten Eigenschaften der großen Nationen, die auf dem nordamerikanischen Kontinent angesiedelt sind, dass ich glaube, dass sie durch den positiven Nutzen der Widrigkeiten umso besser davon profitieren werden. Sie werden lernen, in Frieden mit ihren Nachbarn zu leben, ihre Institutionen ihren Erfordernissen anzupassen und nicht in ihrer alten Arroganz und Unverschämtheit – bei der sie materiellen Wohlstand mit einer guten Regierung verwechseln –, sondern voller Angst und Zittern das Experiment zu Ende führen, das sie so sehr in Verruf gebracht haben, und die glorreiche Karriere, die durch Unglück und Torheit nur für kurze Zeit aufgehalten werden kann.

WH RUSSELL.

London, 8. Dezember 1862.

KARTE ZU „MEIN TAGEBUCH NORD & SÜD"
MIT DER ROUTE DES AUTORS IN FARBE

KAPITEL I.

Abfahrt von Cork. – Der Atlantik im März – Mitreisende – Amerikanische Politik und Parteien – Die Iren in New York – Annäherung an New York.

Am Abend des 3. März 1861 wurde ich von dem kleinen Dampfschiff, das zwischen Cork und dem Ankerplatz der Cunard-Dampfer am Hafeneingang verkehrt, auf das Deck des guten Dampfschiffs Arabia unter Kapitän Stone versetzt. Bei Einbruch der Nacht kämpften wir uns durch die langen, rollenden Wellen des Atlantiks.

Die Reise über den Atlantik wurde von so vielen fähigen Leuten unternommen, dass es überflüssig wäre, meine zu beschreiben, obwohl es sicher ist, dass keine Überfahrt der anderen glich und keine Besatzung oder Gruppe von Passagieren auf einem Schiff jemals mit denen auf einem anderen identisch war. Dreizehn Tage lang folgte der Atlantik im Monat März seinem üblichen Kurs und blieb den Traditionen treu, die ihm in diesem Monat den Charakter von Gewalt und launischen Veränderungen zuschreiben, von schlecht zu schlechter und wieder zurück. Der Wind war manchmal genau gegen uns, und dann machte sich die unheilvolle Arabia mit eiserner Energie an die Arbeit und stürmte gegen große Malakhofs Wasser, die sich über ihr erhoben wie die Seite eines mit Gras bedeckten Hügels, der von Schneewehen gekrönt ist; und nachdem sie den Gipfel erreicht und sich für einen Augenblick zwischen den zischenden Seepferdchen niedergelassen hatte, stürzte sie sich kopfüber auf die nächste Welle zu und kämpfte so mit feurigem Herzen und flammendem Atem – *igneus est ollis vigor* – Stunde um Stunde weiter.

Der Vergnügungsreisende sollte den Atlantik im März besser meiden. Manchmal war der Wind auf unserer Seite, und dann waren die Empfindungen der Passagiere und das Verhalten des Schiffes ziemlich genau so wie bei den widrigen Brisen zuvor, mit Ausnahme eines sehr heftigen „Gierens" von einer Seite zur anderen und eines gewissen Eintauchens der Radkästen in die hefigen Gewässer, die jetzt ein Wettrennen mit uns und untereinander veranstalteten, als wollten sie uns jagen und ihre Enterkommandos mit schäumenden Wellenkämmen auf unsere Decks rollen. Der Boss, den wir in dem stürmischen Schild um uns herum darstellten, bewegte sich immer noch weiter; Tag für Tag veränderte unser Mikrokosmos seine Position in dem sich immer weiter ausdehnenden Kreis, dessen Mittelpunkt er war, während alles um ihn herum und in ihm ständig einer Meeresveränderung unterworfen war.

Die Amerikaner an Bord waren natürlich die interessantesten Passagiere für jemanden wie mich, der die große Republik unter sehr besonderen

Umständen besuchen wollte. Da war zunächst Major Garnett, ein Mann aus Virginia, der in seinen Staat zurückkehrte, um dessen Schicksal zu verfolgen. Er war ein Offizier der regulären Armee der Vereinigten Staaten, der mit Auszeichnung in Mexiko gedient hatte; ein gebildeter, belesener Mann; zurückhaltend und eher düster; voll von der Doktrin der Rechte der Staaten und erfüllt von einem beträchtlichen Gefühl der Verachtung für die Neuenglander und mit den stärksten Vorurteilen zugunsten der Institution der Sklaverei. Er lachte und verhöhnte die Doktrin, dass alle Menschen gleich geboren sind in dem Sinne, dass alle Menschen gleiche Rechte haben. Einige wurden geboren, um Sklaven zu sein – einige, um Arbeiter in den unteren Schichten über den Sklaven zu sein – andere, um nützliche mechanische Künste auszuüben – der Rest wurde geboren, um über seine Mitmenschen zu herrschen und sie zu besitzen. Als nächstes kam ein junger Carolinier, der seinen Posten als Attaché in St. Petersburg verlassen hatte, um in seinen Staat zurückzukehren. So entging er aller Wahrscheinlichkeit nach der unvermeidlichen Ablösung, die ihn durch die neue Regierung in Washington erwartete. Er vertrat in verstärkter Form alle Ansichten der Virginianer und war der Ansicht, dass Mr. Calhouns Interpretation der Verfassung unumstößlich richtig sei. Er gab zu, dass es Schwierigkeiten in Bezug auf die Souveränität des Staates gebe, aber diese seien nur im Detail – das Prinzip sei unanfechtbar.

Für Mr. Mitchell war South Carolina eine Macht, die allen Nordstaaten mit Waffengewalt entgegentreten konnte. „Der Norden wird versuchen, unsere Küste zu blockieren", sagte er; „und in diesem Fall muss der Süden über Land zum Angriff marschieren und wird wahrscheinlich in Virginia vorgehen." „Aber was, wenn der Norden mehr als eine Blockade zu errichten versucht? – zum Beispiel, wenn seine Flotte Ihre Hafenstädte angreift und Männer an Land schickt, um sie zu besetzen?" „Oh, in diesem Fall sind wir ganz sicher, dass wir sie besiegen werden." Mr. Julian Mitchell war empört über die Vorstellung, sich der Herrschaft eines „Eisenbahnspalters" und von Männern wie Seward und Cameron zu unterwerfen. „Kein Gentleman könnte eine solche Regierung dulden."

Eine amerikanische Familie aus Nashville, bestehend aus einer Frau, ihrem Sohn und ihrer Tochter, war ein glühender Befürworter einer „Gentleman"-Regierung und verhöhnte die Yankees mit großer Bitterkeit. Aber sie waren keineswegs so bereit, sich den Übeln des Krieges auszusetzen oder die Union aufzulösen wie die Einwohner von South Carolina oder Virginia. Und in dieser Hinsicht repräsentierten sie, wie man mir sagte, die negativen Gefühle der Grenzstaaten, die zu einem zeitweiligen, gemäßigten Vorgehen neigen, das den leidenschaftlichen Sezessionisten höchst missfällt.

An Bord befanden sich auch zwei Zuckerrohrplantagenbesitzer aus Louisiana – einer besaß 500 Sklaven, der andere mehrere tausend Morgen

Land. Sie schienen sich wenig um die politischen Aspekte der Sezessionsfrage zu kümmern und betrachteten sie lediglich im Hinblick auf ihre Auswirkungen auf die Zuckerernte und die Sicherheit des Sklavenbesitzes. Die Sezession wurde von ihnen als eine sehr extreme und gewalttätige Maßnahme angesehen, zu der der Staat nur widerwillig gegriffen hatte. Gleichzeitig war jedoch klar, dass Louisiana im Falle einer allgemeinen Sezession der Sklavenstaaten vom Norden weder seine Verbindung zum Norden hätte aufrechterhalten noch von seinen Schwesterstaaten isoliert bleiben können.

Alle diese und einige andere, die Mitreisende waren, könnte man als Amerikaner bezeichnen – *pur sang*. Garnett gehörte einer sehr alten Familie in Virginia an. Mitchell entstammte einer Familie, die seit mehreren Generationen in South Carolina lebte. Die Familie aus Tennessee war in Sprache und Denken der Inbegriff dessen, was Europäer als wahre Amerikaner betrachten. Nun betrachten wir die andere Seite. Da war zunächst ein überaus intelligenter, gut informierter junger Kaufmann aus New York – Neffe eines englischen County-Abgeordneten, bekannt für seinen Reichtum, seine Großzügigkeit und seine Freigebigkeit. Er hatte seine Ausbildung an einer Universität in den Nordstaaten absolviert, viel in England gelebt und kehrte von einem Buchhaltungskurs in der Firma seines Onkels in Liverpool zu seinem Vater zurück. Sein Vater und sein Onkel waren in der Nähe von Coleraine geboren und er hatte gerade das bescheidene Behausung in der Nähe des Giant's Causeway besichtigt, das ihre Jugend geschützt und ihre Rasse geprägt hatte. Im Krieg von 1812 waren die Brüder gerade auf einem Kaperschiff unterwegs, das für Raubzüge gegen die Briten ausgerüstet war, als einer von ihnen durch einen Zufall nach Liverpool kam, wo er das Haus gründete, das mit der Entwicklung des Handels zwischen New York und Lancashire so stark gewachsen ist, während der andere sich in den Staaten niederließ. Der junge Nordstaatler war zwar nicht gewalttätig, aber sehr entschlossen und fest entschlossen, alles in seiner Macht Stehende zu tun, um die Auflösung der „glorreichen Union" zu verhindern.

Die „Union" hat somit auf zwei Kontinenten eine Familie von fürstlichem Reichtum gegründet, deren Vorfahren wahrscheinlich in ihrer frühen Jugend erbittert gegen die Union von Großbritannien und Irland gekämpft hatten. Aber haben Mr. Brown oder die anderen Amerikaner, die seine Ansichten teilten, die amerikanischen Institutionen uneingeschränkt gebilligt und sie für fehlerlos gehalten? Keineswegs. Besonders die New Yorker sprachen beredt über die Übel des Wahlrechts und der Lizenz der Presse in ihrer eigenen Stadt und zeigten sich sehr verärgert über das Thema der Einbürgerung. Die Iren waren auf ihre Weise nützlich, indem sie Straßen bauten und hart arbeiteten, denn es gab nur wenige Amerikaner, die sich zu Handarbeit herabließen oder die nicht mit anspruchsvolleren Tätigkeiten viel mehr Geld verdienen konnten; aber es war absurd, den Iren Stimmen zu geben, die sie dazu nutzten, den Einfluss der gebürtigen Bürger zu zerstören und eine Körperschaft und lokale Körperschaften von unübertrefflicher Verkommenheit, Korruption und Ineffizienz zu unterstützen.

Ein anderer junger Kaufmann, ein Studienfreund des ersteren, kam gerade von einer Europareise mit seiner liebenswürdigen Schwester zurück. Sein Vater war der Sohn eines irischen Einwanderers, aber er unterschied sich in seiner Wertschätzung des irischen Elements überhaupt nicht von den anderen Herren seiner Stadt; und obwohl er keine starke Voreingenommenheit in die eine oder andere Richtung hatte, war er fest entschlossen, die Abstraktion namens Union und ihre repräsentative Tatsache – die Bundesregierung – zu unterstützen. So standen sich der Landwirt und der Händler – der Erzeuger von Rohprodukten und der Händler, der damit handelte – in dieser Frage entgegengesetzte Seiten gegenüber – so weit voneinander entfernt wie der Nord- und der Südpol. Sie saßen getrennt, aßen getrennt, redeten getrennt – zwei unterschiedliche Nationen mit intensiver Antipathie seitens des Südens, der in all seinen Demonstrationen aktiv und aggressiv war.

Die Südstaatler haben einen seltsamen Vorteil gegenüber den Iren. Es scheint, dass die reguläre Armee der Vereinigten Staaten hauptsächlich aus Iren und Deutschen besteht; nur sehr wenige Amerikaner sind tatsächlich niedrig genug oder kriegerisch gesinnt genug, um „den Schilling zu nehmen". Im Falle eines Konflikts, den diese Herren für unvermeidlich halten, würden „niedrige irische Söldner", sagen sie, „gegen die Herren des Südens antreten, und das beste Blut der Staaten würde von Kerlen vergossen, deren Leben überhaupt nichts wert ist." Der arme Paddy wird als bloße Arbeitsmaschine angesehen, die bestenfalls dazu geeignet ist, gegen Choctaw und Seminolen zu dienen. Seine Fortpflanzungsfähigkeit muss den Verlust kompensieren, der durch die Entwicklung der Organe der Kampfeslust und Zerstörungskraft in seinem unglücklichen Kopf verursacht wird. Wenn der Krieg von den regulären Truppen der Vereinigten Staaten geführt werden soll, werden die Südstaaten sie sicherlich bald loswerden, denn sie zählen keine 20.000 Mann und ihre Offiziere sind nicht sehr begeistert von der neuen Regierung. Aber kann es zum Krieg kommen? Mr. Mitchell versichert mir, dass ich einige „ziemlich harte Kämpfe" sehen werde.

Die vehementesten Nordstaatler auf dem Dampfer sind Deutsche, die zum ersten Mal in die Staaten fahren oder dorthin zurückkehren. Sie sind zweifellos nach langem Überlegen zu der Überzeugung gelangt, dass es eine Anomalie im Zustand eines Landes gibt, das sich selbst das Land der Freiheit nennt und gleichzeitig das mächtige Palladium der Leibeigenschaft und des menschlichen Eigentums ist. Wenn sie nicht seekrank sind, was selten vorkommt, erheben sich die Germanen in all ihrem Elend und Schmutz und stoßen, während sie krampfhafte Versuche unternehmen, zu rauchen, zwischen den Zügen oder in launischen Pausen diverse Bemerkungen über die amerikanische Politik aus. „Das sind die Schweine", sagte Garnett, „die aus den deutschen Gossen gefegt werden, weil sie ihnen zu schmutzig sind, und die in die Staaten kommen und sich anmaßen, das Schicksal und die Wünsche unseres Volkes zu kontrollieren. In ihrem eigenen Land haben sie bewiesen, dass sie unfähig sind, ihren Lebensunterhalt zu verdienen oder ihre Bürgerpflichten zu erfüllen; und sie streben in unserem Land nach einer Erlaubnis, die ihnen in ihrem eigenen Land verwehrt ist, und nach Lebensunterhalt, den sie nirgendwo anders erwerben könnten."

Und für mich selbst kann ich wahrhaftig dies sagen, dass kein Mensch jemals den Boden der Vereinigten Staaten mit einem stärkeren und aufrichtigeren Wunsch betreten hat, die Wahrheit, wie sie ihm erschien, herauszufinden und zu sagen. Ich hatte keine Theorien zu vertreten, keine Vorurteile zu pflegen, keine Interessen zu verfolgen, keine Anweisungen zu erfüllen; ich war ein freier Agent, verpflichtet, dem mächtigen Organ der öffentlichen Meinung, das ich vertrat, meine eigenen täglichen Eindrücke von den Menschen, Szenen und Handlungen um mich herum mitzuteilen, ohne Furcht, Gunst oder Zuneigung vor oder für etwas anderes als das, was mir als die Wahrheit erschien. Was die Fragen betraf, die die Staaten beschäftigten, war mein Geist eine *tabula rasa* oder vielmehr *eine tabula non scripta* . Ich war nicht geneigt, einen Aufstand gegen eine der etablierten und anerkannten Regierungen der Welt mit Wohlwollen zu betrachten, die, obwohl sie Großbritannien gegenüber nicht freundlich gesinnt und die Sklaverei nicht ablehnte, meines Erachtens keinen legitimen Grund für einen Aufstand hatte oder von Staaten angegriffen wurde, die uns gegenüber noch weniger freundlich gesinnt waren, was die Sklavenstaaten schlicht und ergreifend sicherlich waren und wahrscheinlich auch sind. Gleichzeitig wusste ich, dass dies Gründe waren, die ich mit Recht akzeptieren konnte, während sie für einen Amerikaner nicht haltbar wären, der aufgrund der Theorie, auf deren Grundlage er sich gegen uns auflehnte und sein eigenes Regierungssystem schuf, verpflichtet ist, das Prinzip anzuerkennen, dass die Unzufriedenheit der Mehrheit des Volkes mit seinen Herrschern ausreichend Grund und Rechtfertigung für eine Revolution ist.

Am Morgen des vierzehnten Tages tauchten die Küsten New Yorks durch die Dünung einer kalten, winterlichen See auf, bleigrau und trostlos, und nach kurzer Zeit tauchte die schneebedeckte Küste in Sichtweite auf. Gegen Nachmittag kam die Sonne hervor und erhellte das Wasser und die Segel der hübschen, schmucken Schoner und Küstendampfer, die um uns herumtanzten. Wie sehr unterschieden sich diese anmutigen, straff getakelten, sauberen Schiffe mit den weißen Segeln von den rundheckigen,

plumpen Billyboys und unscheinbaren Schiffen der Ostküste unserer Insel!
Plötzlich kam eine flotte kleine Schonerjacht auf uns zugerollt, ganz ähnlich
der einst berühmten „America", leuchtend grün gestrichen, mit strahlend
weißen Segeln, hohen, schweren Masten, ohne Spitzen. Als sie näher kam,
sahen wir, dass sie voller Männer in schornsteingroßen schwarzen Hüten und
Mänteln und dergleichen war – vielleicht eine Gruppe von Bürgern auf
Vergnügungsreise, so kalt der Tag auch war. Nichts dergleichen. Das Boot
war unser Lotsenboot, und die Hüte und Mäntel gehörten den mutigen
Seeleuten, die als Führer durch den Hafen von New York fungieren. Ihr Boot
wurde zu Wasser gelassen und lag bald unter unseren Hauptketten; und ein
Schornsteinhut, der ordnungsgemäß über Bord geworfen worden war,
übergab dem Kapitän einen Stapel Zeitungen, die unter den eifrigen
Passagieren verteilt wurden, worauf jeder sofort zum Mittelpunkt eines
gebannten Kreises wurde.

KAPITEL II.

Ankunft in New York – Zollhaus – Allgemeine Eindrücke von Nord und Süd – Straßen in New York – Hotel – Frühstück – Amerikanerinnen und Amerikaner – Besuch bei Mr. Bancroft – Straßenbahnen.

Die Einfahrt nach New York, wie wir sie am 16. März sahen, ist weder schön noch malerisch, und ich zog mir den Zorn mehrerer Passagiere zu, weil ich nicht durchgängig sagen konnte, dass sie sehr hübsch war. Es war schwierig, durch den Schnee die Villen und Landhäuser zu erkennen, die im Sommer so bezaubernd sein sollen. Aber dahinter erhob sich ein Wald von Masten dicht an einem niedrigen Ufer aus Backsteinhäusern und blauen Dächern, über dessen Höhe wiederum Kirchtürme, Kuppeln und Kuppeln eine große Stadt ankündigten. Zu unserer Linken, an der engsten Stelle der Einfahrt, befand sich ein sehr mächtiges, aus feinem, dichtem Stein errichtetes dreistöckiges Kasemattenwerk, so etwas wie Fort Paul in Sebastopol, dicht am Wasserrand gebaut und an allen Seiten befestigt – anscheinend ein Tetragon mit Bastionen. Am darüber liegenden Boden, der sich schnell aus dem Wasser bis zu einer Höhe von über 30 Metern erhebt, wurden umfangreiche Arbeiten durchgeführt, und die Grundzüge eines umfangreichen Werks und schwer befestigter Erdbrüstungen waren vom Kanal aus zu sehen. Auf der rechten Seite, kreuzend mit dem Feuer der Batterien und Werke auf unserer linken Seite, befand sich ein weiteres reguläres Steinfort mit befestigter Umzäunung, und weiter oben am Kanal, wo er sich zur Stadt auf derselben Seite hin verbreitert, konnte ich am Wasserrand ein kleineres Fort erkennen. Die Lage der Stadt macht sie von der Seeseite aus stark verteidigbar, und selbst jetzt wäre es gefährlich, Spießruten zu laufen, wenn man nicht in starken, gepanzerten Schiffen wäre, die von Wind und Gezeiten begünstigt werden und die Stellung in ihrer Gewalt halten könnten. Gegen eine Holzflotte ist New York jetzt so gut wie sicher, außer unter außergewöhnlichen Umständen zugunsten der Angreifer.

Es war dunkel, als der Dampfer am Kai auf der New Jersey-Seite des Flusses anlegte; doch bevor die Sonne unterging, konnte ich mir ein Bild von der Aktivität und dem Fleiß der Menschen machen, von den riesigen Fähren, die wie Archen auf dem Wasser hin und her fuhren, angetrieben von den großen Hubbalkenmaschinen, dem dichten Strom voller Handelsschiffe, Dampfer und kleiner Boote, dem Rauch der Fabriken, den hohen Schornsteinen – dem Netzwerk aus Booten und Flößen – all den Beweisen für ein sich voll entwickelndes Handelsleben. Was für eine wimmelnde, eifrige Menschenmenge auf der Kaimauer! Was für ein wunderbar zerlumptes Regiment von Arbeitern und Trägern, die uns in gebrochenem oder hibernisiertem Englisch begrüßten! „Das sind alles Iren und Deutsche", erklärte besorgt ein New Yorker. „Ich wette fünfzig Dollar, dass kein gebürtiger Amerikaner unter ihnen ist."

Mit angelsächsischer Missachtung offizieller Insignien kleiden sich amerikanische Zollbeamte sehr ähnlich wie ihre britischen Brüder, ohne jegliches Zeichen von Autorität, auch nicht einmal der Messingknopf und die Krone, so dass der Fremde sich etwas unwohl fühlt, wenn er sieht, wie unbefugt aussehende Leute sich Freiheiten mit seiner Beute herausnehmen, besonders nach den Ermahnungen, die er an Bord des Schiffes erhalten hat, gleich nach der Landung auf seine Sachen zu achten. Ich wurde einem der Hauptbeamten vorgestellt, der mir den Ausweg erleichterte, und schließlich wurde ich durch ein Tor in eine dunkle Gasse gezerrt, die knöcheltief in geschmolzenem Schnee und Schlamm steckte, wo ich sofort in eine lebhafte Auseinandersetzung mit meinem irischen Gepäckträger verwickelt war und es nach langem Kampf schaffte, meine Sachen in und um ein bemerkenswertes Exemplar der Mietkutsche des letzten Jahrhunderts zu verstauen, die sehr hoch auf der Achse lag und schwach gefedert war, und die durch eine Menschenmenge zum Fluss hinunterpolterte, die rief: „Sie haben mich noch nicht bezahlt, Euer Ehren." Sie haben Ihrem eigenen Mann, der hier die letzten sechs Monate auf Ihre Ehre gewartet hat, nichts gegeben!" „ *Ich bin* der Mann, der das Gepäck aufgehängt hat, Sir", usw. usw. Die Kutsche schoss an Bord einer großen Dampffähre, die an Deck eine Anzahl ähnlicher Fahrzeuge und Omnibusse hatte, und die gleitenden, wechselnden Lichter und das tiefe, starke Atmen der Maschine sagten mir, dass ich mich bewegte und über Wasser war, bevor ich es sonst bemerkte. Nach wenigen Minuten erreichten wir die Lichter auf der New Yorker Seite – ein oder zwei Rucke einen steilen Hang hinauf – und wir ratterten über ein höchst scheußliches Pflaster, stürzten in Schlammlöcher, quetschten uns durch Schneehaufen in schlecht beleuchteten, engen Straßen mit niedrigen, schäbig aussehenden Holzhäusern, von denen ein ungewöhnlicher Anteil Lagerbier-Bars, Whisky-Läden, Austernlokale und Billard- und Raucherlokale zu sein schienen.

Die Menschenmenge auf dem Bürgersteig war so ähnlich, wie ein Fremder sie wahrscheinlich in einem sehr schlechten Viertel von London, Antwerpen oder Hamburg sehen würde, mit einem Hauch von lautem Überschwang, der von den übersteigerten animalischen Instinkten ausgeht, die sich den Polizeivorschriften widersetzen und der Polizeigewalt überlegen sind, was man „Rowdytum" nennt. Die Fahrt war lang und gewunden, aber nach und nach besserte sich der Charakter der Durchgangsstraßen und Straßen. Schließlich bogen wir in eine breite Straße mit sehr hohen Häusern ein, die sich mit weitaus bescheideneren Gebäuden abwechselten, die von Lichtern erhellt waren, mit bunten Schaufenstern, die trotz des Schlamms von gut gekleideten Menschen bevölkert waren und von Omnibusreihen durchzogen waren – Oxford Street war ihr in ihrer Länge nicht ebenbürtig. In Abständen ragte ein Block aus Ziegelstein und Stuck mit langen Reihen von Fenstern empor, die Reihe um Reihe erleuchtet waren, und eine wimmelnde Menschenmenge ging durch die Portale ein und aus, die als kasernenartige Pracht der amerikanischen Zivilisation erkannt wurden – ein Broadway-Monsterhotel. Weitere Austernläden, Lagerbier-Salons, Konzertsäle mit erstaunlichen Nennwerten, deren Außendekorationen ganz im Stil der Stände auf der Bartholomew Fair sind – Kirchen, Restaurants, Konditoreien, Privathäuser! Wieder eine andere Serie – sie können nicht ewig so weitergehen. Der Bus fährt schließlich auf einen großen Platz und setzt mich am Clarendon Hotel ab.

Während ich das Meer überquerte, wurde die Antrittsrede des Präsidenten, deren Verfasser im Allgemeinen Herrn Seward zugeschrieben wird, zugestellt und erreichte Europa. Die Ursachen, die den Zusammenhalt der Union zerstörten, hatten an Stärke und Heftigkeit gewonnen.

Welche Bedeutung die „Erklärung der Gründe, die zur Sezession von South Carolina führten" auch für die Einwohner von Carolina haben mochte, sie konnte keinen Ausländer beeinflussen, der überhaupt nichts von den Rechten, der Souveränität und der individuellen Unabhängigkeit eines Staates wusste, der jedoch kein Recht hatte, Krieg oder Frieden zu führen, Geld zu prägen oder vertragliche Verpflichtungen mit einem anderen Land einzugehen. Der Einwohner von South Carolina bedeutete uns nichts, *quoad* South Carolina – er war lediglich ein Bürger der Vereinigten Staaten, und wir wussten in keiner anderen Eigenschaft mehr über ihn, als eine französische Autorität von einem britischen Untertan als Yorkshireman oder Munsterman wissen würde.

Aber die treibende Kraft einer Revolution ist weder Vernunft noch Gerechtigkeit – es ist meistens Leidenschaft, sondern oft Interesse. Wenn der Amerikaner zu beweisen versucht, dass die Südstaaten kein Recht haben, sich gegen einen Staatenbund aufzulehnen, der durch eine Revolte entstanden ist, hat er durch die Prinzipien, mit denen er seine eigene Revolution rechtfertigt, eine große Kluft zwischen sich und den Europäern in der Argumentationsebene geschaffen. Den Taten und Worten der Amerikaner zufolge ist es schwer zu verstehen, warum South Carolina nicht die für jede der dreizehn Kolonien beanspruchten Rechte nutzen sollte, „eine Regierungsform zu ändern und abzuschaffen, wenn sie die Ziele, für die sie errichtet wurde, zerstört, und eine neue einzuführen". Und man muss es dem Volk überlassen, die Frage seiner eigenen Regierung selbst zu entscheiden, sonst ist das Prinzip wertlos. Die Argumente, die jetzt geführt werden, tendieren jedoch schnell in Richtung der *ultima ratio regum* . Gegenwärtig stelle ich fest, dass sich die öffentliche Aufmerksamkeit auf die beiden Forts der Union konzentriert, Pickens und Sumter, die nach zwei Offizieren der revolutionären Armeen im alten Krieg benannt sind. Da Alabama und South Carolina ausgetreten sind, fordern sie nun den Besitz dieser Forts, als gehörten sie zum Boden ihrer jeweiligen Staaten und seien mit ihrer Souveränität verbunden. Andererseits ist die Regierung von Herrn Lincoln der Ansicht, dass sie kein Recht hat, irgendetwas aufzugeben, das der Bundesregierung gehört, sondern möchte offensichtlich Zeit schinden und jede Entscheidung vermeiden, die einen Angriff der Batterien und Streitkräfte auf die Forts auslösen könnte, die bereit sind, gegen sie vorzugehen. In beiden Staaten gibt es nicht genügend Garnisonen für eine angemessene Verteidigung, und die Beschaffung von Vorräten ist sehr schwierig. Unter diesen Umständen fragt sich jeder, was die Regierung tun wird. Die Südstaatler haben erklärt, dass sie jedem Versuch, die Garnisonen zu versorgen oder zu verstärken, widerstehen werden, und haben zumindest in Charleston gezeigt, dass sie ihr Wort halten wollen. Es ist eine seltsame Situation. Die Bundesregierung, die sich nicht zu äußern traut und nicht handeln kann, lässt ihre Soldaten tun, was sie wollen. In einigen Fällen haben hochrangige Offiziere, wie zum Beispiel General Twiggs, alles den Staatsbehörden übergeben, und der Verrat und die Sezession vieler Offiziere in Armee und Marine lähmen und schüchtern die Zivilisten, die an der Spitze der Angelegenheiten stehen, zweifellos ein.

Sonntag, 17. März. — Das erste, was ich heute Morgen sah, nachdem eine Vision von einem Kellner, der vorgab, meine Kleider mit einem schwachen Zucken aus feiner Faser zu bürsten, verschwunden war, war eine Prozession von Männern, vielleicht vierzig oder fünfzig, vorangegangen von einer kleinen Band (ohne Übermaß an Komplimenten, kann ich sagen, an Musik), die paarweise durch die Kälte und den Matsch stapften: Sie trugen Kleeblätter oder die beste Ähnlichkeit, die der amerikanische Boden bieten kann, auf ihren Hüten und grüne Seidenschärpen mit einer kronenlosen Harfe auf ihren Mänteln, aber diese Insignien waren nicht nötig, um zu erkennen, dass sie Iren waren, und ihre feierliche Miene zeigte an, dass sie zur Messe gingen. Es war angenehm, sie so gut gekleidet und respektabel aussehend zu sehen, obwohl einige Hüte aussahen, als hätten sie sich gerade von schweren Prellungen erholt, und andere hatten die malerische Unregelmäßigkeit der Umrisse, die man hin und wieder in der alten Heimat beobachten kann. Die Straße hatte ein unregelmäßiges Aussehen, und ihr ungewöhnliches Aussehen wurde noch verstärkt durch das Auftreten der Passanten, die zu dieser Stunde Hausangestellte waren – sehr fein gekleidete Neger, Iren oder Deutsche. Die farbigen Damen trugen aufwendige Toiletten und sahen, als sie ihre breiten Krinolinen über den Schlamm hielten, nicht unähnlich aus wie doppelstielige Pilze. „Sie sind verkeilte arme Spinnen, diese Nigger, Männer und Frauen", war die Bemerkung des Kellners, als er sah, dass ich sie beobachtete. „Es scheint keine Spatzen auf den Straßen zu geben", sagte ich. „Sparras!", rief er aus; „und wie haben Sie dann geglaubt, dass ein kleiner Bastard von einem Sparra über den Ozean fliegen könnte?" Ich schämte mich ziemlich.

Table d'hôte- Raum mit großen langen Tischen gab , die mit Tischdecken, Tellern und Frühstücksgeschirr bedeckt waren, und einen kleineren Raum im Inneren, zu dem mich einer der Kellner in weißen Jacken führte. Nach dem Frühstück kamen die ersten Besucher herein. Im „Büro" des Hotels, wie es genannt wird, gibt es ein Tablett mit leeren Karten und einen großen Bleistift, mit dem der kartenlose Mann, der zu Besuch kommt, Ihnen seinen Namen und Titel mitteilen kann. Es gibt einen gemütlichen „Empfangsraum", in dem er bleiben und die Zeitungen lesen kann, wenn Sie beschäftigt sind, so dass es kaum eine Chance gibt, dass Sie ihm letztendlich entkommen. Und tatsächlich hatte keiner der Besucher etwas anderes als äußerst gastfreundliche Absichten.

Draußen war das Wetter nicht gerade einladend. Der Schnee lag in unregelmäßigen Schichten und verfärbten Hügeln entlang der Straßen, und die mit „Schneebrise" vollgestopften Rinnen überschwemmten das kaputte Pflaster. Doch nach einiger Zeit begannen die Menschenmassen aus den Kirchen zu strömen, und es wurde als Notwendigkeit des Tages verkündet, dass wir die Fifth Avenue auf und ab gehen und uns gegenseitig anschauen sollten. Dies ist das West End von London – Belgravia und Grosvenoria in einer langen Straße, mit Abzweigungen von geringerer Würde im rechten Winkel dazu. Einige der Häuser sind hübsch, aber die meisten wirken komprimiert und zusammengequetscht, was durch die erzwungene Schmalheit der Front im Verhältnis zur Höhe des Gebäudes bedingt ist, und alle sind hell und neu, als wären sie gerade erst auf Bestellung fertiggestellt worden – ein höchst erstaunlicher Beweis für die rasante Entwicklung der Stadt. Da die Eingangstür ein wichtiges Element des Hauses ist, ist das vordere Wohnzimmer im Allgemeinen ein schmaler, schmaler Raum, der zwischen der Eingangshalle und der Trennwand des Nachbarhauses um seine Existenz kämpft. Die Außentür, die immer mit fein geschnitzten Paneelen und Zierleisten versehen ist, besteht aus reich lackiertem Holz und sieht viel besser aus als unsere bemalten Türen. Sie ist großzügig geöffnet, sodass eine Innentür mit Vorhängen und Glasfenstern zu sehen ist. Die Fenster, die wegen des Klimas doppelt sind, bestehen häufig ebenfalls aus Glasfenstern. Einige der Türen befinden sich auf derselben Ebene wie die Straße, mit einem Kellergeschoss darunter; andere sind über Treppen zugänglich, wobei der Eingang zum Kellergeschoss für Dienstboten unterhalb der Treppe liegt, und dies ist meines Erachtens die alte holländische Art, und der Name „Stoop" wird dafür noch immer beibehalten.

Auf den Straßen, in den Hauseingängen und auf den Treppen sieht man keine livrierten Diener. Sie werden durch schwarze Gesichter mit bunten

Kappen oder eine unverkennbare „Biddy" in Krinoline ersetzt. Der Hauptreiz der Straße war der lebendige Schmuck, der sich auf den *Trottoirs bewegte* . Die Pariser Kostüme, der Strenge dieses winterlichen Wetters angepasst, waren um hübsche, anmutige Figuren gehüllt, die zwar etwas an der Rundung der mediceischen Venus oder an Größe fehlten, aber dennoch *schlank* und wohlgeformt waren. Der französische Stiefel wurde vom Balmoral verdrängt, der besser für den Schnee geeignet ist; und man muss sofort zugeben – allen Vorurteilen zum Trotz –, dass die Amerikanerin nicht nur gut beschuht und behandschuht ist, sondern auch keinen Grund hat, den Vergleich an Füßen und Händen mit irgendeiner Tochter Evas zu fürchten, außer vielleicht mit der Hindu.

Der größte und häufigste Fehler von Fremden in jedem Land ist, dass sie aus wenigen Fakten Verallgemeinerungen ziehen. Jeder muss wissen, dass es „schöne Tage" und „hässliche Tage" auf der Welt gibt und dass seine Erfahrungen mit den einen zu ganz anderen Schlussfolgerungen führen als mit den anderen. Heute bin ich ganz davon überzeugt, dass die amerikanischen Frauen zwar nicht sehr groß sind und nicht das, was uns sagen lässt: „Das ist eine schöne Frau", aber sie sind unbeschwert, wohlgeformt und voller Anmut und Schönheit. Wenn man eine gewisse Blässe zugibt – die die Russen übrigens so sehr zu bewundern pflegten, dass sie Essig verwendeten, um sie zu erzeugen –, ist das Gesicht nicht nur hübsch, sondern manchmal von außergewöhnlicher Schönheit, die Züge fein, zart, gut definiert. Rubinrote Lippen sieht man zwar selten, aber hin und wieder blitzen schneeweiße, gleichmäßig angeordnete Elfenbeinzähne auf. Dies zerstreut die Illusion, dass die Amerikaner - ungeachtet der Vortrefflichkeit ihrer Zahnärzte - von Natur aus schlecht mit dem versorgt sind, was sie durch den Verzehr von Bonbons und Süßigkeiten mit so viel Mühe ihrer Reinheit und Farbe berauben.

Mein Freund R———, mit dem ich spazieren ging, kannte jeden in der Fifth Avenue, und wir bahnten uns durch eine Reihe von Smalltalk fast bis zum Ende der Straße, die zwischen verschiedenen Orten im Staat New York verläuft, durch ein *Trümmerfeld* unvollendeter Mauerwerkskonzepte. Der abrupte Übergang der Stadt ins Land ist nicht ungünstig für die Vorstellung, dass die Fifth Avenue aus einer großen Werkstatt, wo sie von einem Despoten auf Bestellung gebaut wurde, hergebracht und unter den Roten Männern abgesetzt worden sein könnte: Tatsächlich ist das enorme Wachstum New Yorks in dieser Richtung, obwohl weitaus geringer als das vieler Teile Londons, als Werk von achtzehn oder zwanzig Jahren bemerkenswert und wird noch auffälliger, da es in dieser langgestreckten Straße und ihren Abschnitten entwickelt wurde. Ich wurde heute vielen Leuten vorgestellt und nur ein- oder zweimal gefragt, wie mir New York gefalle; vielleicht kam ich der Frage zuvor, indem ich meine hohe Meinung von der Fifth Avenue zum Ausdruck brachte. Diejenigen, mit denen ich sprach, hatten im Allgemeinen etwas zur schwierigen Lage des Landes zu sagen, aber es war hauptsächlich selbstgefälliger Natur. „Ich nehme an, Sir, Sie sind ziemlich überrascht, dass Sie aus Europa kommen und uns hier in New York so ruhig vorfinden: Wir sind ein eigenartiges Volk und Sie verstehen uns in Europa nicht."

Am Nachmittag besuchte ich Herrn Bancroft, den ehemaligen Minister für England, dessen Arbeit in Amerika durch diese Krise ziemlich unsanft unterbrochen werden musste. Alles, was in Amerika ein „Ex" trägt, hat wenig Gewicht – ehemalige Präsidenten sind Niemande, obwohl sie während ihrer vierjährigen Amtszeit den Vorteil hatten, dass man ihr Leben lang für sie betete. Dasselbe gilt für ehemalige Minister, für die überhaupt niemand betet. Herr Bancroft unterhielt sich eine Zeit lang über die Lage, aber er schien zu keinem festen Schluss zu gelangen, außer dass die Republik, obwohl in Gefahr, die stabilste und nützlichste Regierungsform der Welt sei und dass sie als Regierung keine Macht habe, die Menschen des Südens zu zwingen oder sich selbst vor der Gefahr zu retten. Ich war in der Tat erstaunt, von ihm und anderen so viele philosophische, abstrakte Überlegungen zum Recht auf Sezession zu hören, oder, was am nächsten kommt, zum Mangel an Macht in der Regierung, dies zu verhindern.

Als ich nach Hause ging, um mich für das Abendessen umzuziehen, stieg ich in eine Straßenbahn, einen langen, niedrigen Omnibus, der von Pferden gezogen wurde und über eine *Strada ferrata* in der Mitte der Straße fuhr. Er war mit Menschen aller Klassen gefüllt, und an jeder Kreuzung klingelte irgendjemand, und der Fahrer hielt an, um Passagiere aussteigen oder einsteigen zu lassen, wodurch der harmlose Reisende viel Schnee und Schlamm an Stiefeln und Kleidung bekam. Ich fand, dass eine weitaus größere Unannehmlichkeit, die diese Straßenbahnen verursachten, darin bestand, dass in normalen Waggons jeglicher Komfort oder Schnelligkeit verloren ging.

Ich speiste mit einem New Yorker Bankier, der ein Abendessen gab, wie es Bankiers in der Regel überall auf der Welt geben. Er ist ein noch junger Mann, sehr freundlich, gastfreundlich, gut informiert, mit einem sehr charmanten Haushalt – ein Amerikaner in der Theorie, ein Engländer in Instinkten und Geschmack – in Europa erzogen und britischer Abstammung. Angesichts der enormen Interessen, die für ihn auf dem Spiel stehen, war ich erstaunt, wie ruhig er über die bevorstehenden Probleme sprach. Seine Freunde, allesamt Männer mit einer hohen Stellung in der New Yorker Gesellschaft, schlugen denselben dilettantischen Ton an und waren so wenig besorgt über die Zukunft oder aufgeregt über die Gegenwart wie

eine Gruppe, die _savants_die Bewegungen eines „magnetischen Sturms"
aufzeichnet.

Als ich ins Hotel zurückging, hörte ich, dass Richter Daly und einige Herren
vorbeigekommen waren und mich gebeten hatten, morgen mit der Friendly
Society of St. Patrick im Astor House zu Abend zu essen. In der sogenannten
„Bar" traf ich mehrere Herren, von denen einer sagte: „Die Mehrheit der
Bevölkerung von New York und alle anständigen Leute sind angewidert über
die Wahl eines Mannes wie Lincoln zum Präsidenten und würden die
Südstaaten unterstützen, wenn es zu einer Spaltung käme."

KAPITEL III.

„St. Patrick's Day" in New York – öffentliches Abendessen – amerikanische Verfassung – allgemeine Gesprächsthemen – öffentliche Einschätzung der Regierung – Abendgesellschaft bei Mons. B.

Montag, 18. — „St. Patrick's Day am Morgen" war der 17. und wurde heute von den Iren gefeiert. Am frühen Morgen drangen mit dem heißen Wasser und meinem irischen Diener die Klänge von Trommeln, Pfeifen und Signalhörnern ins Zimmer. Er sagte mir: „Wir werden einen ziemlich schönen Tag haben. Am St. Patrick's Day ist das Wetter oft gegen uns." An der Ecke des Platzes draußen sah ich eine Gruppe Freiwilliger zusammenkommen. Sie trugen Bärenfellmützen, von denen einige braun geworden waren, und rostgrüne Mäntel mit weißen Aufschlägen und Quergurten, viel Goldborte und schwere Epauletten aus Kammgarn und waren mit gewöhnlichen Musketen bewaffnet, einige davon mit Steinschlossgewehren. Über ihren Köpfen wehte eine grün-goldene Flagge mit mystischen Emblemen und einer Harfe und Sonnenstrahlen. Ein Gentleman, der nicht perfekt zu Pferd saß, was den Verdacht rechtfertigte, dass er nicht die Art von Squire oder Squireen hatte, brachte sie mit viel Mühe in eine Reihe und gefährdete seine persönliche Sicherheit durch ein großes Infanterieschwert, dessen Griff auf unerklärliche Weise mit dem Zaumzeug seines Schlachtrosses verwickelt war. Dieser Gentleman war der befehlshabende Offizier der Militäreinheit, die sich versammelt hatte, um das Fest der alten Heimat zu ehren, und der Lärm und das Geschrei auf den Straßen, die Musik und das Getrappel von Füßen draußen kündigten an, dass ähnliche Vereinigungen auf dem Weg zum Treffpunkt waren. Die Kellner im Hotel, die alle Iren waren, hatten sich von ihrer besten Seite gezeigt und legten ein Gebaren von erfreuter Wichtigkeit an den Tag. Viele ihrer Landsleute draußen auf dem Bürgersteig zeigten sehr große Auszeichnungen, Metallplatten und Abzeichen, die an breiten Bändern über ihrer linken Brust befestigt waren.

Nach dem Frühstück kämpfte ich mich mit einem Freund durch die Menschenmenge, die sich am Union Square drängte. Gott segne sie! Sie waren alle Iren, nach Sprache, Gestik und Aussehen zu urteilen; die meisten waren anständig gekleidet und bequem, offensichtlich entschlossen, den Tag trotz der Kälte zu genießen, und stolz auf das Privileg, den ganzen Handel der Hauptstraßen, in denen sich die meisten Yankees versammeln, für einen Tag zu unterbrechen. Sie standen auf den Türschwellen und auf dem Bürgersteig – Männer, Frauen und Kinder – und bewunderten die großen Polizisten – viele von ihnen Landsleute – und sie schwärmten an den Ecken und jubelten beliebten Stadträten oder lokalen Berühmtheiten zu. Der

Broadway war ebenso voll. Fahnen wehten aus den Fenstern und Kirchtürmen – und mit der kalten Brise drangen Trommelschläge und das Geräusch vieler Blasinstrumente heran. Die Parade, so sie war, hatte einen militärischen Charakter, obwohl sie in diesem Sinne nicht viel furchterregender war als der Marsch der Gewerkschaften oder der Abstinenzvereine. Stellen Sie sich den Broadway vor, der auf seinen langen Meilen von Zuschauern gesäumt ist, die überwiegend aus Hibernia stammen, und die großen, bunten Sterne und Streifen – oder, wie es in einer der Sezessionszeitschriften, die ich gelesen habe, genannt wird, das „Blutige Footballfeld der Vereinigten Staaten" – wehen in alle Richtungen, während in der Mitte im Schlamm die Kinder von Erin marschieren.

Zuerst kamen der amtierende Brigadegeneral und sein Stab, eskortiert von 40 Lanzenreitern, die sehr schlecht gekleidet und noch schlechter beritten waren; die Pferde waren schmutzig, die Ausrüstung im gleichen Zustand, Gebisse, Zügel und Knöpfe rostig und angelaufen; die Uniformen saßen schlecht und waren schlecht angelegt. Aber die roten Fahnen und die Show gefielen der Menge, und sie jubelten laut „Bould Nugent". Es folgte eine Kapelle, deren Mitglieder sich offensichtlich „angelächelt" hatten; und als nächstes marschierte eine Gruppe von Trommlern in Militäruniformen, die nach französischer Art trommelten. Hier kam das 69. New Yorker Staatsmilizregiment – das Bataillon, das nicht aufmarschieren wollte, als der Prinz von Wales in New York war, und dessen Oberst Corcoran wegen seiner Weigerung immer noch vor dem Kriegsgericht steht. Nun, der Prinz hatte keine Verluste, und der Oberst hatte vielleicht noch andere als politische Gründe für seine Abneigung, seine Männer vorzuführen.

Das Regiment bestand, glaube ich, nur aus 200 oder 220 Mann, die alle recht anständige Kerle waren, aber nicht im Geringsten wie Soldaten oder Milizionäre aussahen. Die Uniform der Vereinigten Staaten, die die meisten Soldaten trugen, besteht aus einer blauen Tunika und Hose und einer kepiähnlichen Mütze mit „US" auf der Vorderseite für „Ausziehen". In voller Montur tragen die Offiziere große goldene Schulterklappen, und Offiziere und Mannschaften tragen einen banditenartigen Filzhut, der an einer Seite hochgeschlungen und mit einem Federbusch aus schwarzen Straußenfedern und Seidenkordeln geschmückt ist. Das Fehlen von Aufschlägen und das Fehlen eines Abschlusses für Kragen und Manschetten machen die Tunika sehr kahl und unansehnlich. Eine andere Bande schloss die Nachhut des 69. ab, und um das militärische Schauspiel, das insgesamt weniger als 1.200 Mann umfasste, aufzubessern, wurden einige Kompanien von einem anderen Regiment der Staatsmiliz übernommen, und ein Trupp sehr armseliger Kavallerie machte den Weg frei für die Napper-Tandy-Artillerie, die tatsächlich drei ganze Kanonen bei sich hatte! Es war seltsam, bei einigen der Namen der folgenden Gesellschaften zu verweilen. Da waren zum Beispiel die „Dungannon Volunteers of '82", die natürlich bereit waren, die berühmte Erklärung zu verteidigen, dass niemand Gesetze für Irland erlassen sollte, außer der Königin, den Lords und dem Unterhaus von Irland! Jeder ehrliche Katholik unter ihnen wusste nicht, dass die Volunteers of '82 alle Protestanten waren. Dann war da noch die „Sarsfield Guard!" Man kann sich nichts vorstellen, was dem feurigen, übermütigen Kavalier mehr zuwider wäre als die republikanische Regierungsform, die diese armen Iren, wie sie glauben, so sehr lieben. Vieles von dem, was als Nationalgefühl durchgeht, ist in Wirklichkeit Abneigung gegen England und religiöse Feindseligkeit.

Viel interessanter war es, die lange Reihe der wohlwollenden, freundlichen und fürsorglichen Gesellschaften mit ihren Tausenden zählenden Kapellen zu sehen, die alle anständig gekleidet waren und in Reih und Glied mit Bannern, Insignien, Abzeichen und Bändern marschierten, und neben den „Stars and Stripes" wehte die irische Flagge. Ich kann ihnen nicht zu dem Geschmack oder der guten Wirkung ihrer Accessoires gratulieren – zu ihren symbolischen Standarten und den lächerlichen alten Harfenspielern, die in „Bardenkostümen" über die Bühne getragen wurden, die künstlichen weißen Perücken und weißen Baumwollmorgenmänteln sehr ähnlich waren, aber die tatsächliche Wohltätigkeit, die diese Gesellschaften vollbringen, ist, wie man mir sagte, sehr groß, und ihre Wohltätigkeit würde weitaus größere Sünden vertuschen als unpassende Kleidung und eine Neigung zum „Pfeifenspiel auf den nationalen Dudelsäcken". Die verschiedenen Gesellschaften versammelten über 10.000 Männer, einige von ihnen uniformiert und bewaffnet, andere in kuriosen Gewändern, und alle waren so laut, wie Musik und Gespräche sie nur machen konnten. Die Amerikaner schienen die ganze Sache ganz ähnlich zu betrachten wie ein antiker Römer die Saturnalien betrachtet haben mag; doch Paddy war auf dem Vormarsch und man konnte nicht offen mit ihm spielen.

Die Menschenmassen blieben noch lange nach dem Vorbeizug der Prozession auf den Straßen, und ich sah, wie mehrere Taschendiebe von den großen Polizisten gefangen und in entsprechende Behälter gebracht wurden. „War irgendein bedeutender Mann in dieser Prozession?", fragte ich. „Nein, vielleicht ein paar kleine Lokalpolitiker, einige reiche Ladenbesitzer und Bierkneipenbesitzer, aber die Masse bestand aus der Kleinbourgeoisie. Ein Mann wie Mr. O'Conor, der zum Beispiel als der Beste der New Yorker Anwaltskammer gelten könnte, würde nicht daran teilnehmen."

Am Abend ging ich, der Einladung folgend, ins Astor House – ein großes Hotel mit einer Fassade wie ein Bahnhof, im amerikanisch-klassischen Stil, mit großen dorischen Säulen und einem Portikus – und stellte zu meiner Überraschung fest, dass die gesellige Party ein großes öffentliches Abendessen werden sollte. Die Säle waren mit Gästen gefüllt, von denen nur wenige oder niemand Abendgarderobe trug; und nach wenigen Minuten wurde ich mindestens vierundzwanzig Herren vorgestellt, deren Namen ich nicht einmal hörte. Die Verwendung von Abzeichen, Medaillen und Bändern könnte einen Fremden zunächst glauben lassen, er befinde sich in sehr vornehmer Militärgesellschaft; aber er würde bald erfahren, dass diese Insignien die Auszeichnungen wohltätiger oder geselliger Vereinigungen waren. Trotz des reinen Republikanismus gibt es eine latente Vorliebe für diese Dinge. Beim Abendessen waren Amerikaner niederländischer und englischer Abstammung, einige „Yankees", ein oder zwei Engländer, Schotten usw. anwesend <u>and Welshmen</u>. Der Vorsitzende, Richter Daly, war in der Tat ein echter Sohn der Erde und seine Reden waren voller Humor, Redegewandtheit und Witz; die größte Wirkung erzielte er jedoch mit der Ausstellung eines Büschels Kleeblätter in einem Blumentopf, der zu diesem Anlass aus Irland geschickt worden war. Dies geschieht jedes Jahr, aber wie das Wunder des Heiligen Januarius verliert es nie seine Wirkung und berührt immer das Herz.

Ich gestehe, dass es in gewissem Maße Neugier war, die Stimmung der Versammlung zu beobachten, und der Wunsch, zu sehen, wie die Iren von der Veränderung ihres Klimas beeinflusst wurden, die mich in diesen Raum führten. Ich verließ ihn mit dem tiefen Bedauern, dass so viele Eingeborene der britischen Inseln von einer feindseligen Stimmung gegenüber England erfüllt sind und dass noch kein Staatsmann aufgetaucht ist, der ein Allheilmittel gegen die Übel dieser leidenschaftlichen und bedeutungslosen Unterschiede zwischen Rassen und Religionen ersinnen kann. Ihre starke Abneigung wird durch die Unmöglichkeit, sie zu befriedigen, nicht gemindert. Sie leben in Hoffnung, und sicherlich ist die Existenz dieser Gefühle nicht nur für amerikanische Staatsmänner lästig, sondern auch schädlich für die Iren selbst, insofern sie mit ungewöhnlicher Bereitwilligkeit zu Opfern von Agitatoren oder politischen Intriganten gemacht werden. Das irische Element, wie es genannt wird, wird in Abstimmungszeiten von wahlberechtigten Bischöfen und anderen sehr beachtet; zu anderen Zeiten wird es seiner Arbeit und seiner Mühe überlassen – Mr. Seward und Bischof Hughes gelten als seine gegenwärtigen Herren. Zweifellos waren die meisten, die ich heute sah, besser gekleidet, als sie es gewesen wären, wenn sie zu Hause geblieben wären. Wie ich in der Rede sagte, die ich durch die sanfte Gewalt meiner Gefährten nur gegen meinen Willen halten musste, habe ich noch nie in einem anderen Teil der Welt so viele gute Hüte und Mäntel bei einer Versammlung von Iren gesehen.

19. März. Die Morgenzeitungen enthalten Berichte über die Reden von gestern Abend, die in einer Hinsicht amüsant sind, da sie Beispiele für die verschiedenen Versionen liefern, die man zu derselben Angelegenheit geben kann. Ein „Bürger", der so freundlich war, mich zu rasieren, machte mir im Stil des „Barbiers von Sevilla" einige leichte Komplimente zu dem, was er die „Rede" vom Vorabend nannte, und fuhr dann fort, seine Ansichten über die Vorzüge und Mängel der amerikanischen Verfassung darzulegen. „Er kümmerte sich nicht viel um das Wahlrecht – es wurde seiner Meinung nach zu vielen gegeben. Ein Mann muss fünf Jahre in New York ansässig sein, bevor er das Wahlrecht erhält. Wenn ein Auswanderer ankam, wurde ihm ein Papier zur Bestätigung der Tatsache ausgehändigt, das er nach Ablauf von fünf Jahren vorlegte, woraufhin er als Wähler registriert werden konnte; wenn er den Registrierungsprozess ausließ, konnte er dennoch wählen, wenn er von zwei Haushaltsvorständen identifiziert wurde, und zwar von einer kleinen Gruppe", bemerkte der Friseur, „sie sind – Iren und dergleichen." Ich will keine ihrer Stimmen."

Am Nachmittag kamen mehrere Herren vorbei und machten die freundlichsten Angebote für Dienste, Empfehlungsschreiben für alle Teile der Staaten, Annehmlichkeiten aller Art – und das alles mit Offenheit.

Ich war überrascht, dass man der neu eingesetzten Regierung gegenüber kaum Sympathie und keinen Respekt fand. Sie galten als unbekannte oder unauffällige Männer. Ich spielte auf den Umstand an, dass eine der Zeitschriften weiterhin in höchst verächtlicher Weise vom „Präsidenten" sprach und ihn als den großen „Eisenbahnspalter" bezeichnete. „O ja", sagte der Herr, mit dem ich mich unterhielt, „das muss Ihnen als eine seltsame Art erscheinen, den obersten Beamten unserer großen Republik zu erwähnen, aber Tatsache ist, dass es niemanden interessiert, was der Mann über irgendjemanden schreibt. Sein Spiel besteht darin, jeden anständigen Mann im Land zu beschimpfen, um sich an ihnen für seine soziale Ausgrenzung zu rächen und gleichzeitig den unwissenden Massen zu gefallen, die sich an Beschimpfungen und Skandalen erfreuen."

Als ich abends wieder mit meinem Freund, dem Bankier, zu Abend aß, hatte ich eine günstige Gelegenheit, mehr von den speziellen Plädoyers zu hören, die zur Lösung der schwerwiegendsten politischen Fragen herangezogen werden. Es scheint, als ob ein Ärzterat über abstrakte Dogmen in Bezug auf Leben und Gesundheit streitet, während ihr Patient vor ihnen in Todesangst kämpft! In dem komfortablen und gut ausgestatteten Haus, in dem ich mehrere Männer von Rang, Bildung und natürlicher Klugheit traf, gab es nicht den geringsten Hinweis auf Unbehagen aufgrund von Umständen, die für das Auge eines Fremden eine schreckliche Krise, wenn nicht den bevorstehenden Zerfall der Gesellschaft selbst, ankündigten. Noch seltsamer ist, dass die Handlungen, die ein solches Unglück herbeiführen, nicht mit Missbilligung betrachtet oder zumindest nicht als ungerechtfertigt angesehen werden.

Unter den Gästen befanden sich der ehrenwerte Horatio Seymour, ein ehemaliger Gouverneur des Staates New York, Mr. Tylden, ein scharfsinniger Anwalt, und Mr. Bancroft. Ihre Unterhaltung und Argumente hinterließen in meinem Kopf den Eindruck, dass die Regierung gemäß der Verfassung keine Gewalt anwenden darf, um eine Sezession zu verhindern oder Staaten, die sich durch den Willen des Volkes abgespalten hatten, zu zwingen, die Bundesgewalt anzuerkennen. Tatsächlich war die Bundesregierung ihrer Ansicht nach lediglich eine Maschine, die von einer Gesellschaft souveräner Staaten als gemeinsames Instrument für bestimmte Ministerakte eingesetzt wurde, insbesondere für solche, die die Außenbeziehungen der Konföderation betrafen. Ich glaube nicht, dass einer der Gäste versuchte, das Gespräch auf Politik zu lenken, aber Mr. Horatio Seymour bot sich die Gelegenheit, mir seine Ansichten über die Verfassung der Vereinigten Staaten mitzuteilen, und nach und nach verbreitete sich das Thema am Tisch. Ich hatte die „Verfassung" am Vormittag für drei Cent am Broadway gekauft und sie sorgfältig gelesen, konnte aber nicht finden, dass sie sich von selbst erklärte; es berief sich auf den Obersten Gerichtshof, aber was sollte den Obersten Gerichtshof in einem Konflikt mit bewaffneter Macht unterstützen, sei es der Regierung oder des Volkes? Es gab keinen Mann, der behauptete, die Regierung habe die Macht, das Volk eines Staates zu zwingen oder einen Staat zu zwingen, in der Union zu bleiben oder sich der Handlung der Bundesregierung zu unterwerfen; mit anderen Worten, das Machtsymbol in Washington ist überhaupt nicht vergleichbar mit dem, das eine etablierte Regierung in anderen Ländern darstellt. *Quid prosunt leges sine armis?* Obwohl sie zugaben, dass die Führer der Südstaaten schon vor Jahren „den Verrat an der Union" geplant hatten, konnten sie sich nicht dazu durchringen, ihren alten Gegnern, den jetzt an der Macht befindlichen Republikanern, zu erlauben, die bewaffnete Macht der Union gegen ihre demokratischen Brüder in den Südstaaten einzusetzen.

Mr. Seymour ist ein Mann der Kompromisse, aber seine Ansichten gehen weiter als die, die seine Partei vor zehn Jahren vertrat. Obwohl eine Sezession eine Revolution auslösen würde, war sie dennoch „ein Recht", das auf abstrakten Prinzipien beruhte, die man kaum konsequent aufheben konnte, wenn man den ursprünglichen Vertrag gebührend berücksichtigte. Einer der Teilnehmer machte eine Bemerkung, die, wie ich glaube, durchaus zutreffend war. Wir sprachen über die Schwierigkeiten, Fort Sumter zu entsetzen – ein unfehlbares Thema im Moment. „Wenn die Briten oder eine andere ausländische Macht das Fort bedrohen würden", sagte er, „würde unsere Regierung schnell genug Mittel finden, es zu entsetzen." Tatsächlich tappt die Bundesregierung im Dunkeln; und während ihre Freunde ihr sagen, sie solle mutig vorrücken, schreien ihr unzählige Stimmen ins Ohr: „Wenn Sie auch nur einen Fuß vorsetzen, sind Sie verloren." Es stehen weder Armee noch Marine zur Verfügung, und die Minister verfügen über keine Belohnungsmechanismen, Intrigen oder Methoden, Anhänger zu gewinnen, wie sie europäische Regierungen kennen. Die Demokraten beobachten mit stiller Genugtuung die Schwierigkeiten, in die der republikanische Triumph das Land gestürzt hat, und sind überhaupt nicht geneigt, sie zu lösen. Die bemerkenswerteste Art, ihre Bemühungen zu behindern, besteht darin, sie jedes Mal, wenn sie an die Oberfläche kommen und herauszuschwimmen beginnen, mit der „Verfassung" niederzuschlagen.

Die New Yorker Gesellschaft ist jedoch im Moment unbeschwert, und die Oberschicht der millionenschweren Kaufleute, Bankiers, Bauunternehmer und Großhändler ist froh, dass die vulgären Republikaner unter ihrem Erfolg leiden. Es gab dort keinen Mann, der nicht den Einfluss des allgemeinen Wahlrechts auf den Pöbel der Stadt übel nahm und sich über die unerträglichen Folgen ihres Aufstiegs beklagte – über die Korruption der städtischen Körperschaften, die Bestechlichkeit der Wähler und Gewählten und den Missbrauch, die Verschwendung und die verschwenderische Ausgabe öffentlicher Gelder. Hiervon wurden mir viele Beispiele gegeben, garniert mit Kurzgeschichten über einige der städtischen Würdenträger und ihre Mitarbeiter in der Presse; aber es bedurfte keines Beweises, dass das allgemeine Wahlrecht in einer Stadt, deren Wähler vielleicht zu drei Vierteln im Ausland oder von ausländischen Eltern geboren wurden und von denen viele der Abschaum waren, der aus den Glutnischen der europäischen Bevölkerung herausgefegt wurde, sich höchst schädlich auf Eigentum und Kapital auswirken muss. Ich gebe zu, es ist sehr verwunderlich, dass die Folgen nicht schlimmer sind; Aber zweifellos wird die Zeit kommen, in der dieses Unheil nicht länger ertragen werden kann und eine soziale Reform und Revolution unvermeidlich ist.

Nur wenige hundert Meter vom Haus und der Gemäldegalerie von Mons. B—, dem Repräsentanten von Millionen Europas, entfernt liegen die Hütten und Unterkünfte seiner Ebenbürtigen in der politischen Macht. Heute Abend besuchte ich das Haus von Mons. B—, wo seine Frau einen Empfang gab, zu dem fast die ganze Gesellschaft kam. Wenn man sich eine Rüstung ansieht, die nach Maß vom ersten Schmied Europas angefertigt wurde, bemerkt man, dass die Verarbeitung der Gelenke und Scharniere viel hochwertiger ist als bei der alten Eisenkleidung von früher. Möglicherweise ist das Metall besser und die Ziselierungen und Besätze so gut wie die Arbeit in Mailand, aber der Betrachter wird nicht einen Augenblick lang glauben, dass der Stoff Schlägen standgehalten hat oder dass er nach altem Wachfeuer riecht. Wenn man ihn fragen würde, warum das so ist, könnte er es nicht sagen; ebenso wenig wie er den Unterschied zwischen dem glänzenden, mit Juwelen geschmückten und gut geschmückten Achaianer aus New York und dem sehr viel weniger wirkungsvollen und protzigen Geschöpf, das in jeder Gesellschaft der Welt als Gentleman durchgeht, genau definieren konnte. Hier war ein elegantes Haus – ich verwende das Wort in seiner eigentlichen Bedeutung – mit hübschen Statuen, reichen Teppichen, schönen Möbeln und einer Galerie bezaubernder Meissoniers und Genrestücke; die Salons waren bewundernswert beleuchtet – eine ziemlich schöne große Suite, gefüllt mit den hübschesten Frauen in den entzückendsten Toiletten, mit einer angemessenen Franse junger Männer, ordentlich, sauber und gut gekleidet, die sich gegen die üblichen vorgeschobenen Posten der mit Turbanen und Juwelen geschmückten Witwen wehrten und mit allem ausgestattet waren, was <u>every accessory to</u>die ganze Gesellschaft ausmachte; denn es gab Witz, Verstand, Intelligenz, Lebhaftigkeit; und doch fehlte etwas – nicht beim Gastgeber oder der Gastgeberin, oder der Gesellschaft, oder dem Haus – wo war es? –, was durch seine Abwesenheit auffiel. Mr. Bancroft war so freundlich, mir die schönsten Gesichter und Figuren vorzustellen, und hat mich insoweit zu dem Schluss gebracht, dass nichts schöner, einfacher oder natürlicher sein könnte als die Weiblichkeit oder Mädchenhaftigkeit in New York. Es ist eher Schönheit als Feinheit; regelmäßige, intelligente, wachsartige Gesichter, anmutige kleine Figuren; nichts von dem grandiosen römischen Typ, den von Raumer vor einem Vierteljahrhundert in London wie in der Heiligen Stadt erkannte. Trotzdem sollten die jungen Männer in New York dankbar und dankbar sein und versuchen, dessen würdig zu sein. Spät am Abend sah ich diese gleichen jungen Männer, Novi Eboracenses , in ihrem Club, wo sie um Getränke würfelten und umsonst fluchten und alle sehr freundlich und gastfreundlich waren.

Das Clubhaus ist bemerkenswert als das Anwesen eines glücklichen Mannes, der ein wasserdichtes Hutfutter erfand oder patentieren ließ, woraufhin er eine Art Sallustianische Villa mit einem zentralen Innenhof à l'Alhambra mit Springbrunnen und Blumen baute, der jetzt dem New York Club gehört. Hier war Pratt's oder das nicht mehr existierende Fielding oder das alte CCC's, ohne Rücksicht auf Zeit und Getränke – und sonst nichts.

KAPITEL IV.

Straßen und Geschäfte in New York – Literatur – Eine Beerdigung –
Abendessen bei Mr. H——— – Abendessen bei Mr. Bancroft – Politische und
gesellschaftliche Aspekte – Literarisches Frühstück; Heenan und Sayers.

20. März. — Die Zeitungen sind immer noch voll von Sumter und Pickens.
Die Berichte, ob sie abgelöst werden oder nicht, werden in jeder Zeitung
ohne Rücksicht auf die Konsistenz im Einzelnen wiedergegeben und
widerlegt. Die „Tribune" hat einen Artikel über meine Rede beim St.
Patrick's Dinner, dem sie gern Gründe und Motive zuschreibt, die der
Sprecher jedenfalls nie hatte, als er sie hielt.

Habe mehrere Bettelbriefe erhalten, in einigen davon waren die Geschichten
von Enttäuschung, Kummer und Leid offenbar allzu sehr von der Realität
geprägt. Nachmittags ging ich den Broadway hinunter, der trotz der Haufen
geschwärzten Schnees an den Bordsteinen, der Schlammpfützen und halb
gefrorenen Pfützen an den Kreuzungen überfüllt war. Besuchte mehrere
große Kaufhäuser oder Läden – manche können es an Reichtum und Wert
mit den besten Etablissements in Paris oder London aufnehmen und
übertreffen sie an Größe und äußerer Pracht bei weitem. Einige am
Broadway, aus Marmor oder schön behauenem Stein gebaut, kosten 6000 *bis*
8000 *Pfund* pro Jahr an bloßer Miete. Hier stapeln sich vom Erdgeschoss bis
zum vierten oder fünften Stock Sammlungen von allem, was die Welt
hervorbringen kann, oft mehr, als das Land überhaupt benötigt; mir wurde
sogar erzählt, die Vereinigten Staaten hätten schon immer mehr Waren
importiert, als sie bezahlen konnten. Juweliergeschäfte gibt es nicht viele,
doch am Broadway gibt es zwei mit herrlichen Sammlungen von Juwelen
sowie Gold- und Silberarbeiten, die in den mit schwarzem Marmor, Statuen
und Flachglas dekorierten Räumen optimal zur Schau gestellt werden.

New York hat ganz gewiss den Anschein eines „ Neureichen ". Es ist völlig
frei von jeglichem Anschein eines Großvaters – man sieht nicht einmal
solche Anzeichen von exzentrischem Geschmack wie in Paris und London,
wo es Geschäfte gibt, in denen die alten Familien eines Landes ihre
„Exuvienzen" ablegen, die von den Neuen gesucht werden, um die Welt
davon zu überzeugen, dass sie alt sind; es gibt keinen Kuriositätenladen, ganz
zu schweigen von einer Wardour Street, und die Bemühungen, diesen
Mangel auszugleichen, offenbaren ein enormes Maß an Unwissenheit oder
schlechtem Geschmack. Die neuen Künste blühen jedoch; die Plage der
Fotografie hat sich in allen Ecken der Stadt ausgebreitet, und die
Schaufenster strahlen mit eklatanten Zurschaustellungen der
geschmacklosesten Kunst. In einigen der großen Buchhandlungen –
Appleton zum Beispiel – finden sich eindrucksvolle Beweise für die Aktivität

der amerikanischen Presse, wenn nicht für die Kraft und Originalität des amerikanischen Intellekts. Ich ging an langen Regalreihen entlang, die mit Werken europäischer Autoren beladen waren, die größtenteils – oh Schande! – ohne die geringsten Gewissensbisse oder Skrupel gestohlen und in amerikanische Schrift übersetzt wurden und ohne die geringste Absicht, den Autoren jemals die erbärmlichste Abmachung zu treffen. Mr. Appleton verkauft nicht weniger als anderthalb Millionen von Websters Rechtschreibbüchern pro Jahr; seine Tische sind mit einer Flut von Pamphleten bedeckt, einige für, andere gegen Zwang; einige für, andere gegen Sklaverei – aber als ich nach einem einzigen soliden, substanziellen Werk zu diesem Problem fragte, wurde mir gesagt, es sei kein einziges veröffentlicht worden, das einen Cent wert sei. Mit Männern wie Audubon und Wilson in der Naturgeschichte, Prescott und Motley in der Geschichte, Washington Irving und Cooper in der Belletristik, Longfellow und Edgar Poe in der Poesie, sogar Bryant und die Ehrwürdigkeiten in der Reimliteratur und Emerson als Essayist gibt es keinen Grund, warum New York ohne den guten Willen von Tauchnitz eine armselige Nachahmung von Leipzig sein sollte.

Vor ein oder zwei Jahren speiste ich mit einem in England vielen Leuten wohlbekannten Literaten – munter, redselig und gut informiert, wenn auch weder witzig noch tiefsinnig – heute ein Südstaatler mit südstaatlichen Neigungen, wie die Amerikaner sagen; einst ein Südstaatler mit so starken Antisklaverei-Gesinnungen, dass er sich durch seine Äußerung in einer englischen Vierteljahresschrift die Feindseligkeit seines eigenen Volkes einhandelte – eine der Ausprägungen des amerikanischen Literaturlebens, für die ihr eigenes Land keinen passenden Empfänger findet. Als bester Beweis seiner Aufrichtigkeit hat er gerade seine Verbindung mit einer der New Yorker Zeitungen auf republikanischer Seite aufgegeben, weil er glaubte, dass der Kurs der Zeitschrift von antisüdlichem Fanatismus diktiert werde. Er ist tatsächlich davon überzeugt, dass es einen Bürgerkrieg geben wird und dass der Süden in diesem Kampf viele Rechte auf seiner Seite haben wird. In seinem Zimmer waren Mons. B——, Dr. Gwin, ein kalifornischer Ex-Senator, Mr. Barlow und mehrere der führenden Männer einer gewissen Clique in New York. Die Amerikaner beschweren sich oder behaupten, dass wir sie nicht verstehen, und ich gestehe, dass ich den Vorwurf oder die Behauptung jedenfalls als begründet empfand, als ich hörte, wie er verkündet wurde, und zugab, dass „wenn Mons. Belmont nicht zur Charleston Convention gegangen wäre, die gegenwärtige Krise nie eingetreten wäre."

22. März. — Ein Schneesturm, der Moskau oder Riga würdig war, fegte den ganzen Tag durch New York und brachte dem Schlamm noch mehr Nahrung. Ich besuchte Mr. Horace Greeley und unterhielt mich lange mit ihm. Er zeigte sich sehr erfreut über die Nachricht, dass ich die Südstaaten besuchen wollte. „Sehen Sie sich unbedingt die Sklavenställe an. *Sie* werden Angst haben, Sie abzuweisen, und Sie können die Wahrheit sagen." Da die Hauptstadt und der Süden derzeit die Hauptattraktionen darstellen, bereite ich mich darauf vor, der „göttlichen Ruhe" und dem Schnee von New York zu entfliehen. Mir wurde empfohlen, viele Orte zu besuchen, bevor ich New York verlasse, vor allem Krankenhäuser und Gefängnisse. Sing-Sing, das Staatsgefängnis, soll, wie die Amerikaner sagen, die erste „Einrichtung" dieser Art auf der Welt sein. Die Zeit drängt jedoch, und Sing-Sing ist noch weit entfernt. Mir wurde erzählt, dass dort ein Foltersystem für Abgebrühte herrscht <u>obdurate offenders</u>– Folter durch Übergießen mit kaltem Wasser, Folter mit Daumenschrauben und dergleichen – das den Ansichten moderner Gefängnisphilanthropen ziemlich widerspricht.

23. März. — Es wird ausdrücklich bekannt gegeben, dass die Behörden in Pensacola und Charleston die Lieferung weiterer Lieferungen an Fort Pickens, die US-Flotte im Golf und an Fort Sumter abgelehnt haben. Überall drängen die Führer der Südstaaten mit Entschlossenheit und Energie auf eine Lösung, während die Regierung hilflos mit dem Strom der Ereignisse zu treiben scheint, ohne Bug oder Heck, ohne Kiel oder Deck, ohne Ruder, Kompass, Segel oder Dampf. Mr. Seward hat es abgelehnt, mit den drei Herren, den sogenannten Südstaatenkommissaren, zu verkehren oder mit ihnen zu verkehren, die mit Beglaubigung durch die Regierung und den Kongress der Sezessionsstaaten, die jetzt in Montgomery tagen, nach Washington gereist sind, so dass kein Vermittlungskanal oder Mittel zur Einigung offen bleibt. Ich habe tatsächlich gehört, dass die Regierung im Geheimen alle verfügbaren Truppen vorbereitet, um die Garnison in Pickens zu verstärken und Sumter auf jeden Fall zu unterstützen; Der Mangel an Männern, Schiffen und Geld zwingt die Engländer jedoch zum Abwarten, damit die Südstaatenbehörden ihre Pläne nicht durch einen heftigen Angriff auf die geschwächten Festungen vereiteln.

In Wirklichkeit tut New York sehr wenig, um die Regierung bei einer entschiedenen Politik zu unterstützen oder zu ermutigen, und die Zeitungen sind jetzt mehr damit beschäftigt, sich gegenseitig zu beschimpfen und in Angriffskriege kleiner Parteien zu verwickeln, als damit, die Pflichten einer patriotischen Presse zu erfüllen, deren Mission in einer solchen Zeit zweifellos darin besteht, kleine Meinungsverschiedenheiten zum Wohle des ganzen Landes beizulegen und sich ganz seiner Sicherheit, Ehre und Integrität zu widmen. Aber die New Yorker müssen jeden Morgen ihren intellektuellen Schluck trinken, und es spielt keine Rolle, welchen Kurs die Regierung einschlägt, solange sich der aristokratische Demokrat durch Spott über den Great Rail Splitter oder eine anschauliche Darstellung von Mr. Horace Greeleys altem Mantel, Hut, Kniehosen und Regenschirm amüsieren kann. Die gröbsten Persönlichkeiten werden mit Begeisterung gelesen, und

Angriffe einer Art, die in ihren schlimmsten Tagen nicht in die „Age" oder „Satirist" aufgenommen worden wären, bilden die Hauptleitartikel einer oder zwei der auflagenstärksten Zeitschriften der Stadt. „Slang" in seiner schlimmsten amerikanisierten Form wird in Sensationsüberschriften und Leitartikeln freizügig verwendet, und eine Art von Anzeigen, die in angesehenen englischen Zeitungen nicht erscheinen dürfen, nehmen in den Spalten der wichtigsten Zeitungen ihren Platz ein, und es gibt tatsächlich nur wenige, die diese ausschließen. Es ist auch seltsam, in Zeitschriften, die vorgeben, die Zivilisation und Intelligenz der aufgeklärtesten und gebildetsten Menschen auf der Erde zu repräsentieren, Anzeigen von Zauberern, Hexenmeistern und Wahrsagern in Hülle und Fülle zu sehen – „wunderbare Hellseher", „das siebte Kind eines siebten Kindes", „hypnotisierende Totenbeschwörer" und dergleichen, die Ihre Gedanken lesen können, sobald Sie den Raum betreten, sich die Zuneigung sichern können, die Sie schätzen, Glückszahlen bei Lotterien nennen und jedermanns Glück machen können, außer sich selbst. Dann gibt es die unverschämtesten Quacksalberprogramme – höchst fragwürdige „Kontaktanzeigen", die an „die junge Dame mit den schwarzen Haaren und blauen Augen gerichtet sind, die an der Ecke der 7. Straße aus dem Omnibus stieg" – Appelle einer „vor der Entbindung stehenden Dame" an jede „anständige Person, die ein Kind adoptieren möchte": alles recht merkwürdige Lektüre für einen Fremden oder eine Familie.

Man kann natürlich nicht erwarten, dass New York eine sehr reine Stadt ist, denn mehr als London oder Paris ist es die Kloake der Nationen. Es ist auch eine Stadt des Luxus – französische und italienische Köche und Hutmacher, deutsche und italienische Musiker, hohe Preise, extravaganter Geschmack und extravagante Kleidung, leicht verdientes Geld, ein Leben in Hotels, Kneipen, heftiges Glücksspiel, Sport und Preiskämpfe blühen hier und tragen dazu bei, den Lebensstandard der *Bourgeoisie* auf jeden Fall zu senken. Wo Reichtum die einzige Aristokratie ist, besteht die große Gefahr, Überfluss und Verschwendung mit Eleganz und gutem Geschmack zu verwechseln. Als ich heute den Broadway hinunterging, wurden mir einige Dutzend oder mehr der am übertriebensten gekleideten Männer, die ich je gesehen habe, als „Sportler" bezeichnet; das heißt, Männer, die von Spielhöllen und Pferdewetten leben; und die Klasse ist so zahlreich, dass sie ihren eigenen Einfluss hat, insbesondere bei Wahlen, wenn die Macht eines hart zuschlagenden Preisboxers mit einer Anhängerschaft sich unverkennbar bemerkbar macht. Das junge Amerika versucht, wie das militärisch gekleidete Frankreich auszusehen, aber der Hut und der Mantel, die einem Oberst der Carabiniers *en retraite würdig* sind, passen überhaupt nicht zu den dünnen, großen, ziemlich langgesichtigen Herren, die man am Broadway herumlungern sieht. Es stimmt tatsächlich, dass dieser Typus zwar nicht französisch, aber auch nicht englisch ist. Die Merkmale des Amerikaners sind glattes Haar, scharfe, helle, durchdringende Augen und ein Mangel an Farbe in den Wangen.

25. März. — Ich war zu einem Frühstück mit mehreren Mitgliedern der New Yorker Pressevereinigung eingeladen. Unter den Gästen befanden sich: Mr. Bayard Taylor, dessen ausführliche Reiseberichte seinen Landsleuten bekannt sind – eine Art erweiterter Inglis, voll des freundlichen Geistes, der das Reisen in Gesellschaft so angenehm macht, aber er ist, wie Reisende es im Allgemeinen tun, zurückgekehrt, überzeugt davon, dass es kein Land gibt, das seinem eigenen gleicht – Prinz Leeboo liebte seine eigene Insel schließlich am meisten – Mr. Raymond von der „New York Times" (früher Vizegouverneur des Staates); Mr. Olmsted, der unermüdliche, fähige und ernsthafte Schriftsteller, den man, wenn man ihn einfach als Abolitionisten bezeichnet, mit unwissenden, wenn auch eifrigen, unphilosophischen und unpraktischen Menschen verwechseln würde; Mr. Dana von der „Tribune", Mr. Hurlbert von der „Times", der Herausgeber des „Courier des Etats Unis", Mr. Young vom „Albion", der einzigen in den Staaten veröffentlichten englischen Zeitschrift; und andere. Es gab eine Menge angenehmer Gespräche, obwohl jeder natürlich anderer Meinung war als sein Nachbar, sobald dieser die Politik ansprach. Es wurde *über alles gesprochen, was man sich vorstellt* , wie Heenan und Sayers, Secession und Sumter, die Presse, Politiker, das Leben in New York und so weiter. Das erste Thema nahm einen größeren Raum ein, als ihm zustand, weil aller Wahrscheinlichkeit nach der Sportredakteur einer der anwesenden Zeitungen vielleicht berechtigte Gefühle in Bezug auf die Ablehnung des Gürtels an den Amerikaner äußerte. Alle erkannten den Mut und die große Ausdauer seines Gegners an, schienen aber überzeugt, dass Heenan, wenn nicht der bessere Mann, zumindest der Sieger in diesem speziellen Wettkampf war. Es wäre seltsam, die große Tendenz der Amerikaner zu sehen, Vergleiche mit alten und anerkannten Standards anzustellen, wenn sie nicht die natürliche Art und Weise annehmen würden, ihre eigenen Fähigkeiten zu beurteilen. Die Nation ist wie ein heranwachsender Junge, der seine Kräfte ständig im Wettkampf mit seinen Älteren testet. Er ist jung und unreif und ruft alle Besucher durch die Gassen und Gassen, um sich seine Muskeln anzuschauen, gegen ihn anzutreten oder mit ihm zu kämpfen. Es ist ein Zeichen der Jugend, kein Beweis von Schwäche, obwohl es die alten Hasen beleidigt und die Veteranen ärgert.

Dann stellt man fest, dass Großbritannien oft so behandelt wird, wie ein alter Mann von der Halbinsel von einer Gruppe junger Soldaten in einem Club behandelt wird. Er ist zweifellos ein sehr galanter Kerl und hat in seinem Leben sehr gute Dinge getan, und man hört ihm mit respektvoller Geduld zu, aber insgeheim glaubt man, dass er nie wieder etwas wirklich Großes leisten wird.

Einer der anwesenden Herren sagte, dass England das Recht der US-Regierung bestreiten könnte, die Häfen seiner eigenen Staaten zu blockieren, zu denen es laut Vertrag Zugang hätte, und argumentieren könnte, dass eine solche Blockade nicht gerechtfertigt sei; andererseits, so wurde argumentiert, könne der Präsident Häfen nach Belieben öffnen und schließen und er könne die südlichen Häfen durch eine Proklamation in der Art eines Ratsbeschlusses schließen. Es wurde als selbstverständlich angesehen, dass Großbritannien nur aus schmutzigen Motiven handeln würde, aber dass die bekannte Zuneigung Frankreichs zu den Vereinigten Staaten darin besteht, den Egoismus seines Rivalen einzudämmen und eine schnelle Anerkennung zu verhindern.

KAPITEL V.

Auf zum Bahnhof – Eisenbahnwaggons – Philadelphia – Washington –
Willard's Hotel – Mr. Seward – Nord und Süd – Das „Außenministerium"
in Washington – Präsident Lincoln – Abendessen bei Mr. Seward.

Nach unserem angenehmen Frühstück kam der Zwang zur Aktivität, der
solche als leichte Morgenmahlzeiten getarnten Mahlzeiten rächen lässt. Ich
musste packen, und ich muss sagen, dass die moralische Hilfe, die mir der
Kellner leistete, der mit mitfühlendem Gesichtsausdruck dastand und zusah,
wie ich mit Stiefeln, Büchern und Mänteln rang, von äußerst umfassender
Art war. Schließlich überwand ich es, und um 18 Uhr VERLIEß ich das
Clarendon und wurde über die holprigsten und abscheulichsten Gehwege
durch mehrere Meilen unfreundlicher, düsterer, schmutziger Straßen und
überfüllter Durchgangsstraßen, über schneidigen Straßenbahnschienen zu
einem großen Holzschuppen am Flussufer gebracht, der mit Inschriften über
Routen und Ziele bedeckt war, und der, so weit das Auge reichte, von
ähnlichen Einrichtungen umgeben war, wo mein Gepäck im Schlamm
deponiert wurde. Es gab keine Gepäckträger und auch keine der anerkannten
und bewährten Fortbewegungshilfen, die wir in Europa gewohnt sind.
Stattdessen teilten einige Amateure die Beute auf und trugen sie in die Büros,
während ich angewiesen wurde, in einer anderen kleinen Holzkiste nach
meiner Fahrkarte zu greifen. Aus dieser Kiste erhielt ich auch gleich das
erforderliche Dokument, das voller schrecklicher Warnungen und
Bedingungen war, die die Eisenbahngesellschaften der Öffentlichkeit in allen
freien Ländern auferlegen.

Mein gesamtes Gepäck, bis auf eine große Tasche, wurde von einem Mann
auf der New Yorker Seite der Fähre in Empfang genommen, der es bis zur
Hauptstadt „durchcheckte" – er gab mir einen Messingzettel mit einer
Nummer, die einem Messingticket für jedes Gepäckstück entsprach. Als das
Boot an der anderen Seite des Hudson ankam, rief ich in meiner Naivität
nach einem Gepäckträger, der mir mein Gepäck abholen sollte. Die
Passagiere verließen in einem stetigen Strom das geräumige Fährschiff, und
die Dampfröhre und die Glocke der Maschine ertönten, während ich nach
meinem Gepäckträger suchte; aber schließlich sagte ein vorbeikommender
Herr: „Ich schätze, Sie werden eine beträchtliche Zeit hier bleiben, bevor
jemand kommt, um Ihr Gepäck abzuholen", und ich verstand den Wink und
stieg gerade rechtzeitig aus, um in einen langen Kasten auf Rädern zu
stolpern, der mit einer doppelten Reihe äußerst unbequemer Sitze und einem
Gang in der Mitte ausgestattet war, wo ich einen Platz neben Mr. Sanford
fand, dem neu ernannten US-Gesandten in Belgien, der so freundlich war,
mich unter seine Obhut nach Washington zu nehmen.

Die Nacht brach sehr schnell herein, als der Zug losfuhr, aber die flüchtigen Blicke, die ich auf die endlose Reihe hübsch aussehender Dörfer mit zweistöckigen, weiß gestrichenen Holzhäusern erhaschte, jedes mit seinem korinthischen Portikus, vermittelten einen sehr positiven Eindruck vom Wohlstand und der Bequemlichkeit der Menschen. Die Eisenbahn führte durch die Hauptstraße der meisten dieser Weiler und Dörfer, und die Glocke der Lokomotive läutete, um die Einwohner zu warnen, die auf den Gehsteigen anhielten und uns vorbeifahren ließen. Bald verschwanden die weißen Häuser zu schwachen, verschwommenen Flecken auf dem schwarzen Grund der Landschaft oder funkelten in sternenähnlichen Lichtern, und es gab nichts mehr zu sehen. Die Passagiere drängten sich so dicht zusammen, wie sie nur konnten, und da sich in der Mitte des Waggons ein riesiger Eisenofen befand, wurden die Hitze und die stickige Luft äußerst anstrengend, obwohl ich die Tortur der ofengeheizten New Yorker Häuser fast eine Woche lang ertragen hatte. Mindestens einmal pro Minute wurde die Tür an beiden Enden des Wagens geöffnet und dann mit einem scharfen, krachenden Geräusch geschlossen, das die Nerven erschütterte und den Schlaf wirksam verhinderte. Normalerweise wurde dies von einem Mann getan, dessen einziges Ziel darin zu bestehen schien, in der Mitte des Wagens entlangzugehen, um durch die gegenüberliegende Tür hinauszugehen – gelegentlich war es die Arbeit des Zeitungsjungen, der einen Stapel Zeitschriften und geschmacklose illustrierte Zeitungen unter dem Arm hatte. Ab und zu war es der Schaffner; der regelmäßige Besucher war jedoch ein junger Herr mit einer Kette und Ringen, der ein Tablett vor sich her trug und um Bestellungen für „Gummibonbons" und „Zitronenbonbons" bat, die, zusammen mit Tabak, Äpfeln und Kuchen, in großen Mengen von den Passagieren verzehrt wurden.

Um 22 Uhr ÜBERQUERTEN wir den Fluss mit einer Fähre nach Philadelphia, fuhren durch die Straßen und machten einen kurzen Stopp zum Abendessen im La Pierre Hotel. Nach der enormen Ausdehnung der Straßen mit ihren kleinen, niedrigen, aber gemütlich aussehenden Häusern zu urteilen, durch die wir fuhren, muss Philadelphia von allen Städten der Welt die größte Zahl kleiner Haushalte beherbergen. An der anderen Endstation des Zuges, zu der wir in einer Kutsche fuhren, besorgten wir uns für eine kleine Summe, ich glaube einen Dollar, Betten in einem Schlafwagen, eine amerikanische Institution von beträchtlichem Wert. Unglücklicherweise wollte es sich eine Gruppe von Preisboxern bequem machen, und das Ergebnis war alles andere als schlaffördernd. Sie tranken reichlich Whisky und waren voller Gesang und Kampfgeist, und es war auch nicht möglich, ihren dringenden Aufforderungen, „etwas zu trinken", zu entgehen, indem man den tiefsten Schlaf vortäuschte. Einer von ihnen, ein großer Mann mit gebrochener Nase, einem sanften Auge und einer großen Sammlung von Ringen, Juwelen, Ketten und Nadeln, war in bester Stimmung und teilte uns mit, dass er „nach

Washington fahre, um eine Auslandsmission von Bill Seward entgegenzunehmen. Paris würde er nicht nehmen, da er sich nicht viel aus Franzosen oder Franzosen mache; aber er würde John Bull gerne zeigen, wie es geht; oder er würde Japan nehmen, wenn sie sehr drängen." Ein anderer sagte uns, er fahre „zu Onkel Abe" (womit er den Präsidenten meinte) – „er habe ihn vor Jahren in Kentucky gut gekannt und er sei ein vornehmer Gentleman gewesen." Alle Versuche der Schaffner, sie zum Schlafen zu überreden, wurden mit höchster Verachtung behandelt, aber schließlich setzte sich der Whisky durch und nachdem ihnen klar geworden war, dass sie „nicht schlafen würden, wenn es ihnen nicht gefiel", schliefen und schnarchten sie.

Um sechs UHR MORGENS wurden wir von der Ankunft des Zuges in Washington geweckt, nachdem wir in der Nacht große Flüsse überquert und Städte durchquert hatten, ohne es zu merken. Ich blickte hinaus und sah links über uns eine riesige Masse aus weißem Marmor aufragen, die sich in Säulenhallen und langen Seitenwänden aus Mauerwerk mit Fenstern erstreckte und von einer unvollendeten Kuppel überragt wurde, aus der Gerüste und Kräne ihre schwarzen Arme erhoben. Dies war das Kapitol. Rechts war eine geräumte Fläche aus Schlamm, Sand und Feldern, die mit Holzschuppen und Hütten übersät war, dahinter waren wiederum rudimentäre Straßen mit kleinen roten Backsteinhäusern und einigen Kirchtürmen darüber zu sehen.

Als wir den Bahnhof verließen, trafen wir auf eine lautstarke Menge Schwarzer, die die Droschkenkutscher des Ortes waren; aber Mr. Sanford hatte seinen Wagen bereitstehen und fuhr mich direkt zu Willard's Hotel, wo er mich dem Wirt an der Bar übergab. Unser Weg führte über die Pennsylvania Avenue – eine sehr breite und lange Straße, gesäumt von Älanthenbäumen, die alle in einem weißgetünchten hölzernen Schilderhäuschen standen, und von höchst unregelmäßig gebauten Häusern aus allen möglichen Materialien, von Tannenholz bis Marmor – in allen Höhen und mit allen möglichen Geschäften. Nur wenige Schaufenster waren geöffnet, und die Hauptbevölkerung bestand aus Schwarzen, die ihren häuslichen Angelegenheiten nachgingen. An einem Ende der langen Aussicht befindet sich das Kapitol und am anderen die Gebäude des Finanzministeriums – ein schöner Marmorblock mit den üblichen klassischen amerikanischen Kolonnaden.

In der Nähe davon erhebt sich das große Gebäude von Willard's Hotel, das jetzt von Bewerbern für ein Amt und den Mitgliedern des neu zusammengestellten Kongresses bewohnt wird. Es ist ein viereckiges Gebilde von Räumen, sechs Stockwerke hoch und einige hundert Quadratmeter groß; und es beherbergt in diesem Moment wahrscheinlich mehr intrigierende, intrigante, planende Köpfe, mehr schmerzende und freudige Herzen, als irgendein Gebäude dieser Größe jemals auf der Welt beherbergt hat. Ich wurde in ein Schlafzimmer geführt, das gerade von einem Kandidaten geräumt worden war – ob er Erfolg hatte oder nicht, kann ich nicht sagen, aber wenn seine Zeugnisse der Wahrheit entsprachen, hätte er sofort für das höchste Amt ausgewählt werden müssen. Das Zimmer war übersät mit gedruckten Kopien von Briefen, die bezeugten, dass J. Smith aus Hartford, Connecticut, der fähigste, ehrlichste, klügste und beste Mann war, den die Schriftsteller je kannten. Auf und ab der langen Gänge öffneten und schlossen sich Türen für Männer, deren Papiere aus ihren Taschen quollen und die eilten, als ob es um ihr Leben ginge, und das Gebäude bebte beinahe unter den Schritten der Kandidatur, die in ihrem gegenwärtigen Aussehen nicht immer die Richtigkeit der ursprünglichen Bezeichnung rechtfertigte.

Es war ein bemerkenswerter Anblick, und es war schwer zu verstehen, wenn man ihn nicht selbst gesehen hatte. Aus Kalifornien, Texas, den Indianerreservaten und dem Mormonengebiet, aus Nebraska, aus den entlegensten Teilen der <u>borders of Minnesota</u>Union, aus jedem Teil der riesigen Territorien der Union, mit Ausnahme der abtrünnigen Staaten, hatten sich die triumphierenden Republikaner auf den Weg zur Beute gemacht.

In der Halle herrschte ein Gedränge, durch das man kaum hindurchkam – das Schreibzimmer war überfüllt, und das Rascheln der Federn wurde zu einer leichten Brise – das Raucherzimmer, die Bar, der Friseursalon, der Empfangsraum, der Salon der Damen – alles war überfüllt. Zurzeit speisen täglich nicht weniger als 2.500 Menschen im öffentlichen Raum. Auf dem Küchenboden befindet sich ein riesiger Raum, eine Halle ohne Teppiche oder andere Möbel außer einfachen Stühlen und Tischen, die in engen Reihen aufgestellt sind, in denen Scharen von Menschen fressen oder sich unterhalten oder von denen sie wegfliegen. Die Diener hören nie auf, die Stühle mit einem harten, kreischenden Geräusch über den Boden hin und her zu schieben, so dass man seinen Nachbarn kaum sprechen hören kann. Wenn er das täte, würde er wahrscheinlich wie ich in diesem Hotel einen Mann Frühstück bestellen hören: „Schwarzer Tee und Toast, Rührei, frischer Frühlingsfisch, Wildtaube, Schweinefüße, zwei Rotkehlchen auf Toast, Austern" und jede Menge Brot und Kuchen verschiedener Sorten. Die Verschwendung infolge solcher Bestellungen ist enorm – und die Fähigkeiten, die erforderlich sind, um diese riesigen Einrichtungen erfolgreich zu führen, werden in den Staaten mit dem gängigen Satz ausgedrückt: „Brown ist ein kluger Mann, aber er kann kein Hotel führen." Der Tumult, die gemischte Gesellschaft – meine Freunde, die Preisboxer, haben den Eingang bereits besetzt –, die beheizten, schwülen Räume, ganz zu schweigen von der Abscheulichkeit der Gänge und Hallen, trotz der großzügigen Bereitstellung von Spucknäpfen, tragen dazu bei, dass diese

Einrichtungen für einen Europäer keineswegs angenehm sind. Später am Tag gelang es mir, ein Wohnzimmer mit angeschlossenem kleinen Schlafzimmer zu bekommen, was mir etwas mehr Unabhängigkeit und Komfort verschaffte – aber man muss für jede Abweichung vom Alltagsleben der Einheimischen einen hohen Preis zahlen. Damen genießen ein hübsches Wohnzimmer mit Klavier, Sofas und Sesseln ganz für sich allein.

Ich speiste bei Mr. Sanford, wo ich Mr. Seward, Außenminister, Mr. Truman Smith, einem ehemaligen Senator, der in der Republikanischen Partei sehr geachtet ist, Mr. Anthony, einem Senator der Vereinigten Staaten, einem Journalisten, einem sehr intelligent aussehenden Mann mit israelitischem Gesichtsausdruck, Colonel Foster von der Illinois-Eisenbahn, der in den Staaten als Geologe bekannt ist, und ein oder zwei weiteren Herren vorgestellt wurde. Mr. Seward ist ein schmächtiger, mittelgroßer Mann von schwacher Statur, mit einer durch sitzende Gewohnheiten und die Beschäftigung mit dem Schreibtisch gebeugten Haltung, und er hat im Sitzen eine eigentümliche Haltung, die sofort die Aufmerksamkeit auf sich zieht. Ein wohlgeformter und großer Kopf sitzt auf einem langen, schlanken Hals und ragt in streitlustiger Art über die Brust, als ob die scharfen Augen nach einem Gegner suchten; der Mund ist bemerkenswert flexibel, groß, aber wohlgeformt, die Nase markant und adlerförmig, die Augen geheimnisvoll, aber durchdringend und lebhaft und mit einem Funkeln irgendeiner Art von Humor; die Stirn kühn und breit, aber nicht bemerkenswert hoch; das weiße Haar silbrig und fein – ein feinsinniger, schlagfertiger Mann, der sich an der Macht erfreut, der gerne Reden hält und Orakelsprüche spricht, der gerne scherzt, der vor der Wichtigkeit von Staatsgeheimnissen strotzt und die Würde besitzt, die Außenpolitik des – wie alle Amerikaner meinen – größten Landes der Welt zu leiten. Nach dem Essen erzählte er einige Geschichten über den Druck auf den Präsidenten, was die Gäste, die die Männer kannten, sehr amüsierte, und sprach frei und angenehm über viele Dinge – stellte jedoch nur wenige Fakten klar. In Bezug auf eine Behauptung in einer New Yorker Zeitung, dass Befehle zur Evakuierung von Sumter gegeben worden seien, sagte er: „Das“, sagte er, „ist eine schlichte Lüge – es wurden keine solchen Befehle gegeben. Wir werden nichts aufgeben, was wir haben – nichts aufgeben, was uns anvertraut wurde. Wenn die Leute diese Aussagen nur im Licht der Amtseinführung des Präsidenten lesen würden, würden sie nicht getäuscht werden.“ Er wollte keine zusätzliche Sitzung des Kongresses. „Die Geschichte lehrt uns, dass Könige, die zusätzliche Parlamente einberufen, ihren Kopf verlieren“, und er teilte der Gesellschaft mit, dass er den Präsidenten mit seinen historischen Parallelen beeindruckt habe.

Während des ganzen Gesprächs war sein Tonfall der eines sehr optimistischen Mannes und empfand tiefe Verachtung für diejenigen, die glaubten, eine Sezession sei etwas Ernstes. „Nun“, sagte er, „ich selbst, meine

Brüder und Schwestern waren alle Sezessionisten – wir haben uns von zu Hause losgesagt, als wir jung waren, aber wir sind alle früher oder später dorthin zurückgekehrt. Diese Staaten werden alle auf die gleiche Weise zurückkehren." Ich bezweifle, dass er jemals im Süden war; aber er versicherte, dass die Lebens- und Gesellschaftsverhältnisse dort ungefähr denen im Staat New York vor sechzig oder siebzig Jahren ähnelten. Im Norden drehte sich alles um Leben, Unternehmertum, Industrie, mechanisches Können. Im Süden war man von schwarzer Arbeit abhängig und von einer müßigen Extravaganz, die mit elegantem Luxus verwechselt wurde – heruntergekommene alte Droschken, wie man sie nördlich des Potomac seit einem halben Jahrhundert nicht mehr gesehen hatte, nie gereinigtes Geschirr, ungepflegte Pferde, an einem Tag in der Fabrik gearbeitet und am nächsten in die Stadt geschickt, schlecht eingerichtete Häuser, schlechte Küche, mangelhafte Ausbildung. Es ließ sich überhaupt keine Parallele zwischen ihnen und den Nordstaaten ziehen. „Sie sind alle sehr verärgert", sagte er, „über den Morrill-Zoll. Sie müssen uns jedoch die besten Richter unserer eigenen Angelegenheiten sein lassen. Wenn wir richtig urteilen, haben Sie kein Recht, sich zu beschweren; wenn wir falsch urteilen, werden wir bald durch die Ergebnisse belehrt und unseren Fehler korrigieren. Es ist offensichtlich, dass, wenn der Morrill-Zoll die Erwartungen erfüllt und Einnahmen generiert, die britischen Hersteller nichts leiden und wir nichts, denn die Einnahmen werden hier generiert und der Handel wird nicht beeinträchtigt. Wenn der Zoll keine Einnahmen generiert, werden wir gezwungen sein, ihn zu ändern oder aufzuheben."

Die Gesellschaft sprach ihn mit „Gouverneur" an, was Mr. Seward dazu veranlasste zu erwähnen, dass er sich während seines Aufenthalts in England mit dieser Vorsilbe in ein Hotelbuch eintragen ließ, was unter den Kellnern eine Diskussion darüber auslöste, ob er der „Gouverneur" eines Gefängnisses oder eines öffentlichen Unternehmens sei. Ich hoffe, das große Volk Englands begegnete Mr. Seward mit der seiner Position gebührenden Aufmerksamkeit, da er jede Geringschätzung von Seiten der Hohen Beamten mit Sicherheit sehr empfinden und übelnehmen würde. Aus seinen Worten schließe ich jedoch, dass er mit dem Empfang, der ihm in London bereitet wurde, zufrieden war. Wie die meisten Amerikaner, die es sich leisten können, ist er den Nil hinaufgefahren. Der seltsame alte Strom übt auf die Menschen am Mississippi eine große Faszination aus – zumindest bis zum ersten Katarakt.

27. März. — Heute Morgen, nach dem Frühstück, kam Mr. Sanford wie versprochen vorbei und brachte mich zum Außenministerium. Es ist ein sehr bescheidenes – eigentlich schmuddeliges – zweistöckiges Herrenhaus am Ende der prächtigen Kolonnadenreihe aus weißem Marmor, die als Schatzamt bezeichnet wird und künftig als Hauptsitz fast aller öffentlichen

Ämter dienen soll. Leute, die Downing Street kennen, können jedoch nichts gegen die Schäbigkeit der Büros einwenden, in denen die Außen- und Staatsangelegenheiten der amerikanischen Republik abgewickelt werden. Eine Treppe führt zur Eingangstür, an der eine schriftliche Ankündigung angebracht ist, die die Empfangstage für die verschiedenen Personengruppen angibt, die mit dem Außenminister zu tun haben; in der Eingangstür befinden sich rechts und links kleine Räume, an deren Türen die Namen der verschiedenen Beamten stehen – die meisten von ihnen wichtige Personen; auf halbem Weg durch die Eingangstür führt uns eine Treppe zu einem ähnlichen, ziemlich dunklen Korridor, mit Türen auf beiden Seiten, die in die Büros der Obersekretäre führen. Bei allen Terminen ging es sehr ruhig zu, und in den Gängen eines Armenrats oder einer Gemeindesakristei wäre deutlich mehr Betriebsamkeit vorgekommen.

In einem mittelgroßen, aber sehr komfortablen, von Bücherregalen umgebenen und mit einigen Kupferstichen geschmückten Raum fanden wir den Außenminister an seinem Tisch sitzend, eine Zigarre rauchend. Er empfing mich mit großer Höflichkeit und Freundlichkeit und sagte nach einiger Zeit, er würde die Gelegenheit nutzen, mich dem Präsidenten vorzustellen, der an diesem Tag dem Minister des neuen Königreichs Italien eine Audienz gewähren würde, der bisher nur das Königreich Sardinien vertreten hatte.

Ich habe Mr. Sewards persönliches Erscheinungsbild bereits beschrieben; sein Sohn, dem er mich vorstellte, ist stellvertretender Außenminister und Herausgeber oder Eigentümer einer Zeitschrift im Staat New York, die für ihre Fähigkeiten und ihre Fairness bekannt ist. Mr. Frederick Seward ist ein schlanker, zierlich wirkender Mann mit hoher Stirn, nachdenklicher Braue, dunklen Augen und liebenswürdigem Ausdruck; sein Benehmen ist sehr ruhig und bescheiden, und wenn nicht zurückhaltend, so ist er doch keineswegs redselig. Während wir sprachen, fuhr eine Kutsche vor die Tür, und Mr. Seward rief seinem Vater mit etwas wie Bestürzung in der Stimme zu: „Da kommt der Chevalier in voller Uniform!" – und in wenigen Sekunden erschien tatsächlich der Chevalier Bertinatti, mit Dreispitz, weißen Handschuhen, diplomatischem Anzug aus blauer und silberner Spitze, Schwert, Schärpe und Band des Savoyer Kreuzes. Ich hatte den Eindruck, dass Mr. Seward ein stilles Lächeln auf dem Gesicht hatte, als er seinen brillanten Begleiter sah, der einen so starken Kontrast zu seiner mehr als republikanischen Schlichtheit bildete. „Fred, bringen Sie Mr. Russell zum Präsidenten, während ich den Chevalier begleite. Wir treffen uns im Weißen Haus." Wir machten uns also durch eine Privattür auf den Weg, die zum Anwesen führte, und betraten innerhalb weniger Sekunden die Eingangshalle des bescheidenen Herrenhauses, des Weißen Hauses, das sehr stark an einen Teil einer Bank oder eines öffentlichen Büros erinnert, da es mit Glastüren und schlichten, schweren Stühlen und Bänken ausgestattet ist. Der Diener, der ihn begleitete, war wie jeder normale Bürger gekleidet und schien der hohen Stellung der großen Persönlichkeit, mit der er sich unterhielt, vollkommen gleichgültig gegenüberzustehen, als Mr. Seward ihn fragte: „Wo ist der Präsident?" Wir gingen durch eine der Türen auf der linken Seite und betraten ein schönes, geräumiges Zimmer, das reich und ziemlich prächtig möbliert war und sich einer Art „ *Demi-Jour* " erfreute, die die vergoldeten Stühle und Ormolu-Ornamente noch mehr zur Geltung brachte. Mr. Seward und der Chevalier standen in der Mitte des Raumes, während sein Sohn und ich etwas abseits blieben: „Denn", sagte Mr. Seward, „man sollte nicht davon ausgehen, dass Sie hier sind."

Bald darauf trat mit schlurfendem, schlaffem, unregelmäßigem, fast unsicherem Gang ein großer, schlanker, hagerer Mann ein, der deutlich über sechs Fuß groß war, mit hängenden Schultern und langen, herabhängenden Armen, die in Händen von außergewöhnlicher Größe endeten, die jedoch von seinen Füßen bei weitem übertroffen wurden. Er trug einen schlecht sitzenden, zerknitterten schwarzen Anzug, der an die Uniform eines Leichenbestatters bei einer Beerdigung erinnerte; um seinen Hals war eine Kordel aus schwarzer Seide zu einem großen Knoten geknotet, deren Enden über den Kragen seines Mantels hinausragten; sein umgeschlagener Hemdkragen enthüllte einen sehnigen, muskulösen gelben Hals, und darüber, eingebettet in eine große schwarze Haarmasse, die struppig und kompakt wie eine Halskrause aus Trauernadeln war, erhob sich das seltsame, eigenartige Gesicht und der Kopf von Präsident Lincoln, bedeckt mit einem Schopf aus wildem republikanischem Haar. Der Eindruck, den die Größe seiner Gliedmaßen und seine flatternden, weit abstehenden Ohren erwecken, kann durch den Anschein von Freundlichkeit, Scharfsinn und der linkischen Gutmütigkeit seines Gesichts ausgeglichen werden. Der Mund ist geradezu erstaunlich; die Lippen, die sich zottelig erstrecken und sich fast von einer Linie seines schwarzen Bartes zur anderen erstrecken, werden nur durch zwei tiefe Furchen vom Nasenloch bis zum Kinn in Ordnung gehalten. Die Nase selbst - ein hervorstehendes Organ - hebt sich mit einem fragenden, besorgten Ausdruck aus dem Gesicht ab, als würde sie im Wind nach etwas Gutem wittern. Die dunklen, großen und tiefliegenden Augen sind durchdringend, aber voll eines Ausdrucks, der fast an Zärtlichkeit grenzt. Über ihnen ragt die struppige Stirn hervor und geht in die kleine, harte Stirnpartie über, deren Entwicklung wegen der unregelmäßigen Büschel dicken Haare, die nachlässig darüber gestrichen sind, kaum genau abgeschätzt werden kann. Man könnte sagen, dass der Mund zwar dazu geschaffen ist, Spaß an einem Scherz zu haben, aber auch das strengste Urteil aussprechen kann, das der Kopf diktieren kann, aber dass Mr. Lincoln immer eher bereit wäre, Gerechtigkeit mit Gnade zu mäßigen und das zu genießen, was er für die Annehmlichkeiten des Lebens hält, als eine harte Sicht auf die menschliche Natur und die Welt zu haben und die Dinge in einem asketischen oder puritanischen Geist zu beurteilen. Eine Person, die Mr. Lincoln auf der Straße begegnet, würde ihn nicht für das halten, was man — gemäß den Gepflogenheiten der europäischen Gesellschaft — einen „Gentleman" nennt; und tatsächlich habe ich seit meiner Ankunft in den Vereinigten Staaten mehr abfällige Anspielungen von Amerikanern auf ihn gehört, als ich unter einfachen Republikanern, wo alle gleich sein sollten, erwartet hätte; aber gleichzeitig wäre es für den gleichgültigsten Beobachter nicht möglich, auf der Straße unbemerkt an ihm vorbeizugehen.

Als er durch den Raum ging, unterdrückte er offensichtlich den Wunsch, jedem die Hand zu schütteln, und lächelte gut gelaunt, bis er plötzlich durch das gesetzte Benehmen von Mr. Seward und die tiefen diplomatischen Verbeugungen des Chevalier Bertinatti aufgerichtet wurde. Dann riss er sich tatsächlich plötzlich zurück und stand vor den beiden Ministern, mit leicht nach vorne gebeugtem Körper, den Händen auf dem Rücken, den Knien aneinander und den Füßen auseinander. Mr. Seward stellte den Minister förmlich vor, woraufhin der Präsident eine ungeheuer heftige Demonstration seines Körpers in einer Verbeugung machte, die in ihrer Schnelligkeit und Plötzlichkeit fast wie ein Schlag wirkte, und sich wieder fing und ihm seine größte Aufmerksamkeit schenkte, während der Chevalier mit einer weiteren Verbeugung eine lange Ansprache von einem Blatt Papier vorlas, in der er den königlichen Brief überreichte, der ihn als „residierenden Minister" akkreditierte; und als er sagte: „Der König möchte unter Ihrer aufgeklärten Verwaltung jenen Gefühlen offener Sympathie, die zwischen den beiden Völkern unaufhörlich zum Ausdruck kommen und deren Ursprung bis auf die Anstrengungen zurückreicht, die ihr gemeinsames Schicksal als selbstregierte und freie Nationen bestimmt haben, alle mögliche Stärke und Tragweite verleihen", verneigte sich der Präsident noch heftiger, als wollte er die Anspielung akzeptieren.

Der Minister übergab seinen Brief sofort dem Präsidenten, der ihn Herrn Seward übergab. Dann griff Herr Lincoln in seine Manteltasche und zog ein Blatt Papier hervor, aus dem er seine Antwort vorlas. Der bemerkenswerteste Teil davon war seine Doktrin, „dass die Vereinigten Staaten verpflichtet sind, sich nicht in die Meinungsverschiedenheiten zwischen ausländischen Regierungen und Ländern einzumischen". Nach einigen Komplimenten schüttelte der Präsident dem Minister die Hand, der sich bald darauf zurückzog. Herr Seward nahm dann meine Hand und sagte: „Herr Präsident, gestatten Sie mir, Ihnen Herrn Russell von der Londoner ‚Times' vorzustellen." Daraufhin streckte Herr Lincoln sehr freundlich seine Hand aus und sagte: „Herr Russell, ich freue mich sehr, Ihre Bekanntschaft zu machen und Sie in diesem Land zu sehen. Die Londoner ‚Times' ist eine der größten Mächte der Welt — tatsächlich kenne ich nichts, das viel mächtiger ist – außer vielleicht den Mississippi. Ich freue mich, Sie als ihren Minister zu kennen." Es folgten einige Minuten Gespräch, das der Präsident durch zwei oder drei kleine eigenartige Ausrutscher belebte, und ich war angenehm beeindruckt von seiner Schläue, seinem Humor und seiner natürlichen Scharfsinnigkeit.

Am Abend speiste ich mit Mr. Seward, seinem Sohn, Mr. Seward junior, Mr. Sanford und einem urigen, natürlichen Exemplar eines amerikanischen Landanwalts, der als Gesandtschaftssekretär nach Brüssel ging. Sein Chef, Mr. Sanford, schien nicht gerade glücklich, als er seinem Sekretär vorgestellt wurde, denn er stellte fest, dass dieser nur sehr begrenzte Kenntnisse (wenn überhaupt) des Französischen und anderer Dinge hatte, die Sekretäre im Allgemeinen als wünschenswert erachten.

Ganz natürlich drehte sich das Gespräch um Politik. Obwohl niemand die Natur der bevorstehenden Krise oder die Art und Weise, wie sie bewältigt werden würde, vorhersehen kann, ist der Glaube von Männern wie Mr. Sanford und Mr. Seward an den endgültigen Erfolg ihrer Prinzipien und an die Integrität der Republik sehr bemerkenswert; und die Kühnheit ihrer Sprache in Bezug auf ausländische Mächte grenzt fast an Arroganz und Drohung, wenn nicht an Dreistigkeit. Mr. Seward behauptete, die Minister Englands oder Frankreichs hätten kein Recht, auf den Bürgerkrieg anzuspielen, der unmittelbar bevorzustehen schien; und dass die ins Ausland entsandten Südstaatenkommissare von der Regierung keiner ausländischen Macht offiziell oder anderweitig empfangen werden könnten, nicht einmal, um ein Dokument einzureichen oder eine Erklärung abzugeben, ohne das Risiko einzugehen, die Beziehungen zur Regierung der Vereinigten Staaten abzubrechen. Was das große Objekt der öffentlichen Neugier, die Befreiung von Fort Sumter, betrifft, bewahrt Mr. Seward tiefes Schweigen, abgesehen von der bloßen Erklärung, die er mit einem angenehmen Augenzwinkern abgibt: „Die gesamte Politik der Regierung zu dieser und anderen Fragen wird in der Antrittsrede des Präsidenten dargelegt, von der es keine Abweichungen geben wird." Was die Antrittsrede betrifft, so gibt es jedoch keinen so sicheren Hinweis darauf, wie Mr. Seward zu entdecken vorgibt, welchen Kurs Mr. Lincoln und sein Kabinett verfolgen werden. Einem Außenstehenden wie mir scheint es, als warteten sie auf die Entwicklung der Ereignisse und stützten ihre Politik eher auf bereits eingetretene Ereignisse als auf ein bestimmtes Prinzip, das die Zukunft bestimmen oder lenken soll.

Ich sollte hier hinzufügen, dass Herr Seward die Fähigkeiten, die Geschicklichkeit und die persönlichen Qualitäten von Herrn Jefferson Davis in höchsten Tönen lobte und seine Überzeugung zum Ausdruck brachte, dass die Sezessionsbewegung ohne ihn nie so weit hätte kommen können und aller Wahrscheinlichkeit nach überhaupt nie stattgefunden hätte. Nach dem Abendessen wurden Zigarren geraucht und es folgte eine ruhige Runde

Whist. Der Minister ist ein großer Verfechter von Ausschweifungen und erzählte uns viele Anekdoten von Auslandsreisen. Wenn ich ihm nicht unrecht tue, möchte ich noch sagen, dass er sich mit besonderer Befriedigung an seinen Besuch in England und die Aufmerksamkeit erinnert, die er dort erhielt. Man kann ihm nichts vorwerfen, denn er hat eine sehr erhabene Vorstellung von der überlegenen Intelligenz, Tugend, dem Glück und dem Wohlstand seines eigenen Volkes. Er sagte, es wäre nicht angemessen, wenn er mit den Südstaatenkommissaren in Washington in Verbindung stünde, was mich ziemlich überraschte, nach dem, was ich von ihrem Freund, Herrn Banks, gehört hatte. Als ich in mein Hotel zurückkehrte, fand ich eine Karte vom Präsidenten, der mich zum Abendessen für den nächsten Tag einlud.

KAPITEL VI.

Ein Staatsessen im Weißen Haus – Mrs. Lincoln – Die Kabinettsminister –
Ein Zeitungskorrespondent – Karfreitag in Washington.

28. März. — Heute wurde mir der Besuch einer großen Zahl von
Kongressabgeordneten, Journalisten und anderen zuteil. Den Äußerungen
der meisten Washingtoner zufolge würden sie gern ein Kabinett aus dem
Süden in ihrer Stadt installiert sehen. Lincoln wird die kalte Schulter gezeigt
und es werden alle möglichen Geschichten und Witze auf seine Kosten
verbreitet. Die Leute erzählen mit besonderem Vergnügen, wie er verkleidet
mit einer schottischen Mütze und einem schottischen Mantel zum Sitz seiner
Regierung kam, was immer das auch bedeuten mag.

Am Abend begab ich mich ins Weiße Haus. Der Diener, der mir Hut und
Mantel abnahm, war besonders neugierig auf meinen Namen und meinen
Lebensstand; und als er hörte, dass ich kein Minister war, schien er geneigt,
mein Recht, überhaupt hier zu sein, in Frage zu stellen: „Denn", sagte er,
„heute speisen hier nur Mitglieder des Kabinetts und ihre Frauen und
Töchter." Schließlich beruhigte er sich – wies mich an, meinen Hut
aufzusetzen, damit er keiner Demütigung ausgesetzt war, und teilte mir mit,
dass ich im Begriff war, an einem Prandialvergnügen ungewöhnlichen
Charakters teilzunehmen. Es gab keine Parade oder Schaustellung, keine
Ankündigung – keine vergoldete Treppe mit ihren livrierten Herolden, die
den Namen von Stockwerk zu Stockwerk übertrugen und übersetzten. Von
dem schlichten Vorzimmer führte uns ein Gang durch die hohe Halle zum
Empfangszimmer, das dasselbe war, in dem der Präsident gestern sein
Interview abgehalten hatte.

Mrs. Lincoln saß bereits, um ihre Gäste zu empfangen. Sie ist mittleren Alters
und groß, von einer Rundlichkeit, die zu der für ihr Alter typischen *Prägung
ausartet* ; ihre Gesichtszüge sind schlicht, ihre Nase und ihr Mund von
gewöhnlicher Art, und ihre Manieren und ihr Aussehen schlicht, jedoch
versteift durch das Bewusstsein, dass ihre Position von ihr verlangt, mehr zu
sein als eine schlichte Mrs. Lincoln, die Frau des Anwalts aus Illinois; sie
verwendet in jedem Satz das Wort „Sir", was heute fast ein Amerikanismus
ist, der auf bestimmte Klassen beschränkt ist, obwohl es einst in England
ebenso üblich war. Ich werde nicht versuchen, ihre Kleidung zu beschreiben,
obwohl sie sehr prächtig und farbenfroh war. Sie handhabte mit viel Energie
einen Fächer, der einen runden, wohl proportionierten Arm zur Schau stellte,
und war mit einigem schlichten Schmuck geschmückt. Mrs. Lincoln machte
auf mich den Eindruck, als wolle sie sich angenehm machen; und ich gebe
zu, ich war angenehm enttäuscht, da die Sezessionistinnen in Washington

sich mit Anekdoten amüsiert hatten, die kaum auf Tatsachen beruhen konnten.

Mehrere Minister waren bereits eingetroffen; nach und nach waren alle da, und die Gruppe wartete nur noch auf General Scott, der in Washington der Vertreter der monarchistischen Idee zu sein schien, und um etwas von dem Gefühl aufzunehmen, das auf den Bildern und der Erinnerung, wenn nicht auf dem Denkmal von Washington, lastet. Während wir warteten, führte mich Mr. Seward herum und stellte mich den Ministern und ihren Frauen und Töchtern vor, unter den letzteren Miss Chase, die sehr attraktiv, angenehm und lebhaft ist. Ihr Vater, der Finanzminister, kam mir als eine der intelligentesten und angesehensten Personen in der ganzen Versammlung vor; groß, von guter Erscheinung, mit einem wohlgeformten Kopf, einer schönen Stirn und einem Gesicht, das Energie und Macht ausstrahlt. Das Lid eines Auges, das anscheinend eine Verletzung erlitten hat, hängt eigenartig herab und bewegt sich, was die angenehme Wirkung seines Gesichts beeinträchtigt; aber im Großen und Ganzen ist er jemand, der in einer europäischen Menschenmenge der gleichen Art nicht ganz unbemerkt bleiben würde.

In der ganzen Versammlung war kein Stückchen Spitze oder Band zu sehen, außer den prächtigen Schulterklappen eines alten Marineoffiziers, der im letzten Krieg gegen uns gedient hatte und einen Zweig der Marine vertrat. Auch die Minister fielen keineswegs durch ihr persönliches Erscheinungsbild auf.

Mr. Cameron, der Kriegsminister, ein schmächtiger Mann von über mittlerer Größe mit grauem Haar, tiefliegenden, scharfen grauen Augen und einem schmalen Mund, machte auf mich den Eindruck einer fähigen und gewandten Person. Sein Kollege, der Marineminister, ein kleiner Mann mit einem großen langen grauen Bart und Brille, machte nicht den Eindruck einer Person mit viel Originalität oder Fähigkeit; _but people who_ Mr. Welles erklärt, er verfüge über administrative Macht, obwohl sie zugeben, dass er das Vorderste vom Heck eines Schiffes nicht unterscheiden kann und es nicht sicher ist, ob er in seinem Leben je das Meer gesehen hat. Mr. Smith, der Innenminister, ist ein helläugiger, kluger (ich verwende das Wort im englischen Sinn) Gentleman, der den Ruf hat, eines der konservativsten Mitglieder des Kabinetts zu sein. Mr. Blair, der Generalpostminister, ist eine Person mit viel mehr Einfluss, als seine Position vermuten lässt. Er gilt als einer der entschlossensten Republikaner im Ministerium. aber er hatte eigenartige Vorstellungen in Bezug auf die schwarze und die weiße Rasse, die, wenn sie in die Tat umgesetzt würden, keineswegs zum Wohlbefinden oder Glück der freien Neger in den Vereinigten Staaten beitragen würden. Er ist ein großer, hagerer Mann mit einem harten, schottischen, praktisch aussehenden Kopf – ein Amboss, auf den Ideen gehämmert werden können.

Seine Augen sind klein und liegen tief und haben einen rattenartigen Ausdruck, und er spricht mit Vorsicht, als ob er jedes Wort abwäge, bevor er es ausspricht. Der letzte der Minister ist Mr. Bates, ein stämmiger, untersetzter, gewöhnlich aussehender Mann mit einem großen Bart, der das Amt des Generalstaatsanwalts innehat. Einige der Herren trugen Abendgarderobe, andere schwarze Gehröcke, die, wie es scheint, wie in der Türkei, bei einem republikanischen Ministerdinner als *en regle gelten*.

Bei dem Gespräch vor dem Abendessen war ich amüsiert, als ich beobachtete, wie Herr Lincoln die Anekdoten erzählte, für die er berühmt ist. Wo Männer, die in der Gerichtswelt aufgewachsen sind, an die Welt gewöhnt oder in Diplomatie bewandert sind, sich einer List bedienen, eine höfliche Rede halten oder mit den Schultern zucken, um aus einer peinlichen Lage herauszukommen, sorgt Herr Lincoln mit einer frechen Anekdote aus dem Westen für Lacher und zieht in der Wolke der Heiterkeit davon, die sein Witz hervorgerufen hat. Als Herr Bates anscheinend gegen die Ernennung eines mittelmäßigen Anwalts zu einem wichtigen Richterposten protestierte, warf der Präsident ein: „Kommen Sie, Bates, er ist nicht halb so schlimm, wie Sie denken. Außerdem muss ich Ihnen sagen, dass er mir vor langer Zeit einen guten Dienst erwiesen hat. Als ich mich dem Anwaltsberuf zuwandte, ging ich eines Morgens vor Gericht, hatte zehn oder zwölf Meilen schlechten Weges vor mir und hatte kein Pferd. Der Richter holte mich in seinem Wagen ein. „Hallo, Lincoln! Sie wollen nicht zum Gericht? Kommen Sie herein, ich gebe Ihnen einen Platz.“ Also stieg ich ein, und der Richter las weiter seine Papiere. Plötzlich stieß der Wagen auf der einen Straßenseite gegen einen Baumstumpf und rutschte dann auf die andere Seite. Ich schaute hinaus und sah, dass der Kutscher auf seinem Sitz hin und her ruckte. Also sagte ich: „Herr Richter, ich glaube, Ihr Kutscher hat heute Morgen einen kleinen Schluck zu viel getrunken.“ „Nun, ich muss gestehen, Lincoln“, sagte er, „es würde mich nicht wundern, wenn Sie Recht haben, denn er hat mich seit der Abfahrt fast ein halbes Dutzend Mal umgehauen.“ Also steckte er seinen Kopf aus dem Fenster und rief: „Aber du verdammter Schurke, du bist betrunken!“ Daraufhin zügelte der Kutscher seine Pferde, drehte sich mit großer Würde um und sagte: „Bei Gott!“ das ist die erste richtige Entscheidung, die Sie im letzten Jahr getroffen haben.““ Während die Gesellschaft lachte, zog sich der Präsident leise aus der Nachbarschaft des Generalstaatsanwalts zurück.

Schließlich wurde bekannt gegeben, dass General Scott nicht anwesend sein konnte und dass er, obwohl er sich im Haus befand, sich wegen Unwohlseins zurückziehen musste, und wir begaben uns in den Bankettsaal. Das erste „Staatsdinner“, wie es genannt wird, des Präsidenten war nicht durch Prunk gekennzeichnet. Keine livrierten Diener, keine persische Pracht antiker Teller oder *Meisterwerke* der Kunst glitzerten auf der Tafel. Blumenvasen schmückten den Tisch, dazu Gerichte im „gallo-amerikanischen" Stil, die man als solche bezeichnen könnte, und Weine, die ihre Herkunft Frankreich und ihre Aufzucht und Ausbildung den Vereinigten Staaten verdankten, die eine Fülle geschickter Ammen für solche Produkte haben. Die Unterhaltung war dem Staatsdinner eines Kabinetts angemessen, bei dem Frauen und Fremde anwesend waren. Ich saß neben Mr. Bates und dem sehr angenehmen und lebhaften Sekretär des Präsidenten, Mr. Hay, und außer wenn eine der Geschichten des Präsidenten aufmerksames Schweigen verursachte, herrschte am Tisch ein Wirrwarr von Smalltalk, bei dem ich überrascht war, eine Vielfalt an Akzenten zu finden, die fast so groß waren, als ob eine Anzahl Ausländer Englisch gesprochen hätten. Ich ließ den Namen von Mr. Hamlin, dem Vizepräsidenten, sowie die Namen weniger bemerkenswerter anwesender Personen aus; aber es wäre nicht schicklich, einen Mann zu übergehen, der sich durch nichts so sehr auszeichnet wie durch sein beharrliches und unveränderliches Festhalten an einer politischen Doktrin, die ihn, in Verbindung mit dem Glauben an seine Ehrlichkeit, zum Inhaber eines Postens gemacht hat, der im Falle eines Ereignisses, das Mr. Lincoln absetzen könnte, zur Präsidentschaft führen könnte.

Nach dem Abendessen zogen sich die Damen und Herren in den Salon zurück, und der Kreis wurde durch mehrere Politiker erweitert. Ich hatte von Zeit zu Zeit Gelegenheit, mich mit einigen, wenn nicht mit allen Ministern zu unterhalten, und ich war von der einheitlichen Tendenz ihrer Bemerkungen in Bezug auf die Politik Großbritanniens beeindruckt. Sie schienen zu glauben, dass England aufgrund seiner Vorgeschichte als Sklavereigegner verpflichtet sei, alle Versuche des Südens, seine Unabhängigkeit auf der Grundlage der Sklaverei zu begründen, aufs Äußerste zu unterbinden, und nahmen an, dass sie die Vertreter eines aktiven Emanzipationskrieges seien. Als der erfahrene Commodore Stewart am Stuhl der jungen Dame vorbeiging, mit der ich sprach, sagte sie: „Ich nehme an, Mr. Russell, Sie bewundern diesen Offizier nicht?" „Im Gegenteil", sagte ich, „ich finde, er ist ein sehr gutaussehender alter Mann." „Das meine ich nicht", antwortete sie; „aber Sie wissen, dass er Ihnen nicht sehr sympathisch sein kann, denn wie Sie wissen, hat er im letzten Krieg so tapfer gegen Sie gekämpft." Ich hatte nicht den Mut, zuzugeben, dass ich die Vergangenheit des Kapitäns nicht kannte. Nicht nur die hübsche Amerikanerin, die mit mir sprach, glaubt, dass wir in England in Bezug auf unsere Niederlagen in New Orleans und anderswo dieselben Gefühle hegen, egal ob krankhaft oder gesund, die den Franzosen in Bezug auf Waterloo zugeschrieben werden.

Als ich zu Willard's Hotel zurückkam, wurde ich von einem Herrn angesprochen, der aus der Menge vor dem Büro hervortrat. „Sir", sagte er, „Sie haben heute Abend mit unserem Präsidenten zu Abend gegessen." Ich verbeugte mich. „War es eine angenehme Party?", sagte er. „Was halten Sie von Mr. Lincoln?" „Darf ich fragen, mit wem ich das Vergnügen habe zu sprechen?" „Mein Name ist Mr. ——, und ich bin der Korrespondent der New Yorker ——." „Dann, Sir", antwortete ich, „es ist mir eine Genugtuung, Ihnen zu sagen, dass ich sehr viel von Mr. Lincoln halte und dass ich mit meinem Abendessen ebenso zufrieden bin. Ich habe die Ehre, Ihnen einen guten Abend zu wünschen." Derselbe Herr teilte mir später mit, dass er das Büro des Washingtoner Korrespondenten für die New Yorker Zeitungen eingerichtet hatte. „Zuerst", sagte er, „schrieb ich bloß Nachrichten, und niemanden interessierte das besonders; dann würzte ich es, witzelte ein wenig und ließ meine eigenen Geschichten raus. Kongressabgeordnete widersprachen mir – verteilten Karten – sagten, es seien keine Fakten. Die öffentliche Aufmerksamkeit war erregt, und ich wurde gebeten, weiterzumachen; und so wurde die Washingtoner Korrespondenz nach und nach zu einem Thema in allen New Yorker Zeitungen." Das Treiben im Hotel an diesem Abend war wunderbar. Alle Stellensuchenden waren in den Gängen und lechzten nach Senatoren und Abgeordneten, und die Damen, die in irgendeiner Weise mit einflussreichen Leuten verwandt waren, hatten ein *Gefolge* von Höflingen, die eifrig ihre Aufwartung machten. Miss Chase erzählte mir tatsächlich lachend, dass sie von Bewerbern um die guten Dienste ihres Vaters und von Personen belästigt wurde, die sich bei ihr vorstellen wollten, um Forderungen an „Uncle Sam" zu stellen.

Als ich heute eine Buchhandlung besuchte, kam ein keck lächelnder junger Bursche von schlanker Gestalt und jungenhaftem Aussehen auf mich zu und stellte sich mir als Künstler vor, der während der Reise des Prinzen von Wales für eine illustrierte Londoner Zeitung mitgearbeitet und einige meiner Freunde kennengelernt hatte. Er bat um Erlaubnis, mich besuchen zu dürfen, was ich ihm ohne Schwierigkeiten oder Zögern gewährte. Er besuchte mich heute Abend, der arme Junge! Und er erzählte mir eine traurige Geschichte über seine Kämpfe und die Abhängigkeit seiner Familie von seinen Bemühungen, als Auftakt zu der Bitte, ihn während meiner Reise dorthin nach Süden fahren zu lassen, von der er gehört hatte. Er hatte eine Verpflichtung bei der Londoner Zeitung und zweifelte nicht daran, dass seine Skizzen, wenn er mit mir unterwegs wäre, alle als Illustrationen der Orte aufgenommen würden, für die meine Briefe damals in England das öffentliche Interesse erregten. Es gab keinen Grund, warum ich etwas dagegen haben sollte, wenn er mit mir im selben Zug reiste. Er konnte sicherlich mitkommen, wenn er wollte. Gleichzeitig deutete ich an, dass ich in keiner Weise mit ihm verbunden oder für ihn verantwortlich sein würde.

29. März, Karfreitag. — Die religiöse Einhaltung des Tages war nicht ganz so streng wie in England. Die puritanische Abneigung gegen Zeremonien und formelhafte Einhaltung hat anscheinend die amerikanische Welt beeinflusst, sogar bis in den Süden. Die farbigen Menschen waren in ihren besten Kleidern auf den Straßen. Der erste Eindruck, den feine Hauben, bunte Schals, bunte Kleider und seidene Brodequins auf schwarzen Gesichtern, flachen Figuren und dazu passenden Füßen machten, ist eigenartig; aber um den Rücken vieler bunt gekleideter Frauen gerecht zu werden, die in kleinen Gruppen zur Kirche oder Kapelle gingen, muss man zugeben, dass diese Überraschung nur aufkam, wenn man sie von vorne sah. Die Männer trugen im Allgemeinen schwarze Mäntel, Seiden- oder Satinwesten und bunte Beinkleider. Sie trugen Messbuch oder Gebetbuch, Taschentuch, Spazierstock oder Sonnenschirm mit unendlicher Affektiertheit der Korrektheit.

Als ich aus dem Fenster schaute, kam ein sehr schöner, großer junger Neger vorbei, der bis auf Hut und Stiefel tadellos gekleidet war. „Ich frage mich, was er ist?", rief ich fragend einem Herrn zu, der neben mir stand. „Nun", sagte er, „dieser Kerl ist kein freier Nigger; er sieht zu respektabel aus. Ich vermute, Sie könnten ihn für 1500 Dollar bekommen, ohne seine Kleidung. Wissen Sie", fuhr er fort, „was unser Minister sagte, als er an einem Hof in Europa einen Nigger sah und gefragt wurde, was er von ihm halte: ‚Nun, ich schätze', sagte er, ‚wenn Sie ihm die Verzierungen abnehmen, könnte er 1000 Dollar wert sein.'" Im Laufe des Tages besuchte mich Mr. Banks, ein korpulenter, energischer junger Virginianer mit ausgeprägten Südstaatenansichten, erneut. Als Freund der Südstaatenkommissare beschwerte er sich heftig über die Weigerung von Mr. Seward, mit ihm Verkehr zu haben. „Diese Kerle meinen es mit Verrat, aber wir werden sie in die Irre führen." Auf eine Bemerkung von mir, nämlich dass der englische Minister sich ganz sicher weigern würde, Kommissare aus irgendeinem Teil des Herrschaftsgebiets der Königin zu empfangen, das die Festungen und Arsenale des Kaiserreichs besetzt hätte und mit Krieg drohte, erwiderte er: „Der Fall liegt ganz anders. Die Krone beansprucht das Recht, Ihr gesamtes Kaiserreich zu regieren, aber die österreichische Regierung könnte es nicht ablehnen, eine Abordnung aus Ungarn zur Beilegung von Beschwerden zu empfangen; ebenso könnte kein Staat des deutschen Landtags versuchen, Souveränität über einen anderen zu beanspruchen, nur weil sie Mitglieder derselben Konföderation sind." Ich bemerkte, „seine Ansichten über die Verpflichtungen eines jeden Staates der Union waren mir als Fremdem und ohne Kenntnis der Kontroversen, die sie ablenkten, vollkommen neu. Ein Engländer hatte nichts mit einem Mann aus Virginia und New York oder einem aus Südkarolinien zu tun – er wusste kaum etwas über einen Texaner oder einen Arkansaser; wir waren nur mit den Vereinigten Staaten als Ganzes vertraut; und alle unsere Geschäfte hatten mit Bürgern der Vereinigten Staaten von Nordamerika zu tun." Dies führte jedoch nur zu logischerweise weitschweifigen Abhandlungen über die Artikel der Verfassung und den Geist des Federal Compact.

Später am Tag hatte ich das Glück, mit Herrn Truman Smith zu sprechen, einem alten und angesehenen Abgeordneten aus früheren Tagen, der mir einen ganz anderen Bericht über die Angelegenheit gab und behauptete, dass durch den Bundesvertrag jeder Staat das Wesen seiner Souveränität unwiderruflich an eine Regierung übertragen habe, die auf Dauer zum Wohle der Gesamtheit eingesetzt werden solle. Die Sklavenstaaten sahen, dass der Fortschritt der freien Ideen und die materielle Macht des Nordens einen Einfluss erlangten, der die Vorherrschaft, die sie so lange zu ihrem eigenen Vorteil in der Bundesregierung ausgeübt hatten, untergraben musste, und entwickelten diese Doktrin der Staatenrechte als Deckmantel für Verrat. Sie zogen die materiellen Vorteile, die sie durch die Ausweitung ihres Systems erlangen konnten, der großartigen moralischen Stellung vor, die sie als Teil der Vereinigten Staaten vor der ganzen Welt einnehmen würden.

Auf solch radikalen Meinungsverschiedenheiten wie diesen beruht der ganze Streit, der sich jeden Tag verschärft. Der Bundesvertrag wurde zu Beginn auf einem zerrissenen Blatt Papier geschrieben, und die Zeit hat den künstlichen Kitt, der ihn zusammenhielt, abgetragen. Der Grundstein der Verfassung hatte einen Riss, den die Hitze und Wut der Fraktionskämpfe zu einem Spalt von oben bis unten ausweitete, der nie wieder geschlossen werden konnte.

Am Abend hatte ich das Vergnügen, mit einem amerikanischen Gentleman zu speisen, der viel von der Welt gesehen hat, weit gereist ist, der viel gelesen und noch mehr gesehen hat, ein Gelehrter, ein Politiker auf seine Art, ein Dichter und ein Wissenschaftler – einer dieser modernen Græculi, der sich von seinem Vorbild in Juvenal nur dadurch unterscheidet, dass er keinen Hunger hat und dass er nicht in den Himmel kommt, wenn man es ihm befiehlt.

Solche Männer haben in den Vereinigten Staaten nie Erfolg und können es auch nicht. Sie sind viel zu kultiviert, philosophisch und kosmopolitisch. So wie ich das sehe, können kultivierte Männer hier Erfolg haben, wenn sie unehrlich sind, aber niemals philosophische Männer, es sei denn, sie sind korrupt – und unter keinen Umständen kosmopolitische Männer. Denn Sympathien für irgendein Volk oder irgendeine Nation der Welt zu haben, außer für die eigene, bedeutet, einen Staatsmann in der amerikanischen Öffentlichkeit zum Scheitern zu verurteilen, es sei denn, es geschieht in Form einer geheuchelten Mitleids oder guten Willens, die in Wirklichkeit als Beleidigung einiger verbündeter Völker gedacht ist. Beim Abendessen war der größte Marineoffizier anwesend, den ich je in Gesellschaft gesehen habe, obwohl ich zugeben muss, dass es in unserer eigenen Armee nicht an einigen guten Exemplaren mangelt. Ich habe in Pola einen österreichischen Admiral und in Tophaneh den Leiter des Arsenals gesehen, die durchaus geeignet waren, Marschälle Frankreichs zu sein. Dieser Leutnant namens Nelson war in gewisser Hinsicht sicherlich größer als sein britischer Namensvetter, denn er wog 260 Pfund.

Es sei hier *nebenbei* bemerkt , dass die Amerikaner beim Aufzählen von Gewichten und *dergleichen* viel genauer sind als wir. Sie sprechen von Artilleriegeschützen beispielsweise als so und so viele Pfund schwer und so und so und so viele Zoll lang, wo wir Zentner und Fuß verwenden würden. Bei einem Volk, das in allem außer in Politik und Moral eher der vertikalen als der seitlichen Ausdehnung verpflichtet ist, ist Präzision eine wichtige Angelegenheit. Ich fand neulich in einer Zeitung die Beschreibung einer bekannten Persönlichkeit amüsant, die nach einer Aufzählung vieler bedeutender geistiger und körperlicher Eigenschaften folgendermaßen endete: „In Wirklichkeit ist er ein bemerkenswert feiner, vornehmer Gentleman und wiegt 210 Pfund."

Der Leutnant war ein starker Unionist und er schimpfte heftig und sogar grob über die Mitglieder seines Berufsstandes, die ihre Offizierspatente aufgegeben hatten. Der Leiter des Washington Navy Yard ist der gegenwärtigen Regierung angeblich sehr wenig wohlgesonnen; Kapitän Buchanan könnte man tatsächlich als Sezessionisten bezeichnen, trotzdem bin ich zur Hochzeit seiner Tochter eingeladen, um zu sehen, wie der Präsident die Braut verschenkt. Mr. Nelson sagt, Sumter und Pickens sollen verstärkt werden. In Charleston soll Ordnung geschaffen und alle Verräter gehängt werden, sonst wird er den Grund dafür erfahren; und, sagt er, „ich habe ein gewisses Gewicht im Land." Am Abend, als wir trotz der Kälte nach Hause gingen, sahen wir eine Anzahl Damen in weißen Kleidern auf den Türstufen sitzen. Die Straßen waren bemerkenswert ruhig und verlassen; die gesamte farbige Bevölkerung war schon vor langer Zeit zu Bett geschickt worden. Die Feuerglocke schlug wie üblich gegen Mitternacht ein oder zwei Alarme.

KAPITEL VII.

Friseurläden – Stellensuche – Der Navy Yard – Abendessen bei Lord Lyons – Wertschätzung Washingtons unter seinen Landsleuten – Washingtons Haus und Grab – Die Südstaatlerkommissare – Abendessen mit den Südstaatlerkommissaren – Einstellung der Südstaatler gegenüber England – Feindseligkeit zwischen Nord und Süd.

30. März. — Ich ging in den Friseurladen neben der Hotelhalle. Alle Friseure, farbige Männer, meist Mulatten oder gelbe Jungs, gutaussehend, in saubere weiße Jacken und Schürzen gekleidet, waren elegant, flink und aufmerksam. Etwa sieben oder acht Rasierstühle waren von Herren besetzt, die frühmorgens Besuch machten. Das Rasieren mit all seinen Accessoires wird in Amerika mit großem öffentlichen Interesse betrieben, wenn auch nicht perfekt. Und wie die Ärmsten oder, wie ich sie ohne Beleidigung nennen darf, die niedrigsten Schichten in England sich für einen Penny rasieren lassen können, so unterziehen sich die höchsten Schichten, wenn es in Amerika überhaupt welche gibt, öffentlich den kostengünstigen Operationen des schwarzen Friseurs. Man muss zugeben, dass die Stühle bequem und gut angeordnet sind, die Finger flink, sicher und leicht; aber die Affektiertheit französischer Namen und die Verfälschung fremder Sprachen, an denen the hairdressers andFriseure ihre Freude haben, sind äußerst amüsant. Auf meinem Weg eine kleine Straße in der Nähe des Kapitols entlang sah ich in einem Schaufenster „Rowlands Make-Easier-Paste", was ich auf eine unvollkommene Vorstellung der Etymologie des großen „Macassar" zurückführe; bei einer anderen Gelegenheit wurde ich gebeten, „Curious Elison" von jemandem auszuprobieren, was, wie ich befürchte, ein Versuch war, es als Rasierpaste zu verwenden, eine Bezeichnung, die für profane Zwecke überhaupt nicht geeignet ist. Es scheint, dass der Beruf des Barbiers fast das Geburtsrecht des freien Negers oder Farbigen in den Vereinigten Staaten ist. Die Verwendung von Bürsten ist ein eindrucksvolles Beispiel für natürliche Gleichheit, und der Senator lässt sich auf seinen Stuhl fallen und seine edle Nase wird von denselben Fingern gepackt, die im Moment zuvor von Körper und Kinn eines unverkennbaren Rowdys besetzt waren.

Mitten in der göttlichen Ruhe, die durch das kräftige Reiben meines Kopfes mit der Hand herbeigeführt wurde, wurde ich von einem stämmigen Herrn geweckt, der auf einem Stuhl direkt gegenüber saß. Durch die Tür, die in die Hotelhalle führte, konnte man die große Menschenmenge sehen, die hin und her ging und den Gang bevölkerte, als wäre dies der Eingang zum Forum oder die „ Salle de pas perdus ". Ich hatte bemerkt, wie der Blick meines Freundes starr durch die Öffnung auf die Außenwelt starrte. Plötzlich stand er mit halb mit Seifenschaum bedecktem Gesicht und einem Lätzchen unter dem Kinn von seinem Sitz auf und rief: „Senator! Senator! Hallo!" und stürzte in den Gang – ob er einen strengen Tadel erhielt oder sich seines Fehlverhaltens bewusst wurde, weiß ich nicht, aber im nächsten Moment kam er wieder zurück und fügte sich ruhig, bis die Arbeit des Barbiers beendet war.

Vier Fünftel der Leute bei Willard's scheinen derzeit hauptsächlich damit beschäftigt zu sein, Senatoren und Kongressabgeordnete durch die Eingangshallen zu jagen. Jeder Mann ist mit Dokumenten beladen – solchen, die er nicht in seinen Taschen und seinem Hut tragen, die er nicht in den Händen halten oder unter den Arm klemmen kann. In der Eingangshalle hängen Anzeigen, die verkünden, dass Zeugnisse, Empfehlungsschreiben und ähnliche Dokumente zügig und sauber gedruckt werden. Von Papierkragen und Adresskarten bis hin zu Kutschen, neuen Kleidungsstücken und langen Hotelrechnungen bleibt nichts unversucht oder unbelebt. In der ganzen Stadt sind Plakate mit Ankündigungen von Möglichkeiten zum Angriff auf die Machthaber angebracht, unter denen die Behauptungen des „Excelsior-Kartenschreibers" bei Willard's nicht vergessen werden dürfen, der Namen, Adressen, Stile und Titel in hervorragender Handschrift anfertigt. Die Männer, die einen Sitz bekommen haben, müssen sich, da sie vom Volk gewählt wurden, dem Volk unterwerfen, das glaubt, durch seine Gunst einen Anspruch auf sie begründet zu haben. Die Mehrheit verleiht Macht, aber sie scheint zu vergessen, dass nur die Minderheit die ersten Früchte des Erfolgs genießen kann. Es ist, als ob der gesamte Wahlkreis von Marylebone darauf bestand, ein Amt unter der Krone zu bekommen, sobald ein Mitglied ins Parlament zurückkehrt. Es gibt Männer bei Willard, die buchstäblich Tausende von Meilen zurückgelegt haben, um nach Stellen zu suchen, die ihnen nur für vier Jahre gehören können, und die mit wahrhaft amerikanischer Leichtigkeit den Beruf und die Beschäftigungen ihres Lebens für dieses zweifelhafte Unterfangen aufgegeben haben; und mir wurde von einem Herrn erzählt, der, als er erfahren hatte, dass er keine Richterstelle bekommen könne, sich herabließ, eine Stelle bei der Post zu suchen, und sich schließlich bei Mr. Chase bewarb, um zum Wächter eines „Leuchtturms" ernannt zu werden, wobei er keine genauen Angaben machte, wo. Am Vormittag fuhr ich in Begleitung von Leutnant Nelson und zwei Freunden zum Washington Navy Yard. Er liegt etwa zwei Meilen außerhalb der Stadt, auf einer Landgabelung, die zwischen einem Bach und dem Potomac River hervorragt, der hier eine dreiviertel Meile breit ist. Wenn die Franzosen in Paris eine Marinewerft gehabt hätten, könnte man kaum behaupten, dass die Engländer, Russen oder Österreicher nicht berechtigt gewesen wären, diese zu zerstören, falls sie die Stadt nach einer offenen Schlacht vor ihren Toren mit Waffengewalt in Besitz genommen hätten. Ich gestehe, ich würde nicht viel für Deptford und Woolwich geben, wenn es einer amerikanischen Flotte gelänge, sich die

Themse hinaufzukämpfen; aber unsere amerikanischen Vettern – ein wenig mehr als verwandt und weniger als freundlich, die mit Stolz von Paul Jones und ihren Heldentaten auf den Seen sprechen – tun so, als würden wir das Niederbrennen der Washingtoner Marinewerft im letzten Krieg als unverzeihlichen Verstoß gegen das Völkerrecht und grausamen Machtgebrauch betrachten. Trotz all des Guten, das es bewirkt hat, denke ich, es wäre genauso gut gewesen, wenn es nie passiert wäre, aber kein Rechtsgelehrter wird auch nur einen Moment leugnen, dass es eine legitime, wenn auch extreme Ausübung eines kriegerischen Rechts gegenüber einem Feind war, der keine Bedingungen vom Eroberer verlangte; und die nach verlorener Schlacht flohen und das Eigentum ihres Staates, das ihnen im Krieg von Nutzen sein könnte, der Macht des Siegers überließen. Trotz aller Unvernunft des amerikanischen Volkes in Bezug auf seine Beziehungen zu ausländischen Mächten ist es bedauerlich, dass solche Szenen jemals zwischen Mitgliedern der Menschheitsfamilie stattgefunden haben, die durch all das, was sie zu einem Haushalt macht, so eng miteinander verbunden sind.

Der Navy Yard ist von hohen Backsteinmauern umgeben; im Tor stehen zwei Wachen in dunkelblauen Tuniken, gelben Aufschlägen, Adlerknöpfen, blank polierten Ärmeln und weißen Berliner Handschuhen, die eine Mütze tragen, die an eine französische Kepi erinnert, alles sehr sauber und ansehnlich. Im Inneren befinden sich einige wenige Gewehrtrophäen, die uns in York Town und den Mexikanern im Land Cortez abgenommen wurden. Die innere Umzäunung ist von roten Backsteinhäusern und Lagern und Magazinen umgeben, die mit weißen Steinen abgegrenzt sind; und zwei oder drei grüne Rasenflächen, die mit Pfeilern und Ketten eingezäunt und von Bäumen gesäumt sind, verleihen dem Ort eine angenehme Frische. In der Nähe des Flusses befinden sich die Werkstätten: Natürlich gibt es Rauch und Lärm von Dampf und Maschinen. In einem bescheidenen Büro, umgeben von Büchern, Papieren, Zeichnungen und Modellen sowie Granaten und Schrot und Gestellen mit Waffen unterschiedlichster Art, fanden wir Kapitän Dahlgren, den stellvertretenden Leiter der Werft und Erfinder des berühmten Geschützrohrs, das seinen Namen trägt und die beliebteste Waffe der amerikanischen Marine ist. Unsere eigenen Matrosen nennen sie aufgrund ihrer Form respektlos „Sodawasserflaschen". Kapitän Dahlgren behauptet, dass Geschütze, die die schwersten Schüsse abgeben können, aus Gusseisen hergestellt werden können, das sorgfältig vorbereitet und geformt wird, sodass die größte Metalldicke an den Widerstandspunkten an der Basis des Geschützrohrs angebracht werden kann, während die Mündung und die vorderen Teile eine sehr moderate Dicke aufweisen.

Alle Erfinder oder sogar Systemanwender müssen ernsthafte, selbständige Personen sein, voller Selbstvertrauen und vor allem beeindruckend, sonst werden sie in der konservativen, *status quo-* liebenden Welt kaum vorankommen. Kapitän Dahlgren besitzt sicherlich die meisten dieser Eigenschaften, aber er muss mit seiner Marineabteilung, mit der Armee, mit Gremien und Kommissaren kämpfen – eigentlich mit allen möglichen Blockierern. Als ich die Werft besichtigte, beklagte er die Geizhalsigkeit der Abteilung, die seinen dringenden Bitten um zusätzliche Öfen zum Gießen von Kanonen nicht nachgeben wollte.

In Washington werden keine großen Geschütze gegossen. Die Gießereien können nur Messing-Feldgeschütze und Bootsgeschütze herstellen. Kapitän Dahlgren war so freundlich, uns eines der letzteren zum Üben zu bringen – eine 12-Pfünder-Haubitze, die man in einem Boot transportieren und an Land auf einem mit Rädern versehenen Lafetten laufen lassen kann und die so leicht ist, dass die Mannschaft das Geschütz problemlos herumziehen kann. Er machte einige gute Übungen mit Schrapnells auf ein 1200 Yards entferntes Ziel und feuerte dabei so schnell, dass drei Granaten gleichzeitig in der Luft blieben. Verglichen mit unseren Betrieben ist diese Werft ein bloßes Spielzeug, und es werden nur wenige Arbeiter darin beschäftigt. Eine Dampfschaluppe, die „Pawnee", war unter der Schere und fast seefertig: das Gerüst einer anderen befand sich unter der Bauhalle. Es gibt hier keine Einrichtungen zum Bau von Eisenschiffen oder zum Anlegen von Plattenpanzern. Alles wurde uns mit äußerster Offenheit gezeigt. Die Zündschnur der Dahlgren-Granate basiert auf dem *Trägheitsprinzip* und ist der Zündschnur der Armstrong-Granate nicht unähnlich.

Als ich ins Hotel zurückkam, fand ich einen herrlichen Blumenstrauß vor, an dem eine Karte mit Mrs. Lincolns Grüßen befestigt war, sowie eine weitere Karte, auf der stand, dass sie um 15 Uhr einen „Empfang" habe. Es war ziemlich spät, bevor ich das Weiße Haus erreichte, und als ich ankam, waren nur zwei oder drei Damen im Salon. Später erfuhr ich, dass nur sehr wenige Gäste da waren. Die Damen in Washington haben sich noch nicht entschieden, ob Mrs. Lincoln in Mode ist. Sie vermissen ihre Freunde aus dem Süden und vergleichen sie ständig mit den vulgären Yankee-Frauen und -Männern, die jetzt an der Macht sind. Ich weiß nicht genug, um zu beurteilen, ob diese Vortäuschung von Überlegenheit gerechtfertigt ist; aber wenn New York yankeemäßig ist, gibt es mit Sicherheit nichts, was es nicht bei weitem übertrifft preposterous capital. Der Eindruck von Heimeligkeit, den Mrs. Lincoln auf den ersten Blick erweckt, wird auch bei näherer Bekanntschaft nicht gemindert. Es gibt nur wenige Frauen, die nicht mit dieser Art geboren wurden, deren Kopf nicht durcheinander und ihr Kreislauf nicht gestört wäre, wenn sie fast augenblicklich aus einem unbekannten Leben in einer Kleinstadt zur Herrin des Weißen Hauses würde. Ihr Lächeln und ihr Stirnrunzeln werden für die ganze amerikanische Welt zu einer Angelegenheit von Bedeutung. Als Frau des Landanwalts oder sogar des Kongressabgeordneten waren ihre Bewegungen ohne Bedeutung.

Die Zeitungen von Springfield hätten keine Zeile an sie verschwendet. Wenn sie jetzt nur die Pennsylvania Avenue hinunterfährt, sendet der elektrische Draht die Nachricht in jedes Dörfchen in der Union, das eine Zeitung hat; und glücklich ist der Korrespondent, der in einer Sonderdepesche authentische Angaben über ihren Aufenthaltsort und ihre Kleidung machen kann. Die Dame ist von Schmeichlern und Intriganten umgeben, die nach Einfluss oder solchen Positionen suchen, die sie anbieten kann. Wie Selden sagt: „Wer ein Haus in Brand stecken will, beginnt mit dem Strohdach."

31. März, Ostersonntag. — Ich speiste mit Lord Lyons und den Mitgliedern der Gesandtschaft; der einzige Fremde, der anwesend war, war Senator Sumner. Politik wurde natürlich gemieden, denn Mr. Sumner ist Vorsitzender des Ausschusses für Auswärtige Angelegenheiten des Senats und Lord Lyons ein sehr diskreter Minister; aber dennoch schlich sich ein Wort von Pickens und Sumter ein, und das war alles. Mr. Fox, früher bei der Marine der Vereinigten Staaten und seitdem Kapitän eines Dampfers in der Handelsmarine, der mit Mr. Blair verwandt ist, wurde auf eine Mission nach Fort Sumter geschickt und erhielt von den Behörden in Charleston die Erlaubnis, Major Anderson zu besuchen; aber es ist nicht bekannt, was der Zweck seiner Mission war. Überall gibt es Sezessionsrücktritte im militärischen Sinne des Wortes. Die Südstaatenkommissare erklären, dass sie sich bald nach Montgomery zurückziehen werden und dass jeder Versuch, die Forts zu verstärken oder zu versorgen, ein Casus *Belli sein wird*. Es besteht die größte Spannung, zu erfahren, was Virginia tun wird. General Scott gehört dem Staat, und man befürchtet, dass er erschüttert werden könnte, wenn der Staat austritt. Die Behörden von Richmond haben bereits angedeutet, dass sie der Gießerei nicht erlauben werden, die Küstenfestungen wie Munroe und Norfolk in Virginia mit Waffen zu beliefern. Dieses Zugeständnis einer Autonomie ist eigentlich eine Anerkennung der Rechte der Staaten. Denn wenn ein Staat selbst über seinen Beitritt oder Austritt aus der Union abstimmen kann, warum kann er dann nicht Krieg oder Frieden führen und die Bundesregierung akzeptieren oder ablehnen? Tatsächlich ist das Bundessystem gegen innere Erschütterungen grundsätzlich ungeeignet, wie ausgezeichnet es auch für die Zwecke der Außenpolitik ist oder sein mag. Ich ging mit Mr. Sumner nach Hause in seine Wohnung und hörte einige seiner Ansichten, die nicht so optimistisch waren wie die von Mr. Seward, und ich glaubte, einen Wunsch zu vernehmen, die Südstaaten mit ihrer Sklaverei austreten zu lassen, wenn sie dies wünschten. Mr. Chase drückte übrigens neulich ähnliche Ansichten entschiedener aus.

1. April. — Am Ostermontag fuhr ich nach dem Frühstück mit Mr. Olmsted hinüber, um Senator Douglas zu besuchen. Ursprünglich einer mechanischen Beschäftigung nachgegangen, hat er sich durch seine Fähigkeiten und seine Beredsamkeit in die höchste Position des Staates erhoben, die knapp hinter der Präsidentschaft liegt, die ihm ohne den außerordentlichen Erfolg seines Gegners in einem zufälligen Wahlkampf zugestanden hätte. Er wird der kleine Riese genannt, da er *von zweibeiniger Statur ist* , aber sein Kopf berechtigt ihn zu einer gewissen Anerkennung seiner intellektuellen Größe. Seine Skizze der Ursachen, die zur gegenwärtigen Spaltung der Parteien und zur Gefahr eines Bürgerkriegs geführt haben, war äußerst anschaulich und fähig; und über eine Stunde lang sprach er mit einer Kraft des Denkens und einer Prägnanz der Worte, die selbst bei so öden und wenig einladenden Themen wie der Souveränität der Hausbesetzer und der Kansas-Nebraska-Frage einen Ausländer für den Mann und das Thema interessierte. Obwohl seine Sympathien in der Frage der Sklaverei und der territorialen Ausdehnung auf der Seite des Südens zu liegen schienen, verurteilte er den Versuch, die Union zu zerstören, insgesamt.

2. April. — Am nächsten Tag brach ich früh auf und machte meine Pilgerfahrt zum „Schrein des Heiligen Washington" in Mount Vernon, wie ein Ausländer an Bord den Ort nannte. Mr. Bancroft besitzt einen Brief der Mutter des Generals, in dem sie ihre Freude über seinen Abschied aus der britischen Armee zum Ausdruck bringt, und zwar auf eine Art und Weise, die andeutet, dass er entweder verschwenderisch in seinen Ausgaben oder wild in seinem Lebensstil gewesen sei. Aber wenn er später im Leben irgendwelche menschlichen Schwächen hatte, so beleidigten sie weder die Moral seiner Zeit noch schockierten sie die Empfindsamkeit seiner Landsleute; und von der Zeit an, als der viel geschmähte und unglückliche Braddock seinen Fähigkeiten Raum gab, bis zu seinem Rückzug ins Privatleben, nach einer Karriere mit einzigartigen Prüfungen und außerordentlichen Erfolgen, gewann sein Charakter jeden Tag an Höhe, Stärke und Glanz. Wäre sein Werk gescheitert, wäre die Republik in kleine anarchische Staaten zerfallen, würden wir jetzt wenig von Washington hören. Aber die Prinzipien der Freiheit, die in der ursprünglichen Verfassung der Kolonien selbst begründet sind und in keiner Weise von der Revolution herrühren oder von ihr abhängen, vereint mit den Leiden der Alten und der Gabe der Natur in der Neuen Welt, führten zu einem beispiellosen Ausmaß an materiellem Wohlstand, den die Amerikaner mit guter Regierung verwechselt haben, und zu den physischen Annehmlichkeiten, die einige Staaten in der Union zu einer Annäherung an Utopia gemacht haben. Die Bundesregierung hat bisher „die Menschen in Ruhe gelassen", und sie machten sich auf den Weg und sangen und priesen ihren Washington als Urheber so vieler Größe und Glücks. Seine Überlegenheit gegenüber jedem von einer Frau geborenen Mann anzuzweifeln, heißt, das amerikanische Volk zu beleidigen. Sie geben sich nicht damit zufrieden, dass er groß ist – oder sogar größer als die Großen: Er muss der Größte von allen sein – „der Erste im Frieden und der Erste im Krieg". Der Rest der Welt kann nichts an der

Behauptung aussetzen, dass er „in den Herzen seiner Landsleute an erster Stelle steht". Aber er besaß nicht die höchsten militärischen Qualitäten, wenn wir nach den meisten regulären Aktionen urteilen, bei denen die Briten die Nase vorn hatten; und der letzte Schlag, als Cornwallis in York Town kapitulierte, wurde von den französischen Streitkräften, von Rochambeau und der französischen Flotte, geführt, nicht von Washington und seinen Amerikanern. Er hatte alle Voraussetzungen für die Arbeit, für die er bestimmt war, und hat durchaus Anspruch auf die Position, die ihm seine Landsleute als unsterblicher Zar der Vereinigten Staaten zugestanden haben. Seine Bilder sind überall zu sehen – im bescheidensten Gasthaus, im Büro des Ministers, in der Galerie des Millionärs. Es gibt in Amerika weit mehr Kupferstiche von Washington als von Napoleon in Frankreich, und das will etwas heißen.

Was haben wir hier? Der Dampfer, der die sanfte Strömung des Potomac hinuntergepaddelt ist, der hier eine Meile und mehr breit ist und von Wald umgeben ist, durch den man Gehöfte und weiße Bauernhäuser inmitten großer Lichtungen und Kornfelder sehen kann, ist auf eine hohe, mit Bäumen bewachsene Klippe zugefahren, auf deren Spitze die Spur eines Gebäudes zu sehen ist – eines verfallenen Sommerhauses, eines ländlichen Tempels – was auch immer es sein mag; und die Glocke an Deck beginnt feierlich zu läuten, und einige der Pilger entblößen für einen Moment ihre Köpfe. Das Boot hält an einem verrotteten, verfallenen kleinen Pier, der zu einer Schlammwüste und einem Pfad führt, der grob durch die Wildnis der Dornen am Berghang geschnitten ist. Die Pilger, von denen es etwa dreißig oder vierzig gibt, beiderlei Geschlechts, die meisten gehören den unteren Bürgerschichten an und darunter auch einige Ausländer wie ich, erklimmen diesen steilen Hang, der im Naturzustand mit Urwald und Unkraut und Dornen bedeckt zu sein scheint, bis sie das Plateau erreichen, auf dem Washingtons Haus und die umgebenden Diensträume stehen. Es ist ein längliches, zweistöckiges Holzhaus mit einer Kolonnade zum Flussufer und einem kleinen Balkon oben und auf Dachhöhe, über dem sich ein kleiner, armseliger Pavillon erhebt. Es gibt zwei Fenster, eine Glastür an einem Ende des Rechtecks und eine hölzerne Nische, die zu den Sklavenunterkünften führt, den sehr kleinen, kürzlich gestrichenen Wachhäuschen, die im rechten Winkel zum Ende des Hauses stehen und an die Hundehütten und Geflügelställe angeschlossen sind. Es wird keinerlei Versuch unternommen, hier sauber oder ordentlich zu sein; Obwohl die Außenseite des Hauses repariert wird, ist der Rasen ungepflegt und die Sträucher ungestutzt – Vernachlässigung, Schmutz und Hühnerfedern haben den Rasen als ihr Eigentum gekennzeichnet. Das Haus ist in gutem Zustand und droht zu verfallen. Ich betrat die Tür und fand mich in einer kleinen, mit Tabaksaft befleckten Halle wieder. Ein Eisengeländer verlief quer über den Eingang zur Treppe. Hier stand ein Mann an einem Tor, der den Besuchern ein Buch überreichte und auf den Hinweis darin hinwies, dass „niemand, der nicht zum Washington Fund beiträgt, seinen Namen in dieses Buch eintragen darf und dass jeder Name, der ohne Geld eingetragen wird, gelöscht wird." Trotz der Warnung gelang es einigen Patrioten, ihre Namen ohne Geldstrafe einzutragen, und anderen gelang dies zu einem sehr vernünftigen Preis. Als ich auf eine Weise gespendet hatte, die nach den Maßstäben der damaligen Zeit eine ungeheure Menge an Washingtoner Iolatrie dargestellt haben muss, wurde mir mitgeteilt, dass ich nicht nach oben gehen könne, da die oberen Räume für die Öffentlichkeit geschlossen seien und somit der interessanteste Teil des Hauses für Fremde verschlossen sei. Die unteren Räume boten nichts Bemerkenswertes – einige schwerfällige, staubige, verfallene Möbel, ein zerbrochenes Cembalo, Staub, Spinnweben – keine Spur von dem Mann selbst. Doch über der Tür eines Zimmers hing der Schlüssel zur Bastille. [1] Auch die Gärten waren tabu; doch durch das Tor konnte ich eine Wildnis vernachlässigter Bäume und Sträucher sehen, nicht ohne den Verdacht eines gegenwärtigen Küchenbodens. Gehen wir zum Grabmal, das in einiger Entfernung vom Haus im Schatten einiger schöner Bäume liegt. Es ist ein schlichtes Mausoleum aus Ziegeln mit einem Spitzbogen, der durch ein Eisengitter versperrt ist, durch das das Licht in eine Kammer oder einen kleinen Raum fällt, in dem sich zwei Sarkophage aus Stein befinden. Über dem Bogen stehen auf einer in den Ziegel eingelassenen Platte die Worte: „In diesem Bereich ruhen die sterblichen Überreste von General George Washington." Das Laub, das in die Kammer getrieben war, lag dicht auf dem Boden und war auf den Sarkophagen aufgehäuft, und ohne die Hilfe eines Experten war es schwierig festzustellen, welches das Grab des Helden war, aber es waren weder Führer noch Wächter vor Ort. Etwa vier oder fünf Grabsteine verschiedener Familienmitglieder stehen außerhalb des kleinen Mausoleums im Boden. Der Ort war höchst deprimierend. Man war wütend auf ein Volk, dessen Lippenbekenntnisse von so wenig tatsächlichem Respekt begleitet wurden. Der Eigentümer dieses vom „ Pater Patriæ " geerbten Anwesens wurde in aller Form beschimpft, weil er dessen Wert von dem Land verlangte, das der Verdienste seines Vorfahren so sehr gedenkt und das nun langsam die übergroße Kleopatra-Nadel errichtet, die nach ihrer Fertigstellung ein Washington-Denkmal werden soll. Mr. Everett hat Vorträge gehalten, der Ladies' Mount Vernon Association hat gearbeitet und jeder hat jeden anderen dazu aufgerufen, großzügig zu spenden; doch das soeben erzielte Ergebnis ist dieses Ziels keineswegs würdig. Vielleicht denken die Amerikaner, es sei genug zu sagen: „ *Si monumentum quæris, circumspice* ." Aber jedenfalls haben diese Worte etwas von St. Paul.

Auf der Rückfahrt des Dampfers besuchte ich Fort Washington, das am linken Ufer des Potomac liegt. Ich fand alles in einem Zustand der Verwahrlosung vor – Lafetten verrottet, Schrotthaufen rostig, Öfen in Stücke gerissen. Die Festung mag an der Flussfront ausreichend befestigt sein, aber die Rückseite ist schwach, obwohl sich dahinter niedriges Sumpfland befindet. Eine Kompanie regulärer Truppen war im Einsatz. Die Wachen trafen keine Vorkehrungen gegen Überraschungen. Zwanzig entschlossene Männer, bewaffnet mit Revolvern, hätten das ganze Werk einnehmen können; und soweit die Behörden wussten, hätten wir genauso viele Virginianer und den berühmten Ben McCullough selbst an Bord haben können. Als ich später General Scott gegenüber eine Bemerkung über die Nachlässigkeit der Garnison machen wollte, sagte er: „Vor ein paar Wochen hätte man sie mit einer Flasche Whisky einnehmen können. Die gesamte Garnison bestand aus einem alten irischen Rentner." Jetzt, genau in diesem Moment, ist Washington voller Gerüchte über verzweifelte Angriffe auf die Hauptstadt und einen Angriff auf den Präsidenten und sein Kabinett. Die lange Brücke über den Potomac nach Virginia wird bewacht, und die Miliz und die Freiwilligen des District of Columbia sollen zum Widerstand gegen McCullough und seine Desperados aus Richmond gerufen werden.

3. April. — Ich hatte heute ein Gespräch mit den Südstaatenkommissaren in ihrem Hotel. Über eine Stunde lang hörte ich von Männern mit Rang und aus verschiedenen Teilen des Südens Äußerungen, die mich überzeugten, dass die Union nie wiederhergestellt werden könnte, wenn sie wahrhaftig die Gefühle und Meinungen ihrer Mitbürger vertraten. Sie haben die Vorstellung, sie seien Minister einer ausländischen Macht, die mit dem Yankeetum verhandelt, und ihre Empörung wird durch die Weigerung der Regierung ausgelöst, mit ihnen zu verhandeln, obwohl sie mit der vollen Autorität ausgestattet sind, alle Fragen zu regeln, die sich aus einer gütlichen Trennung ergeben – wie die Anpassung der Bundesansprüche auf Eigentum, Festungen, Vorräte, öffentliche Arbeiten, Schulden, Landkäufe und dergleichen. Einer der Richter des Obersten Gerichtshofs der Vereinigten Staaten, Mr. Campbell, ist ihr Vermittler, und natürlich ist nicht bekannt, welche Hoffnungen Mr. Seward in ihn gesetzt hat; aber man wirft der Regierung aufgrund jüngster Maßnahmen gewisse punische Ideologien vor, und zweifellos hören die Kommissare wie ich, dass im Navy Yard und in New York Vorbereitungen getroffen werden, um Sumter zumindest mit Proviant zu entlasten, und dass Pickens tatsächlich über das Meer verstärkt wurde. Abends speiste ich in der britischen Gesandtschaft und ging am Abend zum Haus des russischen Gesandten, M. de Stoeckl. Die diplomatische Körperschaft in Washington stellt eine kleine und sehr angenehme Gesellschaft für sich dar, in der sich nur wenige Amerikaner mischen, außer bei Empfängen und großen Abendversammlungen. Da die Leute, die jetzt an der Macht sind, *novi homines sind*, haben die Frauen und Töchter der Minister und Attachés ihre Freunde verloren, die der alten Gesellschaft in Washington angehörten und die entweder zur Sezession übergegangen sind oder so tief mit den Südstaaten sympathisieren, dass es angesichts der Regierung kaum schicklich ist, sehr enge Beziehungen zu ihnen zu pflegen. Vom Haus von M. de Stoeckl ging ich zu einer Party in der Residenz von M. Tassara, dem spanischen Minister, wo sich eine Menge Diplomaten, jung und alt, befanden. Diplomaten reden selten oder nie über Politik, und so hörte man von Pickens und Sumter nichts; dennoch wird behauptet, dass Virginia kurz vor der Sezession steht und sicherlich ausscheiden wird, wenn der Präsident versucht, Gewalt anzuwenden, um die Festungen der Union zu entlasten und zu verstärken.

4. April. — Ich hatte heute im Außenministerium ein langes Gespräch mit Herrn Seward. Er schilderte ausführlich die hilflose Lage, in der sich der Präsident und das Kabinett befanden, als sie die Leitung der öffentlichen Angelegenheiten in Washington aufnahmen. Das letzte Kabinett hatte sich mit Verrat eingelassen und Verräter in Schach gehalten; eine erbärmliche Schwachsinnigkeit hatte die Führer des Südens ermutigt, ihre Pläne auszuarbeiten, und ihnen die Mittel zur Ausführung ihrer Pläne gegeben. Ein Minister hatte die Marine der Vereinigten Staaten absichtlich an weit entfernte und verstreute Stationen geschickt; ein anderer hatte absichtlich Waffen, Geschütze und Munition in unangemessenem Ausmaß in den Südstaaten deponiert und die Bundesregierung geschwächt, so dass sie leicht in die Hände der Verräter fallen und es ihnen ermöglichen konnte, sich das Kriegsmaterial der Union zu *sichern* ; Ein Minister hatte öffentliche Gelder für verräterische Zwecke gestohlen. In jedem Hafen, in jedem Ministerium des Staates, im In- und Ausland, zu Wasser und zu Lande, waren Männer postiert, die an dieser tiefgreifenden Verschwörung beteiligt waren. Als das Volk Lincoln zum Präsidenten der Vereinigten Staaten erklärte, machten sie sich geschlossen daran, die Union unter fadenscheinigsten Vorwänden zu zerstören. Die Pflicht des Präsidenten war in der Verfassung klar definiert. Er musste schützen, was er besaß, und wenn möglich zurückgewinnen, was er verloren hatte. Er würde weder einer Zerstückelung der Union noch der Aufgabe eines Jotas Bundeseigentums zustimmen — noch könnte er dies tun, selbst wenn er es gewollt hätte.

Diese und viele andere Themen wurden mir präsentiert, um zu zeigen, dass das Kabinett nicht für die zeitweilige Untätigkeitspolitik verantwortlich war, die ihm durch die Umstände aufgezwungen wurde, und dass es die Sezessionsbewegung energisch bekämpfen würde — so energisch wie Jackson es mit der Nullifikation in South Carolina tat, wenn es die Mittel dazu hätte. Aber was konnten sie tun, wenn Männer wie Twiggs sein Vertrauen verspielten und die Truppen einer Menge Texaner opferten; oder wenn Marine- und Militäroffiziere *in Massen zurücktraten* , um den Dienst in den Rebellentruppen anzunehmen? All diese Aufregung würde sich in kürzester Zeit legen — es war ein kurzer Wahnsinn, der vorübergehen würde, wenn die Menschen Gelegenheit zum Nachdenken hätten. In der Zwischenzeit bestand die Gefahr, dass ausländische Mächte zu der Annahme verleitet würden, die Bundesregierung sei zu schwach, um ihre Rechte zu verteidigen, und dass der Versuch, die Union zu zerstören und eine Südstaaten-Konföderation zu gründen, erfolgreich war. Mit anderen Worten, Mr. Seward befürchtet, dass Großbritannien in diesem Übergangsstadium zwischen ihrer erzwungenen Untätigkeit und dem *Putsch* , mit dem sie die Sezession zu Fall bringen wollen, die in Montgomery eingesetzte Regierung anerkennen könnte, und ist bereit, Großbritannien notfalls als Konsequenz einer solchen Anerkennung mit Krieg zu drohen. Aber er ging als Grundlage für seine Bemerkungen sicherlich von der Existenz starker Unionsgefühle in vielen der abgespaltenen Staaten aus und gab zu, dass es nicht dem Geist der amerikanischen Regierung oder des föderalen Systems entspräche, die Südstaaten gegen den Willen der Mehrheit des Volkes mit Waffengewalt zu unterwerfen. Wenn die Mehrheit also eine Sezession wünsche, würde Mr. Seward sie haben lassen – aber er kann nicht an etwas so Ungeheuerliches glauben, denn für ihn sind die Bundesregierung und die Verfassung, wie sie von seiner Partei interpretiert werden, göttlich, himmlisch geboren. Er wiederholt gern, dass die Bundesregierung noch nie das Leben eines Menschen wegen seiner politischen Ansichten geopfert habe, aber wenn dieser Kampf weitergehe, werde sie Tausende – Zehntausende – der Idee einer föderalen Union opfern. „Jeder Anschlag gegen uns", sagte er, „würde die guten Männer des Südens zum Aufruhr bringen und alle Männer des Nordens bewaffnen, um ihre Regierung zu verteidigen."

Aber an jenem Tag hatte ich eine Ansammlung von Männern gesehen, die im Stechschritt ausmarschierten. Sie waren in blaue Tuniken und graue Hosen, Tschakos und Kreuzgurte gekleidet und mit Musketen und Bajonetten bewaffnet. Sie jubelten und riefen Hurra auf dem Platz vor dem Kriegsministerium. Es waren, wie man mir sagte, Freiwillige und Milizen des District of Columbia. Man hatte sie tatsächlich in verschiedenen Gestalten in der Stadt herummarschieren und trompeten sehen, in einer schlechten Imitation des französischen „ *Pas* " und „*Elan*" , aber·in den Augen eines Soldaten vermittelten sie keinerlei Eindruck von militärischer Effizienz und in den Augen eines besorgten Staatsmannes keinerlei Anzeichen von „ *Animus Pugnandi*". Die meisten von ihnen waren ausgehungerte, ausgezehrte Kreaturen, dazwischen Iren und plattfüßige, untersetzte Deutsche. Es war verwunderlich, dass der Außenminister einer Nation, die in ihrer Hauptstadt in so unmittelbarer Gefahr schwebte und die mit ihrem Staatschef und seinem Kabinett dem Feind fast ausgeliefert war, eine Sprache sprach, die er, wie ich wusste, den mächtigsten Nationen Europas vermittelt hatte. War es das Bewusstsein der Stärke eines großen Volkes, das bei der ersten Befürchtung ausländischer Einmischung vereint sein würde, oder war es die eigentümliche Leere eines Schwülstlings, das man Buncombe nennt? Ich glaube in aller Aufrichtigkeit, dass Mr. Seward es so meinte, wie es geschrieben stand.

Als ich im Hotel ankam, wartete unser junger Künstler auf mich und bat mich, ihn zu bitten, mich in den Süden zu begleiten. Mich hatte ein Absatz verärgert, der in mehreren Zeitungen erschienen war und in dem es hieß: „Der talentierte junge Künstler, unser begabter Landsmann, Herr Deodore F. Moses, wollte Herrn &c. &c. auf seiner Reise durch den Süden begleiten." Ich hatte dem jungen Herrn mitgeteilt, dass ich eine solche Ankündigung nicht billigen könne, woraufhin er mir versicherte, dass er sie in keiner Weise autorisiert habe, aber er habe einer Person aus der Presse gegenüber beiläufig erwähnt, dass er mit mir in den Süden reisen wolle, und der unbesonnene Eifer seines Freundes habe ihn zu der Annahme verleitet, er würde der Jugend einen Dienst erweisen, indem er das Beste aus diesem sehr unbedeutenden Umstand mache.

Ich speiste mit Senator Douglas, wo eine große Gesellschaft anwesend war, unter denen sich Mr. Chase, Finanzminister; Mr. Smith, Innenminister; Mr. Forsyth, Südstaatenkommissar; und mehrere Mitglieder des Senats und des Kongresses befanden. Mrs. Douglas erwies ihrem Haus die Ehre mit Anmut und bezaubernder Gutmütigkeit. Ich beobachte eine große Neigung zu abstrakten Spekulationen und Theorien unter Amerikanern, und ihre Unterhaltung nach dem Essen neigt dazu, didaktisch und sentenziös zu werden. Wenige Männer sprechen besser als Senator Douglas: seine Worte sind wohlgewählt, der Fluss seiner Ideen gleichmäßig und konstant, sein Intellekt kraftvoll und seine Gedanken wohlgeschnitten, präzise und kraftvoll – er scheint ein Mann mit großen Ambitionen zu sein, und er erzählte mir, dass er dabei ist, eine Art Zollverein-Projekt für den nordamerikanischen Kontinent, einschließlich Kanada, vorzubereiten, das überall die öffentliche Aufmerksamkeit auf sich ziehen und zu einer Beilegung der nördlichen und südlichen Kontroversen führen könnte. Für ihn, wie für viele Amerikaner, ist die in Russland verkörperte aristokratische Idee sehr verführerisch; und er sprach mit Vergnügen über die Höflichkeiten, die er am Hof des Zaren erfahren hatte, und deutete an, dass er in England und vielleicht auch in Frankreich anders behandelt worden war. Und doch wäre Mr. Douglas Präsident der Vereinigten Staaten geworden, sein Wohlwollen gegenüber Großbritannien könnte von unschätzbarem Wert gewesen sein, und sicherlich hätte man es sich durch ein wenig Höflichkeit und Aufmerksamkeit gegenüber einem angesehenen Bürger und Staatsmann der Republik billig erkaufen können. Unsere Galleos kümmern sich sehr oft um nichts von all dem.

5. April. — Mit den Südstaatenkommissaren und einer kleinen Gruppe bei Gautier's, einem französischen Restaurantbesitzer in der Pennsylvania Avenue, zu Abend gegessen. Die anwesenden Herren waren, das muss ich nicht extra sagen, alle einer Meinung; aber da diese Blätter das Licht der Welt erblicken werden, bevor der Bürgerkrieg zu Ende ist, ist es ratsam, ihre

Namen nicht zu nennen, denn das würde in Washington lebende Personen, die von der Regierung nicht verdächtigt werden, jenen Aufmerksamkeiten aussetzen, die sie ihren politischen Feinden gegenüber noch immer nicht aufgehört haben. Obwohl ich zugeben muss, dass meiner Meinung nach in England zu viel Wert auf die Härte gelegt wurde, mit der die Bundesbehörden gegenüber ihren politischen Feinden vorgegangen sind, die ihre Vernichtung anstrebten, kann man offen zugeben, dass sie jeden Anspruch auf die hohe Stellung verwirkt haben, die sie einst als Regierung innehatten, die durch moralische Gewalt und durch die Zustimmung der Regierten existierte, und der Bastille und *Lettres de Cachêt* , willkürliche Verhaftungen und die zweifelhafte, illegale, wenn nicht gar verfassungswidrige Aussetzung des *Habeas Corpus* und der Geschworenengerichte unbekannt waren.

Da Col. Pickett und Mr. Banks berüchtigte Sezessionisten sind und Mr. Phillips nach der Verhaftung seiner Frau wegen ihrer föderalfeindlichen Neigungen in den Süden gegangen ist, sei erwähnt, dass sie unter den Gästen waren. Ich hatte das Vergnügen, Gouverneur Roman kennenzulernen. Mr. Crawford, sein Bruder und Kommissar, ist ein viel jüngerer Mann mit wesentlich mehr Energie und Entschlossenheit, aber wahrscheinlich weniger Urteilsvermögen. Der dritte Kommissar, Mr. Forsyth, ist ein fanatischer Gegner aller Vorschläge für einen Kompromiss oder eine Neustrukturierung; aber tatsächlich gibt es in diesem Punkt unter den wahren Anhängern des Südens kaum Meinungsverschiedenheiten. Von Mr. Lincoln sprachen sie mit Verachtung; Mr. Seward betrachteten sie offensichtlich als den fähigsten und skrupellosesten ihrer Feinde; aber der Ton, in dem sie auf die Gesamtheit der Nordstaatler anspielten, zeigte die klare Überzeugung, dass Handel, Gewerbe, Gewinnstreben, Produktion und die niederen mechanischen Künste die ganze Rasse so erniedrigt hätten, dass sie nie versuchen würden, in einem fairen Kampf für das, was sie in Theorie und Wort so hoch schätzten, einen Schlag zu führen. Ob es nun an irgendeinem geheimen Einfluss der Sklaverei auf die Gemüter der Menschen liegt oder daran, dass die Aggression des Nordens gegen ihre Institutionen tiefste Feindseligkeit und rachsüchtigsten Hass hervorrief, sicher ist, dass in den Gemütern der Südstaatler gegenüber Neuengland eine Art Wildheit herrscht, die alle Vorstellungskraft übersteigt. Ich bin überzeugt, dass diese Gefühle der Verachtung sich auch auf England erstrecken. Sie glauben, dass auch wir vom Krebs des Friedens befallen worden sind. Ein Beweis dafür ist laut den Südstaatlern die Abschaffung des Duellierens. Diese Praxis ist ihrer Meinung nach höchst heilsam und verdienstvoll; und tatsächlich kann man zugeben, dass es in dem gesellschaftlichen Zustand, der in den Südstaaten herrschen soll, eine nützliche Kontrolle für solche Männer ist, wie sie im letzten Jahrhundert auf unseren eigenen Inseln zurückgehalten wurde. Im Laufe des Gesprächs bemerkte ein Gentleman, dass er es für eine Schande hielte, wenn ein Mann Geld für die Schande seiner Frau oder seiner Tochter annehme. „Bei uns", sagte er, „kennt man nur eine Art des Handelns. Der Mann, der es wagt, mit der Ehre einer weißen Frau zu spielen, weiß, was er zu erwarten hat. Wir schießen ihn nieder wie einen Hund, und keine Jury im Süden wird jemals einen Mann des Mordes schuldig sprechen, wenn sie einen solchen Schurken bestraft." Ein Argument, auf das kaum angespielt werden kann, wurde von ihnen verwendet, um zu zeigen, dass diese Vergehen in Sklavenstaaten nicht die Entschuldigung hatten, die angeführt werden könnte, um ihre Schwere zu verringern, wenn sie in Staaten stattfanden, in denen die gesamte Bevölkerung weiß war. Tatsächlich ist in dieser wie in einigen anderen Angelegenheiten ähnlicher Art die Sklaverei ihr *höchstes Gut* an Moral, körperlicher Vortrefflichkeit und sozialer Reinheit. Ich war geneigt, die Richtigkeit des von ihnen aufgestellten Standards in Frage zu stellen und zu fragen, ob die Tugend, die diesen mörderischen Einsatz von Pistole und Dolch zu ihrer Verteidigung erforderte, nicht zweifelhaft war. Doch ich stellte fest, dass meine Ansichten in der Gesellschaft auf wenig Verständnis stießen.

Die Herren am Tisch behaupteten, dass die Weißen in den Sklavenstaaten den Menschen in den freien Staaten körperlich überlegen seien, und ergingen sich in merkwürdigen Theorien über Moral und Physik, die mir fremd waren. Der Unglaube an alles, was ein Nordstaatler – das heißt ein Republikaner – sagen kann, ist in ihren Köpfen ein fester Grundsatz. Als das Gespräch auf die Doppelzüngigkeit von Herrn Seward und die Schlechtigkeit der Bundesregierung kam, die sich weigerte, die Zusicherung zu geben, dass Sumter nicht mit Waffengewalt befreit würde, konnte ich nicht umhin zu bemerken , dass es von sehr geringer Bedeutung sein muss, was Herr Seward versprach, da man sich ihrer Meinung nach nicht im Geringsten auf sein Wort verlassen darf. Die Vorstellung, dass die Nordstaatler Feiglinge sind, wird durch Fälle gerechtfertigt, in denen Kongressabgeordnete von Südstaatlern beleidigt wurden, ohne sie zur Rede zu stellen, und der Fall von Herrn Sumner wurde als typisches Beispiel für derartige Angelegenheiten zwischen den beiden Seiten angeführt.

Ich sagte zufällig, ich hätte immer gedacht, Mr. Sumner sei plötzlich und unerwartet angegriffen und niedergeschlagen worden, bevor er sich von seinem Schreibtisch erheben konnte, um sich zu verteidigen; woraufhin diese Version der Geschichte energisch widerlegt wurde und mir versichert wurde, dass Mr. Brooks, ein sehr kleiner Mann und viel kleiner als Mr. Sumner, ihm zuerst einen leichten Schlag versetzt und ihm nur dann schwerere Schläge versetzt habe, als er sich über das feige Verhalten des Senators ärgerte. In Bezug auf eine Bemerkung über die Kavaliere und ihre Verbindung zum Süden erinnerte ich die Herren daran, dass die Nachkommen der Puritaner im Kampf schließlich nicht zu verachten seien und dass die besten Herren Englands schließlich von den Londoner Banden und dem „Pöbel" von Cromwells Independents besiegt wurden.

Mr. oder Colonel Pickett ist ein großer, gutaussehender Mann mit angenehmen Manieren und guter Bildung. Aber dieser Gentleman war ein erklärter Freibeuter, ein Freund von Walker, dem grauäugigen Schicksalsmann – seinem Kameraden in seinem gefährlichsten Raubzug. Er war Zeitungsjournalist, Soldat, Filibuster und stürzte sich jetzt mit Vehemenz in die Sache des Südens. Es war nicht schwer, sich vorzustellen, dass er in dieser Sache die Verwirklichung der Träume von einem Imperium im Süden des Golfs und von der Eroberung der Inseln des Meeres sah, die einen so faszinierenden Einfluss auf die Vorstellungskraft eines großen Teils des amerikanischen Volkes haben. Er bezog sich mit großer Bitterkeit auf Walkers Schicksal und unterstellte, er sei von dem britischen Offizier verraten worden, der ihn hätte beschützen sollen.

Die Handlungen von Herrn Floyd und Herrn Howell Cobb, deren Moralität zweifelhaft ist, werden hier durch die Doktrin der Staatenrechte gerechtfertigt. Wenn die Staaten das Recht hatten, in den Süden zu gehen, dann hatten sie vollkommen recht, ihren Anteil am nationalen Eigentum zu erhalten, den ihnen die Lincolniten nicht gegeben hätten. Daher sollten ihre Freunde nicht dafür getadelt werden, dass sie Waffen und Geld in den Süden geschickt hatten.

Insgesamt war der Abend trotz der gelegentlich hitzigen Kontroverse äußerst lehrreich. Aus der Vehemenz und Kraft der Redner konnte man die volle Bedeutung der Phrase „das Herz des Südens entflammen" verstehen, die so oft als Beispiel für die besondere Kraft politischer Leidenschaft zitiert wird, die im Sezessionskampf gegen die Republikaner eingesetzt werden muss. Mr. Forsyth kam mir als der scharfsinnigste und vielleicht fähigste der Herren vor, deren Mission nach Washington wahrscheinlich so erfolglos verlaufen wird. Sein Name ist in Amerika historisch – sein Vater hatte ein hohes Amt inne und sein Sohn übte ebenfalls diplomatische Funktionen aus. Despotien und Republiken nach amerikanischem Vorbild liegen eng beieinander. In der Türkei versinkt der arbeitslose Pascha in der Bedeutungslosigkeit und der Sohn des verstorbenen Paschas ist buchstäblich ein Niemand. Mr. Forsyth wurde nicht aufgrund des politischen Status, den sein Vater erworben hatte, zum Südstaatenkommissar gewählt; aber die Position, die er durch seine eigene Fähigkeit als Herausgeber des „Mobile Register" erlangte, veranlasste die konföderierten Behörden, ihn für den Posten auszuwählen. Es ist durchaus möglich, dass man sich in solchen Dingen geirrt hat, aber ich bin fast sicher, dass die farbigen Kellner, die uns am Tisch bedienten, so sauer und unzufrieden aussahen, wie man nur sein konnte, und ihre Bedienung mit einer Art Protest zu verrichten schienen. Man hat mir gesagt, dass die

Geschäftsleute von Washington stark dazu neigen, die Südseite zu bevorzugen.

6. April. — Heute habe ich General Scott einen zweiten Besuch abgestattet, der mich sehr freundlich empfangen und viele Fragen zu den Ereignissen auf der Krim und der Meuterei und Rebellion der Indianer gestellt hat. Er gab vor, sich keine Sorgen um die Sicherheit der Hauptstadt zu machen; in Wirklichkeit gibt es dort jedoch nur etwa 700 oder 800 reguläre Soldaten, die sie und den Navy Yard schützen, sowie zwei Feldbatterien, die von einem Offizier kommandiert werden, dessen Bindung an die Union sehr zweifelhaft ist. Der Leiter des Navy Yard wird offen des Hochverrats beschuldigt.

Mr. Seward hat sich entschieden geweigert, mit den Südstaatenkommissaren in irgendeiner Weise zu verkehren, und sie werden sich fast sofort aus der Hauptstadt zurückziehen. Da die Lage sehr bedrohlich aussieht, muss ich in den Süden gehen und mir mit eigenen Augen ansehen, wie die Lage dort ist, bevor es zu einem offenen Bruch zwischen den beiden Teilen kommt. Mr. Seward beschrieb neulich, als er über den Süden sprach, diesen als in jeder Hinsicht rückständig, mit Moden, Gewohnheiten, Denkniveau und Lebensweisen, die zum schlimmsten Teil des letzten Jahrhunderts gehören. Aber er selbst war noch nie dort! Die Südstaatler kommen in die Städte und Quellen des Nordens, aber die Nordstaatler reisen selten nach Süden. Ich bin sogar informiert, dass es für ihn, wenn er ein bekannter Abolitionist wäre, nicht sicher wäre, in einer Südstaatenstadt aufzutreten. Ich stimme meinem aufmerksamen und ernsthaften Freund Olmsted vollkommen zu, dass die Vereinigten Staaten erst dann als freies Land betrachtet werden können, wenn ein Mann in Charleston so frei sprechen kann wie in New York oder Boston.

Ich speiste mit Mr. Riggs, dem Bankier, der eine angenehme Gesellschaft für mich hatte. Mr. Corcoran, sein ehemaliger Partner, der anwesend war, errichtete auf eigene Kosten ein schönes Gebäude und schenkte es der Stadt, das als Kunstgalerie und Museum genutzt werden soll; aber bis jetzt sind die Künste, die man in Washington findet, nur politischer und weiblicher Natur. Mr. Corcoran besitzt eine private Bildergalerie und eine Sammlung, in der sich der vielgepriesene griechische Sklave von Hiram Powers befindet. Die Gentry von Columbia ist durch und durch virginisch gesinnt und sucht ihre politischen Erfolge eher südlich als nördlich des Potomac. Der Präsident, so höre ich heute Abend, ist besorgt, dass Virginia feindselig werden könnte, und seine Politik, wenn er denn überhaupt eine hat, ist abwartend und zaghaft. Es ist vollkommen wundervoll, Leute das Wort „Regierung" überhaupt verwenden zu hören, wenn man es auf den Präsidenten und sein Kabinett bezieht – ein Gremium, das „gemäß der Verfassung" nicht die Macht hat, das regierte Land oder sich selbst vor der Zerstörung zu retten. Angesichts der Umstände, unter denen die Verfassung ausgearbeitet wurde, war es naheliegend, dass der Hauptpunkt darin bestand, gegenüber ausländischen Mächten eine starke Front zu zeigen und gleichzeitig die internen Beziehungen der einzelnen Staaten so wenig wie möglich zu beeinträchtigen.

Im Hotel ist das Gebrüll der Stellensuchenden unvermindert. Zug um Zug werden es mehr. Sie verstopfen die Gänge. Die Halle ist so überfüllt, dass man an Erstickung denken könnte, wenn der Tabakrauch nicht die Gesundheit stärken und stärken würde. Der Zustand des Fußbodens ist unbeschreiblich.

KAPITEL VIII.

New York Press – Gerüchte über die Südstaatler – Besuch im Smithsonian Institute – Pythons – Abend bei Mr. Seward – Rohentwurf einer offiziellen Depesche an Lord J. Russell – Einschätzung ihrer Wirkung in Europa – Die Haltung Virginias.

7. April. — Den ganzen Tag regnet es, es ist kalt und nass. Ich bin dieses ewigen Geschwätzes über Port Sumter müde und überdrüssig. Männer, die hier überhaupt nichts von dem wissen, was vor sich geht, schicken Briefe an die New Yorker Zeitungen, die von den Leuten in Washington eifrig gelesen werden, sobald die Zeitungen die Stadt erreichen, und dann werden all diese vagen Vermutungen für bare Münze genommen und diskutiert, als wären sie Tatsachen. Der „Herald" hält den Mut und die Stimmung seiner Freunde im Süden aufrecht, indem er die blumigsten Berichte über ihre Aussichten liefert und ständig Mr. Lincoln und seine Regierung angreift; aber die Mehrheit der New Yorker Zeitungen ist geneigt, sich der Sezession zu widersetzen und die Regierung zu unterstützen. Ich speiste abends mit Lord Lyons und traf Mr. Sumner, Mr. Blackwell, den Manager der Grand Trunk Railway of Canada, seine Frau und die Mitglieder der Gesandtschaft. Nach dem Essen besuchte ich M. de Stoeckl, den russischen Minister, und M. Tassara, den spanischen Minister, die kleine Empfänge gaben. Es waren nur wenige Amerikaner anwesend. In der Regel behält der diplomatische Kreis, der übrigens kein bestimmtes Zentrum, keine bestimmten Radien oder keinen bestimmten Umfang hat, seine Mitglieder ziemlich unter sich. Die großen Persönlichkeiten hier sind hauptsächlich die Vertreter der südamerikanischen Mächte, die in engeren Beziehungen zu den einheimischen Familien in Washington stehen als die transatlantischen Minister.

8. April. — Wie es regnet! Letzte Nacht strömte das Wasser buchstäblich einen Fuß hoch durch die Straßen. Es fließt immer noch in schlammigen, wirbelnden Strömen durch die Kanäle, und der Regen fällt unaufhörlich von einem trüben, bleiernen Himmel. Die Luft ist warm und klamm. Es gibt allerlei Gerüchte im Ausland, und die Friseurläden haben heute Morgen von den „Rasuren" gezittert. Sumter war natürlich das Hauptthema. Einige berichteten, der Präsident habe den Südstaatler-Kommissaren durch ihren Freund Mr. Campbell, Richter am Obersten Gerichtshof, versprochen, keine Gewalt in Bezug auf Pickens oder Sumter anzuwenden. Ich schrieb an Mr. Seward und fragte ihn, ob er mir ermöglichen könne, eine eindeutige Aussage zu diesen wichtigen Angelegenheiten zu machen. Die Südstaatler sind alarmiert über die Berichte, die sie über große Aktivitäten und Vorbereitungen in the Brooklyn und die Bostoner Marinewerften erhalten haben, und erklären, dass „Verrat" gemeint sei. Ich bin völlig unfähig, ihre

Position zu verstehen. Wie kann sich die Regierung der Vereinigten Staaten des „Verrats" gegenüber Untertanen von Staaten schuldig machen, die sich darauf vorbereiten, ihre Unabhängigkeit zu behaupten, es sei denn, diese Regierung hat sich der Falschaussage schuldig gemacht oder die Rechtmäßigkeit der Entscheidung anerkannt, zu der die Staaten gelangt waren?

Sobald ich meine Briefe beendet hatte, fuhr ich zum Smithsonian Institute und wurde sehr freundlich von Professor Henry empfangen, der mich durch die Bibliothek und das Museum führte und mich Professor Baird vorstellte, der sich mit Naturgeschichte und insbesondere mit Ornithologie auskennt. Ich versprach den Professoren einige Felle von Himalaya-Fasanen als Ergänzung für die Sammlung. In der Bibliothek zeigte man uns zwei sehr schöne und lebhafte Felsschlangen oder Pythons, glaube ich, etwa sechs Fuß lang oder mehr, die sich mit viel Anmut und Behändigkeit bewegten, ihre gespaltenen Zungen herausstreckten und schrill zischten, wenn man sie an der Hand gepackt oder mit einem Stock bedrohte. Man erzählte mir, dass einige Leute bezweifelten, ob Schlangen zischen würden; ich kann dafür garantieren, dass Felsschlangen dies am deutlichsten tun. Sie sind nicht giftig, aber ihre Zähne sind scharf und nadelartig. Das Auge ist hell und glänzend; die rote, gespaltene Zunge bewegt sich, wenn sie herausgestreckt wird, schnell vibrierend, als würde sie von den Muskeln bewegt, die das zischende Zischgeräusch erzeugen. Die Bemerkungen von Professor Henry zu der großen Karte des nordamerikanischen Kontinents in seinem Arbeitszimmer haben mich sehr interessiert: Er wies auf die klimatischen Bedingungen hin, die Nutzen, Profit und Notwendigkeit der Sklavenarbeit bestimmten und argumentierte, dass der erwartete enorme Bevölkerungszuwachs im Mississippi-Tal und die damit verbundenen Prophezeiungen imperialer Größe falsch seien. Er scheint der Ansicht zu sein, dass der größte Teil des guten Landes Amerikas bereits kultiviert ist und dass die dort erzielten Ernten dazu neigen, es zu erschöpfen, sodass die Landwirte es schließlich dazu zwingen, es brach liegen zu lassen oder Dünger zu verwenden. Tatsache ist, dass der Einfluss der großen Gebirgskette im Westen, die den gesamten Regen der Pazifikseite auffängt, dazu führt, dass ein riesiger Landstrich zwischen dem Osthang der Kette und dem Mississippi sowie das Gebiet westlich von Minnesota vollkommen trocken und unbewohnbar sind. und soweit wir wissen, ist es, außer als Weideland für Wildrinder und dergleichen, genauso wertlos wie eine Heide.

Als ich in mein Hotel zurückkehrte, fand ich eine Nachricht von Mr. Seward, in der er mich bat, ihn um neun Uhr zu besuchen. Als ich zu seinem Haus ging, wurde ich in den Salon geführt und fand dort nur den Außenminister, seinen Sohn und Mrs. Seward. Ich machte ein *Parti Carré* für eine freundschaftliche Partie Whist, und Mr. Seward, der mein Partner war, redete während des Spiels, so dass das Ergebnis des Spiels nicht günstig war. Aber sein Vortrag war sehr interessant. „Alle Vorbereitungen, von denen Sie hören, bedeuten nur Folgendes. Die Regierung, die feststellt, dass das Eigentum der staatlichen und bundesstaatlichen Festungen vernachlässigt und ohne Schutz gelassen wird, ist entschlossen, Schritte zu unternehmen, um sie von dieser Vernachlässigung zu befreien und sie zu schützen. Aber wir sind entschlossen, dabei keine Aggression auszuüben. Die Amtseinführung des Präsidenten lässt unsere Politik deutlich erahnen. Wir werden nicht darüber hinausgehen – wir haben nicht die Absicht, dies zu tun – noch werden wir davon abrücken." Nach einiger Zeit legte Mr. Seward seine Karten weg und sagte seinem Sohn, er solle eine Mappe holen, die er in einer Schublade seines Tisches finden würde. Mrs. Seward zündete die Hängelampe der Gaslampe an und verließ das Zimmer, als ihr Mann mit der Zeitung zurückkam. Der Sekretär zündete sich dann seine Zigarre an, gab mir eine und begann langsam und mit deutlichem Nachdruck eine sehr lange, kraftvolle und fähige Depesche vorzulesen, die, wie er mir sagte, von Mr. Adams, dem amerikanischen Gesandten in London, an Lord John Russell vorgelesen werden sollte. Es fiel mir auf, dass der Ton der Zeitung feindselig war, dass ein Unterton von Drohungen darin mitschwang und dass sie Andeutungen enthielt, dass Großbritannien eingreifen würde, um die Republik zu spalten, wenn es dazu in der Lage wäre, und sich über die Gefahren freute, die ihm drohten.

Bei allen stärkeren Passagen erhob Herr Seward seine Stimme und machte am Ende eine Pause, als wollte er eine Bemerkung oder Zustimmung herausfordern. Schließlich konnte ich nicht umhin zu sagen, dass die Depesche zweifellos eine ausgezeichnete Wirkung haben würde, wenn sie im Kongress ans Licht käme, und dass die Amerikaner eine hohe Meinung vom Autor haben würden; aber ich wagte es, die Meinung zu äußern, dass sie bei der Regierung und dem Volk Großbritanniens nicht ganz so annehmbar wäre. Als amerikanischer Staatsmann hatte Herr Seward das Recht, dieser Überlegung nur eine sekundäre Bedeutung beizumessen. Indem er vorgibt, die Sezession als bloße politische Ketzerei zu betrachten, die leicht widerlegt werden kann, und indem er ausländischen Ländern Anspielungen darauf verbietet, glaubt Herr Seward, er könne die Vorherrschaft seiner eigenen Regierung begründen und gleichzeitig die Eitelkeit des Volkes befriedigen. Sogar ein Krieg mit uns könnte nicht von der Liste jener Mittel ausgeschlossen werden, die zur Verfügung stünden, um die zerbrochene Union wieder zu einer Masse zu verschmelzen. Der Minister ist jedoch ganz zuversichtlich in das, was er „Reaktion" nennt. „Wenn die Südstaaten", sagt er, „sehen, dass wir ihnen nichts Böses wollen – dass wir keine Gewalt gegen Personen, Rechte oder Dinge beabsichtigen – dass die Bundesregierung nur die ihr auferlegten Verpflichtungen in Bezug auf das nationale Eigentum erfüllen will, werden sie ihren Fehler erkennen und einer nach dem anderen wieder in die Union zurückkehren." Mr. Seward geht davon aus, dass dieser Prozess sofort beginnen wird und dass die Sezession in drei Monaten abgeschlossen sein wird – zumindest sagt er das. Es war nach Mitternacht, bevor unser Gespräch zu Ende war, von dem ich natürlich auf diesen Seiten nicht viel erwähnen kann.

9. April. — Ein Sturm aus Regen, Donner und Blitz. Die Straßen verwandeln sich in Wasserläufe. Vom Land hören wir von Brücken, die von Überschwemmungen weggespült und von Straßen, die unpassierbar geworden sind. Die Berichte aus dem Süden sind düster, aber die *Turba Remi* in Willard's sind so glücklich wie immer, zumindest genauso laut und genauso platzgierig. Nebenbei bemerkte ich, dass mein Preisboxerfreund mit der zerschrammten Nase endlich für seine Anstrengungen belohnt wurde. Er hat überall herumgetrunken, bis er nicht mehr stehen konnte, und er hat seinen Entschluss zum Ausdruck gebracht, die Menschen auf der Durchreise nie zu vergessen. Ich habe abends in der Gesandtschaft gegessen, wo eine kleine Party stattfand, und bin in strömendem Regen ins Hotel zurückgekehrt.

KAPITEL IX.

Abendessen bei General Scott – Anekdoten aus General Scotts frühen Jahren – Der überraschende Einsatz – Unsicherheit in der Hauptstadt.

10. April. — Heute habe ich mich damit beschäftigt, die Sachen, die ich nicht brauchte, einzupacken und nach New York zu schicken. Ich erhielt eine charakteristische Nachricht von General Scott, in der er mich bat, morgen mit ihm zu Abend zu essen, und sich für die Kürze seiner Einladung entschuldigte, die daher rührte, dass er gerade erst erfahren hatte, dass ich so bald in den Süden aufbrechen würde. Der General wird von seinen Landsleuten sehr bewundert, obwohl sie einige „liebenswerte Schwächen" nicht verschonen; aber meiner Meinung nach kann man ihm nur ein wenig Eitelkeit vorwerfen, die man oft bei Charakteren von höchstem Niveau findet. Er stellt gern seine Lektüre zur Schau und wird von dem Verlangen geplagt, sich dem schönen Schreiben hinzugeben. Vor einiger Zeit schrieb er einen langen Brief an den „National Intelligencer", in dem er Shakespeare und Paley zitierte, um zu beweisen, dass Präsident Buchanan die Forts in Charleston und Pensacola hätte besetzen sollen, wie er ihm geraten hatte; und er ist das Opfer poetischer Bestrebungen geworden. Der General nahm früh sein Abendessen ein; und als ich in seiner bescheidenen Unterkunft ankam, die sich allerdings im Haus eines berühmten französischen Kochs befand, fand ich eine Truppe berittener Freiwilliger des Bezirks, die die Straße auf und ab marschierten. Sie waren nicht schlecht für ihre Klasse, und die Pferde waren, obwohl leicht, flink, robust und temperamentvoll; aber die Männer zogen ihre Uniformen schlecht an, trugen langes Haar, ihre Mäntel und Knöpfe und Stiefel waren ungebürstet, und die Mäntel und Ausrüstungsgegenstände der Pferde wiesen Anzeichen von Vernachlässigung auf. Der General, der einen blauen Gehrock mit Adlern und Messingknöpfen sowie Samtkragen und -manschetten trug, war mit Mr. Seward und Mr. Bates, dem Generalstaatsanwalt, zusammen und empfing mich sehr höflich. Er wurde durch Jubelrufe der Soldaten auf der Straße und durch Rufe nach „General Scott" unterbrochen. Er bewegt sich nur schwer, aufgrund eines Sturzes vom Pferd und aufgrund der Belastung durch sein zunehmendes Alter; und er wäre offensichtlich nicht ausgegangen, wenn er es hätte vermeiden können. Aber es gibt keine Privatsphäre für öffentliche Personen in Amerika.

Der General ging hinaus zu ihnen und richtete in der üblichen Art ein paar Worte an sein Publikum, in denen es um „Zusammenkommen", „ruhmreich sterben" und „alte Flagge unseres Landes" und dergleichen ging; danach stimmte die Band „Yankee Doodle" an. Mr. Seward rief: „General, lassen Sie sie ‚Star-Spangled Banner' und ‚Hail Columbia' spielen." Und so wurde ich mit den Klängen des alten bacchantischen Gesangs „When Bibo" usw. verwöhnt, den die Amerikaner als Nationalhymne eingeführt haben. Dann kam ein Versuch, „God save the Queen" zu spielen, was ich als Kompliment gebührend zu schätzen wusste; und dann folgte das Abendessen, das dem Koch Ehre machte, und der Wein, der vorzüglich war, aus Frankreich, Spanien und Madeira. Der einzige Neuzugang in unserer Gruppe war Major Cullum, Adjutant von General Scott, einem amerikanischen Ingenieur, der in West Point ausgebildet wurde. Der General ließ sich ein wenig über die Phrase „a hasted plate of soup" lustig machen, die er in einem seiner Depeschen während des Mexikanischen Krieges verwendete, und er bat mich zu entscheiden, ob sie so falsch oder lächerlich sei, wie Mr. Seward behauptete. Ich sagte, ich sei kein Richter, aber sicherlich ließe sich eine ähnlich freizügige Verwendung einer wohlbekannten prosodischen Figur als Rechtfertigung für die Phrase finden. Die einzigen Tischgäste waren der englische Diener des Generals und ein farbiger Diener; und die Tischausstattung, die so gute Dinge enthielt, war einfach und anspruchslos. Natürlich war die Unterhaltung allgemeiner Natur, und der General, der seine Worte offensichtlich mit großer Genauigkeit auswählte, übernahm die Führung darin, erzählte lange Anekdoten, die hin und wieder mit Episoden geschmückt und durch Episoden wie „Haben Sie einen Moment Geduld mit mir, sehr geehrter Herr, damit ich hier vom Hauptstrang meiner Geschichte abkomme und mit der Erwähnung einer merkwürdigen ..." usw. usw. verstärkt werde.

Seine Unterhaltung fand ich sehr interessant, insbesondere den Teil, der sich auf seine Rolle im letzten Krieg bezog, in dem er verwundet und gefangen genommen wurde. Er berichtete über die Schlacht von Chippewa, die, wie er sagte, nach wahren wissenschaftlichen Prinzipien ausgetragen wurde; und da die meisten Engländer keine Ahnung von Rückschlägen gegen ihre Waffen haben, war ich so unklug, als die Schlacht auf ihrem Höhepunkt war und ganze Massen von Männern in Bataillonen und Kolonnen über den Tisch marschierten, zu fragen, wie viele im Einsatz waren. Der General machte das Beste aus seiner Seite: „Wir hatten, Sir, zweitausendeinhundertfünfundsiebzig Mann im Feld." Er erzählte uns, wie der Staat Virginia, als die britischen Kriegsschiffe in Virginia allgemeine Empörung hervorriefen, indem sie amerikanische Schiffe in der Chesapeake Bay nach Deserteuren durchsuchten, eine Freiwilligentruppe organisierte, um die Küsten zu bewachen und vor allem die Landbevölkerung daran zu hindern, den Schiffen auf Anordnung der Legislative und des Gouverneurs Vorräte zu schicken. Der junge Scott, der damals Anwaltsprüfung ablegte, wurde Korporal eines Trupps dieser Patrouillen. Eines Nachts, als sie am Ufer des Potomac Dienst verrichteten, hörten sie ein Boot mit gedämpften Rudern schnell den Fluss herunterkommen und sahen es bald im Schutz der Bäume ganz dicht ans Ufer herankommen. Als es auf gleicher Höhe mit den

Soldaten war, fragte Scott herausfordernd: „Was für ein Boot ist das?" „Es ist Seiner Majestäts Schiff ‚Leopard‘, und was zum Teufel geht euch das an? Gebt nach, meine Jungs!" „Ich forderte ihn sofort auf, sich zu ergeben", sagte der General, „und als wir das Kommando zum Angriff gaben, stürzten wir uns ins Wasser. Glücklicherweise war es nicht tief, und der verantwortliche Fähnrich, überrascht von einer überlegenen Streitmacht, versuchte nicht, uns Widerstand zu leisten. Wir fanden das Boot, das von vier Matrosen bemannt und mit Gemüse und anderen Vorräten beladen war, und nahmen es in Besitz; und ich glaube, dies ist das erste Mal, dass das Boot eines Kriegsschiffs von der Kavallerie gekapert wurde. Das Parlament Virginias war jedoch mit der Festnahme nicht einverstanden und der Beamte wurde daraufhin ausgeliefert.

„Viele Jahre später, als ich Europa besuchte, speiste ich zufällig im gastfreundlichen Anwesen von Lord Holland und bemerkte während des Banketts, dass ein Herr am Tisch mein Gesicht auf eine Art und Weise musterte, die auf besondere Neugier schließen ließ. Mehrmals, als mein Blick in seine Richtung wanderte, bemerkte ich, dass er seine Untersuchungen fortsetzte, und schließlich wies ich ihn mit einem anhaltenden Blick zurecht. Nach dem Essen kam dieser Herr zu mir und sagte: ‚General Scott, ich hoffe, Sie verzeihen mir meine Unhöflichkeit, Sie anzustarren, aber Tatsache ist, dass Sie eine bemerkenswerte Ähnlichkeit mit einem großen, zu groß geratenen, plumpen Landburschen gleichen Namens haben, der mich in meinem Boot gefangen nahm, als ich Fähnrich auf der ‚Chesapeake‘ war und an der Spitze einer Gruppe berittener Männer stand. Er war, soweit ich mich noch gut erinnere, Corporal Scott.‘ ‚Dieser Corporal Scott, Sir, und die Person, die Sie anspricht, sind identisch.‘ Der Offizier, dessen Bekanntschaft ich auf diese Weise so glücklicherweise erneuerte, war Captain Fox, ein Verwandter von Lord Holland und Postkapitän der britischen Marine."

Während er sprach, wurde ein Telegramm hereingebracht, das der General mit sichtlichem Unbehagen durchlas. Er entschuldigte sich bei mir für das Lesen, indem er sagte, das Telegramm sei vom Präsidenten in Kabinettsangelegenheiten, und reichte es dann über den Tisch an Herrn Seward. Der Sekretär las es, wurde ein wenig aufgeregt und hob fragend den Blick zum Gesicht des Generals, der nur den Kopf schüttelte. Dann wurde das Papier an Herrn Bates gegeben, der es las und überrascht grunzte. Der General nahm das Papier zurück, las es zweimal durch, faltete es dann zusammen und steckte es in seine Tasche. „Sie sollten es besser nicht dort hinlegen, General", warf Herr Seward ein; „es wird verloren gehen oder in andere Hände geraten." Und das schien der General zu denken, denn er warf es sofort ins Feuer, vor dem einige Flaschen Rotwein sanft reiften.

Die Mitteilung war offensichtlich sehr unangenehmer Natur. Um den Ministern Gelegenheit zu einer Besprechung zu geben, bat ich Major Cullum, mich in den Garten zu begleiten, und zündete mir eine Zigarre an. Als ich in der Dämmerung umherging, bemerkte ich am Ende des kleinen Geheges zwei Gestalten, die wie in Deckung nahe der Mauer standen. Major Cullum sagte: „Die Männer, die Sie sehen, sind Wachen, die ich für zweckmäßig hielt, um den General zu schützen. Die Schurken könnten ihn ermorden und würden es, wenn sie könnten, sofort tun. Er wollte nichts von einer Wache oder Ähnlichem hören, also habe ich, ohne dass er es weiß, die ganze Nacht Wachen rund um das Haus postiert." Das war eine merkwürdige Situation für den Befehlshaber der amerikanischen Armee inmitten einer überfüllten Stadt, der Hauptstadt der freien und aufgeklärten Republik! Als wir ins Wohnzimmer zurückkehrten, wurde das Gespräch noch etwa eine Stunde fortgesetzt. Ich zog mich mit Mr. Seward in seiner Kutsche zurück. Als wir die Pennsylvania Avenue hinauffuhren – die damals fast menschenleer war – fragte ich Mr. Seward, ob er sich vor einem Angriff aus Virginia sicher fühle, da es Berichte gab, dass ein gewisser Ben McCullough, der berühmte texanische Desperado, 500 Männer in Richmond versammelt hatte, um ein gewagtes Unternehmen zu wagen: Einige sagten, sie wollten den Präsidenten, das Kabinett und alles andere entführen. Er antwortete, dass man, obwohl die Hauptstadt fast schutzlos war, bedenken müsse, dass die mutigen bösen Männer, die ihre Feinde waren, ebenso wenig auf aktive Angriffsmaßnahmen vorbereitet waren.

KAPITEL X.

Kriegsvorbereitungen in Charleston – Meine eigene Abreise in die Südstaaten – Ankunft in Baltimore – Beginn der Feindseligkeiten bei Fort Sumter – Bombardierung des Forts – Allgemeine Stimmung hinsichtlich Nord und Süd – Sklaverei – Erste Eindrücke von der Stadt Baltimore – Abreise mit dem Dampfer.

12. April. — Heute Morgen erhielt ich eine Mitteilung, dass die Regierung entschlossen sei, entscheidende Schritte zu unternehmen, die zu einer Entwicklung der Ereignisse im Süden führen und die Ernsthaftigkeit der Sezession auf die Probe stellen würden. Der General der Konföderierten in Charleston, Beauregard, hat dem kommandierenden Bundesoffizier in Sumter, Major Anderson, mitgeteilt, dass jegliche Kommunikation zwischen seiner Garnison und der Stadt eingestellt werden müsse; und gleichzeitig oder wahrscheinlich schon vorher informierte die Regierung in Washington die konföderierten Behörden, dass sie beabsichtige, Major Anderson Vorräte zukommen zu lassen, wenn dies erlaubt sei, auf friedliche Weise, aber auf jeden Fall. Die Leute in Charleston bemannen die Batterien, die sie gegen Sumter errichtet haben, haben auf ein Schiff unter US-Flagge geschossen, das versucht, mit dem Fort zu kommunizieren, und haben eine große Streitmacht auf den Inseln gegenüber dem Ort und in der Stadt Charleston gerufen und organisiert.

Ich beschloss daher, noch heute in die Südstaaten aufzubrechen und über Baltimore nach Norfolk zu fahren, anstatt über Richmond, das durch die Überschwemmungen abgeschnitten war. Vor meiner Abreise besuchte ich Lord Lyons, Mr. Seward, die französischen und russischen Minister und hinterließ Karten beim Präsidenten, Mrs. Lincoln, General Scott, Mr. Douglas, Mr. Sumner und anderen. In Washington war keine Aufregung zu spüren, aber Lord Lyons erwähnte als ungewöhnlichen Umstand, dass er keine telegrafische Nachricht von Mr. Bunch, dem britischen Konsul in Charleston, erhalten hatte. Einige Damen sagten mir, dass ich bei meiner Rückkehr in Washington einige nette Leute antreffen würde und dass der Eisenbahnspalter, seine Frau, die Sewards und alle anderen an den Ort gebracht würden, an dem sie sein sollten: „Varina Davis ist auf jeden Fall eine Dame, nicht wie die anderen. Wir können solche Leute nicht ertragen!" Ein Marineoffizier, den ich traf, sagte mir: „Wenn die Regierung es wirklich versucht force at Charleston, werden Sie sehen, dass sie geschlagen wird, und es wird einen Krieg zwischen den Gentlemen und den Yankee-Rowdys geben; wenn sie Gewalt anwenden, wissen Sie, wie das enden wird." Die Regierung ist so beunruhigt, dass sie Soldaten ins Kapitol entsandt hat und es für die Verteidigung vorbereitet.

Um 18 UHR fuhr ich in einem Regensturm zum Bahnhof von Baltimore, begleitet von Mr. Warre von der britischen Gesandtschaft. Im Zug war eine Menschenmenge, viele von ihnen enttäuschte Stellenjäger, und es wurde viel darüber diskutiert, ob es angemessen sei, Sumter mit Gewalt mit Vorräten zu versorgen, da die Mehrheit der Meinungen gegen die Angemessenheit eines solchen Schritts sprach. Der Ton, in dem über den Präsidenten und sein Kabinett gesprochen wurde, war sehr respektlos. Ein großer Mann in einem Pelzmantel, der neben mir saß, sagte: „Also, verdammt, wenn ich nicht auf Old Abe, Seward – ja, oder General Scott selbst zielen würde, obwohl ich ziemlich viel Gutes aus ihnen herausholen kann, wenn sie versuchen, ihre Soldaten und Matrosen einzusetzen, um die Rechte der Staaten zu untergraben. Wenn sie gehen wollen, haben sie das Recht dazu." Worauf viele sagten: „Das stimmt! Das ist wahr!"

UHR in Baltimore ankamen , standen die Straßen unter Wasser. Ein Kutscher, der sah, dass ich ein Fremder war, verlangte von mir zwei Dollar oder 8 *Schilling und* 4 *Pence* für die Fahrt zum eine Viertelmeile entfernten Eutaw House. Ich war jedoch nicht überrascht, da ich dreieinhalb und vier Dollar für das Abendessen und die Rückfahrt zum Hotel in Washington bezahlt hatte. Bei meiner Ankunft nahm mich der Wirt, kein Geringerer als ein Major oder Oberst, beiseite und fragte mich, ob ich die Neuigkeiten gehört hätte. „Nein, was ist es?" „Der Präsident der Telegraphengesellschaft hat mir erzählt, er habe von seinem Schreiber in Charleston die Nachricht erhalten, dass die Batterien das Feuer auf Sumter eröffnet hätten, weil die Regierung eine Flotte zur Erzwingung von Nachschub geschickt habe." Die Neuigkeiten hatten sich jedoch bereits herumgesprochen. Die Halle und die Bar des Hotels waren voll, und viele Leute, die ich noch nie in meinem Leben gesehen hatte, fragten mich, was ich von der Echtheit des Gerüchts halte. Es war nicht überraschend, dass die Leute in Charleston jeden Versuch, die Forts zu verstärken, ablehnten. Aus der Ausdrucksweise der Südstaaten-Kommissare wusste ich, dass sie jedem derartigen Versuch bis zum Äußersten widerstehen und ihn zu einem *Casus* und *Causa Belli machen würden*
.

14. April . — Das Eutaw House ist kein besonders gutes Beispiel für ein amerikanisches Hotel, aber der Wirt tut sein Bestes, um es seinen Gästen bequem zu machen, wenn er sie mag. Der amerikanische Wirt ist ein Despot, der seine Herrschaftsgebiete durch an den Wänden angebrachte Ukas und durch bestimmte staatliche Abteilungen, die „Büros" und „Bars" genannt werden, regelt und der im Allgemeinen, wenn er wegen militärischer, politischer oder kommerzieller Unternehmungen abwesend ist, durch einen Leutnant vertreten wird; der Stellvertreter ist, wenn möglich, ein höherer Mann als der Chef. Es erfordert so viel Kapital, um ein großes Hotel zu errichten, dass man in den Städten kaum Angst vor externer Konkurrenz hat.

Und die Amerikaner sind so gesellig, dass sie kleine Einrichtungen nicht besuchen.

Umso mehr freute ich mich über die Aufmerksamkeit des Wirts heute Morgen, als er ins Zimmer kam und mir voller Aufregung mitteilte, dass sich die Nachricht vom Bombardement von Fort Sumter durch die Charleston-Batterien bestätigt habe. „Und jetzt", sagte er, „kann niemand sagen, wo das alles enden wird."

Nach dem Frühstück bekam ich Besuch von einigen Herren aus Baltimore, die sich über die Neuigkeiten sehr freuten. Ich erfuhr von ihnen, there was adass ihr Staat sich wahrscheinlich den Staaten anschließen würde, die sich abgespalten hatten. Die ganze Stimmung der Landbesitzer und der angesehenen Klassen ist auf der Seite des Südens. Die Abneigung gegen die Bundesregierung in Washington ist größtenteils durch persönlichen Spott und Verachtung von Herrn Lincoln gewürzt. Ihr Marylander legt großen Wert darauf, ein Gentleman zu sein, und was er nicht für Gentleman hält, ist einfach für nichts geeignet, geschweige denn für Position und Autorität.

Der junge Zeichner, von dem ich sprach, tauchte heute Morgen auf, nachdem er mir aus Washington nachgefolgt war. Er fragte mich, ob ich ihn noch immer mitnehmen lassen würde. Ich bemerkte, dass ich nichts dagegen hätte, aber dass ich solche Absätze nicht wieder in den Zeitungen zulassen könnte, und meinte, dass es kein Problem wäre, wenn er allein reisen würde, wenn er das wolle. Er antwortete, dass seine frühere Verbindung mit einer Zeitung der Black Republicans zu seiner Inhaftierung oder Belästigung im Süden führen könnte, aber dass, wenn man ihm erlaube, mitzukommen, niemand daran zweifeln würde, dass er bei einer illustrierten Londoner Zeitung angestellt sei. Der junge Herr wird sicherlich nie etwas verlieren, nur weil er nicht danach fragt.

Beim schwarzen Friseur wurde ich von meinem Diener unterwürfig zu meinem Glauben an die Geschichte des Bombardements befragt. Er war erstaunt, dass ein Fremder das Ereignis für wahrscheinlich hielt. „Die Herren von Baltimore werden sich darüber freuen. Aber vielleicht kommt es am Ende doch noch schief." Ich stellte fest, dass mein Friseur fest davon überzeugt war, dass die Tage der Sklaverei zu Ende gingen. „Und was wird dann passieren, glauben Sie?" „Ich nehme an, die Farbigen werden genauso gut sein wie die Weißen." Das ist es. Sie verstehen nicht, was für eine große Kluft zwischen ihnen und der Gleichstellung mit der weißen Rasse liegt, die die meisten, die Ambitionen haben, unter Emanzipation verstehen. Er sagte, die Sklavenbesitzer der Stadt seien sehr streng und hart, wenn sie höhere Summen verlangten, als die Sklaven verdienen könnten. Die Sklaven werden zur Arbeit geschickt, um gegen Bezahlung zu arbeiten, um an den Kais und Docks zu arbeiten. Ihr Verdienst geht an den Meister, der sie bestraft, wenn sie nicht genug nach Hause bringen. Manchmal ist der Herr mit einer festen Summe zufrieden und alles, was der Sklave über diesen Betrag hinaus bekommt, darf er für seine privaten Zwecke einbehalten.

Baltimore sieht älter und respektabler aus als die Städte, die ich bisher durchquert habe, und das Gelände, auf dem es steht, ist hügelig, so dass die Häuser nicht so flach und gleichförmig hoch sind, wie die Straßen von New York und Philadelphia denen einer vergrößerten Spielzeugstadt ähneln. Warum Baltimore die „Monumental City" genannt werden sollte, kann ein Fremder nicht erraten. Er würde nie denken, dass eine große Stadt mit 250.000 Einwohnern ihren Namen von einem in weißen Marmor eingefassten Obelisken für George Washington ableiten könnte, auch wenn dieser über 200 Fuß hoch ist, oder von der grotesken Säule namens „Battle Monument", die zum Gedenken an diejenigen errichtet wurde, die bei dem Gefecht außerhalb der Stadt fielen, bei dem die Briten 1814 zurückgeschlagen wurden. Ich konnte keinen to the citylesenswerten Reiseführer auftreiben und schlenderte nach einem Besuch im Maryland Club, dessen Ehrenmitglied ich geworden war, nach Belieben umher. Bei Einbruch der Dunkelheit brach ich mit dem Dampfer „Georgianna" nach Norfolk auf.

KAPITEL XI.

Szenen an Bord eines amerikanischen Dampfers – der „Merrimac" – irische Seeleute in Amerika – Norfolk – ein Telegramm am Sonntag; Nachrichten vom Kriegsschauplatz – amerikanische „Düppel" und unsere Jack Tars.

Sonntag, 14. April. – Eine Nacht mit unruhigem Schlaf, wegen des heftigen Schlagens des Hubbalkens dicht an meinem Kopf, des Zischens des Dampfes und des Dröhnens der Dampftrompete, die Schiffe warnte, aus dem Weg zu gehen – auch Mücken hatten mir trotz meiner schmutzigen Gazevorhänge eine Menge zu sagen. Bald nach Tagesanbruch lief das Schiff an der Mole der Festung Monroe entlang, und ich sah undeutlich die Wasserseite des Werks, das, wie es heißt, in Gefahr ist, von den Virginianern angegriffen zu werden. Es wehte keine Flagge am Mast über den Mauern, und der Ort sah trostlos und verlassen aus. Er hat ein schönes bastioniertes Profil mit Graben und bewaffneten Lünetten – die Kasematten waren zugemauert oder mit Glasfenstern besetzt, und alle Kanonen, die ich erkennen konnte, befanden sich auf den Brustwehren. Ein paar Soldaten lungerten auf dem Steg herum, und nachdem wir einen angetrunkenen alten Offizier, ein paar Neger und ein paar Pakete abgesetzt hatten, brüllte das Dampfrohr erneut (es pfiff nicht), und wir fuhren weiter über die Mündung des Kanals und des James River in Richtung Elizabeth River, an dem Portsmouth und Gosport liegen.

Gerade als ich mich anzog, öffnete sich die Tür, und eine große, ordentlich gekleidete Negerin kam herein und fragte mich nach meiner Fahrkarte. Sie sagte mir, sie sei Fahrkartenkontrolleurin für das Boot und eine Sklavin. Diese letzte Information gab sie mir ohne Widerstreben oder Zögern. Auf meinem Weg zum Oberdeck bemerkte ich, dass die Bar von Herren bevölkert war, die Cocktails oder Mint Juleps tranken oder darauf warteten. Letztere waren jedoch im Moment nicht in so perfekter Qualität wie sonst erhältlich, da die Minze in einem schlechten Zustand war. Was Getränke angeht, wie gastfreundlich sind die Amerikaner! Ich wurde gebeten, so viele zu nehmen, dass ich nicht mehr trinken könnte; meine Entschuldigung, ich könne vor dem Frühstück keine Cocktails und dergleichen vertragen, wurde mit Erstaunen aufgenommen, und ich wurde dringend gebeten, eine so schlechte Angewohnheit aufzugeben.

Eine klare, schöne Sonne erhob sich aus den Gewässern der Bucht in den reinsten, reinsten, blauen Himmel. Zu unserer Rechten erstreckte sich eine niedrige, von Bäumen gesäumte und dicht mit verkrüppeltem Wald bewachsene Küste, durch deren Laubwerk man weithin schimmernde Bäche sehen konnte. Beunruhigend aussehende kleine hölzerne Leuchttürme, die in den schlammigen Gewässern ihr Gleichgewicht zu wahren suchten und in verschiedene Winkel gebogen waren, markierten die schmalen Kanäle zu den Städten und Weilern an den Ufern, deren Hauptgeschäft und Beschäftigung der Austernverkauf und -verzehr ist. Wir segeln über wundersame Ablagerungen und Unterwasserkulturen der beliebten Muschel. An den Ufern tauchen weiß gestrichene Holzhäuser auf, und ein großes Gebäude mit Seitenflügeln und einem zentralen Portikus, über dem ein Aussichtspunkt liegt, der zur Aufnahme kranker US-Seeleute bestimmt war, ist ein markanter Punkt in der Landschaft.

Der Dampfer erreichte nach wenigen Minuten einen schmutzigen, heruntergekommenen Holzkai, der von offenen Buden gesäumt war, auf denen sich eine kleine Menschenmenge, hauptsächlich Neger, versammelt hatte. Hinter dem Schuppen erhoben sich die Ziegel- und Schindeldächer schäbiger, schäbiger Häuser, und wir konnten einen Blick auf die Reihe armer Straßen erhaschen, eng, krumm, schlecht gepflastert, überragt von ein paar Kirchtürmen und den großen, weitläufigen Werbetafeln der Tabakläden und Austernverkäufer, und das war alles, was wir von Portsmouth oder Gosport sehen konnten. Unser Schiff befand sich in einer schmalen Bucht; auf einer Seite war die Stadt – in der Mitte der Bucht lag die alte „Pennsylvania", die eigentlich 120 Kanonen haben sollte, aber nie in Dienst gestellt und als Empfangsschiff verwendet wurde, vor Anker – neben der Mauer des Navy Yard unter uns lag die „Merrimac", anscheinend in normaler Besatzung. Das einzige seetaugliche Kriegsschiff war eine Kuriosität – eine gedrungene, holländisch aussehende Schaluppe mit steilem Bug, genannt „Cumberland". Zwei oder drei kleinere Schiffe ohne Mast lagen unterhalb der „Merrimac", und wir konnten gerade noch die Bauschuppen sehen, in denen sich, glaube ich, ein oder zwei weitere Schiffe auf dem Vorschiff befanden. Eine Flotte von Austernbooten, die vor Anker lagen oder den Sonntag ohne Segel feierten, kreuzte das Wasser. Die Stadt hatte einen alten, fischartigen Geruch, der ihrem Aussehen und ihrer Funktion als Seehafen würdig war. Als das Schiff dicht neben uns herkam, gab es die übliche Begrüßung unter Freunden und viele Rufe: „Na, habt ihr die Neuigkeiten gehört? Die Yankees sind aus Sumter raus! Ist das nicht toll!" Es gab nur wenige, die diese Stimmung nicht teilten, aber es gab einige, die schwarz wie die Nacht aussahen und nichts sagten.

Während wir auf die Dampffähre warteten, die uns auf der anderen Seite des Creeks nach Norfolk bringt, legte ein Kriegsschiff an, und der Steuermann, ein gutaussehender, stattlicher Seemann, kam an Deck und fragte mich, da ich zufällig neben ihm war, ob Kapitän Blank mit uns gekommen sei. Ich antwortete, dass ich es nicht wüsste, aber dass der Kapitän es ihm zweifellos sagen könne. „Er?", sagte der Seemann und zeigte voller Abscheu auf den Kapitän des Dampfers. „Er weiß nichts über seine Passagiere, außer wie viele Dollar sie wert sind", und begann, seine Fragen bei den anderen Passagieren zu stellen. Das Boot nebenan war sauber und wurde von sechs so kräftigen Kerlen bemannt, wie sie je ein Ruder in der Hand gehalten haben. Zwei davon waren, wie ich sicherstellte, Engländer, und als der Steuermann seine fruchtlose Suche beendete, fragte ich ihn, woher er käme. „Aus der Bucht von Cork." Ich war neun Jahre bei der Marine, aber als ich auf die West Ingy Station kam, hörte ich, wie Uncle Sam seine Kameraden behandelte, und so schloss ich mich ihm an." „Abhauen, nehme ich an?" „Na ja, nicht ganz. Ich bin entkommen, Sir. Ausgewandert, wissen Sie!" „Sind noch andere Iren oder Engländer an Bord?" „Das sollte ich meinen. Der Mann dort am Bug ist ein Maat von mir, aus der schönen Bucht von Cork, Driscoll mit Namen, und da ist ein Mann aus Belfast, der Nummer zwei zieht, und das Vorderste und der Kerl, der neben ihm zieht, sind Engländer, und gute Matrosen sind sie, Bates und Rookey. Sie waren auch auf Kriegsschiffen." „Was? Fünf von sieben britische Staatsbürger!" „Oh, ja, das heißt — wir waren es zuerst — die meisten von uns sind jetzt Amerikaner, glaube ich. Es sind noch viele mehr von uns an Bord des Schiffes."

Die Dampffähre war ein klappriges Ding und vermittelte zusammen mit den baufälligen Schuppen und Kais nur einen trüben Eindruck von Norfolk. Die Zufügung von Tabaksaft an Bord war bemerkenswert. Obwohl es erst sieben Uhr war, hatte jeder sein Pfund in betriebsbereitem Zustand, und die Luft war erfüllt von gelblich-braunen Regenbögen und flüssigen Parabeln, die in Gischt oder in kleinen Schwärmen des Unkrauts auf die schmutzigen Decks stürzten. Da es Sonntag war, zeigten einige der zahlreichen Fahnenmasten, die die Häuser in beiden Städten schmücken, die Flaggen der Vereinigten Staaten; aber nichts konnte die verdorbene Luft von Norfolk aufhellen. Der Omnibus, der auf uns wartete, muss das erste Beispiel für Kutschenbau in diesem Stil auf dem Kontinent gewesen sein; und als er über das ungeheuer schlechte Pflaster stürzte und fiel, dessen Härte durch eine Straßenbahn noch verschlimmert wurde, riss er die Nähte auf, als ob er ins Brennholz fallen wollte. Die Läden waren natürlich alle geschlossen; Doch die Häuser aus Holz und Ziegeln waren mit Schildern und Plakaten bedeckt, die auf einen umfangreichen Tabak- und Austernhandel hinwiesen.

Der arme GPR James, der viele Jahre hier verbrachte, hätte an einem solchen Ort kaum einen Roman finden können, trotz der tollen Austern, des berühmten Wildgeflügels und des hochgelobten Geflügels und Gemüses, das in den umliegenden Bezirken angebaut wird. Es gibt keinen Hügel, den der Reisende gegen Ende eines Sommertages erklimmen könnte, und auch kein Wasserschloss im Umkreis von tausend Meilen. Eine abscheuliche, zahnbrechende Fahrt endete schließlich vor dem Atlantic Hotel, wo ich mein Quartier beziehen musste. Es ist ein heruntergekommener, unsauberer Ort mit einem tabakbefleckten Boden, voller Fliegen und starker Gerüche. Die Kellner waren alle Sklaven: unordentliche, schlampig gekleidete und sorglose

Geschöpfe. Ich wurde in ein kleines Zimmer gesperrt, mit dem üblichen Hinweis an der Tür, dass der Eigentümer für nichts verantwortlich sei und dass man aus Angst vor Räubern die Türen abschließen müsse und dass man zu bestimmten Zeiten essen müsse und andere Dinge dieser Art. Mein *Umbra* sei nach Gosport gefahren, um ein paar Skizzen zu machen, sagte er, und nach einem kargen Essen in einem langen Raum voller „Bürger", die alle über Sumter diskutierten, ging ich auf die Straße hinaus.

Die Leute, so bemerke ich, sind von einem neuen und ausgeprägten Typus – sehr groß, locker und doch kräftig gebaut, mit dunkler Hautfarbe, stark ausgeprägten Gesichtszügen, markanten Nasen, großen eckigen Mündern in eckigen Kiefern, tiefliegenden hellen Augen, niedrigen, schmalen Stirnen – und sie alle neigen stark dazu, Tabak zu rauchen. Die Kirchenglocken läuteten, und ich verwandelte mich in eine davon; aber die Hitze, die draußen schon groß genug war, wurde bald fast unerträglich; und sie wurde auch nicht erträglicher durch meine Nähe zu einigen Schwarzen, die, wie ich annehme, Diener oder Sklaven der vornehmen Leute in den vorderen Bänken waren. Der Geistliche oder Pfarrer war gerade bei den Psalmen angelangt, als in der Nähe der Tür ein Trubel entstand, der seine Aufmerksamkeit erregte und alle dazu veranlasste, sich umzudrehen. Mehrere Personen standen auf und flüsterten, während andere auf Zehenspitzen aus der Kirche schlichen. Der Einfluss breitete sich allmählich aus, und alle Männer in der Nähe der Türen verließen rasch die Kirche. Der Pfarrer, offensichtlich interessiert, las weiter und hob dabei den Blick zur Tür. Schließlich erhoben sich die Personen in seiner Nähe und gingen mutig vorwärts, und ich folgte schließlich seinem Beispiel und als ich auf die Straße kam, sah ich Männer auf das Hotel zulaufen. „Was ist los?", rief ich einem zu. „Kommt mit, das Telegramm ist im Day Book. Die Yankees sind geschlagen!" und so ging es weiter. Schließlich kam ich zu einer Gruppe von Männern, die sich mit dem Gesicht zur Wand eines schäbigen Hauses drängten, verstärkt durch Neuankömmlinge und vermindert durch diejenigen, die, nachdem sie ihre Neugier befriedigt hatten, in einem Zustand großer Aufregung, Jubel und Schweißausbrüche vorwärtsdrängten. „Es ist alles in Ordnung!" „Habe ich es euch nicht gesagt?" „Ein Schlag für Beauregard und den Palmetto State!" Ich drängte weiter und las schließlich das Programm der Kanonade und des Bombardements und der Auswirkungen auf das Fort auf einem schmutzigen Stück gelblichem Papier an der Wand. Es war eine schreckliche Schrift. An allen Straßenecken diskutierten die Männer die Neuigkeiten mit allen Anzeichen von Freude und Genugtuung. Nun muss ich gestehen, dass ich die Aufregung überhaupt nicht teilen konnte. Die Tat kam mir wie das Vorspiel zu einem sicheren Krieg vor.

Ich ging die Hauptstraße hinauf und bog in einige der Gassen ein, um mir die Stadt anzusehen. Ich kam an Wasserstellen und Brücken über die Bäche heraus oder an sandigen Gassen, die von Bäumen beschattet wurden und hier und da von hübschen, in bunten Farben gestrichenen Holzvillen gesäumt waren. Überall Neger, Männer und Frauen, bunt gekleidet oder in Lumpen; vor den Türen der engen Gassen wimmelte es von Negerkindern – mit dicken Bäuchen, krummen Beinen, struppigen Köpfen und glücklich – die um trübäugige, zahnlose Hexen oder dicklippige Mütter herumtollten. Mit keinem Wort sprachen sie über Sumter. „Gibt es heute Neuigkeiten?", sagte ich zu einem anständig aussehenden Neger in einem blauen Mantel mit Messingknöpfen, einem wunderbaren Hut und einer Weste aus bernsteinfarbener Seide, karierten Hosen und sehr kaputten Schuhen. „Also, ich glaube, es ist nicht viel passiert. Gestern Abend hat es in Squire Nichols Haus gebrannt; zumindest habe ich das gehört, Sare." Squire, das möchte ich nebenbei anmerken, wird verwendet, um Friedensrichter zu bezeichnen. War es ein sehr dummer *Poco-Curante* oder ein sehr schlauer, subtiler Sambo?

Auf meinem Spaziergang kam ich an einen kleinen Pier, der mit Austernschalen bedeckt war und ins Meer ragte. Um ihn herum, auf beiden Seiten, lagen Scharen von Schonern und Pungys, kleinere halbdeckige Boote, die auf ihre Ladung des heißgeliebten Fischs für Washington, Baltimore und Richmond warteten. Einige Briggs und große Schiffe lagen neben den Kais und großen Lagerhäusern weiter oben am Bach. Am Ende des Piers, auf den ich ging, bemerkte ich eine kleine Gruppe und stellte fest, dass es sich um fünfzehn oder zwanzig gut gekleidete mechanische Männer handelte, die eifrig damit beschäftigt waren, die Besatzung des Kriegsschiffs, das ich am Morgen gesehen hatte, zu „hätscheln", wie die Cockneys es nennen würden. Die Matrosen lagen ausgestreckt auf den Duchten, einige eher amüsiert, andere mürrisch angesichts der Tortur. „Sie sollten lieber Ihren verfluchten alten Lumpen abreißen und Ihr altes Schiff zur Südstaaten-Konföderation bringen. Ich schätze, wir können Ihre ‚Cumberland' nehmen, wann immer wir wollen!" Warum gehst du nicht und zündest deine Kanonen in Charleston?" Bald darauf kam der Steuermann mit einem Paket unter dem Arm herunter und stieg ins Boot. „Nachgeben, meine Jungs", und die Ruder tauchten ins Wasser. Als das Boot ein paar Meter vom Ufer entfernt war, schrie die Menge: „Nieder mit den Yankees! Hurra für die Südstaaten-Konföderation!" und einige unter ihnen warfen Austernschalen nach dem Boot, von denen eine den Steuermann am Kopf traf. „Zurück! Zurück, alle! Hart!", schrie er, und als sich das Heck des Bootes dem Land näherte, stand er auf und sprang wie ein Tiger in die Menge. „Ihr feigen verdammten Jungs. Wer hat die Muscheln geworfen?" Zuerst antwortete niemand, aber ein kleiner, verschrumpelter Mann quiekte schließlich: „Ich schätze, Sie werden Muscheln einer anderen Art bekommen, wenn Sie noch länger hier bleiben." Der Matrose heulte vor Wut: „Ihr armen Teufel, ich würde jedes halbe Dutzend von euch in fünf Minuten verprügeln – mit Zähnen, Messern und allem – und meine Jungs dort im Boot würden eure ganze Stadt säubern. Was meint ihr mit dem Bellen der Stars and Stripes? Seht ihr das Schiff?", rief er und zeigte auf die „Cumberland". „Die Jungs an Bord würden jeden verdammten Sezessionisten in eurem Staat im Handumdrehen in die Knie zwingen! Und wer kommt jetzt?" Die Einladung wurde nicht angenommen, und der Matrose zog sich zurück, wobei er seine wütenden Augen auf die Leute richtete, die ihn fast stöhnend anstießen; aber diesmal gab es keine Austernschalen. „Trotz seines Geschrei sage ich euch", sagte einer von ihnen, „sind einige gute Männer aus dem alten Virginny an Bord dieses Schiffes, die niemals einen Schuss auf uns abfeuern werden." „Oh, wir werden es schon in Ordnung bringen", bemerkte ein anderer, „wenn die Zeit gekommen ist." Ich kehrte in mein Zimmer zurück, setzte mich hin und schrieb ein paar Stunden. Das Abendessen im Atlantic Hotel war so gut, dass man wünschte, der Appetit wäre nie erfunden worden. Mein Nachbar sagte, er sei „nicht ganz zufrieden mit dieser Sumter-Geschichte. Es ist niemand getötet oder verwundet worden."

Sonntag ist ein sehr langweiliger Tag in Norfolk – keine Post, keine Dampfschiffe, und im besten Fall muss Norfolk außerordentlich langweilig sein. Als der Eisenbahnaufseher Seaboard and Roanokehörte, dass ich im Begriff war, nach Charleston aufzubrechen, bat er mich, ihm jede ihm zur Verfügung stehende Hilfe anzubieten. Er schickte Moses mit Briefen zur Post. Nachts waren die Mücken sehr aggressiv und erfolgreich. Dies ist der erste Ort, an dem die Schlafzimmer nicht mit Gas versorgt werden. Ein Hammelfleischdip ließ mich dies fast bereuen.

KAPITEL XII.

Portsmouth – Eisenbahnfahrt durch den Wald – Der große düstere Sumpf – Amerikanische Zeitungen – Viehtransporte – Arbeit der Schwarzen – Weiter durch den Kiefernwald – Die Flagge der Konföderierten – Goldsborough, Volksaufregung – Weldon – Wilmington – Das Wachsamkeitskomitee.

Montag, 15. April. — Im Morgengrauen aufgestanden. Mit der Fähre nach Portsmouth gefahren und am Bahnhof angekommen, der an keiner bestimmten Stelle in einer Straße lag, entlang der die Schienen verlegt wurden. Mr. Robinson, der Aufseher, gab mir die Erlaubnis, im Lokomotivwagen Platz zu nehmen, und ich stieg ein, wurde dem Lokführer und dem Heizer gebührend vorgestellt, schüttelte ihnen die Hand und nahm meinen Platz neben dem Kessel ein. Gibt es einen triftigen Grund, warum wir in England diese Lokschuppen oder -wagen nicht haben sollten? Sie bestehen aus einem leichten Rahmen, der an der Verbindung der Lok mit dem Tender angebracht ist und so vorsteht, dass er das Ende des Kessels und das Heizloch umfasst. Sie schützen den Lokführer vor Regen, Sturm, Sonne oder Staub. Fenster auf jeder Seite bieten eine klare Sicht in alle Richtungen, und der Lokführer kann durch die Türen im vorderen Teil des Schuppens auf die Lok selbst aussteigen. Es gibt gerade genug Platz für vier Personen, die unbequem sitzen können, da die Personen neben dem Kessel ständig Angst haben, sich am Ofen die Beine zu verbrennen, und die neben dem Tender laufen Gefahr, dass ihnen Holzscheite aus dem Ofen auf die Füße fallen. Trotzdem habe ich selten etwas mehr genossen als diese Fahrt. Es stimmt, dass die Freude durch das fehlende Frühstück getrübt wurde, denn ich konnte den Teigkuchen und die Tasse bitteren, sauren, fettigen Ekels namens Kaffee nicht ertragen, die mir an diesem Morgen anstelle dieser Mahlzeit serviert wurden.

Aber die Neuheit der Szenerie, durch die ich ging, entschädigte für die kleine Entbehrung. Ich spreche nicht von den zerlumpten Straßen und Reihen von Schuppen, durch die der Zug fuhr, während die große Glocke der Lokomotive läutete, als würde sie den frühen Schweinen, Hähnen, Hühnern, Negern und Hunden, die zwischen den Schienen liefen, den Tod androhen – letztere waren übrigens immer die ersten, die gingen – die Neger teilten sich im Allgemeinen mit den Schweinen die Ehre, dem Zug am nächsten zu stehen –, noch spreche ich von den elenden Vororten mit den Holzhütten oder von den weiten überschwemmten Landstrichen außerhalb der Stadt. Nachdem wir an all dem vorbeigekommen waren, machten wir uns schließlich an unsere Arbeit: Der Heizer wurde angeheizt, die Maschine ratterte über den zerklüfteten Weg zwischen den Bäumen, die sich nun vom

Horizont aus um uns herum erhoben wie das Ufer eines Flusses oder die Küste eines Meeres, und bald darauf tauchten wir in die Düsternis des Urwaldes ein und kämpften sozusagen mit der letzten Welle der Sintflut.

Die Eisenbahn verließ das Land, sprang kühn in die Luft und wurde auf einem dünnen, spinnennetzartigen Holzgeflecht hoch über schwarzem Wasser getragen, aus dem ein dichter Bestand schwarzer Stämme toter Bäume emporragte, vermischt mit den Stämmen und Ästen anderer noch lebender Bäume, die eine äußerst üppige Vegetation hervorbrachten. Das Gerüst, über das der Zug getragen wurde, war, dem Auge nach zu urteilen, von der dürftigsten Konstruktion, die man sich vorstellen kann. Manchmal wurde eine Reihe von Gerüsten übereinander gelegt, so dass die Waggons auf gleicher Höhe mit den Baumkronen liefen; und wenn wir hinunterschauten, konnten wir sehen, wie sich die tintenschwarze Wasseroberfläche, die in Ringe gebrochen und bewegt war, um die Holzbalken herum bewegte, noch bevor der Zug vorbeifuhr. Die Bäume waren mit langen Kletterpflanzen und Leichentüchern aus Spanischem Moos bedeckt, das von Ast zu Ast fiel, die Blätter in ihrer feuchten Umarmung erstickte oder in herabhängenden Falten in der Luft wehte. Zypressen, Virginia-Eichen, Hartriegel und Kiefern kämpften mit dem Wasser um ihr Überleben, und um ihre Stämme schwammen Holzstämme, streunende Tiere, die die Flut von den Flößen mitgerissen hatte, oder die vergessene Beute der Holzfäller. Auf ihnen lagen Schildkröten und riesige Frösche, die mit träger Neugier ihre Köpfe hoben, wenn der Zug vorbeiraste, oder ins Wasser plumpsten, als wären Anblick und Lärm zu viel für ihre Nerven. Einmal klatschte ein dunkler Körper von größerer Größe in die Strömung, die den Lauf eines Flusses markierte. „Manchmal kommen viele Alligatoren hierher", sagte der Ingenieur als Antwort auf meine Frage, „aber ich schenke ihnen nicht viel."

Als die Arbeiten an den Bockbrücken eingestellt wurden, wurde die Strecke durch dieselbe Landschaft fortgesetzt, meist mitten durch Wasser, auf hohen Dämmen, die ständig von schwarzen, reißenden Strömen durchschnitten wurden, die von Brücken auf Bockbrücken mit großer Spannweite überquert wurden. Das seltsame Gebiet, durch das wir fahren, ist der „Dismal Swamp", ein Name, der seine Schrecken nur unvollkommen ausgedrückt haben muss, bevor die Eisenbahn seine Außenbezirke durchquert hatte, und der Kanal, der mitten in ihm gebaut wurde, hinterließ Spuren der Anwesenheit des Menschen in diesem Überbleibsel des Ausflusses der Welt aus der Flut. Im Zentrum dieser riesigen Verwüstung befindet sich ein großer See namens „Lake Drummond", in dessen Dschungel und Dickicht die entlaufenen Sklaven der Plantagen lange Zeit Zuflucht suchten und sich ein- oder zweimal Räuberbanden versammelten, die wie wilde Tiere gejagt, zerschlagen und vernichtet wurden.

Mr. Robinson, ein junger Mann von etwa 27 Jahren, war ein ausgezeichneter Vertreter der jungen Amerikaner – voller Intelligenz, belesen, trotz seiner praktischen Gewohnheiten ein wenig romantisch und sachlich, sehr verbunden mit der Literatur, wenn nicht mit den Menschen der alten Heimat, und so überzeugt, dass englische Ingenieure etwas von ihrem Geschäft verstanden, dass er unbedingt zeigen wollte, dass amerikanische Ingenieure nicht hinter ihnen standen. Er fragte mich mit so viel Interesse über die Politik in Washington, als ob er nie eine Zeitung gelesen hätte. Ich machte eine entsprechende Bemerkung. „Oh, Sir, wir können kein Wort glauben“, rief er aus, „das wir in unseren Zeitungen lesen. An einem Tag erzählen sie eine Geschichte und am nächsten Tag widerlegen sie sie. Wir wissen nie, wann wir ihnen trauen sollen, und das ist, glaube ich, einer der Gründe, warum wir alle so begierig darauf sind, Fragen zu stellen und Informationen von Herren zu bekommen, denen wir auf Reisen begegnen.“ Von der Zukunft sprach er mit Besorgnis; „aber“, sagte er, „ich vertrete hier die Interessen einer großen Zahl von Aktionären aus dem Norden und werde mein Bestes für sie tun. Wenn es danach zu Handgreiflichkeiten kommt, werden sie alles verlieren, und ich muss meinen eigenen Freunden im Süden beistehen, obwohl ich nicht dazu gehöre.“

So rattern wir weiter, bis die anfangs so reizvolle Szenerie öde und eintönig wird und ich es leid bin, nach größeren Schildkröten oder weiteren Alligatoren Ausschau zu halten. Die Stille dieser Wälder ist bedrückend. Außer bei den Amphibien gibt es dort, wo der Zug durchs Wasser fährt, kein Lebenszeichen. Nach einiger Zeit jedoch, wenn wir aus dem Sumpf herausfahren und in ein trockenes Stück Land kommen, sieht man wildes, zerlumpt aussehendes Vieh, das uns durch die Bäume anstarrt oder über die Schiene rast, und Herden von Schweinen, die fast schon im Wildschweinstadium sind, huschen über das offene Gelände. Dann öffnet der Lokführer das Ventil; das sonore Brüllen der Lokomotive hallt durch die Wälder, und ab und zu gibt es ein wenig Aufregung durch ein Rennen zwischen einem Schwein und der Lokomotive, und das Schweinchen wird gelegentlich vom Kuhheber von den Beinen gerissen und flüchtig in den Graben an einer Seite gehoben. Wenn jedoch eine Herde Vieh auf die Strecke kommt und kämpft, ist die Sache ernst. Das Dampfhorn ertönt, die Glocke läutet, der Dampf wird abgelassen und alle Mittel werden eingesetzt, um eine Kollision zu vermeiden. Denn die Eisenbahngesellschaft ist verpflichtet, dem Eigentümer alle Tiere zu bezahlen, die von den Zügen getötet werden, und ein Kuhkadaver auf einer dieser armen Schienen ist ein ausreichend großes Hindernis, um die Lokomotive auszuschalten und „uns in den ewigen Untergang zu schicken“.

Es dauerte lange, bis wir Arbeiter oder Wachen auf der Strecke sahen; aber an einer Stelle stieg ich aus, um mir die Hütte eines der Straßenwächter anzusehen. Es war ein Gebäude aus Baumstämmen, etwa 20 Fuß lang und 12 Fuß breit, in primitiver Bauweise gebaut, mit einem Dach aus Lehm und Lehm, der zwischen die Stämme gestopft und verputzt war, um den Regen abzuhalten. Obwohl der Tag außerordentlich heiß war, brannten zwei Holzscheite auf dem Herd, über dem ein Topf mit Kartoffeln hing. Die Luft im Inneren war stickig, und die schwarzen Balken des Daches glänzten von klammem Schweiß aus Rauch und ungesunden Dämpfen. Außer einer großen Truhe aus Tannenholz und einem kleinen Hocker gab es in dem Haus kein Möbelstück; ein Becher und eine Teetasse standen auf einem primitiven, an die Wand genagelten Regal. Der Besitzer dieser Einrichtung, ein kräftiger Neger, war eifrig damit beschäftigt, zusammen mit anderen die Lokomotive aus dem Stapel geschnittenen Holzes am Straßenrand „aufzumöbeln". Die Notwendigkeit, die Produktion aufgrund des schnellen Verbrauchs anzuhalten, ist eine der Ursachen für den _désagréments_Mangel an Holzbrennstoff. Das Holz wird gefällt und in bestimmten Abständen entlang der Linie auf Plattformen gestapelt; die verbrauchte Menge wird der Firma mit einem bestimmten Betrag pro Akkord in Rechnung gestellt. Der Neger war einer der vielen Sklaven, die an die Firma vermietet wurden. Weiße Männer wollten die Arbeit nicht machen oder waren zu teuer; aber die Aufseher und Bandenmitglieder waren Weiße. „Wie können sie das Feuer in der Hütte ertragen?" „Nun. Wenn Sie am heißesten Sommertag hineingehen würden, würden Sie die Neger dicht an brennende Kiefernstämme sitzen sehen, und sie schlafen nachts oder tagsüber, wenn sie satt sind, auf die gleiche Weise." Mein Freund schien jedoch nicht zu verstehen, dass irgendein Land ohne Negerarbeiter auskommen könnte.

Nach und nach kamen wir über die Sümpfe hinaus und stießen auf gerodetes Land – das heißt, das _forest had been_abgeholzte Land, von dem nur noch die Stümpfe übrig waren, die etwa vier oder fünf Fuß hoch waren und über dem Boden „hinterherhinkten"; oder die Bäume waren umgürtet worden, um sie abzutöten, und die schwarzen Stämme und steifen Äste verliehen dem Ort einen Anschein von karger Melancholie und Verlassenheit, der ganz im Gegensatz zu ihrem wirklichen Zustand stand. Hier war der normale Wald und Sumpf vom Menschen unterworfen worden. Plötzlich erblickten wir eine Flagge, die von einer hohen, von ihren Ästen befreiten Kiefer wehte und breite rote und weiße Streifen in die Luft warf, mit einem blauen Quadrat im oberen Viertel, das sieben Sterne enthielt. „Das ist unsere Flagge", sagte der Ingenieur, ein ruhiger Mann, der gern Dampfhähne drehte, Messgeräte überprüfte, sich die Hände in flauschigen, improvisierten Taschentüchern abwischte und Tabak rauchte – „Das ist unsere Flagge!" Und möge es lange wehen – über dem Land der Freien und der Heimat der Ber-Rave!" Als wir vorbeifuhren, jubelte – oder besser gesagt – johlen und schrie eine kleine Menge Männer, Frauen und Kinder aller Hautfarben vor einer Gruppe armer, heruntergekommener Baracken oder Blockhütten. Die Passagiere im

Zug erwiderten den Ruf. „Wir sind alle von der richtigen Sorte hier", sagte der Lokführer. „Ein Hoch auf Jeff Davis!" Die von der richtigen Sorte waren jedenfalls äußerlich nicht besonders prächtig. Die Frauen waren blass, geschmacklos und zerlumpt, die Männer gelb und sahen schäbig aus. Zum ersten Mal in den Staaten sah ich barfüßige Menschen.

Nun begann eine andere Landschaftsszenerie – ein endloser Kiefernwald, so weit das Auge reichte, der das Licht auf jeder Seite durch eine Holzwand abschirmte. Aus diesem Wald kam der stärkste Geruch von Terpentin; bald strömten schwarze Rauchschwaden aus dem Wald, und hier und da kamen wir an geräumten Flächen vorbei, wo in primitiven Öfen und Fabriken Menschen, die noch schäbiger und elender aussahen als zuvor, Pech, Teer, Terpentin, Harz und andere Schiffsvorräte herstellten, für die dieser Teil von North Carolina berühmt ist. Die Stämme der Bäume in der Umgebung sind mit weißen Narben gekennzeichnet, wo das Terpentin abgezapft wird, und viele tote Stämme zeugten davon, wie der Prozess endete.

Über einem anderen Blockhausdorf wehte eine Flagge der Konföderierten in der Luft; und die Menschen rannten hinaus, Neger und alle, und jubelten wie zuvor. Die neue Flagge ist nicht so grell und bunt wie die Stars and Stripes; aber aus der Ferne, wenn die Falten zusammenhängen, ist eine beträchtliche Ähnlichkeit in der Gesamtwirkung der beiden zu erkennen. Wenn im Süden jemals ein echtes *Sentiment du drapeau* aufkommt, wird es für den Norden in der Tat schwierig sein, die Union wiederherzustellen. Diese bunten Fahnenstücke scheinen sich durch Herz und Gehirn zu winden.

Die Bahnhöfe entlang der Straße wurden nun allmählich größer, und statt eines kleinen Wachhäuschens neben einem Holzstapel gab es drei oder vier Holzhäuser, einen Bahnsteig, ein Fahrkartenbüro, eine „Wechselstube" oder ein Trinklokal und Gemischtwarenläden, wie die Geschäfte mit verschiedenen Artikeln in einer irischen Stadt. Um diese herum wuchs noch immer der ewige Wald oder Flecken gerodeten Landes, die mit schwarzen Baumstümpfen übersät waren. Diese Bahnhöfe haben sehr großartige Namen, und die Läden werden durch hochtrabende Bezeichnungen gewürdigt; auch „Billardsalons" und „Restaurants" fehlen nicht. Wir fanden in der Regel eine Gruppe wartender Menschen an jedem vor; und es war wirklich höchst erstaunlich, gut gekleidete, respektabel aussehende Männer und Frauen aus dem „trostlosen Sumpf" und aus den Tiefen des Waldes auftauchen zu sehen, mit Seidensonnenschirmen und Krinoline, Hutschachteln und Koffern im zivilisiertesten Stil. Es gab immer einige Neger, männlich und weiblich, die die Reisenden begleiteten, das Gepäck oder die Babys trugen und ziemlich zufrieden, aber nicht glücklich aussahen. Der einzige Beweis für die gute Laune und das Glück dieser Menschen, den ich sah, war bei einer Anzahl von Männern, die von einer Plantage zum Fischen an die Küste aufbrachen. Sie und ihre Frauen und Schwestern, in ihre besten – das heißt ihre leuchtendsten – Farben gekleidet, grinsten über das ganze Gesicht, als sie sich verabschiedeten. Der Neger mag die leichte Aufregung des Seefischens, und wenn er es tut, fühlt er sich für den Moment frei.

In Goldsborough, dem ersten wichtigen Ort auf der Strecke, traf uns die Welle der Sezession mit voller Wucht. Der Bahnhof, die Hotels, die Straße, durch die die Bahn fuhr, waren mit einem aufgeregten Mob gefüllt, alle trugen Waffen, und hier und da waren Anzeichen zu sehen, dass sie eine Art Uniform tragen wollten – gerötete Gesichter, wilde Augen, schreiende Münder, die „Jeff Davis" und „die Südstaaten-Konföderation" anfeuerten, so dass die Schreie die misstönenden Banden übertönten, die „Dixie's Land" spielten. Hier herrschte der wahre revolutionäre Furor in vollem Gange. Die Männer schikanierten, fluchten, jubelten und klopften einander auf die Schulter; die Frauen in ihren besten Kleidern schwenkten Taschentücher und warfen Girlanden aus den Fenstern. Alles war Lärm, Staub und Patriotismus.

Es war ein seltsamer Anblick und ein wunderbares Ereignis, dem wir beiwohnten. Diese Männer waren eine Aushebung der Bevölkerung von North Carolina, die vom Gouverneur des Staates einberufen worden war, um die Forts Caswell und Macon einzunehmen, die der Bundesregierung gehörten und ungeschützt und unverteidigt blieben. Die Begeisterung der „Bürger" kannte keine Grenzen, und sie war auch nicht ganz frei von einem Anflug von Alkohol. Viele der Freiwilligen hatten Feuerschlossgewehre aus Feuerstein, nur wenige hatten Gewehre. Alle möglichen Kopfbedeckungen waren zu sehen, und Mützen, Gürtel und Beutel in unendlicher Vielfalt. Ein Mann in einem großen, weiten Mantel, in dem eine Hahnenfeder steckte, einem blauen Gehrock mit einer roten Schärpe und einem Paar Baumwollhosen, die in seine Stiefel gesteckt waren, kam aus Griswolds Hotel mit einem Schwert unter dem Arm und einem Gegenstand, der eine Serviette für langjährige Dienste hätte sein können, in der Hand. Er schwenkte den Artikel enthusiastisch, wiegte sich auf seinen Beinen hin und her und rief „H'ra für Jeff Dav's – H'ra für S'thern E'r'rights!" und torkelte durch die Menge zum Waggon, während die Taschentücher der Damen auf dem Balkon heftig vibrierten. Gerade als er in den Zug stieg, rannte ein Mann in Uniform hinter ihm her, packte ihn am Ellbogen und rief: „Das sind nicht die Waggons, General! Die Waggons hier entlang, General!" Der militärische Würdenträger fühlte jedoch, dass er für immer erniedrigt wäre, wenn er sich in der Stunde des Sieges solche Freiheiten erlaubte, und so verzog er die Lippen, sah ernst und majestätisch aus und fuhr folgendermaßen fort: „Sergeant, gehen Sie …. Ich sage, das sind meine Waggons! Es sind *alles* meine Waggons! Ich schicke sie, wohin es mir gefällt – nach …, wenn es mir beliebt, Sir. Sie sollen gehen, wohin es mir beliebt – nach New York, Sir, oder New Orleans, Sir!" Und – Sir, ich werde Sie verhaften." Diese berühmte Idee lenkte die Aufmerksamkeit des Generals von seinem Vorhaben ab, in den Zug einzusteigen. „Ich werde Sie verhaften" murmelnd, kreuzte er wieder den Weg zum Hotel.

Als der Zug seine Fahrt antrat, erklang erneut Geschrei, das einem die Ohren spaltete – ein wilder Schrei, der um viele Töne höher war als der lauteste Jubel. In dem Gasthof am Wegesrand, wo wir zu Abend aßen – *das Pièce de Résistance* war das Schwein – waren die Dienerinnen, hübsche, gut gekleidete, saubere Negerinnen, Sklavinnen – „jeweils tausend Dollar wert". Ich bin weder vom Essen noch von der Lebensweise oder den Manieren der Gesellschaft beeindruckt. Ein Mann machte sehr grobe Witze über „Abe Lincoln" und „Negerweiber", die nur extreme Parteileidenschaft und schlechter Geschmack ertragen konnten. Mehrere der Passagiere waren Angestellte in Regierungsbüros in Washington gewesen und waren entlassen worden, weil sie den Treueeid nicht leisten wollten. Sie eilten voller Eifer und Patriotismus davon, um der Regierung in Montgomery ihre Dienste anzubieten.

Während meiner Reise war ich im Zug Gegenstand vieler Aufmerksamkeiten und Höflichkeiten von Herren gewesen. Einer von ihnen, der mir sagte, er sei ein städtischer Würdenträger von Weldon, sagte schließlich, nachdem er alle ihm eingefallenen Anreize ausgeschöpft hatte, um mich dazu zu bewegen, einige Zeit dort zu verbringen, dass er mir in seiner Verzweiflung gerne „die Altertümer des Ortes" zeigen würde. Weldon ist ein neuer Aufstand aus Holz und Blockhäusern aus den Sümpfen, und es würde die Archäologen der Welt vor ein Rätsel stellen, irgendetwas Antikes daran zu finden.

Bei Einbruch der Nacht hielt der Zug in Wilmington, und ich wurde auf einen Bahnsteig unter einem Schuppen geschossen, um mein Bestes zu geben. In einem langen, hohen und ungemütlichen Raum, der wie eine Scheune aussah und an den Bahnsteig angrenzte, stand ein mit einem schmutzigen Tuch bedeckter Tisch, auf dem kleine Schüsseln mit eingelegtem Gemüse, Fisch, Fleisch und Kartoffeln lagen, an denen einige unserer Mitreisenden saßen. Die Gleichheit aller Menschen wird schmerzlich veranschaulicht, wenn Ihr Tischnachbar mit seinem Messer isst, das Ende ins Salz taucht und den Zweck und das Ende der Serviette ignoriert. Aber es wird noch unangenehmer, wenn man es so auffasst, dass jeder Mann, der in ein Gasthaus kommt, das Recht hat, Ihr Bett zu teilen. Ich bat um ein Zimmer, aber man sagte mir, dass gerade so viele Leute unterwegs seien, dass es nicht möglich sei, mir eins für mich allein zu geben; aber schließlich schloss ich einen Handel ab, um das Zimmer allein zu besitzen. Als jedoch der nächste Zug einfuhr, erkundigte sich die Frau sehr kühl, ob ich etwas dagegen hätte, wenn ein Passagier mein Bett mit mir teilte, und schien über meine Weigerung sehr verärgert zu sein. Als ich durch den Gang zum Esszimmer ging, bemerkte ich im Zimmer nebenan drei schnarchende Männer, die in einem Bett schliefen.

Der „Künstler" Moses, der mit meinem Brief zur Post gegangen war, kam nach langer Abwesenheit bleich und aufgeregt zurück. Er sagte, er sei vom Wachsamkeitskomitee überfallen worden, das ziemlich betrunken und sehr neugierig war. Sie trieben sich in den Bezirken des Postamts und des Bahnhofs herum, um Lincolniten und Abolitionisten aufzuspüren, und waren gezwungen, sich durch häufige Besuche in den angrenzenden Bars hellwach zu halten, und er hatte sie nur mit Mühe davon abgebracht, mir einen Besuch abzustatten. Sie verhörten ihn zu meiner Meinung zur Sezession und verlangten eine Audienz bei mir, um mir alle erforderlichen Informationen zu geben. Ich kann nicht sagen, welche Antwort sie auf ihre Fragen erhielten; aber ich lehnte auf jeden Fall ein Interview mit dem Wachsamkeitskomitee von Wilmington ab und war froh, dass sie mich nicht störten. Ruhe gab es jedoch kaum oder gar nicht. Ich hätte genauso gut auf dem Bahnsteig des Bahnhofs draußen schlafen können. Ein- und ausfahrende Züge erschütterten das Zimmer und das Bett, in dem ich lag, und Lokomotiven schnaubten, schnauften, dröhnten, pfiffen und läuteten mit Glocken nahe meinem Schlüsselloch.

KAPITEL XIII.

Skizzen rund um Wilmington – Öffentliche Meinung – Annäherung an Charleston und Fort Sumter – Vorstellung von General Beauregard – Ex-Gouverneur Manning – Gespräch über die Chancen des Krieges – „König Cotton" und England – Besuch in Fort Sumter – Marktplatz in Charleston.

Früh am nächsten Morgen, kurz nach Sonnenaufgang, überquerte ich mit einer Dampffähre den Cape Fear River, an dem Wilmington liegt. Auf dem Kai lagen große Mengen an Schrot und Granaten. „Wie sind die hierher gekommen?", fragte ich. „Das sind Pillen gegen die Abschaffung der Sklaverei", sagte mein Nachbar. „Sie warten hier schon seit zwei Monaten, aber jetzt, wo Sumter eingenommen ist, werden sie wohl nicht mehr gebraucht." Meiner Meinung nach war diese Schlussfolgerung keineswegs berechtigt. Nach dem kurzen Blick, den ich auf Wilmington mit seiner Flotte von Schonern und Briggs erhaschen konnte, die den breiten und reißenden Fluss bevölkerten, hätte ich es für einen blühenden Ort gehalten. Über den öffentlichen Gebäuden wehten Konföderiertenflaggen, und ich erfuhr, dass die Forts ohne Widerstand oder Schwierigkeiten eingenommen worden waren. Ich kann hier keine Anzeichen der „Zuneigung zur Union" erkennen, die laut Mr. Seward allen „Neigungen zur Sezession" zugrunde liegt.

Als wir durch das flache und uninteressante Land fuhren, durch das die Eisenbahnlinie führt, wurden wir allerorts von Flaggen und Sprüchen der Konföderierten begrüßt; Männer und Frauen wiederholten den Nationalruf; an jedem Bahnhof warteten Milizionäre und Freiwillige auf den Zug und das ewige Wort „Sumter" war in allen Gesprächen in den Waggons allgegenwärtig.

Die Carolinier sind in der Lage, eine beachtliche Kavallerietruppe aufzustellen. An jedem Rastplatz sah ich Reitpferde, die unter den Bäumen angebunden waren, und leichte Kutschen, die von drahtigen, muskulösen Tieren gezogen wurden, die nicht besonders groß, aber stark und flink aussahen. Einige Bauern in blauen Jacken und gelben Borten und Aufschlägen reichten ihre Schwerter herum, damit die Truppe sie bewundern konnte. Ein paar Klingen waren in obskuren mexikanischen Scharmützeln aufblitzen – eine war jedoch gegen „die Briten" eingesetzt worden. Ich erkundigte mich bei einem feinen, großen, blonden jungen Kerl, gegen den sie zu kämpfen erwarteten. „Das ist mehr, als ich sagen kann", sagte er. „Die Yankees sind nicht so verfluchte Narren, dass sie glauben, sie könnten hierherkommen und uns verprügeln, geschweige denn die Briten." „Warum, was haben die Briten damit zu tun?" „Sie müssen auf unserer Seite stehen: Wenn nicht, geben wir ihnen einfach einen Hinweis auf Baumwolle, und damit ist die Sache in Ordnung." Das sagte er mit dem Ton eines Mannes, der weiß, wovon er spricht, und der ganz zufrieden ist, „dass er Sie erwischt hat". Ich stellte fest, dass es den meisten Leuten, insbesondere ein oder zwei Frauen, immer noch missfiel, dass in Sumter nicht mehr Yankees getötet wurden. Alle Leute, die mich ansprachen, setzten meinem Namen, wie sie bald herausfanden, „Major" oder „Colonel" voran – „Captain" ist sehr niedrig und zeugt fast von Verachtung. Der Schaffner, der unsere Fahrkarten entgegennahm, wurde „Captain" genannt.

Am Peedee River wird die Eisenbahn über zwei Meilen auf Bockgerüsten über Sumpf und Fluss geführt. „In dieser Art von Land werden wir die Yankees erwischen, wenn sie kommen, um uns zu überfallen. Sie werden ziemlich viel schwimmen müssen und auf den Kopf geschlagen werden, wenn sie überhaupt an Land kommen. Ich wünschte, es wären in dieser Minute zehntausend dieser Kerle darin." An Nichols Station an der Grenze zu South Carolina wurde unser Gepäck regelmäßig im Zollhaus untersucht, aber ich sah niemanden Zoll zahlen. Als der Zug sich dem ebenen und sumpfigen Land in der Nähe von Charleston näherte, sah man den quadratischen Block von Fort Sumter über dem Wasser aufragen, mit den darüber wehenden „Stars and Bars", und das Schauspiel löste bei den Passagieren große Begeisterung aus. Aus einer Ecke der Mauern stieg noch immer Rauch auf. Außerhalb der dörflichen Vororte der Stadt marschierte unter dem Jubel der Bevölkerung ein Regiment nach Old Virginny – Kavallerie war auf den Feldern und in den Gärten aufgestellt – Zelte und Männer waren auf den Nebenstraßen zu sehen.

Es war schon fast dunkel, als wir den Bahnhof erreichten. Mir wurde empfohlen, zum Mills House zu gehen, und als ich dort ankam, traf ich Mr. Ward, den ich bereits in New York und Washington kennengelernt hatte und der mir einen Bericht über die Bombardierung und Übergabe des Forts gab. Das Hotel war voller Prominenter. Ich wurde Ex-Gouverneur Manning, Senator Chesnut, Hon. Porcher Miles, im Stab von General Beauregard, und Colonel Lucas, Adjutant von Gouverneur Pickens, vorgestellt. Ich wurde nach dem Abendessen abgeholt und General Beauregard vorgestellt, der, so spät es auch war, in seinem Zimmer im Hauptquartier damit beschäftigt war, Depeschen zu schreiben. Der General ist ein kleiner, gedrungener Mann, etwa sechsunddreißig Jahre alt, mit einem schnellen und intelligenten Auge und Handeln und viel von einem Franzosen in seinem Benehmen und Aussehen. Er empfing mich auf das herzlichste und stellte mich seinem Ingenieuroffizier, Major Whiting, vor, den er beauftragte, mich am nächsten Tag durch die Arbeiten zu führen.

Nach einer allgemeinen Unterhaltung verabschiedete ich mich. Doch bevor ich ging, sagte der General: „Sie werden überall hingehen und sich alles ansehen. Wir verlassen uns auf Ihre Diskretion und Ihr Wissen darüber, wie Sie mit dem, was Sie sehen, angemessen umgehen. Natürlich erwarten Sie in unseren Lagern keine regulären Soldaten oder hochwissenschaftliche Werke." Ich antwortete dem General, er könne sich darauf verlassen, dass ich das, was ich in diesem Land sah, nicht missbrauche, aber: „Sofern Sie mir nichts Gegenteiliges sagen, werde ich einen Bericht über alles schreiben, was ich auf der anderen Seite des Wassers sehe, und wenn es bei meiner Rückkehr Dinge gibt, die Sie lieber nicht gewusst hätten, dürfen Sie mir keine Vorwürfe machen." Er lächelte und sagte: „Ich wage zu behaupten, dass wir bis dahin große Veränderungen erleben werden."

An diesem Abend saß ich mit John Manning im Charleston Club. Wer, der ihn je getroffen hat, kann den Reizen seines Auftretens und seiner persönlichen Erscheinung, die den Ex-Gouverneur des Staates so anziehend machen, gleichgültig gegenüberstehen? Es waren noch andere anwesend, Senatoren oder Kongressabgeordnete wie Mr. Chesnut und Mr. Porcher Miles. Wir sprachen lange und schließlich wütend, wie es unter Freunden der Fall sein kann, über politische Angelegenheiten.

Ich gebe zu, dass es mich ein wenig irritierte, wenn Männer sich in übertriebenen Drohgebärden und übertriebener Rhetorik ergingen, wie sie über ihre Lippen kamen. „Sie würden die Welt in Waffen und gastfreundlichen Händen in blutigen Gräbern willkommen heißen." „Sie könnten niemals besiegt werden." „Die Schöpfung könnte das nicht", und so weiter. Ich war gezwungen, die Frage zunächst ruhig anzugehen – sie zu fragen: „Wenn sie zugeben würden, dass die Franzosen ein tapferes und kriegerisches Volk sind!" „Ja, sicherlich." „Denken Sie, Sie könnten sich besser gegen eine Invasion verteidigen als das französische Volk?" „Nun, nein; aber wir würden es den Yankees ziemlich schwer machen." „Angenommen, die Yankees, wie Sie sie nennen, kämen mit einer solchen Übermacht an Menschen und Material, dass sie Ihnen drei zu eins überlegen wären, würden Sie sich dann nicht unterwerfen müssen?" „Niemals." „Dann sind Sie entweder tapferer, disziplinierter und kriegerischer als das Volk und die Soldaten Frankreichs, oder Sie sind von allen Nationen der Welt die einzige, die die Mittel besitzt, den Naturgesetzen zu widerstehen, die im Krieg wie auch in anderen Angelegenheiten des Lebens herrschen." „Nein. Die Yankees sind feige Schurken. Wir haben es bewiesen, indem wir sie getreten und geohrfeigt haben, bis wir es satt hatten; außerdem kennen wir John Bull sehr gut. Er wird anfangs viel Aufhebens um Nichteinmischung machen, aber wenn er anfängt, Baumwolle zu wollen, wird er von seinem Thron fallen." Ich stellte fest, dass dies überall die fixe Idee war. Die Doktrin „Baumwolle ist König" – für uns, die wir die Frage nicht wirklich als eine schwere Täuschung oder ein bedeutungsloses Geschwätz betrachtet haben – ist für sie ein lebendiger, allmächtiger Glaube ohne störende Häresien oder Schismen. Sie haben darin ihre volle Überzeugung zum Ausdruck gebracht, und tatsächlich ist etwas Wahres daran, insofern wir Jahr für Jahr mit Hilfe von Kohle, Kapital und Maschinen eine Industrie aufgebaut haben, von der vier oder fünf Millionen unserer Bevölkerung für ihr Brot und ihren Lebensunterhalt abhängen. Diese Industrie kann nicht ohne die Unterstützung einer Nation betrieben werden, die uns jederzeit eine ausreichende Versorgung verweigern oder durch einen Krieg davon abgehalten werden kann.

Wir wissen, dass die politische Ökonomie eine hervorragende Wissenschaft ist, aber ihre Anhänger sind in der Praxis zu ungeheuerlichen Absurditäten fähig. Die Abhängigkeit eines so großen Teils des englischen Volkes von diesem einzigen Artikel amerikanischer Baumwolle ist eine äußerste Gefahr für unsere Ehre und unseren Wohlstand. Da waren diese Herren aus dem Süden, die sich über ihre Macht freuten, die Politik Großbritanniens zu kontrollieren, und es war mir ein schwacher Trost, ihnen zu versichern, dass sie sich irrten; falls wir nicht so handelten, wie sie es erwarteten, ließe sich nicht leugnen, dass Großbritannien einen enormen Teil seiner Bevölkerung – eine Nation von Fabrikanten – in die Armut stürzen würde, was sie von den Staatsfonds oder genauer gesagt vom Eigentum und dem angesammelten Kapital des Distrikts abhängig machen würde.

Gegen 20.30 UHR begann eine tiefe Glocke zu läuten. „Was ist das?" „Alle Farbigen sollen die Straßen verlassen und nach Hause gehen. Die Wachen werden jeden verhaften, der innerhalb einer halben Stunde ohne Pass erwischt wird." Auf den Straßen herrschte großer Lärm, Trommeln, jubelnde und marschierende Männer, und das Hotel war vollgestopft mit Soldaten.

17. April. — Die Straßen von Charleston bieten ein ähnliches Bild wie die von Paris während der letzten Revolution. Massen bewaffneter Männer singen und promenieren durch die Straßen. Das Blut der Schlachten fließt durch ihre Adern – jener heiße Sauerstoff, der als „Siegesröte" auf den Wangen bezeichnet wird; Restaurants sind voll, in Bars herrscht feuchtfröhliches Treiben, Clubräume sind überfüllt, Orgien und Gelage in Tavernen oder Privathäusern, in der Schankstube, im Kabarett – in engen Gassen, auf der breiten Landstraße. Sumter hat sie in Aufruhr versetzt; nie hat es einen solchen Sieg gegeben; nie so tapfere Burschen; nie einen solchen Kampf. Es gibt bereits Flugblätter voller Berichte über den Vorfall. Es ist ein unblutiges Waterloo oder Solferino.

Nach dem Frühstück ging ich mit einer Gruppe vom Stab des Generals zum Kai hinunter, um Fort Sumter zu besichtigen. Die zu Soldaten gewordenen Senatoren und Gouverneure trugen blaue Militärmützen mit aufgestickten „Palmetto"-Bäumen, blaue Gehröcke mit Stehkragen und mit Spitzen eingefassten Schulterklappen, die mit zwei silbernen Balken gekennzeichnet waren, um ihren Rang als Hauptmann anzuzeigen, goldfarbene Knöpfe mit der Palmetto-Blume im Relief, blaue Hosen mit einer Kordel aus Goldspitze und Messingsporen – ohne Riemen. Der Tag war brütend heiß, aber im Hafen wehte eine starke Brise und wirbelte den Staub von Charleston auf, der unsere Kleider bedeckte und unsere Augen mit Puder füllte. Die Straßen waren voll mit schlaksigen Burschen mit klirrenden Sporen und Säbeln, und unbeholfene Trupps marschierten hin und her, während Trommler Rufe, Rüschen und Kriegsspitzen schlugen. um sie herum Gruppen grinsender Neger, die sich über das grelle und glitzernde Licht, einen Feiertag und eine neue Idee für sie freuten – Sezessionsfahnen wehten aus allen Fenstern – kleine irische Jungen riefen: „Schlacht von Fort Sumter! Neuer Edishun!" – Als wir zum Kai hinuntergingen, wo der Dampfer lag, brachen zahlreiche Spuren der Unruhigkeit der Menschen in den hastigen Gesprächen der verschiedenen Freunde hervor, die für ein paar Augenblicke stehen blieben, um zu sprechen. „Nun, Gouverneur, die alte Union ist endlich weg!" „Haben Sie gehört, was Abe tun wird?" „Ich glaube nicht, dass Beauregard noch viel um sie kämpfen muss. Was meinen Sie?" Und so weiter. Unser kleiner kreolischer Freund ist übrigens unbeschreiblich beliebt. Es gibt alle möglichen Knittelverse zu seinen Ehren – einer mit einem Refrain –

„Mit Kanonen und Musketen, mit Granaten und Petarden,

Wir grüßen den Norden mit unserer Beau-regard"—

ist sehr dafür.

Wir gingen durch den Markt, wo die Stände von fetten Negerinnen und alten „Unschlüsseln" betrieben werden. Es gibt hier eine Art Geier oder Bussard, die als Aasfresser sehr gefördert werden, und – aber alle Welt hat von den Charleston-Geiern gehört – also lassen wir sie ihrem Müll überlassen. In der Nähe des Kais, wo der Dampfer lag , befindet sich ein sehr schönes Gebäude aus weißem Marmor, das unsere Aufmerksamkeit erregte. Es war unvollendet, und riesige Blöcke des glänzenden Steins, die für seine Fertigstellung bestimmt waren, lagen auf dem Boden. „Was ist das?", fragte ich. „Nun, es ist ein Zollhaus, das Uncle Sam zu unserem Nutzen bauen ließ, aber ich glaube nicht, dass er jemals einen Cent für seine Staatskasse daraus erwirtschaften wird." „Werden Sie es fertigstellen?" „Das glaube ich nicht. Wir werden nur wenige Zölle erheben; und was wir wollen, ist Freihandel und überhaupt keine Zölle, außer für öffentliche Zwecke. Die Yankees haben uns lange genug mit ihren Zöllen und Zöllen ausgeplündert." Ein alter Herr hielt uns hier an. „Sie tun mir den größten Gefallen", sagte er zu einem aus unserer Gruppe, der ihn kannte, „wenn Sie mir etwas für unsere glorreiche Sache besorgen. So alt ich bin, kann ich ein Gewehr tragen – zwar nicht weit, aber ich kann einen Yankee töten, wenn er mir zu nahe kommt." Als er gegangen war, erzählte mir mein Freund, dass der Sprecher ein vermögender Mann war, dessen zwei Söhne im Lager auf Morris Island waren, aber dass er der Unionistengesinnung verdächtigt wurde, da er eine Frau aus dem Norden hatte, daher seine extreme Heftigkeit und Hingabe.

KAPITEL XIV.

Freiwillige aus dem Süden – Unbeliebtheit in der Presse – Charleston – Fort Sumter – Morris' Island – Gewerkschaftsfeindliche Begeisterung – Anekdote über Colonel Wigfall – Innenansicht des Forts – Norden gegen Süden.

Eine große Menschenmenge hatte sich um den Pier versammelt und starrte die Männer in Uniform auf dem Boot an, das mit Warenballen, Proviant, Heubündeln und Körben mit Vorräten für die Freiwilligenarmee auf Morris' Island beladen war. Die auf die Kisten gemalten Namen der verschiedenen Korps amüsierten mich: „Tigers", „Lions", „Scorpions", „Palmetto Eagles", „Guards" von Pickens, Sumter, Marion und verschiedener anderer Bezeichnungen. Diese Freiwilligen sind ursprünglich in Kompanien organisiert und kennen keine Bataillone oder Regimenter. Bei Freiwilligenausbrüchen geht die Tendenz manchmal dahin, die größte Eitelkeit der größten Zahl zu befriedigen. Diese Kompanien sind nicht mehr als fünfzig oder sechzig Mann stark. Manche waren „Dandys" und „Snobs" und taten, als sähen sie auf ihre Nachbarn und Kameraden herab. Major Whiting erzählte mir, dass es anfangs schwierig war, sie dazu zu bringen, Befehlen Folge zu leisten, da jeder Mann der Meinung war, er sei ein ebenso guter Ingenieur wie jeder andere, „und wenn es darauf ankommt, sogar ein viel besserer." Es war leicht zu erkennen, dass es sich in dieser kleinen Armee um die alte Geschichte von Freiwilligen und Berufssoldaten handelte.

Als wir an Deck kamen, sah der Major eine Anzahl grober, langhaariger Kerle in groben grauen Tuniken mit Zinnknöpfen und Kammgarnborten auf den Heuballen liegen und ihre Zigarren rauchen. „Meine Herren", sagte er sehr höflich, „Sie wären mir ein Vergnügen, wenn Sie nicht über dem Heu rauchen würden. Da ist Pulver darunter." „Ich glaube nicht, dass wir das Heu dieses Mal verbrennen werden, Körner", war die Antwort, „und außerdem werden wir es löschen, bevor es die Büchsen erreicht", und sie rauchten weiter. Der Major murrte und noch Schlimmeres und zog sich zurück.

Unter den Passagieren befanden sich einige meiner Kollegen, die für die New Yorker und Lokalzeitungen arbeiteten. Kurze Zeit später sah ich eine Beschreibung der Reise von einem dieser Herren, in der er sie als eine eigens für ihn inszenierte Angelegenheit beschrieb, wahrscheinlich um sich an seinen militärischen Verfolgern zu rächen, denn er hatte sich am Abend zuvor bei mir beschwert, dass der Stabschef von General Beauregard ihm gesagt hatte, er solle nach ——— gehen, als er sich beim Hauptquartier nach Informationen erkundigte. Aus dem Tonfall und den Blicken meiner Freunde schloss ich, dass diese literarischen Herren mit großer Missbilligung empfangen wurden, und Major Whiting, der ein Bücherwurm ist und eine große Vorliebe für die besten englischen Schriftsteller hat, konnte seine

Abneigung und Antipathie gegenüber meinen unglücklichen Mitbrüdern nicht verbergen . „Wenn es nach mir ginge, würde ich sie ins Wasser werfen; aber der General hat ihnen befohlen, an Bord zu kommen. Diese Kerle sind es, die all dieses Unheil über unser Land gebracht haben."

Die Spuren der Abneigung gegen die Pressefreiheit, die ich zu meinem Erstaunen im Norden entdeckte, sind im Süden breiter und tiefer, und sie werden nicht von den Anzeichen der Furcht vor ihrer Macht begleitet, die in New York vorhanden sind, wo die Leute von den Chefs der berüchtigtsten Zeitschriften ganz ähnlich sprechen, wie die Leute in italienischen Städten früherer Zeiten vom berüchtigtsten Bravo oder dem Chef einer Mörderbande gesprochen hätten. Whiting tröstete sich mit dem Gedanken, dass sie bald ihre Finger im Schraubstock haben würden, und dann zog er ein zerfetztes kleines Blatt heraus, wandte sich plötzlich dem Vertreter dieser Zeitung zu und widersprach den meisten Aussagen in den „vollständigen und genauen Einzelheiten der Bombardierung und des Falls von Fort Sumter" in der besagten Zeitschrift, die die betreffende Person mit angemessener Sanftmut und Reue anhörte, aufs schärfste. „Wenn ich wüsste, wer es geschrieben hat", sagte der Major, „würde ich ihn dazu bringen, es zu essen."

Ich wurde vielen Richtern, Obersten und anderen Mitgliedern der Gesellschaft an Bord vorgestellt, und „nach den Komplimenten", wie die Orientalen sagen, wurde ich im Allgemeinen zunächst gefragt, was ich von der Einnahme von Sumter halte, und dann, was England tun würde, wenn die Nachricht die andere Seite erreicht. Die Carolinier betrachten die Nordstaaten bereits als fremden und verabscheuten Feind und hegen oder bekennen eine enorme Zuneigung zu Großbritannien.

Als wir alle unsere Passagiere an Bord gebracht hatten – neun Zehntel von ihnen trugen Uniform, und ein noch größerer Teil war mit Kauen beschäftigt – ertönte die Pfeife, und der Dampfer legte vom Kai ab und fuhr in das gelblich-schlammige Wasser des Ashley Rivers, einem Nebenfluss des Meeres, in dessen Quellgewässer ein Stück weiter oben ein kleiner Bach mündet.

Die Küste gegenüber von Charleston ist mehr als eine Meile entfernt und ist flach und sandig, hier und da mit Flecken prächtiger Vegetation und langen Baumreihen bedeckt. Sie ist von Buchten durchzogen, die sie in Inseln unterteilen, so dass zwischen einigen von ihnen Passagen zum Meer für leichte Schiffe bestehen, obwohl die Navigation verwickelt und schwierig ist. Die Stadt liegt auf einem Sporn oder Vorgebirge zwischen den Flüssen Ashley und Cooper, und das Land dahinter ist auf die gleiche Weise durch ähnliche Buchten geteilt und ist sandig und leicht, trägt jedoch sehr schöne Ernten und Bäume mit prächtiger Vegetation. Die Kirchtürme, die Kuppeln der öffentlichen Gebäude, die Reihen massiver Lagerhäuser und

Baumwolllager auf den Kais und die hellen Farben der Häuser verleihen dem Erscheinungsbild von Charleston, wie es vom Flussufer aus gesehen wird, ein ziemlich imposantes Aussehen. An den Mastspitzen der wenigen großen Schiffe im Hafen wehte die Flagge der Konföderierten. Als wir nach rechts blickten, war dieselbe Standarte sichtbar, wehte auf den niedrigen, weißen Brüstungen der Erdwerke, die bei der Verkleinerung von Sumter eingesetzt worden waren.

Diese vielbesprochene Festung lag jetzt etwa zwei Meilen vor uns und ragte in der Mitte der Meerespassage zwischen James' Island und Sullivan's Island aus dem Wasser. Sie kam mir zunächst wie eine der kleineren Festungen vor Cronstadt vor, aber bei näherer Betrachtung schwand ihre Bedeutung erheblich; das Material ist Ziegel, nicht Stein, und die Größe des Ortes wird durch den niedrigen Hintergrund und den Kontrast zur Meereslinie übertrieben. Das Land verengt sich auf beiden Seiten gegenüber der Festung, eine Ausbuchtung von Morris' Island, „Cumming's Point" genannt, läuft nach links aus. Es gibt ein ähnliches Vorgebirge von Sullivan's Island, auf dem Fort Moultrie errichtet wurde, rechts vom Meereseingang. Castle Pinckney, das auf einer kleinen Insel am Ausgang des Cooper River steht, ist ein Ort ohne Bedeutung und war zu weit von Sumter entfernt, um an dem Bombardement beteiligt zu sein: Dasselbe gilt für Fort Johnson auf James' Island, am rechten Ufer des Ashley River unterhalb von Charleston. Die Werke, die das Unheil anrichteten, waren die Sandbatterien auf Morris' Island, bei Cumming's Point und Fort Moultrie. Die schwimmende Batterie, die mit Eisenbahneisen bedeckt war, lag weit entfernt und konnte nicht viel zum Ergebnis beigetragen haben.

Als wir uns Morris' Island näherten, einer Ansammlung von Sand, die mit Hügeln aus demselben Material bedeckt ist und auf der sich eine spärliche Vegetation mit Salzwassersümpfen abwechselt, konnten wir in der Ferne zwischen den Sandhügeln ein paar Zelte erkennen. Vor uns lagen die Sandsackbatterien und eine hässliche schwarze Brustwehr, aus deren Bullaugen Kanonen wie von der Seite eines Schiffes hervorlugten. Um sie herum wimmelte es von Männern wie Ameisen, und eine Menge in Uniform hatte sich am Strand versammelt, um uns zu empfangen, als wir vom Boot des Dampfers an Land gingen. Alle waren begierig auf Neuigkeiten, Proviant und Zeitungen, von denen sie sofort in großer Menge überrannt wurden. Ein Wächter mit auf sehr seltsame Weise gekreuzten Bajonetten verhinderte, dass unbefugte Personen an Land gingen. Sie trugen die üblichen groben grauen Jacken und Hosen mit Kammgarnborten und gelben Aufschlägen, grobe Mützen und Bleiknöpfe mit dem Palmetto-Muster. Ihre unbronzierten Gewehre waren mit Rost bedeckt. Bei den herumlungernden Soldaten handelte es sich meist um große, stattliche Männer, jung und alt, einige mit dem Gebaren von Gentlemen, andere waren grobe, langhaarige Kerle ohne jede Spur von militärischem Gehabe, aber voller Kampfgeist und brennend vor Enthusiasmus, der in manchen Fällen durch gröbere Anreize nicht ohne Hilfe kam.

Der Tag war außerordentlich warm und ungemütlich, der heiße Wind blies uns den feinen weißen Sand ins Gesicht und wirbelte ihn in winzigen Wölkchen in Augenlider, Nasenlöcher und Kleidung; aber es war notwendig, die Batterien zu besuchen, also stapften wir in die eine und aus der anderen heraus, liefen Brustwehren hinauf, untersuchten Profile, schauten an Kanonen entlang und taten alles, was von uns verlangt werden konnte. Das Ergebnis der Untersuchung war, dass ich zu der Überzeugung gelangte, dass der Kommandant von Sumter sein Fort hätte retten können, wenn er auf der Insel beim ersten Anzeichen einer Batterie gegen ihn hätte seine Kanonen hätte öffnen dürfen. Moultrie auf der gegenüberliegenden Seite hätte in seinem ursprünglichen Zustand leicht von Sumter zerstört werden können. Die Planung der Anlagen war besser als ihre Ausführung – die Sandsäcke waren verrottet, der Sand nicht richtig befestigt oder aufgeschüttet und die Traversen unvollkommen konstruiert. Die Barbettenkanonen des Forts sahen in viele der Schießscharten und beherrschten sie.

Die ganze Insel war voller Leben und Aufregung. Offiziere galoppierten umher, als ob sie an einem Feldtag oder im Einsatz wären. Verpflegungskarren mühten sich zwischen dem Strand und den Lagern hin und her, und aus den Zelten drang Gelächter und Feierlaute. Diese waren ohne Ordnung aufgestellt und hatten alle möglichen Formen, Farben und Größen, viele waren durch grobe Kohlezeichnungen an der Außenseite und Inschriften wie „Die lebenden Tiger", „Klapperschlangenloch", „Yankee-Zertrümmerer" usw. entstellt. Die Umgebung der Lager war in einem unerträglichen Zustand, und als ich den Sanitätsoffizier, der bei mir war, auf die Gefahr aufmerksam machte, die von einem solchen Zustand ausgeht, sagte er seufzend: „Ich weiß alles. Aber wir können nichts tun. Denken Sie daran, sie sind alle Freiwillige und tun, was sie wollen."

In jedem Zelt herrschte Gastfreundschaft und jeder wurde herzlich willkommen geheißen. Kisten mit Champagner und Rotwein, französische Pasteten und dergleichen wurden außerhalb der Zeltwände aufgestapelt, obwohl drinnen kein Platz dafür war. Inmitten dieser aufgeregten Zusammenkünfte fühlte ich mich wie ein Mann, der bei vollem Verstand ist und zu spät zu einer Weinparty kommt. „Wollen Sie nicht mit mir trinken, Sir, auf das – (etwas Schreckliches) – von Lincoln und allen Yankees?" „Nein! Wenn Sie so freundlich wären, mich zu entschuldigen." „Nun, ich glaube, Sie sind der einzige Engländer, der das nicht möchte." Unsere Carolinier sind sehr feine Kerle, aber sie neigen ein wenig zum Bobadil-Stil – dem kavaliermäßigen Herumkommandieren, von dem sie liebevoll glauben, dass es ihnen durch Erbrecht zusteht. Sie nehmen an, dass die britische Krone auf einem Baumwollballen ruht, so wie der Lordkanzler auf einem Bündel Wolle sitzt.

In einem langen Zelt saß eine Gruppe vergnügter junger Männer, die Rotweinflaschen öffneten und „Cup" in großen Eimern mischten, während andere der Bediensteten halfen, einen Tisch für ein Bankett zu Ehren eines ihrer Generäle zu decken. Solche Hitze, Tabakrauch, Lärm, Toasts, Trinken, Händeschütteln, Freundschaftsschwüre! Viele Entschuldigungen wurden von den Freunden der demonstrativeren jungen Leute aus Edon vorgebracht. „Tom ist ein wenig schäbig, Sir, aber er ist ein großartiger Kerl – er ist eine halbe Million Dollar wert." Dieser Bezug auf einen Geldwertmaßstab war nicht ungewöhnlich oder vielleicht unnatürlich, aber er wurde wiederholt gemacht, und man erzählte mir wunderbare Geschichten über die Reichtümer der Männer, die als einfache Soldaten verkleidet herumlungerten und von denen einige zu dieser Jahreszeit, in vergangenen Jahren, an den Badeorten als die großen Löwen der amerikanischen Mode angesehen wurden. Aber hier ist die Sezession in Mode. Junge Damen singen dafür, alte Damen beten dafür, junge Männer brennen darauf, dafür zu kämpfen; Alte Männer sind bereit, es zu demonstrieren. Der Gründer der Schule war St. Calhoun. Hier führen seine Schüler ihren Unterricht mit Donner und Feuer durch. Die Rechte der Staaten werden gemäß ihrer legitimen Lehre gezeigt, und die Palmetto-Flagge und die roten Balken der Konföderation sind ihre Darstellung. Die völlige Verachtung und Abneigung gegenüber den verehrten Stars and Stripes, die Abscheu vor den Worten „Vereinigte Staaten" selbst, der intensive Hass dieser Leute auf die Yankees kann sich niemand vorstellen, der sie nicht gesehen hat. Ich bin überzeugter denn je, dass die Union nie wieder so wiederhergestellt werden kann, wie sie war, und dass sie in Stücke gegangen ist und nie wieder in der alten Form zusammengefügt werden kann, jedenfalls nicht von irgendeiner Macht der Erde.

Nach einem langen und ermüdenden Spaziergang durch Staub, Hitze und feinen Sand zwischen den Zelten kehrte unsere Gruppe zum Strand zurück, wo wir ein Boot nahmen und nach Fort Sumter aufbrachen. Die Flagge der Konföderierten wehte über den Mauern. Bei näherer Annäherung waren die Schussspuren am *Frontbogen* und die Schießscharten in der Nähe des Frontvorsprungs deutlich zu erkennen; der Schaden am harten Mauerwerk war jedoch, abgesehen von den Winkeln, gering: Die Kanten der Brustwehren waren zerfetzt und mit Einschusslöchern übersät, und die Kaimauer war hier und da von Schüssen zerfurcht; es waren jedoch keine Schäden erkennbar, die das Werk unhaltbar gemacht hätten. Der größte Schaden war zweifellos der Brand der Baracken, die schuldhaft innerhalb des

Forts nahe der Flankenmauer gegenüber von Cumming's Point errichtet worden waren.

Als das Boot den Kai des Forts erreichte, kam ein großer, kräftig aussehender Mann durch das zerstörte Tor und schritt mit ungleichmäßigen Schritten über den Schutt auf ein Boot zu, das ihn erwartete, in das er sprang und davonruderte. Als er einen meiner Gefährten erkannte, als er an unserem Boot vorbeikam, stand er plötzlich auf und stürzte mit einem Sprung und einem Gerangel zwischen uns, mit der unmittelbaren Gefahr, die Gruppe zu verwirren. Unser neuer Freund trug den blauen Gehrock eines Zivilisten, um den er eine rote Seidenschärpe gebunden hatte – in seinem Gürtel steckte ein gerades Schwert, ähnlich denen, die man zur Hofkleidung trug. Sein muskulöser Hals war von einem locker befestigten Seidenschal umgeben; und wilde Massen schwarzen, grau getönten Haares fielen unter einem Zivilhut über seinen Kragen; seine ungegurteten Hosen waren hoch an seinen Beinen zusammengerafft und enthüllten weite Stiefel, die mit furchterregenden Messingsporen verziert waren. Aber sein Gesicht war unvergesslich – eine gerade, breite Stirn, aus der das Haar wie die Vegetation an einem Flussufer emporragte, wuchernde schwarze Augenbrauen – ein grober und grimmiger Mund, aber voller Kraft, ein kantiges Kinn – eine dicke, streitlustige Nase – ein neuer, struppiger Bart und Schnurrbart – all das wurde durch Augen von wunderbarer Tiefe und Helligkeit hervorgehoben, wie ich sie noch nie zuvor gesehen hatte, außer im Kopf eines wilden Tiers. Wenn Sie eines Tages, wenn die Sonne nicht zu hell scheint, in die Augen des bengalischen Tigers im Regent's Park schauen, während der Wärter vorbeikommt, werden Sie sich eine Vorstellung von dem Ausdruck machen können, den ich meine. Er war blitzend, wild, aber ruhig – mit einem Brunnen aus Feuer, der dahinter brannte und hindurchschoss, einem Auge voller erbarmungsloser Wut, das ab und zu versuchte, seinen Ausdruck unter halb geschlossenen Lidern zu verbergen, und dann mit einem wütenden Blick hervorbrach, als ob es die Verheimlichung verschmähe.

Es handelte sich um niemand anderen als Louis T. Wigfall, Oberst (damals von ihm selbst ernannt) in der Konföderiertenarmee und Senator aus Texas in den Vereinigten Staaten – ein gutes Beispiel für die Männer, die die Institutionen des Landes hervorbringen oder abwerfen – ein bemerkenswerter Mann, bekannt für seine schnelle, natürliche Redegewandtheit, seine außerordentliche Fähigkeit als schneller, erbitterter Debattierer, die Schärfe seiner Sticheleien und seine Bereitschaft zur persönlichen Auseinandersetzung. Bis zuletzt hielt er seinen Platz im Senat in Washington, als fast alle anderen Südstaatler ausgetreten waren, und beschimpfte mit giftiger und schlagfertiger Zunge Männer wie Mr. Chandler aus Michigan und andere Republikaner und überhäufte sie mit Beleidigungen, Spott und Beschimpfungen. Er verpasste nie eine Sitzung des Repräsentantenhauses und suchte seine Gegner in den Kneipen oder an den Spieltischen. Neulich, als das Feuer auf Sumter seinen Höhepunkt erreicht hatte und das Fort in Flammen stand, legte ein kleines Boot vom Ufer ab und steuerte durch die Kugeln und das spritzende Wasser direkt auf die Mauern zu. An Bord befanden sich der Oberst und ein schwarzer Ruderer. Mit einem weißen Taschentuch am Ende seines Schwertes landete Wigfall am Kai, kletterte durch eine Schießscharte und stellte sich den erstaunten Unionstruppen mit einem Kapitulationsangebot vor, völlig unautorisiert und „auf eigene Faust", was zur endgültigen Kapitulation von Major Anderson führte.

Es tut mir leid, sagen zu müssen, dass unser angesehener Freund gerade Bacchus oder Bourbon seine Aufwartung gemacht hatte, *sans bornes*, denn er war entschieden unsicher im Gang und hatte eine belegte Sprache; aber sein Kopf war ganz klar und er war entschlossen, dass ich alles über seine Heldentat erfahren sollte. Major Whiting wollte mir das Werk zeigen, aber er hatte keine Chance. „Hier bin ich eingestiegen", sagte Colonel Wigfall. „Ich fand einen Yankee, der hier am Quergang stand, abseits unserer Schüsse. Er war ziemlich erschrocken, als er mich sah, aber ich sagte ihm, er solle nicht erschrecken, sondern mich zu den Offizieren bringen. Da waren sie, zusammengekauert in der Ecke hinter dem Mauerwerk, denn unsere Granaten purzelten in den Hof und explodierten wie" – usw. (Der Colonel benutzte in seiner Erzählung starke Illustrationen und seltsame Kraftausdrücke.) Major Whiting schüttelte seinen militärischen Kopf und sagte unter vier Augen etwas Unhöfliches zu mir in Bezug auf freiwillige Colonels und dergleichen, was ihm Erleichterung verschaffte; während der kriegerische Senator - ich vergaß zu erwähnen, dass er besonders im Norden den Ruf hat, mehr als ein halbes Dutzend Männer in Duellen getötet zu haben - (ich wäre beinahe einer dieser Helden gewesen) - mich mit schwankenden Schritten durch die Kasematten führte, bei jeder Biegung stehen blieb, um mir über irgendeinen Aspekt seiner persönlichen Erlebnisse zu schildern, sein Schwert baumelte zwischen seinen Beinen und seine Sporen steckten in Müll und Soldatendecken.

In meinem Brief beschrieb ich das tatsächliche Ausmaß des angerichteten Schadens und den Zustand des Forts, wie ich ihn vorfand. Anfangs waren die von den Caroliniern errichteten Batterien so schwach, dass die Offiziere der Vereinigten Staaten im Fort sich gewaltig darüber amüsierten und ein leichtes Spiel erwarteten, wenn sie es wagten, das Feuer zu eröffnen, indem sie sie mit Flanken beschossen, abprallten und in Stücke schlugen. Eines Morgens jedoch war Captain Foster, dem eigentlich das Verdienst gebührt, Sumter mit den beschränktesten Mitteln in einen erträglichen

Verteidigungszustand gebracht zu haben, unangenehm überrascht, als er durch sein Fernglas ein neues Werk in der bestmöglichen Lage für einen Angriff auf den Ort sah, das unter der anstrengenden Arbeit einer Bande von Negern entstand. „Ich wusste sofort", sagte er, „die Schurken hatten endlich einen Pionier." Tatsächlich sprachen die Carolinier gerade von einer Eskalation, als die Offiziere der regulären Armee, die „abgespalten" waren, kamen und die Leitung der Angelegenheiten übernahmen, die sonst möglicherweise ganz andere Ergebnisse gehabt hätten.

Dort war eine Arbeitsgruppe von Freiwilligen, die den Müll wegräumten. Es war offensichtlich, dass sie nicht an harte Arbeit gewöhnt waren. Und als ich fragte, warum keine Neger beschäftigt würden, wurde mir gesagt: „Die Nigger würden uns alle in die Luft jagen, sie sind so dumm; und der Staat müsste den Eigentümern für jeden von ihnen, der getötet oder verletzt wird, zahlen." „In gewisser Hinsicht sind Weiße also nicht so wertvoll wie Neger?" „Ja, Sir, das ist eine Tatsache."

Auf dem Terreplein waren nur sehr wenige Granattrichter zu sehen; die militärischen Ausschreitungen, wenn es sich um solche handelte, waren am deutlichsten auf den Brustwehren zu sehen, über denen so viele Granaten wie möglich gesprengt worden waren, um die Besatzung der Barbettengeschütze zu verhindern. Dieser Beschuss von Fort Sumter war in der Tat eine sehr kleine Angelegenheit. Und doch kann niemand sagen, was daraus entstehen wird? „Nun, Sir", rief einer meiner Gefährten aus, „ich danke Gott dafür, und sei es nur, weil wir beginnen, eine Geschichte für Europa zu schreiben. Die universelle Yankee-Nation hat uns verschlungen."

Nie stürzten sich Menschen so leichtsinnig in unbekannte Tiefen der Gefahr und des Ärgers wie diese Carolinier. Sie werfen sich der grimmigen, schwarzen Zukunft entgegen, wie die Kavaliere unter Rupert den grimmigen, schwarzen Ironsides entgegengeeilt sein mögen. Werden sie das Bild weitertragen? Nun gut! Die Erkundung von Sumter war schließlich erst beendet, als wir die Offiziere der Garnison besucht hatten, die in einem fensterlosen, zerbrochenen Raum lebten, den man über eine bröckelnde Treppe erreichte, und die uns Whisky und Cracker, viele nette Geschichten und grenzenlosen Empfang boten. Ein junger Bursche murrte über den Sold. Er sagte: „Ich habe keinen Cent bekommen, seit ich in dieser Angelegenheit nach Charleston kam." Aber Major Whiting erzählte mir einige Tage später, dass er keinen Dollar auf seinen Sold bekommen habe, obwohl er nach seinem Ausscheiden aus der US-Armee fast alle seine Lebensunterhaltsmittel aufgegeben hatte. Diese Herren waren ganz zufrieden, dass alles schließlich gut werden würde; und niemand stellte die Macht oder die Absicht der Regierung in Frage, die gerade unter solch seltsamen Vorzeichen ins Amt gekommen war, ihre Prinzipien aufrechtzuerhalten und ihre Diener zu belohnen.

Nach einiger Zeit ging unsere Gruppe zu den Booten hinunter, in denen wir zu dem Dampfer gerudert wurden, der auf Morris' Island auf uns wartete. Die ursprüngliche Absicht der Offiziere war, uns nach Fort Moultrie auf der gegenüberliegenden Seite des Kanals zu bringen und es und die schwimmende Eisenbatterie zu untersuchen; aber als wir ausstiegen, war es dafür zu spät, und der Dampfer fuhr nur hinüber und segelte am anderen Ufer entlang nach Hause. Unten in der Kajüte war ein Mittagessen oder quasi Abendessen angerichtet, und die Gruppe aus ehemaligen und gegenwärtigen Senatoren, Adjutanten, Journalisten und Flaneuren war nicht abgeneigt, daran teilzunehmen. Für mich gab es nur einen Umstand, der die Freude dieses angenehmen Wiedersehens trübte. Colonel und Senator Wigfall, der sich nicht durch starkes Trinken ernüchtert hatte, verwies in seinem Überschwang auf den Angriff auf Senator Sumner als ein Beispiel dafür, wie die Südstaatler im Allgemeinen mit den Nordstaatlern umgehen würden, und führte ihn als gutes Beispiel dafür an, wie sie ihre „Auspeitschung" ertragen würden. Von hier aus wies er in einem natürlichen Exkurs auf die unvermeidlichen Folgen des gewaltigen Ausbruchs der Empörung der Südstaaten gegen die Yankees für alle Nationen der Welt hin und auf das sofortige Eingreifen Englands in dieser Angelegenheit, sobald die Nachricht eintraf. Plötzlich kam er wieder auf Mr. Sumner zurück, dessen Namen er mit Schmähungen überhäufte, und sprach von Lord Lyons in so groben Ausdrücken, dass ich, da ich den Zustand des Sprechers vergaß, die Worte, die er auf den englischen Minister anwandte, auf eine sehr unmissverständliche Weise übelnahm; dann stand er auf und verließ die Kabine. Im nächsten Moment folgte mir Senator Wigfall an Deck: sein Benehmen war viel ruhiger, sein Haar war zurückgekämmt, seine Augen funkelten. Seine wiederholten und energischen Entschuldigungen ließen nichts zu wünschen übrig. Zu uns gesellten sich Mr. Manning, Major Whiting, Senator Chesnut und andere, denen ich meine völlige Zufriedenheit mit Mr. Wigfalls Erklärungen ausdrückte. Und so kehrten wir nach Charleston zurück. Der Colonel und der Senator ließen jedoch nicht von seiner Aufmerksamkeit für die guten – oder schlechten – Dinge da unten ab. Es war ein seltsamer Anblick – diese Männer, hitzig und auf frischer Tat ertappt in ihrer Rebellion, die ihr Leben aufs Spiel setzten, alberten und scherzten und zechten, als hätten sie keine Sorgen auf Erden – alle außer den Herren der Lokalpresse, die eifrig Notizen machten und Essen einnahmen. Es war fast Nacht, als wir den Kai von Charleston betraten. Die Stadt war durch das Leuchten der Lichter, das ständige Trommeln, die laute Musik und die jubelnden Jubelrufe gekennzeichnet, die über ihre Straßen schallten. Als ich zum Hotel ging, schlurfte die Abendmeute von Negern, Männern und Frauen, in aller Eile durch die Straßen, um der Patrouille und dem letzten Läuten der Ausgangsglocke zu entgehen, an mir vorbei; und als ich am Wachhaus der Polizei vorbeikam, machte mich einer meiner Freunde auf die bewaffneten Wachen aufmerksam, die vor der Veranda auf und ab gingen, und auf das Schimmern der Waffen im Zimmer drinnen. Weiter hinten bog eine Gruppe berittener Reiter, schwer bewaffnet, in eine Seitenstraße ein und verschwand mit klirrenden Sporen und Säbeln im Staub und in der Dunkelheit. Das ist die berittene Patrouille. Sie durchkämmen das Land rund um die Stadt und treffen sich nachts an bestimmten Orten, um zu sehen, ob die Nigger alle ruhig sind. Ah, Fuscus! Das sind Anzeichen für Ärger.

„Integer vitæ, scelerisque purus

Nicht einmal Mauri jaculis neque arcu,

Nec venenatis gravidâ sagittis,

Fusce, Pharetrâ."

Aber Fuscus geht in seinen Club, ein nettes, angenehmes, gesprächiges Lokal, in dem man Karten spielen und Cocktails trinken kann. Er nickt stolz einem alten, weißwolligen Neger-Steward oder Oberkellner – einem Sklaven – zu, als Beweis für die Vorzüge dieser häuslichen Institution, den ich, da mir die Ausgangssperre in den Ohren schallt, nicht akzeptieren kann. Der Club war voller Beamter; einer von ihnen, Mr. Ransome Calhoun [2], fragte mich, was mir auf Morris' Island am meisten aufgefallen sei; ich sagte ihm – und das war tatsächlich der Fall –, dass es ein Briefkopiergerät, ein Koffer mit offiziellem Briefpapier und eine Schachtel Bürokratieband waren, die am Strand lagen, gerade gelandet und bereit, mit der Kraft der jungen Unabhängigkeit zu wachsen.

Aber hören Sie! Es herrscht ein großer Tumult, als kämen viele Stimmen die Straße herauf, angekündigt durch laute Musik. Es ist eine Rede vor dem Hotel. So eine aufgeregte, lebhafte Menge! Wie sie dem blassen, verzweifelten Mann zujubeln, geschmeidig und dunkelhaarig, mit erhobenen Armen und geballten Fäusten, der auf dem Balkon seine Rede hält! „Was hat er gesagt?" „Wer ist er?" „Na, er ist es schon wieder!" „Das ist Roger Pryor – er sagt, wenn dieser Yankee-Abschaum nicht auf die Vernunft hört und sich nicht unterwirft, marschieren wir nach Norden und diktieren in Faneuil Hall die Friedensbedingungen! Ja, Sir – und das werden wir, ganz gewiss!" „Das macht nichts; wir haben gezeigt, dass wir die Yankees schlagen können, wann immer wir ihnen begegnen – in Washington oder hier unten." Wie viel habe ich heute davon gehört – wie viel mehr heute Abend! Im Hotel war es so laut wie immer – alle paar Minuten trafen neue Männer in Uniform ein und in der Halle und den Gängen drängten sich große, gutaussehende Caroliner.

Fünfzehntes Kapitel.

Sklaven, ihre Herren und Herrinnen – Hotels – Versuch einer Bootsfahrt nach Fort Moultrie – Aufregung in Charleston gegen New York – Kriegsvorbereitungen – General Beauregard – Meinung des Südens über die Politik des Nordens und Einschätzung der Auswirkungen des Krieges auf England über den Baumwollmarkt – Aristokratische Stimmung im Süden.

18. April. — Es ist, als ob wir in einer Baracke aufwachen würden. Nein! Der Unterschied besteht darin, dass in den Gängen Sklaven mit Bechern eisgekühlter Milch oder Wasser für ihre Herrinnen am frühen Morgen auf und ab gehen, sauber gekleidet, ordentlich gekleidet, mit den Vorstellungen der Pariser Hutmacherei, die auf ihren Stand abgestimmt und von der weißen Rasse weitergegeben wurden, die um ihre Köpfe und Körper schwirren. Sie sitzen vor den Türen und plaudern in den Gängen; und als der irische Kellner mir heißes Wasser zum Rasieren bringt, ist da dieses seltsame, runde, ölige, halb erstickte, glucksende, gurgelnde Lachen, das den Äthiopierinnen eigen ist, die durch die Tür kommen.

Später am Tag segeln ihre Herrinnen aus den inneren Häfen hinaus und setzen alle Segel aus, fahren durch die Gänge, die Treppen hinunter und in die lange, heiße, flauschige salle-à-manger , wo sie, geschwärzt von Fliegen, die ihnen das Essen streitig machen, ihre gewaltigen Mahlzeiten einnehmen. Sie sind blass, hübsch, schlank – gerade als ich sagen wollte, dass sie ziemlich klein seien, fällt mir die Erinnerung an eine Dame aus der Titanic ein – eine Juno aus Carolini mit zwei reizenden Pfauentöchtern – und ich verzichte auf Verallgemeinerungen. Diese Damen sollen außerordentlich stolz sein – denn ein oder zwei Generationen einer Familie genügen in diesem neuen Land, wenn sie entsprechend durch den Besitz von Negern und Ackerland ernährt werden, um Geburtsstolz und all die Pracht zu verleihen, die der Anbau von Rohprodukten, Getreide und Baumwolle – suâ terrâ – mit sich bringt . Ihre Feinde sagen, die Großväter einiger dieser edlen Leute seien bloße Piraten und Schmuggler gewesen, die sich arrogant mit den Gesetzen und dem Treibgut des Glücks auf den Meeren und Riffen hier herum arrangierten. Baumwolle wuchs plötzlich – fast unnatürlich, soweit es die normalen Handelsgesetze betrifft –, während Land billig und Sklaven mäßig teuer waren – die Piraten und Piratinnen hatten die Kontrolle über beides, und über Nacht schwoll der Kürbis an und wuchs zu ungeheurer Größe. Das sind Geschichten aus dem Norden. Was die Südstaatler über ihre Landsleute im oberen Teil dieser „gesegneten Union" sagen, habe ich zur Erbauung der Menschen zu Hause niedergeschrieben.

Die Tische im Speisesaal sind in langen Reihen oder einzeln aufgestellt, um privaten Feiern gerecht zu werden. Als ich nach Charleston kam, erzählte mir einer meiner Mitreisenden, er sei ziemlich schockiert gewesen, als er zum ersten Mal Weiße als Diener sah; aber im Mills House gab es keine solchen Skrupel, denn die Kellner waren alle Iren, mit Ausnahme von ein oder zwei Deutschen. Die Speisekarte ist in allen amerikanischen Hotels weitgehend gleich, die Abweichungen hängen von den örtlichen Gepflogenheiten oder Geschmäckern ab. Es ist außerordentlich erstaunlich, die Mengen an Butter, Melasse und Mehlspeisen in schwerster Form zu sehen – an Fisch, an vielen Fleischsorten, an Rühreiern, Rühreiern oder Eiern mit Rührei oder auf andere Weise zubereiteten Eiern, an gefrorener Milch und Wasser, die ein Amerikaner morgens in wenigen Minuten verzehrt. Bei diesen Mahlzeiten gibt es definitiv keine Ruhe – keine Erholung. Die Gäste gehen ständig in den Raum und wieder hinaus, Stühle werden ständig hin und her geschoben, mit einem harten, knirschenden Geräusch, das einem die Zähne zusammenbeißen lässt, und es ist ein ständiges Klappern von Tellern und Metall zu hören. Jeder liest seine Zeitung oder diskutiert die Neuigkeiten mit seinem Nachbarn. Ich wurde einer großen Anzahl von Leuten vorgestellt und mir wurden viele Fragen zu meiner Meinung über Sumter gestellt oder was ich dachte, was „der alte Abe und Seward tun würden". Die Proklamation, die 75.000 Mann zusammenruft und von besagtem alten Abe herausgegeben wurde, behandeln sie mit tiefster Verachtung oder schonungslosem Spott, je nachdem. Fünf von sechs Männern am Tisch trugen heute Morgen Uniformen.

Nachdem ich die Bekanntschaft mehrerer Krieger sowie eines russischen Herrn, Baron Sternberg, gemacht hatte, der sich in Charleston umsah und wie die meisten Ausländer von der Überzeugung geprägt war, dass „ *actum est de Republic" (aktum ist die Republik) war* , ging ich mit Major Whiting [3] und Mr. Ward hinaus, von denen ersterer mir unbedingt Fort Moultrie und die linke Seite des Kanals zeigen wollte, um meine gestrige Reise fortzusetzen. Es wurde vereinbart, dass wir so leise wie möglich abreisen sollten, „damit die Zeitungen nichts davon erfahren". Der Major hat eine große Abneigung gegen die Herren der Presse, und General Beauregard hatte den Befehl gegeben, das Personalboot vorzubereiten, damit es ruhig und privat bleiben konnte, aber das Schicksal war gegen uns. Als wir zum Kai hinuntergingen, erfuhren wir, dass ein Herr mit einem Offizier gekommen war und in unserem Boot abgefahren war, da die Bootsführer glaubten, sie seien die Personen, für die es bestimmt war. Tatsächlich war uns unser russischer Freund, Baron Sternberg, zuvorgekommen.

Nach einiger Zeit gelang es dem Major, die Dienste des kleinsten, unzuverlässigsten und lächerlichsten Schiffes zu sichern, das je ein Mensch gesehen hatte. Wenn Charon eine Zwei-PS-Maschine in sein Boot eingebaut hätte, hätte es vielleicht eine gewisse Ähnlichkeit mit diesem ungeheuerlichen Cymbalus gehabt, das einst ein flacher, offener Kutter oder eine Galeere gewesen war, in deren Mitte der Besitzer eine kleine Maschine und Schaufelräder hineingezwängt und am Heck eine überdachte Dienstkutsche oder längliche Speisekammer errichtet hatte, die Ölkannen und Kakerlaken heilig war. Die Mannschaft bestand aus dem ersten und dem zweiten Kapitän, einem jungen Burschen in jungen Jahren, und das war alles. Wir kletterten in die Speisekammer und setzten uns Knie an Knie, während die Maschine Dampf machte: eine sehr störrische und kalorienarme kleine Maschine war es – sie schnaufte und quietschte, leckte und destillierte Wassertropfen und stieß an unerwarteten Stellen Dampfstöße aus.

Solange wir am Kai lagen, war alles in Ordnung. Der Major war überglücklich, denn er konnte über Thackeray und seine Schriften reden – ein Thema, dessen er nie müde wurde – nein, für das seine Begeisterung den Gipfel frommer Inbrunst erreichte. Habe ich je jemanden wie Major Pendennis gekannt? Wusste man, wer Becky Sharp war? Wer war der O'Mulligan? Diese Fragen waren bloße Aufhänger für Rhapsodien und vergnügte Abhandlungen. Er wäre vielleicht bis zu Pendennis selbst hinuntergekommen, als ein heftiger Wasserschwall, der über die absurd kleinen Dollborde floss und über unsere Stiefel in die Kajüte schwappte, ankündigte, dass unser Schiff unter Wasser war. Wie man uns sagte, weht mehrere Monate im Jahr im und vor dem Hafen von Charleston eine lebhafte Brise aus Süd und Ost, und heute gab es eine leichte Bewegung im Wasser, die nichts auf dem Wasser außer unserem Dampfer beeinträchtigt hätte; aber als wir den schmalen Kanal bei Castle Pinckney hinunterfuhren, rollte das kleine Boot, als würde es jeden Moment kentern, und machte keinen Anspruch darauf, im besten Fall mehr als eine Meile pro Stunde zu schaffen; und es wurde klar, dass unsere Reise weder angenehm, erfolgreich noch schnell sein würde. Trotzdem fuhr der Major zwischen den Stößen weiter und zog seine Füße aus dem Wasser, um „ein ruhiges Gespräch", wie er sagte, „über meinen Lieblingsautor" zu führen. Mein Begleiter und ich konnten uns nicht so geschickt zusammenziehen oder unsere unteren Gliedmaßen verkürzen.

Als wir aus dem Schutzraum in Richtung Sumter hinausfuhren, rollte die See auf uns zu und ließ das elende Boot schaukeln, als hätte eine große Hand es am Schornstein – Yankeeicé, Schornstein – gepackt und würde es vor und zurück rollen, als Vorbereitung für ein endgültiges Umkippen. Das Wasser drang in großen Mengen ein und die Kabine wurde von einer kleinen See überflutet: Diese hatte den lebhaften Charakter der äußeren Flüssigkeit und unternahm heftige Anstrengungen, über Bord zu kommen, um sich ihr anzuschließen, was im Allgemeinen durch die besser anhaltenden und gezielten Versuche der äußeren, hineinzukommen, ausgeglichen wurde. Der Kapitän schien sehr unglücklich; der Rest der Mannschaft – unser Steuermann – hatte entdeckt, dass der Dampfer überhaupt nicht steuerte und dass wir wie ein Klotz auf dem Wasser rollten. Sicherlich änderten weder Pinckney noch Sumter noch Moultrie ihre relative Richtung und Entfernung zu uns für etwa eine halbe Stunde, obwohl sie ständig auf und ab schaukelten. „Aber", sagte der Major, „hat Thackeray meiner Meinung nach in der Rolle des Colonel Newcome die größte Kraft gezeigt; die Zärtlichkeit, Einfachheit, Liebe, Männlichkeit und –" Hier kam eine gewaltige schlammgrüne Welle „alle an Bord", und die Zimbel gab deutliche Anzeichen von Kehrtwende. Wir waren nass und elend, und es waren nun zwei Stunden oder mehr vergangen, um ein paar Meilen zurückzulegen. Die Flut setzte uns stärker entgegen, und gerade vor Moultrie, in der Gezeitenstraße zwischen seinen Mauern und Sumter, konnte man die Köpfe der Seepferdchen mit unangenehmen Kämmen sehen. Ich weiß nicht, was ich an beredten Ausführungen verloren habe, denn der Major war offensichtlich in seinem besten Moment und bei seinem besten Thema, aber ich wagte den Vorschlag, dass wir uns umschiffen und zurückkehren sollten – und machte ihm so seine Lage bewusst. Und so trieben wir herum – eine sehr heikle Operation, die wir durch umsichtiges Eingreifen und die seitlichen Wellen in günstigen Momenten in etwa fünfzehn bis zwanzig Minuten durchführen konnten. Dann aber waren wir durch die Hitze der Maschine so verkocht, dass eine Unterhaltung unmöglich war.

Wie froh wir waren, wieder an Land zu gehen, brauche ich nicht zu sagen. Als ich dem Kapitän eine kleine Votivtafel aus Metall gab, sagte er: „Ich denke, es ist sehr gut, wenn wir umkehren. Wären wir noch weiter gegangen, wären wir verdammt überrascht gewesen." „Warum hast du das nicht vorher gesagt?" „Sicher, ich wollte die Reise nicht verderben." Mein begabter Landsmann und ich trennten uns, um uns nie wieder zu treffen.

Zweite und dritte Auflage und Extras! Nachrichten von Sezessionsversammlungen und Gewerkschaftsversammlungen! Jeder ist voller Empörung über die Stadt New York, wegen der Art und Weise, wie die Nachricht von der Eroberung von Fort Sumter dort aufgenommen wurde. New England hat genau wie erwartet reagiert, aber von der Empire-Stadt hatte man Besseres erwartet. Es gibt keine Anzeichen dafür, dass sie vor einem Kampf zurückschrecken: im Gegenteil, die Carolinier sind voller Eifer, ihre Stärke auf dem Schlachtfeld zu testen. „Lasst sie kommen!" ist ihr prahlerisches *Motto* .

Die Wut, die im Norden herrschen soll, verstärkt nur die Wut und Feindseligkeit der Carolinier. Sie sind nun entschlossen, ihre souveränen Rechte als Staat wahrzunehmen, koste es, was es wolle, und die Verordnung der Sezession aufrechtzuerhalten. Die Antworten mehrerer Gouverneure auf Präsident Lincolns Forderung nach Truppen haben unsere Freunde entzückt. Beriah Magoffin aus Kentucky erklärt, er werde für einen so niederträchtigen Zweck keine Männer hergeben; und ein anderer Gouverneurswürdenträger antwortete lakonisch auf die Forderung nach so vielen tausend Soldaten: „Keinen einzigen." Letcher, Gouverneur von Virginia, hat ebenfalls eine Absage geschickt. Aus dem Norden kommen Nachrichten über Massenversammlungen, das Einholen der Sezessionsfahnen, das Pöbeln von Sezessionspapieren, das Aufmarschieren von Militäreinheiten, das Unterzeichnen und Kreditvergeben von Banken.

Jefferson Davis hat Präsident Lincolns Proklamation mit einem Gegenmanifest begegnet, in dem er Kaperbriefe und Repressalien erließ – auf allen Seiten Kriegsvorbereitungen. Die Agenten des Südens kaufen Dampfschiffe, aber sie befürchten, dass die Nordstaaten ihre Marine einsetzen werden, um eine Blockade durchzusetzen, die sehr gefürchtet ist, da sie die Versorgung unterbrechen und den Handel schädigen wird, von dem sie so abhängig sind. Sicherlich kann Mr. Seward nichts über die Stimmung im Süden wissen, sonst wäre er nicht so zuversichtlich, dass sich alles wieder legen würde und dass die Staaten, der Fürsorge und der fördernden Einflüsse der Regierung beraubt, ihrer Sezessionsverordnungen und ihres Experiments, ein nationales Leben aufrechtzuerhalten, überdrüssig würden, sodass die Vereinigten Staaten in Kürze wiederhergestellt sein würden.

Ich ging hinüber und besuchte General Beauregard in seinem Quartier. Er war mit Papieren, Ordonnanzen und Depeschen beschäftigt, und der Vorraum war voller Offiziere. Seine gegenwärtige Aufgabe, erzählte er mir, bestehe darin, Sumter in Verteidigungszustand zu versetzen und die darauf gerichteten Befestigungen zu entwaffnen, um ihr Feuer auf die Hafeneinfahrten zu richten, da „der Norden in seinem Wahnsinn" einen Seeangriff auf Charleston versuchen könnte. Seine Art, Geschäfte abzuwickeln, ist klar und schnell. Zwei mit Blumen gefüllte Vasen standen auf seinem Tisch neben seinen Karten und Plänen; und ein kleiner Handstrauß aus Rosen, Geranien und Duftblumen lag als Briefbeschwerer auf einem Brief, den er gerade schrieb, als ich hereinkam. Er bot mir jede Hilfe und Erleichterung an, natürlich im Vertrauen auf meine strikte Einhaltung der Pflicht eines Neutralen. Ich erinnerte ihn noch einmal daran, dass es als Vertreter einer englischen Zeitschrift meine Pflicht sei, frei nach England zu schreiben und mitzuteilen, was ich sah; und ich dürfe nicht zur Verantwortung gezogen werden, wenn sich bei der Rücksendung meiner Briefe nach Amerika, einen Monat nach ihrer Abfassung, herausstellt, dass sie Informationen enthalten, denen unter Umständen ein anstößiger Charakter zugeschrieben werden könnte. Der General sagte: „Ich verstehe Sie vollkommen. Wir müssen das Risiko eingehen und Ihnen die Entscheidung überlassen."

Am Abend speiste ich mit unserem ausgezeichneten Konsul, Mr. Bunch, der eine kleine und sehr angenehme Gesellschaft für mich eingeladen hatte. Ein sehr ehrwürdiger alter Herr namens Huger (ausgesprochen Hugeē) war in seinem Aussehen und seiner Konversation besonders interessant. Er hatte früher eine offizielle Position bei der Bundesregierung inne, war aber mit seinem Staat in die USA gegangen und in seiner Position von der Konföderierten Regierung bestätigt worden. Dennoch war er nicht glücklich über die Aussichten, die vor ihm oder seinem Land lagen. „Ich habe zu lange gelebt", rief er aus; „ich wäre gestorben, bevor diese bösen Tage anbrachen." Welche Gedanken müssen ihn tatsächlich gequält haben, als er bedachte, dass sein Land nur wenig älter war als er selbst; denn er war einer, der den Verfassern der Unabhängigkeitserklärung die Hand geschüttelt hatte. Doch obwohl ihm die Tränen die Wangen hinabrollten, als er von der Aussicht auf einen Bürgerkrieg sprach, waren da keinerlei Anzeichen von Besorgnis über den Ausgang oder gar Bedauern über den Konflikt, den er als natürliche Folge der Beleidigungen, Ungerechtigkeiten und Aggressionen des Nordens gegen die Rechte des Südens betrachtete.

Nur einer aus der Gruppe, ein äußerst lebhafter, drolliger und witziger alter Anwalt namens Petigru, widersprach den Lehren der Sezession. Er wird jedoch anscheinend als liebenswürdiger, harmloser Mensch behandelt, der in dieser speziellen Angelegenheit eine geistige Schwäche oder einen „Hyperfokus" hat.

Es war weder für meinen Gastgeber noch für mich sehr angenehm, festzustellen, dass man in Bezug auf England keine anderen Überlegungen als die materiellen Interessen für wichtig hielt und dass diese ehrenwerten Herren England als eine Art Apanage ihres Baumwollkönigreichs betrachteten. „Nun, Sir, wir müssen Ihnen nur für ein paar Wochen die Baumwollversorgung abschneiden, und schon können wir in Großbritannien eine Revolution auslösen. Vier Millionen Ihrer Leute sind für ihr Brot von uns abhängig, von den vielen Millionen Dollar gar nicht zu reden. Nein, Sir, wir wissen, dass England uns anerkennen muss" usw.

Liverpool und Manchester haben ganz Großbritannien vor den Augen des Südens in den Schatten gestellt. Ich gestehe, der Ton meiner Freunde hat mich geärgert. Ich sagte das zu Mr. Bunch, der lachte und bemerkte: „Es wird Ihnen nichts ausmachen, wenn Sie sich so sehr an solche Dinge gewöhnt haben wie ich." Ich konnte nicht umhin zu sagen, dass, wenn Großbritannien eine solche Täuschung war, wie sie annahmen, es für die Welt, die Sache der Wahrheit und der Freiheit umso besser wäre, je eher ein Loch in Großbritannien gebohrt und das ganze Reich unter Wasser versenkt würde.

Diese großen, dünnen Carolinier mit den schönen Gesichtern sind große Materialisten. Die Sklaverei hat vielleicht die Tendenz verstärkt, die ganze Welt durch Brüstungen aus Baumwollballen und Reissäcken zu betrachten, und obwohl sie stattlicher und weniger vulgär sind, sind die Gläubigen hier dem „allmächtigen Dollar" gegenüber nicht weniger ergeben als die Nordstaatler. Wieder einmal bricht der tote Hass auf die Yankees aus und erreicht seinen Höhepunkt in dem Bekenntnis fast aller Gäste, dass er eine Rückkehr zur britischen Herrschaft einer Wiedervereinigung mit Neuengland vorziehen würde. „Die Namen in South Carolina zeigen unseren Ursprung – Charleston, Ashley, Cooper usw. Unsere Gadsden, Sumter und Pinckney waren wahre Kavaliere" usw. Sie sagten nichts über about Peedee, orTombigee oder Sullivans Insel oder dergleichen. Wir alle haben unsere kleinen oder großen Schwächen.

Ich sehe in den Namen Huger, Rose, Manning, Chesnut und Pickens keine Spur von Kavaliersabstammung; aber es gibt unter ihnen ein Glaubensbekenntnis zu den Kavalieren und ihrer Sache, weil es in Carolina Mode ist. Sie bekunden den Glauben an die Landwirtschaft und den Glauben eines Landadels. Sie bitten nicht nur beim Weinglas – warum nennen sie es Becher? – um einen Prinzen, der über sie regiert; ich habe in den letzten zwei Tagen wiederholt den Wunsch gehört, dass wir ihnen einen unserer jungen Prinzen ersparen könnten, aber nie im Scherz oder auf irgendeine leichtfertige Art und Weise.

Auf meinem Heimweg sah ich die Wachen auf ihrem Marsch, die berittenen Patrouillen ihren Ritt antreten und andere Beweise dafür, dass die Sklaven zwar „die glücklichste und zufriedenste Rasse der Welt" sind, aber genauso versorgt werden müssen wie weniger begünstigte Sterbliche. Das Wachhaus der Stadt füllt sich jede Nacht mit Sklaven, die dort eingesperrt werden, bis sie von ihren Besitzern zurückgeholt werden, wenn sie nach neun Uhr NACHMITTAGS ohne Sonderausweise oder Genehmigungen entdeckt werden. Es wird mit Gewehren auf die Verordnung zur Sezession von Virginia geschossen.

———————————————

KAPITEL XVI.

Charleston; der Marktplatz – Iren in Charleston – Gouverneur Pickens: seine politische Ökonomie und Theorien – Zeitungsredaktionen und Kontore – Gerüchte über die Kriegspolitik des Südens.

19. April. — Ein überaus heißer Tag. Die Sonne brennt mit ungeheurer Kraft auf die breiten Sandstraßen von Charleston, und wenn der Wind über die Hauptstraße bläst, wirbelt er gewaltige Massen heißen Staubs vor sich her. Die Häuser stehen meist frei, sind von kleinen Gärten umgeben und mit Verandas ausgestattet, die die Fenster vor der grellen Sonne schützen. Sie sind von Kletterpflanzen, Sträuchern und blühenden Pflanzen geschützt, durch die Kolibris und Fliegenschnäpper huschen. An manchen Stellen sind die Straßen und Fahrbahnen mit Brettern bedeckt, und solange das Holz intakt ist, kann man angenehm darauf gehen oder fahren.

Ich besuchte die Märkte. Die Stände werden von Negern und Negerinnen geleitet. Die farbigen Leute, die verkaufen und kaufen, sind gut gekleidet. Das Fleisch der Metzger ist keineswegs eine Augenweide, aber die Obst- und Gemüsestände sind gut gefüllt. Fisch ist derzeit knapp, da die Boote nicht aufs Meer hinausfahren dürfen, aus Angst, sie könnten von den erwarteten Yankee-Kreuzern aufgescheucht werden oder Unzufriedene mitnehmen, um mit dem Feind zu kommunizieren. Um den Fleischmarkt herum tummelt sich eine schwärmerische Schar einer Art Truthahnbussard. Diese sind als Aasfresser nützlich und gesetzlich geschützt. Sie verrichten ihre üble Arbeit mit großem Eifer, indem sie sich mit der eigentümlichen kriechenden, bauschigen, weichen Art des Fluges, die das Erkennungszeichen ihres ganzen Stammes ist, auf die ihnen vorgeworfenen Abfälle stürzen und mit Flügel und Schnabel gegen die Hunde kämpfen, die den Harpyien das Futter streitig machen. Es ist merkwürdig, den Ausdruck ihrer Augen zu beobachten, wenn sie mit ausgestreckten Hälsen vom Dachsims des Marktes auf die Stände blicken und die Arbeit der Metzger unten beobachten. Sie verhindern weder einen unangenehmen Geruch in der Nähe der Märkte, noch sind sie für eine feine und aktive Rattenrasse tödlich.

Heute war viel Trommeln und Marschieren durch die Straßen zu hören. Ein sehr zerlumptes Regiment, das einige Zeit auf Morris' Island gewesen war, hielt im Schatten neben mir an, und ich merkte bald, dass es zum größten Teil aus Iren bestand. Die Grüne Insel hat tatsächlich einen großen Beitrag zur Bevölkerung von Charleston geleistet. In der Hauptstraße steht ein großes und schönes Gebäude aus rotem Sandstein mit dem üblichen Portikus im griechisch-yankeeischen Stil, über dem die kronenlose Harfe und der Kleeblattkranz prangen, wie sie für eine St. Patrick's Hall typisch sind, und mehrere römisch-katholische Kirchen zeugen ebenfalls von der Anwesenheit der Iren.

Ich besuchte General Beauregard erneut und unterhielt mich kurz mit ihm. Er sagte mir, dass sehr viel von Virginia abhänge und dass die Menschen in diesem Staat bisher nicht so schnell reagiert hätten, wie man hätte hoffen können, denn die Proklamation des Präsidenten sei eine Kriegserklärung an den Süden, an der letztlich alle beteiligt seien. Er fährt nach Montgomery, um sich mit Herrn Jefferson Davis zu beraten. Ich habe keinen Zweifel, dass in Virginia etwas unternommen wird. Whiting hat den Befehl, sich dorthin zu begeben, und er deutete an, dass er eine Aufgabe von ungewöhnlicher Komplexität und Schwierigkeit zu erfüllen habe. Er soll die Forts besuchen, die an der Küste von North Carolina eingenommen wurden, und wird sich wahrscheinlich Portsmouth ansehen. Es ist unglaublich, dass die Bundesbehörden es versäumt haben, diesen Ort zu sichern.

Später besuchte ich den Gouverneur des Staates, Mr. Pickens, zu dem mich sein Adjutant Colonel Lucas führte. Sein Palast war ein sehr bescheidenes, schuppenartiges Gebäude mit großen Räumen, an deren Türen Zettel mit verschiedenen hoch lesbaren Aufschriften wie „Abteilung des Generaladjutanten, Abteilung des Generalquartiermeisters, Generalstaatsanwalt" usw. geklebt waren, und durch die Türen konnte man Männer in Uniform und ernste, ernsthafte Leute sehen, die an ihren Schreibtischen mit Feder, Tinte, Papier, Tabak und Spucknäpfen beschäftigt waren. Der Gouverneur, ein kräftiger Mann mit großem Kopf und einem großen, wichtig aussehenden Gesicht mit wässrigen Augen und schlaffen Zügen, saß in einem kasernenartigen Raum, der auf das Einfachste möbliert war und mit dem unvermeidlichen Porträt von George Washington geschmückt war, in dessen Nähe die „Verordnung zur Sezession des Staates South Carolina" vom letzten Jahr hing.

Gouverneur Pickens wird von seinen Untertanen ziemlich ausgelacht, und ich fand es amüsant, wie ein kleiner Fähnrich die Beunruhigung des Gouverneurs bei seinem Besuch in Fort Pickens mit viel Salbung beschrieb, als man ihm sagte, dass sich noch eine Anzahl scharfer Granaten und eine Menge Schießpulver im Ort befänden. Er soll eine seiner Reden mit „Geboren, unempfindlich gegenüber Furcht" usw. begonnen haben. Mir gegenüber war der Gouverneur sehr höflich, aber ich muss gestehen, dass die Hitze des Tages mich nicht dazu veranlagte, einem Vortrag über politische Ökonomie, den er mir hielt, mit der gebotenen Aufmerksamkeit zuzuhören. Mir wurde jedoch gesagt, dass er dies mit Erfolg am verstorbenen Zaren geübt hatte, als dieser US-Gesandter in St. Petersburg war, und dass er es nicht dulde, dass seine unmittelbaren Mitarbeiter davon absehen, ihre Meinung über die Beziehungen zwischen Kapital und Arbeit und über die schlimme Lage von Kapital und Arbeit im Norden zu ändern.

„Sie werden also erkennen, Mr. Russell, dass man im Norden die feindseligen Bedingungen gegensätzlicher Interessen bei der Kapitalakkumulation und beim Einsatz von Arbeitskräften maximiert hat, während wir im Süden durch die besondere Vortrefflichkeit unserer heimischen Institutionen ihren Widerstand minimiert und die Identität der Interessen durch die Anlage von Kapital in den Arbeiter selbst maximiert haben", und so weiter oder etwas Ähnliches. Ich konnte nicht umhin zu bemerken, dass es „einen weiteren Unterschied zwischen dem Norden und dem Süden gab, den er übersehen hatte – das Kapital des Nordens wird durch Gold, Silber, Banknoten und andere Exponate repräsentiert, die auf der ganzen Welt gültig sind und als solche anerkannt werden; Ihr Kapital ist beweglich und hört auf zu existieren, sobald es eine geographische Linie überschreitet." „Diese Bemerkung, Sir", sagte der Gouverneur, „erfordert, dass ich Ihre Aufmerksamkeit auf die fundamentalen Prinzipien lenke, auf denen die abstrakte Idee des Kapitals beruhen sollte. Um das Thema zu klären, wollen wir uns zunächst mit der Stichhaltigkeit der Ideen Ihres Adam Smith befassen." – Ich musste auf die Uhr schauen und versprechen, dass ich bei einer anderen Gelegenheit zurückkommen würde, um mir die Informationen zu holen, und dann eilte ich los, um eine Verabredung einzuhalten, mit der nächsten Post Briefe zu schreiben.

Der Gouverneur schreibt dennoch sehr gute Proklamationen und sein Vertrauen in South Carolina ist grenzenlos. „Wenn wir allein sind, Sir, müssen wir gewinnen. Sie können uns nicht besiegen." Ein Gentleman namens Pringle, für den ich Empfehlungsschreiben hatte, ist nach Charleston gekommen, um mich auf seine Plantage einzuladen, aber bis Montag fährt kein Boot vom Hafen ab und es ist ungewiss, ob die Blockadeschiffe, von denen wir so viel hören, bis dahin nicht unten sein werden.

20. April. — Ich besuchte heute die Herausgeber des *Charleston Mercury* und des *Charleston Courier* in ihren Büros. Die Familie Rhett war eine aktive Agitatorin für die Sezession und es heißt, sie sei nicht gerade erfreut über Jefferson Davis, weil er ihre Ansprüche auf das Amt vernachlässige. Der Ältere, ein aufgeblasener, harter, ehrgeiziger Mann, besitzt Fähigkeiten. Er spielt gern auf seine englischen Verbindungen und Vorlieben an und ist Neuengland gegenüber äußerst intolerant. Bevor ich abreiste, erhielt ich von ihm eine Broschüre über sein Leben, seine Karriere und seine Verdienste. In den Zeitungsredaktionen gab es nichts Bemerkenswertes; sie waren von jener Unklarheit erfüllt, die so charakteristisch für die Schlupfwinkel des Journalismus ist – die Wolken, in denen sich der Blitz verbirgt. Von dort zu noch düstereren Orten, wo Plutus lebt – zu den Kontoren der Baumwollmakler, viele Treppen hinauf in große Räume, die mit harten Sitzen, Kupferstichen berühmter Klipper, Anzeigen von Auswanderungsagenturen und Dampfschifflinien, kleinen Baumwollflocken,

Reis-, Getreide- und Saatproben in Holzschalen und Schreibern ausgestattet sind, die hinter Geländern mit abgeschiedenen Spucknäpfen, Hauptbüchern und Wassergläsern leben.

Ich besuchte mehrere der führenden Kaufleute und Bankiers, wie Mr. Rose, Mr. Muir, Mr. Trenholm und andere. Bei allen war es die gleiche Geschichte. Ihre jungen Männer waren im Krieg – nichts zu tun. In einem Büro sah ich eine Ankündigung einer Firma für eine direkte Dampfschiffverbindung zwischen einem südlichen Hafen und Europa. „Wann erwarten Sie, dass diese Linie eröffnet wird?", fragte ich. „Die Kreuzer der Vereinigten Staaten werden sie sicherlich behindern." „Nun, ich vermute, Sir", antwortete der Kaufmann, „wenn diese elenden Yankees versuchen, uns zu blockieren und Sie von unserer Baumwolle abzuhalten, werden Sie ihre Schiffe einfach auf den Grund schicken und uns anerkennen. Das wird, glaube ich, vor dem Herbst sein." Es war vergebens, ich versicherte ihm, dass er enttäuscht sein würde. „Schauen Sie dort draußen", sagte er und zeigte auf den Kai, auf dem einige Baumwollballen gestapelt waren; „da ist der Schlüssel, der alle unsere Häfen öffnet und uns auch in John Bulls Tresor bringt."

Trotz vieler gastfreundlicher Einladungen habe ich heute im Hotel mit den Herren Manning, Porcher Miles, Reed und Pringle zu Abend gegessen. Herr Trescot, der Unterstaatssekretär in Herrn Buchanans Kabinett war, schloss sich uns an, und ich versprach, seine Plantage zu besuchen, sobald ich von Herrn Pringles zurückgekommen bin. „Wir hörten ungefähr dieselbe Unterhaltung wie üblich, erleichtert durch Herrn Trescots gesunden Menschenverstand und seine Philosophie. Er sieht die Übel der Sklaverei klar, ist aber, wie wir alle, nicht in der Lage, die Lösung und die Mittel zu finden, sie abzuwenden."

Die Sezessionisten sind hocherfreut über Gouverneur Letchers Proklamation, in der er Truppen und Freiwillige einberuft. Es wird angedeutet, dass Washington angegriffen und das Nest des schwarzen republikanischen Ungeziefers, das die Hauptstadt heimsucht, vertrieben werden soll. Sofort sollen Agenten ausgesandt werden, um eine Flotte aufzustellen, und es werden alle Anstrengungen unternommen, um die in Jeff Davis' Kaperbriefen und Repressalien angekündigte Politik umzusetzen. Der Hafen von Norfolk wird abgeriegelt, um zu verhindern, dass die US-Schiffe entkommen. Gleichzeitig hören wir, dass sich der US-Offizier, der das Arsenal von Harpers Ferry kommandiert, nach Pennsylvania zurückgezogen hat, nachdem er den Ort durch Feuer zerstört hatte. Wie hätte sich der „alte John Brown" gewundert und gefreut, wenn er noch ein paar Monate länger gelebt hätte!

KAPITEL XVII.

Besuch einer Plantage; gastfreundlicher Empfang – Mit dem Dampfer nach Georgetown – Beschreibung der Stadt – Ein Landhaus – Herren und Sklaven – Ernährung der Sklaven – Kolibris – Landbewässerung – Unterkünfte für Neger – Zurück nach Georgetown.

21. April. — Am Nachmittag besuchte ich mit Mr. Porcher Miles eine kleine Farm und Plantage, die einige Meilen von der Stadt entfernt liegt und Mr. Crafts gehört. Unsere Ankunft war unerwartet, aber der Plantagenbesitzer hieß uns herzlich willkommen. Mrs. Crafts führte uns durch den Ort, dessen Schönheit eher der Natur als der Kunst zu verdanken war, und insofern war die Dame die passende Herrin der Farm.

Wir wanderten durch verworrenes Dickicht und dichten indianischen Dschungel voller unangenehmer Insekten bis zum Rand einer kleinen Lagune. Der Strand war von kleinen Löchern durchlöchert, in denen laut Mrs. Crafts kleine Krabben, die „Geiger" genannt werden, weil sie im *Kleinen* einem Geigenspieler ähneln, ihr Zuhause haben; aber weder sie noch „gefleckte Schlangen" haben wir gesehen. Und so ging es zum Abendessen, für das unsere Gastgeberin unnötige Entschuldigungen vorbrachte. „Ich fürchte, ich muss Sie bitten, Ihr Abendessen mit Fleischtöpfen aufzupeppen, aber ich kann dafür bürgen, dass Mr. Crafts Ihnen eine Flasche guten alten Weins gibt." „Und was können Sie einem Soldaten Besseres anbieten, Madam", sagte Mr. Miles. „Was erwarten wir anderes als Trauben und Kanister?"

Mr. Miles, der früher Mitglied des US-Kongresses war und jetzt in die Konföderierten Staaten von Amerika ausgewandert ist, machte sich vor einigen Jahren bemerkbar, als ein schrecklicher Gelbfieberausbruch Norfolk heimsuchte und die Hälfte der Einwohner dahinraffte. Zu dieser schrecklichen Zeit, als alle, die sich bewegen konnten, aus dem von der Pest heimgesuchten Ort flohen, flog Mr. Porcher Miles dorthin, besuchte die Krankenhäuser, pflegte die Kranken und gab, obwohl er ein schwacher, zarter Mann war, ein Beispiel an Energie und Mut, das dazu beitrug, die Überlebenden zu retten. Ich hörte ihn nie ein Wort sagen, das darauf hindeutete, dass er überhaupt in Norfolk gewesen war.

Hinter dem hüttenartigen Haus (soweit ich weiß aus Holz gebaut), in dem die Familie des Plantagenbesitzers lebte, war ein kleiner, von einem Palisadenzaun umgebener Bereich mit mehreren Holzschuppen, die als Unterkünfte der Neger dienten. Nach dem Abendessen, als wir auf den Stufen saßen, wurden die Kinder gerufen, damit sie für uns sangen. Sie kamen sehr schüchtern und nach und nach. Zuerst guckten sie um die Ecken und hinter Bäumen hervor, rannten oft trotz der Befehle ihrer abgezehrten Mütter davon, bis sie von ihren älteren Brüdern gejagt, gefangen und zurückgebracht wurden. Es waren zerlumpte, schmutzige, barfüßige Straßenkinder beiderlei Geschlechts. Die jüngeren hatten den Bauch wie Hindu-Kindheiten und waren wild, als wären sie gerade gefangen worden. Mit großer Mühe wurden die älteren Kinder in Reih und Glied gekleidet. dann begannen sie, mit den Füßen zu schlurfen, in die Hände zu klatschen und in einer Art monotonem Sprechgesang etwas über den „River Jawdam" zu skandieren, woraufhin Mrs. Crafts sie mit Zuckerstücken belohnte, die ebenso fruchtbar für Streit waren wie Zankapfel. Ein paar Väter und Mütter beobachteten die Szene aus der Ferne.

Als wir dasaßen und dem wunderbaren Gesang der Spottdrosseln lauschten, ritt, nachdem sich die jungen Sybariten zurückgezogen hatten, ein großer, kräftiger, rotgesichtiger Herr, der einem Yorkshire-Bauer in höchster Vollkommenheit glich, wie ich ihn in der alten Heimat noch nie gesehen hatte, zur Tür und lud mich nach der üblichen Vorstellungszeremonie und dem Zusammentragen der Neuigkeiten und der üblichen Versicherung „Sie können uns nicht unterkriegen, Sir!" auf der Stelle zu einem Fest in seinem Anwesen ein, wo es einen Rasen gibt, der für seine Bäume berühmt ist, die aus der Zeit der ersten Besiedlung der Kolonie stammen und vom Vorfahren dieses Herrn gepflanzt wurden.

Bäume werden in Amerika sehr verehrt, wenn sie eine gewisse Größe haben. Dafür gibt es vielleicht zwei Gründe. Erstens sind die einheimischen Waldbäume selten besonders groß. Zweitens ist es für Amerikaner ganz natürlich, Größe und Alter zu bewundern; und ein großer Baum erfreut beide Organe – Größe und Verehrung.

Ich muss eine erstaunliche Leistung dieses edlen Caroliniers festhalten. Die Hitze des Abends machte uns zweifellos durstig, und wir gingen hinein, um „etwas zu trinken". Unter anderem standen auf dem Tisch eine Karaffe Cognac und eine Flasche white curaçao. Der Plantagenbesitzer füllte ein Glas zur Hälfte mit Brandy. „Was ist in dieser flachen Flasche, Crafts?" „Das ist white curaçao." Der Plantagenbesitzer probierte ein wenig, schmatzte und rief „erstklassiges Zeug", dann wässerte er *seinen* Brandy damit und kippte einen vollen Rand der Mischung hinunter, ohne dass nennenswerte Folgewirkungen zu verzeichnen waren. Sie sind eine hartnäckige Rasse. Ich bezweifle, dass ein Kavalier oder Puritaner jemals einen stärkeren Schluck getrunken hat als unser Freund, der große Plantagenbesitzer.

22. April. — Heute war der Besuch von Mr. Pringles Plantage geplant, die oberhalb von Georgetown in der Nähe des Peedee River liegt. Unsere Gruppe, bestehend aus Mr. Mitchell, einem hervorragenden Anwalt aus Charleston, Colonel Reed, einem benachbarten Plantagenbesitzer, Mr. Ward aus New York, unserem Gastgeber und mir, war um sieben Uhr MORGENS AN BORD DES GEORGETOWN-DAMPFERS und brach mit einer Menge Proviant, Munition und dergleichen für die an der Küste stationierten Truppen auf. Natürlich gab es auch einen großen Vorrat an Zeitungen. Zu dieser frühen Stunde waren Einladungen in die „Bar" nicht ungewöhnlich, wo die Nachrichten von langbeinigen, ernsten, blassen Männern besprochen wurden. Es wurde viel über „die Papierblockade des alten Abe Lincoln" gescherzt, und der Bericht, dass die Regierung ihren Kreuzern befohlen hatte, die Besatzung der konföderierten Freibeuter als „Piraten" zu behandeln, provozierte spöttische und drohende Kommentare. Die Impulse des nationalen Lebens sind in diesem ganzen Volk spürbar. Ihre Flagge weht über Sumter, und die Flagge der Konföderierten weht auf allen Sandfestungen und Landzungen, die die Zufahrt nach Charleston bewachen.

Ein Bürgerkrieg und Verfolgung haben bereits begonnen. „Verdächtige Abolitionisten" werden im Süden misshandelt und „verdächtige Sezessionisten" im Norden bedrängt und geschlagen. Die Nachricht vom Angriff des Pöbels in Baltimore auf das 6. Massachusetts- und das Pennsylvania-Regiment wurde mit großer Freude aufgenommen; einige Leute mit Weitsicht sehen jedoch, dass Baltimore und Maryland dadurch nur der vollen Gewalt der Nordstaaten ausgesetzt werden. Der Aufstand fand am Jahrestag der Niederlage von Lexington statt.

Die „Nina" befand sich bald auf offener See, steuerte nach Norden und hielt sich vier Meilen von der Küste entfernt, um die Untiefen und Bänke zu meiden, die die niedrigen Sandküsten säumen, und um wirksam zu verhindern, dass selbst leichte Kanonenboote eine Abfahrt mit ihrer Artillerie decken konnten. Dies war einer der Gründe, warum die Flotte der Union während des Gefechts keinen Versuch unternahm, Fort Sumter zu entsetzen. Auf unserem Weg nach draußen konnten wir die Löcher sehen, die die Schüsse des Forts in das große Hotel und andere Gebäude auf Sullivan's Island hinter Fort Moultrie geschlagen hatten, was bei den „Meilen entfernten" Negern für Angst sorgte. Es gab keine Anzeichen eines Blockadeschiffs, aber entlang des Strandes waren Beobachtungstrupps postiert, und als der Kapitän sagte, dass wir unsere Rückreise möglicherweise über Land antreten müssten, beobachteten wir jedes Segel am Horizont besorgt durch unsere Ferngläser.

Nachdem der Dampfer die breite Mündung des Santee passiert hatte, fuhr er in dreieinhalb Stunden eine Flussmündung hinauf, in die die Waccamaw Riververeinten Wasser des Flusses und des Peedee fließen.

Unser Schiff fuhr an der Küste entlang bis zu einem kleinen Pier, an dessen Ende sich eine Gruppe bewaffneter Männer befand, von denen einige zu einem Militärposten gehörten, der die Küste und den Fluss verteidigen sollte.

Der Posten war im Schutz eines Erdwalls und von Palisaden aus Baumstämmen errichtet und mit drei 32-Pfündern bestückt. Mehrere Posten ähnlicher Art lagen an den Flussufern, und von einigen dieser Posten aus wurden wir von Männern in Booten bestiegen, die hungrig nach Neuigkeiten und Zeitungen waren. Die meisten Männer am Pier waren Kavalleristen, die einer freiwilligen Vereinigung des Adels zur Küstenverteidigung angehörten, und sie waren Tag und Nacht unterwegs gewesen, um die Küste zu patrouillieren und die Arbeit einfacher Soldaten zu verrichten – ein sehr wertvolles Material für diese Arbeit. Sie trugen graue Tuniken, geschlitzt und mit gelben, sandfarbenen Gürteln besetzt, Schlapphüte aus Filz, geschmückt mit herabhängenden Hahnenfedern, und lange Schaftstiefel, die gut zu ihren vornehmen Gestalten und ihrem kühnen Auftreten passten und offensichtlich auf „Kavaliers"-Vereinigungen zurückzuführen waren. Sie waren alle gleich. Unsere Freunde an Bord des Bootes begrüßten sie mit ihren Vornamen, verkündeten und hörten die Neuigkeiten. Unter den am Pier an Land gebrachten Kisten befanden sich Champagner und Pasteten , mit denen Kapitän Blank seine Gesellschaft täglich auf eigene Kosten oder die seines Baumwollmaklers zu verwöhnen pflegte. Ihre Pferde, die im Schatten der Bäume in der Nähe des Strandes angebunden waren, die Frauengruppen, die den Strand auf und ab ritten oder in leichten Steuerkarren fuhren, ließen Bilder eines großen Picknicks und eines gesellschaftlichen Zustands aufkommen, der Onkel Abes Kreuzern und „Hessen" gegenüber völlig gleichgültig war. Nach einer kurzen Verzögerung setzte der Dampfer seinen Weg nach Georgetown fort, einer alten und einst bedeutenden Siedlung und Hafenstadt, die in der Ferne durch den kleinen Wald von Masten gekennzeichnet war, der sich über das ebene Land erhob, und die Baumwipfel dahinter sowie durch einen einsamen Kirchturm.

Als die „Nina" sich dem verfallenen Kai der Altstadt nähert, treten zwei oder drei Bürger aus dem Schatten der wackeligen Schuppen hervor, um uns willkommen zu heißen. Aus demselben Unterstand werden auch ein paar Landfahrzeuge und leichte Phaetons hervorgezogen, um die Passagiere in Empfang zu nehmen. Unterdessen nehmen die schwarzen Jungen und Mädchen, die auf den Baumwollballen und Reisfässern gespielt haben, die das Handelsgut des Ortes am Kai repräsentieren, Kommandopositionen ein, um unser Geschehen besser beobachten zu können.

Georgetown ist von einer Atmosphäre uriger Einfachheit und altmodischer Ruhe geprägt, die einen erfrischenden Kontrast zum Trubel und Tumult amerikanischer Städte bildet. Während wir auf unser Fahrzeug warteten, genossen wir die Gastfreundschaft von Colonel Reed, der uns in ein altmodisches, eckiges, über hundert Jahre altes Herrenhaus aus Holz führte, dessen Holz noch immer intakt ist und dessen urige Täfelung und das solide Tür- und Fenstergerüst von der Haltbarkeit des Zypressenholzes und dem konservierenden Charakter der Atmosphäre zeugen. Früher war es das herrschaftliche Haus der alten Siedlung und die Residenz des Gründers des weiblichen Zweigs der Familie unseres Gastgebers, der es heute nur noch zu seinem Rastplatz macht, wenn er zwischen Charleston und seiner Plantage hin- und herreist, und es das ganze Jahr über einer alten Dienerin und ihrem Enkel überlässt. Rosenbäume und blühende Sträucher drängelten sich vor der Veranda und füllten den Garten davor, und das Gebäude vermittelte einen guten Eindruck von einem Londoner Kaufmannssitz in der Nähe von Chelsea vor hundertfünfzig Jahren.

Endlich waren wir bereit für unsere Reise und fuhren in zwei leichten, überdachten Gigs den Sandweg entlang, der uns nach einer Weile zu einer Straße führte, die tief in den Wald hineinführte, wo die Stille nur durch den Schrei eines Spechts, den Schrei eines Kranichs oder den scharfen Ruf eines Eichelhähers unterbrochen wurde. Meilenweit fuhren wir durch die Schatten dieses Waldes und begegneten nur zwei oder drei Fahrzeugen mit weiblichen Plantagenbesitzern auf kleinen Vergnügungs- oder Geschäftsreisen, die uns beim Vorbeifahren willkommen hießen. Wir erreichten einen tiefen, schokoladenfarbenen Fluss namens Black River, der voller Fische und Alligatoren ist. Wir fanden eine Ebene, die groß genug war, um Fahrzeuge und Passagiere aufzunehmen, und die von zwei Negern angetrieben wurde, die an einem gespannten Seil zogen, wie es bei den Fähren der Schweiz üblich ist.

Nach einer weiteren Fahrt durch offeneres Land erreichen wir einen schönen Kiefern- und Virginia-Eichenhain, der in ein Gebüsch übergeht, das von einem rustikalen Tor geschützt wird. Als wir dieses durchqueren, gelangen wir durch eine plötzliche Biegung zum Haus des Pflanzers, das zwischen Bäumen liegt, die mit dem grünen Rasen und den wilden Blumenbeeten den Platz zwischen der Eingangstür und dem Wasser des Peedee bestreiten. Und nach wenigen Minuten, während wir über die Weite der Felder blicken, die von tiefen Wassereinschnitten geprägt und von einem Saum endlosen Waldes begrenzt wird, der gerade noch mit Grün vom ersten Leben der frühen Reisernten gefärbt ist, deuten die Schornsteine des Dampfers, den wir in Georgetown zurückgelassen hatten, und der sozusagen durch die Felder gleitet, auf die Existenz eines weiteren schiffbaren Flusses weiter dahinter hin.

Wir verlassen die Veranda, die diesen angenehmen Vordergrund beherrscht, und betreten das Herrenhaus. Seine schlichten, altmodischen Räume erinnern uns an die Landhäuser, die man heute noch in Teilen Irlands oder an der schottischen Grenze findet, mit Anbauten, die durch den Luxus und die Liebe zu Auslandsreisen von mehr als einer Generation gebildeter Plantagenbesitzer aus dem Süden entstanden sind. Gemälde aus Italien zieren die Wände, neben interessanten Porträts früher Kolonialgouverneure und ihrer reizenden Frauen, die mit keiner unsicheren Hand gezeichnet sind und voller Kraft und Natürlichkeit der Drapierung, von denen Copley uns zu wenige Beispiele hinterlassen hat; und ein Porträt von Benjamin West beansprucht für sich selbst so viel Ehre, wie sein eigener Bleistift ihm zuteilwerden lassen kann. Eine ausgezeichnete Bibliothek – gefüllt mit Sammlungen französischer und englischer Klassiker und mit jenen schwerfälligen Ausgaben von Voltaire, Rousseau, den „ Mémoires pour Servir ", Reise- und Geschichtsbüchern, die unsere Vorfahren im letzten Jahrhundert erfreuten, und vielen Werken der amerikanischen und allgemeinen Geschichte – bietet reichlich Beschäftigung für einen regnerischen Tag.

Es war fünf Uhr, bevor wir das Haus unseres Plantagenbesitzers erreichten – White House Plantation. Mein kleines Gepäck wurde von einem alten Neger in Livree in mein Zimmer getragen, der sich große Mühe gab, mir einen herzlichen Empfang zu versichern, und der sich als ein ganz ausgezeichneter Diener erwies. Ein niedriges Zimmer, mit bunten Schabkunstwerken behangen, mit Kletterpflanzen bedeckte Fenster, ein altmodisches Bettgestell und urige Stühle boten mir eine prächtige Unterkunft; und nach der Toilette, die unser Gastgeber für eine Junggesellenparty für notwendig hielt, setzten wir uns zu einem ausgezeichneten Abendessen, das von Negern gekocht und von Negern serviert wurde, begleitet von in der Sonne Carolins gereiftem Rotwein und von Madeira, der vorsichtig, wie in den Tagen von Horaz und Mäcenas, aus dem Keller zwischen dem Dachboden und dem Strohdach die Treppe hinuntergebracht wurde.

Unsere Gruppe wurde durch einen benachbarten Plantagenbesitzer verstärkt, und nach dem Abendessen kehrte das Gespräch in den alten Ton zurück – alle Frösche beteten um einen König – jedenfalls einen Prinzen –, der über sie herrschen sollte. Unser guter Gastgeber möchte unbedingt nach Europa, wo seine Frau und seine Kinder sind, und er fürchtet nur, in New York belagert zu werden, wo die Südstaatler Beleidigungen ausgesetzt sind, obwohl sie in dieser Hinsicht vielleicht besser davonkommen als die schwarzen Republikaner im Süden. Einige unserer Gäste sprachen vom Duello und von berühmten Pistolenschützen in diesen Gegenden. Das Gespräch hatte insgesamt sehr den Ton, der wahrscheinlich die Unterhaltung einer Gruppe irischer Tory- Herren bei einem Glas Wein vor etwa sechzig Jahren geprägt hätte, und es war sehr angenehm. Kein Mann – nein, nicht einer – wird jemals wieder der Union beitreten! „Gott sei Dank!", sagen sie, „wir sind endlich von dieser Tyrannei befreit." Und dennoch nennt Mr. Seward sie die wohltätigste Regierung der Welt, die noch nie einem Menschen geschadet hat!

Aber ach! Alle guten Dinge, die das Haus bietet, können nur für eine kurze Zeit genossen werden. So wie die Natur jeden Zauber entfaltet, jede Anmut entwickelt und die Szene mit der Schönheit geöffneter Blumen, reifenden Getreides und reifer Vegetation bekleidet hat, so wird der vergiftete Atem auf den Flügeln des Windes in das Heim des weißen Mannes getragen, und er muss davor fliehen oder umkommen. Die Bücher liegen ungeöffnet auf den Regalen, die Blumen blühen und sterben unbeachtet, und, schade, es ist wahr, der alte Madeira, der unter dem Dach geerntet wurde, lässt sich für ein neues Leben nieder und macht sich an seine einsame Aufgabe, einen feineren Geschmack für die seltenen Lippen seines verbannten Herrn und seiner willkommenen Besucher zu erlangen. Dies ist zumindest die Geschichte, die wir von allen Seiten hören, und dies ist die Geschichte, die uns unter der Veranda wiederholt wird, wenn der Mond, während er weicher wird, die Schönheit der Szene verstärkt und die reiche Melodie der Spottdrosseln den Hain erfüllt.

Hinter diesen gastfreundlichen Türen könnte Horaz besser schlemmen als mit Nasidienus und Wein trinken, wie er nur bei den Nachkommen der Familie zu finden ist, die, in allem anderen unvorsichtig genug, die Weisheit lernten, auserlesenen alten Bual und Sercial in Flaschen zu füllen, bevor der Dämon des Oidiums ihre großzügigen Quellen für immer versiegen ließ. Dazu kommen ausgezeichnetes Brot, raffinierte Varianten der *Galette* , mal aus Reis, mal aus indischem Mehl, köstliche Butter und Früchte, alles gut in ihrer Art. Und gibt es etwas Besseres, das vom Boden der geselligen Schüssel aufsteigt? Meine schwarzen Freunde, die mich bedienen, sind ernst wie muslimische Khitmutgars. Sie sind in Livreen gekleidet und tragen weiße Krawatten und Berliner Handschuhe. Nachts, wenn wir uns zurückziehen, gehen sie in ihre äußere Dunkelheit in der kleinen Siedlung der Neger, die durch eine hölzerne Palisade von unserem Haus getrennt ist. Ihre Treue ist unbestritten. Das Haus strahlt Sicherheit aus. Die Türen und Fenster sind unverschlossen. Auf dem Gelände gibt es nur eine Waffe, eine Vogelflinte. Kein Plantagenbesitzer hier in der Gegend fürchtet sich vor seinen Sklaven. Aber ich habe in der kurzen Zeit, die ich in diesem Teil der Welt bin, mehrere schreckliche Berichte über Mord und Gewalt gehört, bei denen Herren unter den Händen ihrer Sklaven leiden mussten. Die ständige, nicht enden wollende Behauptung, „wir haben keine Angst vor unseren Sklaven", ist etwas Verdächtiges. Die Ausgangssperre und die Nachtpatrouille in den Straßen, die Gefängnisse und Wachhäuser sowie die Polizeivorschriften beweisen, dass eine strenge Überwachung auf jeden Fall erforderlich und notwendig ist. Mein Gastgeber ist ein freundlicher Mann und ein guter Herr. Wenn Sklaven irgendwo glücklich sind, sollten sie es bei ihm sein.

Diese Leute werden von ihrem Herrn ernährt. Sie bekommen täglich ein halbes Pfund fettes Schweinefleisch und Getreide im Überfluss. Sie züchten

Geflügel und verkaufen ihre Hühner und Eier an das Haus. Ihr Herr kleidet sie. Er versorgt sie in Krankheits- wie in Gesundheitszuständen. Ab und zu gibt es Geschenke in Form von Tabak und Melasse für die Würdigen. Auf den Feldern wurde wenig gearbeitet, denn der Reis hat sich gerade angestrengt, um über Wasser zu kommen. Diese Felder bringen reichlich Ertrag; das Wasser des Flusses ist fett und wird, wann immer der Pflanzer es braucht, mit Hilfe von Schleusen und kleinen Kanälen eingelassen, durch die die Flachlandplantagen ihre Getreideladungen zum Fluss transportieren können, um die Dampfschiffe zu beladen.

23. April. — Ein schöner Morgen wurde zu einem heißen Tag. Nach dem Frühstück saß ich im Schatten und beobachtete die Launen einiger kleiner Schildkröten oder Sumpfschildkröten in einem nahe gelegenen Wassergefäß oder versuchte, dem bienenartigen Flug der Kolibris zu folgen. Ach, wie! Ein kleines Bärchen mit violettem Kopf und rotem Gesicht schaffte es, in ein nahe gelegenes kleines Gewächshaus mit Weintrauben oder Blumen zu huschen, und ohne die Bewegungen der Glaswand zu kennen, huschte er oder sie – ich bin sehr verwirrt über die Geschlechter der Kolibris, und Mr. Gould mit seiner wunderbaren Beherrschung griechischer Präfixe und lateinischer Endungen hat mir dabei nicht viel geholfen – von Scheibe zu Scheibe auf und ab, versuchte, jede mit seinem Schnabel zu durchlöchern, und brachte Tod und Verderben zwischen die großen Spinnen und ihre Spinnwebenschlösser, die für eine Weile den Weg versperrten.

Der Kolibri hatte es, wie die Yankees sagen, nicht leicht, denn er versuchte unaufhörlich zu entkommen, und unser Gastgeber sagte zärtlich durch seinen Schnurrbart: „Kleines, mach ihm keine Angst!", als wäre er ganz sicher, mit dem nächsten Dampfer nach Sachsen zu kommen. Von Spinnweben behangen und erschöpft, fiel unser kleiner Freund hin und wieder zwischen die grünen Büsche und blieb keuchend liegen wie ein lebendiger Erzklumpen. Wieder erhob er, sie oder es sich und nahm seine verrückte Karriere wieder auf; aber schließlich sah der helle Kopf bei einer glücklichen Wendung eine Öffnung in der Tür, und seine Flügel, sein Körper und seine Beine stürzten und suchten Schutz in einer Kletterpflanze, wo der kleine Flattervogel lag, fast tot, so leblos, dass ich das schöne Ding hätte nehmen und in meine hohle Hand legen können. Was hätten griechische und römische Dichter über den Kolibri gesagt? Was hätten Hafiz, Waller oder Spenser gesungen, wenn sie nur diesen Nachwuchs von Sonne und Blumen gesehen hätten?

Später am Tag, als die Sonne etwas weniger grell schien, verließen wir den Baumgürtel rund um das Haus und gingen auf die Plantage selbst. Zu dieser Jahreszeit ist die weite, flache Fläche, die von kleinen Kanälen umgeben ist und wie der Boden ausgetrockneter Teiche aussieht, für das Auge nichts Besonderes, denn der grüne Reis hat es kaum geschafft, sich über die reiche, dunkle Erde zu schieben. Der Fluss grenzt an das Anwesen, und wenn er nach den Regenfällen anschwillt, wird sein mit Lehm und Düngeschlamm angereichertes Wasser durch die kleinen Kanäle auf das Land geleitet, die mit Schleusen, Dämmen und Schleusentoren ausgestattet sind, um die Zufuhr zu kontrollieren und zu regulieren.

Die Neger hatten jetzt kaum noch Beschäftigung. Die spärlich bekleideten Kinder beiderlei Geschlechts fischten in den Kanälen und stehenden Gewässern und zogen scheußlich aussehende kleine Welse an Land. Sie waren so scheu, dass sie bei unserer Annäherung meist die Flucht ergriffen. Die Männer und Frauen waren apathisch, sie suchten und mieden uns nicht, und ich stellte fest, dass ihr Herr nichts von ihnen wusste. Nur die Dienstboten, die im Haushalt beschäftigt waren, standen einigermaßen auf vertrautem Fuß mit ihren Herren.

Der Gerichtsvollzieher oder Verwalter war nicht zu sehen. Ein großer, schlaff hin und her gehender Neger, der ein Gangster oder etwas in der Art zu sein schien, folgte uns auf unserem Weg und beantwortete alle Fragen, die wir ihm stellten, sehr bereitwillig. Es war ein Bild, sein Gesicht zu sehen, als ihm einer aus unserer Gruppe bei der Rückkehr ins Haus eine größere Geldsumme gab, als er wahrscheinlich jemals zuvor auf einmal besessen hatte. „Was wird er damit tun?" Süßigkeiten kaufen – Zucker, Tabak, ein Taschenmesser und solche Dinge. „Sie haben wenig Luxus und alle ihre Bedürfnisse sind erfüllt." Wirft einen flüchtigen Blick auf die Negerquartiere, die weder sehr einladend noch sauber sind. Sie sind von hohen Zäunen umgeben und das *Gefolge* wimmelt von Geflügel.

Ich bezweifle sehr, dass Mr. Mitchell überzeugt ist, dass die Südstaatler mit ihrem gegenwärtigen Kurs richtig liegen, aber er und Mr. Petigru sind Anwälte und vertreten keine volkstümliche Auffassung der Frage. Nach dem Abendessen drehte sich das Gespräch wieder um die Ressourcen und die Macht des Südens und um die Entschlossenheit der Menschen, nie wieder in die Union zurückzukehren. Dann kam wieder der Ausdruck des Bedauerns über den Aufstand von 1776 zum Ausdruck und der Wunsch, dass England im schlimmsten Fall seine irrenden Kinder zurückbekommt oder ihnen einen Fürsten gibt, unter dem sie eine monarchische Regierungsform sicherstellen können. Es besteht kein Zweifel daran, wie ernst diese Dinge gemeint sind.

Da die „Nina" heute Abend ihre Rückreise von Georgetown flussabwärts antritt und der Hafen von Charleston jederzeit blockiert werden könnte, sodass wir einen langen *Umweg* über Land machen müssten, beschließe ich, trotz vieler Einladungen und Drucks von benachbarten Plantagenbesitzern, mit ihr abzureisen. Um Mitternacht kam unsere Kutsche und wir fuhren im schönen Mondlicht nach Georgetown. Die Fähre überquerten wir nach einiger Verzögerung, da die Bootsleute in ihren Kabinen tief schliefen. Einer von ihnen sagte zu mir: „Dürfen nicht zu nahe an den Rand des Bootes gehen, Massa." „Warum nicht?" „Denn wenn Massa untergeht, kommt er wahrscheinlich nicht wieder hoch – ein böser Witz für Ertrunkene, Massa." Er teilte mir mit, dass es voller Alligatoren sei, die immer auf der Suche nach den Hunden der Plantagenbesitzer und Neger sind und dementsprechend gehasst und gejagt werden.

Die „Nina" gab das Signal zur Abfahrt, das einzige Geräusch, das wir die ganze Nacht über hörten, als wir durch die verlassenen Straßen von Georgetown fuhren, und kurz nach drei Uhr MORGENS waren wir an Bord und in unseren Kojen.

KAPITEL XVIII.

Klima der Südstaaten – General Beauregard – Risiken des Postamts – Hass auf Neuengland – Mit der Eisenbahn zur Sea Island-Plantage – Sport in South Carolina – Eine Stunde im Kanu im Dunkeln.

24. April. — Am Morgen befanden wir uns in einem kleinen, stürmischen Seeweg, für den die „Nina" besonders ungeeignet war, da sie mit Proviant und Erzeugnissen beladen war. Augen und Ferngläser hielten seewärts nach jeder Spur der blockierenden Schiffe Ausschau. Jedes Segel wurde genau untersucht, aber keine „Sterne und Streifen" waren zu sehen.

Unser Kapitän – ein gutes Beispiel eines Binnenschiffers, klug, intelligent und aktiv – erzählte mir viel über das Land. Er lachte über die Ängste der Weißen in Bezug auf das Klima. „Na, da bin ich", sagte er, „und fahre das ganze Jahr über den Fluss rauf und runter, und zwar zu Tages- und Nachtzeiten, wenn die Luft dort am tödlichsten ist, und ich tue das seit Jahren, ohne dass es mir weh tut. Die Plantagenbesitzer, an deren Häusern ich vorbeikomme, laufen alle im Mai weg und gehen nach Europa oder in die Kiefernwälder oder zu den Quellen, sonst würden sie alle sterben. Da ist Kapitän Buck, der hier oben lebt – er kommt aus dem Staat Maine. Er hatte anfangs nur tausend Dollar, aber er machte sich an die Arbeit und bekam Land für Waccamaw Riverzwanzig Cent pro Acre. Es war tödlich, sich diesem Land zu nähern, aber es war erstklassiges Reisland, und Kapitän Buck ist jetzt eine Million Dollar wert. Er lebt das ganze Jahr über auf seinem Anwesen und ist der gesündeste Mann, den Sie je gesehen haben."

Meine Freunde, die Landarbeiter sind, hören solche Geschichten nicht. „Ich sage Ihnen was", sagte Pringle, „nur um Ihnen zu zeigen, was für ein Klima wir haben. Ich hatte einmal einen ausgezeichneten Aufseher, der darauf bestand, in der Nähe des Flusses zu bleiben und nicht wegzugehen. Er kämpfte mehr als fünfundzwanzig Jahre dagegen an, aber schließlich erkrankte er an Fieber." Da der Aufseher über dreißig Jahre alt war, als er auf das Anwesen kam, war er nicht so plötzlich entlassen worden. Ich dachte an die Werbung des Quacksalbers mit dem „schlechten Bein, das seit sechzig Jahren besteht". Der Kapitän sagt, den Negern auf den Flussplantagen geht es sehr gut. Er kann von den Sklaven auf einer Plantage genug Schweinefleisch kaufen, um die Besatzung seines Schiffes den ganzen Winter lang zu ernähren. Das Geld geht an sie, da die Schweine ihnen gehören. Einer der Stewards an Bord hatte sich und seine Familie mit seinem Verdienst aus der Knechtschaft freigekauft. Der Staat im Allgemeinen billigt solche Praktiken jedoch nicht.

Um 15 Uhr LIEF es in den Hafen von Charleston ein und landete bald darauf.

Ich sah General Beauregard am Abend; er war sehr lebhaft und gut gelaunt, obwohl er zugab, dass er von der Stimmung im Norden ziemlich überrascht war. „Ein Großteil davon ist jedoch aufgesetzt", sagte er, „und gehört zu jener vagen Art von Enthusiasmus, die durch ihre Vorträge und ihr Geschwätz gefördert wird." Beauregard ist sehr stolz auf seine persönliche Stärke, die für seinen schmächtigen Körperbau sehr außergewöhnlich sein soll, und er schien darauf zu bestehen, dass die Männer aus dem Süden aufgrund ihrer Lebensweise und ihrer Ausbildung körperlich stärker seien als ihre „Brüder" aus dem Norden. Am Abend hielten wir im Hotel eine Art *Tabaks Consilium* ab, bei dem eine Reihe von Offizieren – Manning, Lucas Chesnut, Calhoun usw. – über die Angelegenheiten der Nation sprachen. Ich glaube, alle meine Freunde, außer Trescot, waren begeistert von der Aussicht auf Feindseligkeiten mit dem Norden und überglücklich, dass ein Regiment aus Südkarolinen bereits in Richtung der Grenzen Virginias aufgebrochen war.

25. April. — Meine Briefe wurden von einem englischen Gentleman abgeschickt, der Depeschen von Mr. Bunch an Lord Lyons überbrachte, da die Post zu einer gefährlichen Institution wird. Wir hören, dass Briefe auf beiden Seiten manipuliert werden. Adams Express Company, die unter bestimmten Bedingungen als eine Art Expresspost fungiert, ist zuverlässiger; es ist jedoch fraglich, wie lange die Kommunikation zwischen den beiden verfeindeten Nationen, wie sie jetzt betrachtet werden können, bestehen bleiben wird.

Ich speiste mit Mr. Petigru, der sein Abendessen freundlicherweise bis zu meiner Rückkehr von den Plantagen verschoben hatte, und traf dort General Beauregard, Richter King und andere, unter denen sich Mrs. King und Mrs. Carson, die Töchter meines Gastgebers, durch ihren *Esprit* und ihre Leistungen auszeichneten. Die Abneigung gegen Neuengland, die angeboren zu sein scheint, ist allgemein verbreitet und variiert nur in der Form ihres Ausdrucks. Es ist ganz richtig, dass Mr. Petigru ein entschiedener Unionist ist, aber er ist das einzige Exemplar dieser Gattung in Charleston und wird aufgrund seiner Seltenheit geduldet. Während der witzige, nette alte Mann die Straße hinuntertrottet, ohne sich seiner Umwelt bewusst zu sein, wird er von den Caroliniern stolz als Beispiel für ihre Nachsicht und gleichzeitig als Beweis für die allgemeine Einstimmigkeit der Gefühle gezeigt.

Es gibt auch Leute, die die Auflösung der Union bedauern – wie zum Beispiel Mr. Huger, der neulich unter Tränen davon sprach. Aber sie betrachten diese Tatsache so, als ob es sich um die Zerstörung eines Gegenstands handeln würde, der nie wiederhergestellt und wiedervereinigt werden kann und der wegen seines Nutzens und seines Alters geschätzt wurde.

General Beauregard befürchtet einen Angriff der „Fanatiker" aus dem Norden, bevor der Süden vorbereitet ist, und er glaubt, dass sie ihre Zwangsmaßnahmen mit aller Härte durchführen werden. Er fürchtet, dass die Deiche , die hohen künstlichen Bauwerke, die entlang des gesamten Mississippis, viele hundert Meilen oberhalb von New Orleans, errichtet wurden, gerissen werden, weil die Unionstruppen zu diesem Zweck die Plantagen überschwemmen und die Plantagenbesitzer ruinieren könnten.

Abends hatten wir eine gut gelaunte Diskussion über die Ethik des Niederbrennens der Marinewerft von Norfolk. Die Südstaatler betrachten die Aneignung der Waffen, Gelder und Vorräte der Vereinigten Staaten als rechtmäßige Handlungen, insofern sie ihrer Meinung nach ihren Beitrag oder einen Teil davon zum nationalen Handelsbestand darstellen. Wenn ein Staat aus der Union austritt, sollte es ihm gestattet sein, seine Forts, Waffen, Arsenale usw. mitzunehmen, und es war eine brennende Schande für die Yankees, das Eigentum Virginias in Norfolk zu zerstören. Diese und viele ähnliche Ideen haben den Vorteil, dass sie für die Engländer neuartig sind, die daran gewöhnt waren, zu glauben, dass es so etwas wie die Union und das Volk der Vereinigten Staaten gibt.

26. April. — Habe mich an diesem Tag um 9:45 UHR von Charleston verabschiedet und bin in Begleitung von Mr. Ward mit der Eisenbahn weitergefahren, um Mr. Trescots Sea Island Plantation zu besuchen. Habe den Fluss mit einem Dampfschiff bis zur Endstation überquert. Noch keine blockierenden Schiffe in Sicht. Das Wasser wimmelte von kleinen silbernen Fischen, wie Meeräschen, die aufsprangen und unaufhörlich an der Oberfläche herumhüpften. Ein alter Herr, der auf dem Pier angelte, kombinierte die Ausübung des Sports auf sehr raffinierte Weise mit der Ausbildung, indem er eine Bambusgabel in seiner Angelrute direkt über der Rolle einsteckte, in die er seine unvermeidliche Zeitung steckte und ernsthaft in seinem mit Rohr geflochtenen Stuhl las, bis er einen Biss hatte, dann wurde die Gabel losgemacht und der Fisch an Land gezogen. Die Neger sind sehr der Erholung des besinnlichen Mannes verfallen und fischten in alle Richtungen.

Wieder unterwegs. Wir nahmen unsere Plätze in der Charleston and Savannah Railway nach Pocotaligo ein, der Station von Barnwell Island. Unsere Mitreisenden waren alle voller politischer Ansichten – die hübschen Frauen waren die wildesten von allen – nein! Die am wenigsten gutaussehenden waren die bittersten Patrioten, als ob sie hofften, sich durch die unweiblichsten Ausdrücke gegenüber den Yankees Ehemänner zu erschleichen.

Das Land ist eine öde Ebene, durchzogen von Flüssen und Wasserläufen, über die die Eisenbahn auf langen und hohen Gerüsten geführt wird. Ohne

die schönen Bäume, die Magnolien und die Virginia-Eichen wäre die
Landschaft unerträglich hässlich, denn es gibt keine der malerischen,
sauberen, entzückenden Dörfer Hollands, die die eintönige Ebene der
Reissümpfe und Wüsten aus Land, Wasser und Schlamm auflockern
könnten. An den bescheidenen kleinen Bahnhöfen warteten ausnahmslos
Reitergruppen unter den Bäumen und Damen mit ihren schwarzen Ammen
und Dienern, die in den seltsam aussehenden altmodischen Fahrzeugen
herübergefahren waren, die im Schatten standen. Diejenigen, die eine lange
Reise antraten und sich der völligen Unfruchtbarkeit des Landes bewusst
waren, nahmen eine Wegzehrung und Flaschen Milch mit. Die Ammen und
Sklaven hockten sich neben sie im Zug, unter vollkommen verständlichen
Bedingungen. Niemand hatte etwas gegen ihre Anwesenheit einzuwenden –
im Gegenteil, die Passagiere begegneten ihnen mit einer gewissen
besonderen Rücksicht und pflegten das beste Verhältnis zu ihren
Schützlingen, von denen sich einige in der Phase des Lebens befanden, in
dem sie viel taugen, und ihre kleinen weißen Gesichter alles andere als
widerwillig an die gelbbraune Brust ihrer Ammen drückten.

Der Zug hielt um 12.20 Uhr in Pocotaligo, und dort trafen wir Mr. Trescot
und ein paar benachbarte Plantagenbesitzer, die als „Trommelfischer"
berühmt waren, worüber wir später noch mehr erzählen werden. Ich hatte
den alten Mr. Elliot in Charleston kennengelernt, und sein Bericht über
diesen Sport und die Jagd auf ein riesiges Seeungeheuer namens Teufelsfisch,
das er als einer der ersten in diesen Gewässern erlegte, weckte meine
Neugierde sehr. Mr. Elliot hat einen sehr angenehmen Bericht über die
Sportarten in South Carolina geschrieben, und ich hatte gehofft, dass es ihm
gut genug gehen würde, um mein Führer, Philosoph und Freund beim
Trommelfischen in Port Royal zu sein; aber er schickte seinen Sohn herüber,
um zu sagen, dass er zu krank sei, um zu kommen, und hatte deshalb zwei
Mitglieder seiner Familie als hervorragende Vertreter abgeschickt. Es wurde
vereinbart, dass sie von ihrem Platz herunterrudern und uns morgen früh auf
Trescot's Island treffen sollten, das oberhalb von Beaufort im Port Royal
Sound und River liegt.

Wir stiegen in Trescots Gig und fuhren in eine schattige Gasse mit Wäldern
auf beiden Seiten, durch die wir ein Stück weit fuhren. Die Landschaft auf
beiden Seiten und dahinter war vollkommen flach – alles Reisfelder – nur
wenige Häuser zu sehen – kaum ein Mensch auf der Straße – wir fuhren
sechs oder sieben Meilen, ohne einer Menschenseele zu begegnen. Nach ein
paar Stunden oder so, sollte ich glauben, bog das Gig an einem offenen Tor
auf einen Pfad oder eine Straße ab, die durch eine Wüste aus reichem
schwarzen Schlamm gebahnt war, „herrlich für Reis", und brachte uns vor
die Tür eines Pflanzers, Mr. Heyward, der herauskam und uns in echter
Südstaatenmanier herzlich willkommen hieß. Sein Haus ist bezaubernd, von

Bäumen umgeben und mit Rosen und Kletterpflanzen bedeckt, zwischen denen Vögel und Schmetterlinge herumfliegen. Mr. Heyward hielt es für selbstverständlich, dass wir zum Abendessen anhielten, und wir waren keineswegs abgeneigt, da der Tag heiß, die Straße staubig und sein Empfang offen und freundlich war. Ein schönes Exemplar eines Pflanzermannes; und abgesehen von seinem breitkrempigen Strohhut und seiner weiten Kleidung kein schlechter Vertreter eines englischen Gutsherrn in der Heimat.

Während wir auf der Veranda saßen, erregte ein seltsam dröhnendes Geräusch in einem der Bäume meine Aufmerksamkeit. „Es ist eine Regenkrähe", sagte Mr. Heyward, „ein Vogel, von dem wir glauben, dass er Regen vorhersagt. Ich werde ihn für Sie erlegen." Und er ging in die Halle, nahm eine doppelläufige Jagdflinte herunter, ging hinaus und schoss in den Baum, von wo die Regenkrähe, das arme Geschöpf, flatternd zu Boden fiel und starb. Es kam mir wie eine Art Kuckuck vor – dieselbe Größe, aber mit dunklerem Gefieder. Ich konnte keine Fakten sammeln, die den Eindruck erkläre, dass sein Ruf ein Zeichen für Regen sei.

Meine Aufmerksamkeit wurde auch auf eine merkwürdige Art von Schlangentötern gelenkt, die einen außergewöhnlichen Lärm macht, indem sie ihre Flügel dicht beieinander über ihrem Rücken nach oben strecken, um der Luft keinen Widerstand zu bieten. Dann beginnt sie aus großer Höhe mit immer schneller werdender Geschwindigkeit herabzusinken und erzeugt durch ihr Rauschen durch die Luft ein seltsam lautes Summen, bis sie sich dem Boden nähert, wo der Vogel seinen Sturzflug stoppt und in einer Kurve über die Wiese fliegt. Dies habe ich heute Nacht wiederholt bei zwei dieser Vögel beobachtet.

Nach dem Abendessen, bei dem Herr Heyward seine Besorgnis darüber zum Ausdruck brachte, dass die Sezession den Südstaaten ihr „Eis" rauben könnte, setzten wir unsere Reise in Richtung Fluss fort. Entlang der Straße ist immer noch eine bemerkenswerte Abwesenheit von Menschen oder Leben zu beobachten, und selbst die Häuser sind entweder versteckt oder liegen zu weit weg, um gesehen zu werden. Die Bäume werden von den Menschen sehr bewundert, obwohl man in England nicht viel von ihnen halten würde.

Endlich, gegen Sonnenuntergang, schlugen wir einen Pfad durch einen Wald ein, der zum Teil brannte, und kamen zu einem breiten, schlammigen Fluss mit steilen Lehmufern. Ein Kanu lag in einem kleinen Hafen, der durch einen Abhang im Ufer gebildet wurde, und vier kräftige Neger, die um einen brennenden Baumstamm saßen, rauchten und Austern aßen, erhoben sich, als wir uns näherten, und halfen der Gruppe in den „Einbaum" oder das Kanu, ein schmales, langes und schweres Boot mit Mauern und flachem Boden. Nach einer Stunde Rudern, das letzte im Dunkeln, gelangten wir an den Rand von Mr. Trescots Anwesen, Barnwell Island; und während die Ruderer sich ihrer Aufgabe widmeten, vergnügten sie sich auf dem Weg, indem sie im Chor eine echte Negermelodie sangen, die den Werken der äthiopischen Serenaden so sehr unterschied, wie sich ein Lied nur von einem anderen unterscheiden kann. Es war eine Art barbarisches Madrigal, bei dem ein Sänger begann und die anderen im Chor den Refrain wiederholten. Es war voller wunderlicher Ausdruckskraft und Melancholie:

„Oh, deine Seele! oh, meine Seele! Ich gehe auf den Friedhof, um

dieser Körper unten;

Oh, meine Seele! Oh, deine Seele! Wir gehen auf den Friedhof, um

dieser Nigger runter."

Und dann bestand das Lied aus einem Hinweis auf die Schwierigkeit, den „Jawdam" zu passieren, und wurde mit unverminderter Energie während der gesamten kleinen Reise fortgesetzt. Für mich war es ein seltsamer Anblick. Der Fluss, dunkel wie Lethe, floss zwischen den stillen, hauslosen, schroffen Ufern hindurch und wurde in der Nähe der Anlegestelle vom Feuer im Wald erhellt, das den Himmel rötete – die wilde Melodie und die unheimlichen Beschwörungen an die Seelen der Sänger, als ob sie greifbar wären, erinnerten mich an die imaginäre Reise über den Styx.

„Da sind wir endlich." Alles, was ich sehen konnte, waren die dunklen Schatten der Bäume und die Spitzen der Binsen am Flussufer. „Pass auf, wo du hintrittst, und folge mir dicht auf den Fersen." Und so tastete ich mich ein kurzes Stück durch dichtes Gebüsch und gelangte zu einem Garten und einer Einfriedung, in deren Mitte die weißen Umrisse eines Hauses zu erkennen waren. Licht im Salon – eine Dame, die uns empfing und willkommen hieß – eine gemütliche Bibliothek – Tee und dann zu Bett: aber nicht ohne weiteres Gerede über die Südstaaten-Konföderation, in der Mrs. Trescot erklärte, wie leicht sie eine Armee ernähren könne, da sie Erfahrung mit der Ernährung ihrer Neger habe.

Neunzehntes Kapitel.

Hausneger – Negerruderer – Auf zu den Fischgründen – Der Teufelsfisch – Schlechter Sport – Der Trommelfisch – Negerquartiere – Mangelnde Entwässerung – Diebische Neigung der Schwarzen – Eine Einschätzung der Südstaatler aus südlicher Sicht.

27. April. — Mrs. Trescot verbrachte anscheinend einen Teil ihrer Nacht damit, einen jungen farbigen Herrn zu pflegen, der von seiner armen Mutter als Sklave auf die Welt gebracht wurde. Solche freundlichen Taten sind häufiger, als wir vielleicht annehmen, und es wäre unfair, die Motive der Sklavenbesitzer, die ihrem Eigentum so viel Aufmerksamkeit schenken, streng oder unfair zu interpretieren. Tatsächlich sagt Mrs. Trescot: „Wenn die Leute davon sprechen, dass ich so viele Sklaven habe, sage ich ihnen immer, dass ich den Sklaven gehöre. Morgens, mittags und abends bin ich verpflichtet, mich um sie zu kümmern, sie zu behandeln und sie in jeder Hinsicht zu pflegen." Eigentum hat, wie Sie sehen, seine Pflichten, Madam, ebenso wie seine Rechte.

Das Haus des Plantagenbesitzers ist ganz neu und wurde von ihm selbst gebaut. Das Hauptmaterial ist Holz, und die meiste Arbeit wurde von seinen eigenen Negern erledigt. Arbeiten wie Fensterrahmen und -täfelungen wurden jedoch in Charleston ausgeführt. Auf der Rückseite erstreckt sich ein hübscher Garten, und von den Fenstern aus sind weite Baumwollfelder zu sehen und man kann einen Blick auf den Fluss erhaschen.

Nach dem Frühstück begab sich unsere kleine Gruppe zum Flussufer und setzte sich im Schatten einiger edler Bäume hin, während wir auf das Boot warteten, das uns zu den Fischgründen bringen sollte. Der Wind wehte stromaufwärts, mit der Flut mitlaufend, und wir hielten vergeblich Ausschau nach dem Boot. Der Fluss ist hier fast eine Meile breit – eher eine edel anmutende Mündung – mit niedrigen Ufern, die von Wäldern gesäumt sind, in die die Axt tiefe Furchen geschlagen und Lichtungen für Baumwollfelder geschaffen hat.

Ein englischer Reisender hätte sich gewundert, wenn er, in den Schatten tretend, an einem so abgelegenen Ort bekannte Namen und Dinge gehört hätte, die von den drei faulen Menschen gesprochen wurden, die sich mit Zigarre im Mund auf den von Ameisen befallenen Baumstämmen am Meeresufer ausstreckten. Mr. Trescot verbrachte einige Zeit in London als *Attaché* der Gesandtschaft der Vereinigten Staaten, war ein Clubmitglied und hatte einen großen Bekanntenkreis unter den jungen Männern der Stadt, von denen er sich an viele Anekdoten und Besonderheiten und kleine Abenteuer erinnerte. Seit dieser Zeit war er Unterstaatssekretär in Mr. Buchanans Regierung und ging mit der Sezession aus. Er ist der Autor eines sehr angenehmen Buches über ein trockenes Thema, „Die Geschichte der amerikanischen Diplomatie", das als unbewusste Darstellung der antibritischen Eifersüchteleien und sogar Antipathien, die amerikanische Staatsmänner seit ihrer Entstehung beseelt haben, recht merkwürdig ist. Tatsächlich ist ein Großteil der amerikanischen Diplomatie geprägt von Feindseligkeit gegenüber England und dem geschickten Einsatz der antibritischen Stimmung, die ihnen im eigenen Land und anderswo zur Verfügung steht. Jetzt sprach er freundlich über Leute, die er kennengelernt hatte – viele von ihnen waren gemeinsame Freunde.

„Da ist endlich das Boot!" Ich hatte den breiten Fluss ab und zu mit meinem Fernglas abgesucht und entdeckte schließlich einen Fleck auf seiner breiten Oberfläche, der sich auf uns zubewegte, mit einem weißen Punkt, der den Schaum vor seinem Bug markierte. Trotz Wind und Gezeitenströmung kam es schnell und näherte sich uns bald, gezogen von sechs kräftigen Negern, gekleidet in rote Flanelljacken und weiße Strohhüte mit breiten Bändern. Das Boot selbst – eine Art riesiges Kanu, etwa fünfundvierzig Fuß lang, schmal, mit Mauern, hohem Bug und erhöhtem Heck – lag tief im Wasser, denn es gab zusätzliche Neger zum Fischen, Diener, Körbe mit Proviant, Wassereimer, Steinkrüge mit weniger harmlosen Getränken, und achtern war eine Gruppe großer, starker Pflanzer – allesamt Elliotts – Cousins, Onkel und Brüder. Ein freundlicher Gruß, als sie längsseits kamen – ein Austausch von Grüßen.

„Na, Trescot, hast du genug Krabben?"

Ein Stöhnen brach aus bei seiner *unbekümmerten* Antwort. Er war beauftragt worden, Köder zu finden, und er hatte den Negern befohlen, dies zu tun, und die Neger hatten es nicht getan. Die Fischer sahen sich gegenseitig schmerzlich an und blickten Trescot wütend an, der eine leichtsinnige Miene annahm, Zweifel an der Existenz von Fischen im Fluss aufkommen ließ und zu ähnlich jämmerlichen Ausflüchten griff; tatsächlich stellte sich später heraus, dass er ein völliger Ungläubiger war, was die Freuden des Fischfangs anging.

„Jetzt alle an Bord! Rüber, Jungs, und nehmt diese Herren mit rein!" Die Neger waren im Nu da, hüfttief im Wasser, und jeder nahm einen auf den Rücken und setzte uns trocken ins Boot. Ich erwähne das nur, um festzuhalten, dass ich sehr beeindruckt war von einer praktischen Demonstration meines Trägers über den starken Geruch der Haut eines erhitzten Afrikaners. Ich war an einem heißen Tag in eine Infanteriekolonne eingezwängt und marschierte in Indien in den Lee von Ghoorkhas, aber der überwältigende, stechende Geruch der Neger übertrifft alles, was ich dieser Art unglücklicherweise erleben musste.

Das Schiff setzte sich bald wieder in Bewegung, gegen eine Welle, die durch den Wind verursacht wurde, der uns direkt entgegenblies; und trotz des Lobes, das man dem Boot zollte, war es leicht zu erkennen, dass die Mühe, ein so totes, baumstammähnliches Ding durch das Wasser zu ziehen, den Ruderern, die, glaube ich, schon etwa zwölf Meilen zurückgelegt hatten, schwer zusetzte. Trotzdem wurden sie aufgefordert zu singen, und sie begannen dementsprechend einen jener wilden baptistischen Gesänge über den Jordan, an denen sie ihre Freude haben – nicht ohne Musik, aber völlig anders als das, was man eine äthiopische Melodie nennt.

Die Ufer des Flusses sind auf beiden Seiten niedrig; auf der linken Seite sind sie mit Wald bedeckt, durch den man hier und da in Abständen die Hütte eines Pflanzers oder Aufsehers sehen kann. Der Lauf dieser großen Mischung aus Salz- und Süßwasser ändert sich manchmal, so dass Häuser weggeschwemmt und Plantagen überschwemmt werden; aber das Land ist trotzdem wegen der Feinheit der Baumwolle, die auf den Inseln angebaut wird, sehr wertvoll. „Baumwolle für 12 Cent pro Pfund, und wir fürchten die Welt nicht."

Während das Boot zu den Fischgründen fuhr, die in Richtung der Flussmündung bei Hilton Head lagen, unterhielten sich unsere Freunde über Politik und Sport – wobei ersteres auf übliche Weise geschah, letzteres völlig neu war.

Ich habe viel über den mächtigen Teufelsfisch gehört, der diese Gewässer häufig besucht. Einer aus unserer Gruppe, Mr. Elliott sen., ein großer, knorriger, knorriger Mann mit einem sanften Blick und einer kräftigen Stimme, war ein berühmter Kenner dieses Sports und hatte sich bei der Jagd darauf schon einige Male nur um Haaresbreite davongeschlichen. Der Fisch wird als enorm groß und stark beschrieben, ein Monsterrochen, der furchterregende antennenartige Hörner und ein Paar riesiger Flossen oder Flossenklappen besitzt, von denen eine aus dem Wasser ragt, wenn sich das Tier unter der Oberfläche bewegt. Die Jäger, wie man sie nennen könnte, gehen in Gruppen hinaus – drei oder vier Boote oder mehr, mit einem guten Vorrat an scharfen Harpunen, Schleppleinen und Lanzen. Wenn sie das Tier wahrnehmen, übernimmt ein Boot die Führung und bewegt sich darauf zu, die anderen folgen, jedes mit einem Harpunier am Bug. Manchmal ist der Teufelsfisch vorsichtig und taucht ab, wenn er ein Boot sieht, und bleibt dabei so lange unter Wasser, dass er nie wieder gesehen wird. Manchmal aber zieht er sich zurück und lässt das Boot so nahe kommen, dass der Harpunier ihn treffen kann, oder er taucht ein kurzes Stück ab und taucht in der Nähe der Boote wieder auf. Sobald die Harpune befestigt ist, wird die Leine durch den Ansturm des Tieres, der mit enormer Kraft erfolgt, ausgegeben, und alle Boote beeilen sich sofort, so dass sie eins nach dem anderen an dem Boot festgemacht werden, in dem der glückliche Sportler sitzt. Wenn die Leine schließlich abgelaufen ist – von Zeit zu Zeit so oft wie möglich überprüft –, nimmt die Mannschaft ihre Ruder und folgt dem Lauf des Rochens, der jedoch so schnell schwimmt, dass er die Leine straff hält und die ganze Flottille seewärts zieht. Wie schnell er an die Oberfläche steigt, hängt von seiner Größe und Stärke ab. Nach und nach wird das Seil eingeholt und gekürzt, bis die Boote in die Nähe gebracht werden. Wenn der Rochen auftaucht, wird er mit einem Lanzen- und Harpunenhagel angegriffen und ins seichte Wasser gezerrt, wo er stirbt.

Einmal, so erzählte uns unser Nimrod, stand er mit der Harpune in der Hand im Bug des Bootes, als ein Teufelsfisch sich ihm näherte. Er warf die Harpune und traf sie, doch gleichzeitig prallte das Boot mit einem Ruck gegen das Geschöpf, das ihn nach vorne auf den Rücken warf, und im Nu packte es ihn in seinen schrecklichen Armen und stürzte mit ihm in die Tiefe. Stellen Sie sich den Schrecken des Augenblicks vor! Stellen Sie sich die Freude des verängstigten, ertrinkenden, sterbenden Mannes vor, als der Teufelsfisch aus unerfindlichen Gründen seinen Griff lockerte und es ihm ermöglichte, an die Oberfläche zu schwimmen, wo er von seinen angsterfüllten Gefährten mehr tot als lebendig in das Boot gezogen wurde – der einzige Mann, der sich jemals lebend aus den Umarmungen des Geschöpfs befreien konnte. „Tom ist so zäh, dass selbst ein Teufelsfisch nichts aus ihm machen könnte."

Endlich erreichten wir unseren Fischgrund. Für die beliebte Krabbe wurde ein Ersatz gefunden und wir hofften inständig, dass unsere Mühen mit Erfolg belohnt werden würden. Und es waren Mühen, denn das Wasser ist tief und die Leinen schwer. Aber um sie zu erleichtern, wurden einige Körbe vom Heck hervorgeholt und wunderbare Pasteten aus Mrs. Trescots Händen und aus denen schöner Damen weiter oben am Fluss, die wir nie sehen werden, ausgebreitet und Flaschen, die ferne Keller in freundlichen Winkeln weit weg darstellten. „Keine Trommel hier! Anker lichten und ein paar Meilen weiter ablegen." Trescot schüttelte den Kopf und bekräftigte erneut seinen Unglauben an das Fischen oder vielmehr Fangen und tat sogar so, als würde er argumentieren, dass es klüger sei, ruhig zu bleiben und über philosophische Politik zu reden; aber als Berufungsrichter gab ich ihm Recht, und die Neger legten sich an die Ruder, und wir stapften durch die Gischt, bis wir um eine Landzunge herumfuhren und vor uns am rechten Ufer ein Zelt auf dem Sandstrand aufgeschlagen sahen, und ganz in der Nähe zwei Boote. „Da ist eine Party!" Am Strand brannte ein Feuer, und als wir näher kamen, wurden Tom, Jack und Harry nacheinander identifiziert. „Es ist kein Fang an Land, sonst wären sie nicht an Land. Das ist sehr bedauerlich."

Das ganze Bedauern meiner Freunde ging auf meine Rechnung, und um sie zu beruhigen, versicherte ich ihnen, dass mir die Enttäuschung nicht viel ausmachte. „Hallo, Dick! Schon einen Trommelfisch gefangen?" „Heute Morgen ein paar; jetzt kein Spaß mehr und wird es auch bleiben, bis die Flut wieder kommt." Ich wurde der ganzen Gruppe aus der Ferne vorgestellt und sah bald, wie einer von ihnen etwas aus einem Boot hob, das aussah, in Form und Farbe wie ein Sack Mehl, das er einem Neger gab, der es dann in einem kleinen Boot zu uns brachte. „Danke, Charley. Ich möchte Mr. Russell nur einen Trommelfisch zeigen." Und es war ein sehr merkwürdiger Fisch – eine dicke, klumpige Gestalt, etwa 4½ Fuß lang, mit enormem Kopf und Schuppen und Zähnen wie die Mahlzähne eines Wiederkäuers, die auf ein großes Knochenpolster am Gaumen einwirken – ein sehr hässliches Ding, angeschwollen vom Rogen, der eine große Delikatesse ist.

„Keine Chance, bis die Flut kommt" – aber dann wäre es zu spät für unsere Rückkehr gewesen, und so waren wir widerwillig gezwungen, nach Hause zu steuern, wobei wir ab und zu das eigenartige Geräusch hörten, das wie das Klopfen auf einer großen, nicht verspannten Trommel klang, von dem der Fisch seinen Namen hat. Als ich es zuerst hörte, war ich geneigt zu glauben, dass es von jemandem im Boot gemacht wurde, so nah und nah klang es; aber bald kam es von allen Seiten und offensichtlich aus den Tiefen des Wassers unter uns – kein scharfes Rattern, sondern ein voller, gedämpfter Schlag mit einem schweren Knall auf dem Schafsfell. Mr. Trescot erzählte mir, dass an einem ruhigen Abend am Flussufer die Wirkung manchmal höchst merkwürdig ist – das Rollen und Prasseln ist aus großer Entfernung hörbar. Unsere Freunde waren mit allem und jedem bestens gelaunt , außer mit den Yankees, die allerdings keinen Fisch gefangen hatten. Sie hielten die Neger beim Singen und Rudern auf, bis wir bei Einbruch der Nacht auf der Insel landeten. Nach dem Abendessen und einer kleinen Unterhaltung gingen wir dann zu Bett. Mrs. Trescot erklärte uns erneut, wie leicht sie mit ihrem einfachen, bereits an die Nigger angepassten Verpflegungssystem ein Bataillon auf der Insel unterhalten könne und dass es daher für den Süden sehr leicht sei, eine Armee zu ernähren, wenn die Bevölkerung freundlich sei.

28. April. — Die Kirche ist weit weg, man kann sie nur mit dem Boot und dann mit der Kutsche erreichen. Am Morgen bringt mir ein Kind Wasser und Stiefel – ein intelligentes, lockiges Wesen, in eine Art Sack gekleidet, ohne besondere Taille, barfuß. Ich hielt es für einen Jungen, bis es mir sagte, es sei ein Mädchen. Ich fragte, ob sie zur Kirche ginge, was sie sehr zu verwirren schien; aber sie sagte mir schließlich, sie würde in einem der Häuschen Gebete von „Onkel" hören. Diese Verwendung der Wörter „Onkel" und „Tante" für alte Leute ist sehr allgemein. Liegt es daran, dass sie keine Väter und Mütter haben? Im Laufe des Tages fragte mich das Kind, das vierzehn oder fünfzehn Jahre alt war, „ob ich sie nicht kaufen würde. Sie konnte sehr gut waschen und nähen, und sie dachte, dass Frau nicht viel für sie verlangen würde." Endlich sickerte ihr das Ziel durch, das sie im Auge hatte. Es war der Wunsch, die Herrlichkeiten von Beaufort zu sehen, von denen sie von den Fischern gehört hatte; und sie schien ganz erstaunt, als man ihr sagte, dass ich nicht dort wohnte und es nie gesehen hatte. Sie war in ihrem Leben noch nie außerhalb der Plantage gewesen.

Nach dem Frühstück bummelten wir durch das Gelände, spazierten durch die Baumwollfelder, die noch keine Blüten hervorgebracht hatten, und kamen an anderen vorbei zu den dichten Wald- und Seggenrändern, die die sumpfigen Ufer der Insel säumen. Die Stille war tief und wurde nur durch das heisere Krähen der Hähne in den Negerquartieren unterbrochen.

Am Nachmittag machte ich eine kurze Fahrt, um „einen Baum zu sehen", was nicht sehr bemerkenswert war, und schaute mir die Unterkünfte der Neger und die Baumwollspinnerei an. Die alten Neger waren meist drinnen und kamen schlurfend zu den Türen ihrer Holzhütten heraus, verbeugten sich unbeholfen bei unserer Annäherung, zeigten aber kein Interesse oder Vergnügen beim Anblick ihres Herrn und der Fremden. Sie waren schäbig gekleidet; in zerfetzten Kleidern, schlechten Strohhüten und Filzhauben und kaputten Schuhen. Letztere sind teure Artikel, und Neger können nicht ohne sie graben. Trescot seufzte, als er von der Preissteigerung seit Ausbruch der Unruhen sprach.

Die Hütten stehen in einer Reihe wie eine Straße, jede für sich, mit einem Hühnerstall aus groben Brettern dahinter. Die Verstümmelungen, die das Geflügel erleidet, um sich von anderen abzuheben, sind auffallend. Einige haben keine Krallen, andere haben die Kehllappen abgeschnitten und Schwänze und Flügel leiden auf jede erdenkliche Weise. In ihrer Nähe gab es keinerlei Versuche einer Entwässerung oder anderer sanitärer Einrichtungen, und das Gleiche gilt für die sehr guten Häuser der Weißen im Süden. In der Nähe jeder Hütte wurden Haufen von Austernschalen, zerbrochenem Geschirr, alten Schuhen, Lumpen und Federn gefunden. Die Hütten waren alle gleichermaßen fensterlos, und die Öffnungen, die eines schönen Tages verglast werden sollten, waren im Allgemeinen mit einem Kiefernholzbrett ausgefüllt. Die Dächer waren mit Schindeln gedeckt, und von der Kalktünche, die der Siedlung einst ein sauberes Aussehen verliehen hatte, waren jetzt nur noch Flecken zu sehen, die der Einwirkung des Regens entgangen waren. Ich bemerkte, dass viele der Türen von außen mit einem Vorhängeschloss und einer Kette verschlossen waren. „Warum ist das so?" „Die Besitzer sind ausgezogen, und Ehrlichkeit ist keine Tugend, die sie einander gegenüber an den Tag legen. Sie würden feststellen, dass ihre Sachen gestohlen wurden, wenn sie ihre Türen nicht abschlossen." Mrs. Trescot beharrte jedoch darauf, dass nichts die Redlichkeit der Sklaven im Haus übertreffen könne, außer in Bezug auf Süßigkeiten, Zucker und dergleichen; aber Geld und Juwelen seien völlig sicher. Es ist offensichtlich, dass es einen Grund für diese Rücksichtnahme auf die Unterscheidung zwischen mir und dir im Fall von Herren und Herrinnen geben muss, wenn dies ihr Verhalten untereinander nicht bestimmt, und ich denke, dieser Grund könnte leicht in der Tatsache liegen, dass die Neger kaum Geld nehmen könnten, ohne entdeckt zu werden. Juwelen und Schmuck wären für sie von geringem Wert; sie könnten sie nicht tragen, könnten sich nicht von ihnen trennen. Das System hat die weiße Bevölkerung zu einer Polizei gegen die schwarze Rasse gemacht, und die Bestrafung ist nicht nur sicher, sondern auch schwerwiegend. Dinge, die sie einander stehlen können, sind nicht so leicht aufzuspüren.

Eine besonders schmutzig aussehende kleine Hütte wurde mir als „die Kirche" beschrieben. Sie war etwa 15 Fuß im Quadrat groß, von Schmutz und Rauch verdreckt und hatte keine Fenster. Ein paar Bänke standen quer über der Hütte, und „der Prediger", ein Sklave von einer anderen Plantage, wurde nächste Woche erwartet. Solche Predigten werden auf vielen Plantagen nicht gern gesehen. Sie „tun den Nigger nicht gut" – „sie reden über Dinge, die anderswo vor sich gehen, und bringen sie aus der Fassung" und so weiter.

Als wir nach Hause zurückkehrten, fand ich Mr. Edmund Rhett, einen der aktiven und einflussreichen Politiker dieser Familie, vor – ein sehr intelligenter und angenehmer Gentleman, aber einer der extremsten und heftigsten Redner gegen die Yankees, die ich je gehört habe. Er erklärte, es gebe in South Carolina nur wenige Menschen, die Großbritannien nicht eher bitten würden, den Staat zurückzuerobern, als sich dem Triumph der Yankees zu unterwerfen. „Wir sind ein landwirtschaftliches Volk, das sein eigenes System verfolgt und sein eigenes Schicksal bestimmt, das Frauen und Männer zu einem anderen Zweck erzieht, als sie zu vulgären, fanatischen, betrügerischen Yankees zu machen – heuchlerisch, wenn sie als Frauen vorgeben, wirklich tugendhaft zu sein, und lügend, wenn sie als Männer vorgeben, ehrlich zu sein. Wir sind Gentlemen und Gentlewomen in Ihrem Sinne. Wir haben ein System, das es uns ermöglicht, die Früchte der Erde von einer Rasse zu ernten, die wir vor der Barbarei retten, indem wir ihnen ihren wahren Platz in der Welt als Arbeiter zurückgeben, während wir gleichzeitig in die Lage versetzt werden, die Künste, die Anmut und die Errungenschaften des Lebens zu kultivieren, die Wissenschaft zu entwickeln, uns den Pflichten der Regierung zu widmen und die Angelegenheiten des Landes zu verstehen."

Dies ist hier eine sehr häufige Bemerkung. Die Südstaatler sind auch stolz auf sich selbst, und nicht zu Unrecht, auf ihre Weisheit, jene Männer im

Kongress zu behalten, die sich als nützlich und fähig erwiesen haben. „Wir“, sagen sie, „werfen fähige Männer nicht wegen der Launen eines Pöbels oder aus Gehorsam gegenüber irgendeiner niederen Parteiintrige beiseite, und daher sind wir uns der besten Männer sicher und werden von Herren bedient, die sich mit öffentlichen Angelegenheiten auskennen und den unwissenden Clowns, die der Norden in den Kongress schickt, in jeder Hinsicht weit überlegen sind. Sehen Sie sich die Kerle an, die Lincoln aussendet, um ausländische Gerichte durch ihre Anwesenheit zu beleidigen.“ Ich sagte, ich wüsste, dass Mr. Adams und Mr. Drayton sehr respektable Herren seien, aber ich erhielt kein Mitgefühl; tatsächlich ist ein Neutraler, der versucht, die Gewalttätigkeit einer der beiden Seiten zu mäßigen, wie Eis zwischen zwei heißen Platten. Mr. Rhett ist auch überzeugt, dass der Lordkanzler auf einem Baumwollballen sitzt. „Sie müssen uns anerkennen, Sir, vor Ende Oktober.“ Am Abend lockte mich ein entferntes Gewitter in den Garten, und ich blieb bis zur Schlafenszeit draußen und beobachtete die großen, den Tropen würdigen Feuerblitze und Feuerflächen.

KAPITEL XX.

Mit der Eisenbahn nach Savannah – Beschreibung der Stadt – Gerüchte der letzten Tage – Lage in Washington – Kriegsvorbereitungen – Friedhof von Bonaventure – Straße aus Austernschalen – Passende Merkmale des Friedhofs – Die Familie Tatnall – Abendessen bei Mr. Green – Stimmung in Georgia gegen den Norden.

29. April. — Heute Morgen um 6 UHR AUFGESTANDEN , unserer Gastgeberin und Barnwell Island Lebewohl gesagt und mit Trescot zurück zur Pocotaligo-Station gefahren, die wir um 12.20 Uhr erreichten. Unterwegs ritten Mr. Heyward und sein Sohn aus einem Feld und sahen bis auf Hut und Sattel sehr wie ein englisches Landjunkerpaar aus. Der junge Herr war so freundlich, mir einen Schlangenfalken vorbeizubringen, den er für mich geschossen hatte. An der Station, zu der uns die Heywards begleiteten, waren die Elliotts und andere, die mit Einladungen und Abschiedsgrüßen herübergekommen waren; und ich vertrieb mir die Zeit in Savannah mit der Lektüre des sehr interessanten Buches von Mr. Elliott Senior über die wilden Spiele von Carolina, das jemand zur Hand nahm, als ich den Wagen für einen Moment verließ, und das mir nicht zurückgegeben wurde. Das Land, durch das wir fuhren, war flach und wie üblich überflutet, und die Eisenbahn führte auf hohen Bockgerüsten über dunkle, tiefe Flüsse, an Kiefern- und Hartriegelwäldern vorbei, an grünen Plantagenlichtungen vorbei, mit Schlammbänken, Deichen und winzigen Kanälen, Meile für Meile. Der Zug hielt für die übliche Fracht an, bestehend aus Damen, schwarzen Krankenschwestern und jungen Plantagenbesitzern, alle ziemlich derselben Klasse, bis um 15 Uhr DIE Waggons neben einem großen Schuppen anhielten und man uns mitteilte, dass wir in Savannah angekommen waren.

Hier erwartete mich Mr. Charles Green, der mich und meinen Freund bereits als seine Gäste beansprucht hatte, und in seiner Kutsche fand ich den jungen amerikanischen Designer, der mir aus Charleston vorausgegangen war und Mr. Green über meine Ankunft informiert hatte.

Bei der Fahrt durch den Teil von Savannah zwischen der Endstation und Mr. Greens Haus wurde mir schnell klar, dass es hier zwei Besonderheiten gab. Erstens waren die Straßen dort so tief mit Sand bedeckt, wie ich es noch nie gesehen hatte. Und zweitens waren die Straßen von den seltsamsten, merkwürdigsten kleinen Häusern mit grünen Fenstern und vielen bunten Farben gesäumt, die ich je gesehen hatte. An den Kreuzungen und Ecken lungerte eine seltsame Bevölkerung magerer, fahler, schlecht gekleideter und ungesund aussehender Weißer herum, und im Schatten der Bäume, die alle Straßen säumten, drängte sich eine geschäftige, gut gekleidete und bunt gekleidete Rasse von Negern durch einen Haufen Kinder. Der grüne Saum und die Höhe, die die Virginia-Eiche, der Pride of India und die Magnolie erreichen, verleihen den Straßen von Savannah eine köstliche Frische und Neuheit, die durch die große Zahl der mit etwas wie Gras bedeckten Plätze und Öffnungen, die mit weißem Geländer eingezäunt und alle paar hundert Meter mit edlen Bäumen geschmückt sind, noch verstärkt wird. Es ist schwer zu glauben, dass man sich mitten in einer Stadt befindet, und ich wurde wiederholt an die Umgebung eines großen indianischen Quartiers erinnert — dieselben Kirchen und Einfamilienhäuser mit ihren nicht unähnlichen Plantagen und Gärten. Die wohlhabenderen Klassen jedoch haben Häuser im Stil der New Yorker Fifth Avenue: Eines der besten davon, ein schönes Herrenhaus aus leuchtend rotem Sandstein, gehörte meinem Gastgeber, der vor vielen Jahren aus England kam und es durch Fleiß und Intelligenz zu einem der ersten Kaufleute in Savannah brachte. Italienische Statuen zierten die Halle; schön geschnitzte Tische und Möbel, buntes Glas und Bilder aus Europa zierten die Wohnzimmer; und der Luxus von Badezimmern und einer Versorgung mit kaltem Süßwasser machten es zu einer Ausnahme unter den üblichen Gebäuden des Südens. Mr. Green fuhr mich durch die Stadt, deren besonderer Charakter mich mehr beeindruckte als je zuvor. Wir besuchten Brigadier-General Lawton, der für die Verteidigung des Ortes gegen die erwarteten Yankees verantwortlich ist, und fanden ihn gerade auf dem Weg zur Inspektion einer Gruppe von Freiwilligen, deren Trommeln wir in der Ferne hörten und deren Bajonette durch die Staubwolken der Savanne schimmerten, nahe der Statue, die zum Gedenken an einen gewissen Pulaski errichtet wurde, einen Polen, der bei der erfolglosen Verteidigung der Stadt gegen die Briten im Unabhängigkeitskrieg tödlich verwundet wurde. Er drehte sich um und führte uns in sein Haus. Die Halle war mit kleinen, runden Flanellrollen gefüllt. „Dies", sagte er, „sind Patronen für Kanonen verschiedener Kaliber, hergestellt von den Damen aus Mrs. Lawtons ‚Patronenkurs'." Im Hinterzimmer gab es noch mehr Patronen, so dass das Haus kein ganz sicherer Ort zum Zigarrerauchen war. Der General war in der US-Armee und hat sich nun an die Spitze des Volkes dieses Staates in seinem Widerstand gegen die Yankees gestellt.

Wir machten einen Spaziergang im Park und ich erfuhr die Neuigkeiten der letzten Tage. Die Menschen im Süden, so erfahre ich, sind entzückt über die Abfuhr, die Mr. Seward Gouverneur Hicks aus Maryland erteilt hat, weil er die Schlichtung von Lord Lyons empfohlen hatte. Er soll Gouverneur Hicks mitgeteilt haben, dass „unsere Probleme nicht an eine ausländische Schlichtung verwiesen werden könnten, am allerwenigsten an die des Vertreters einer europäischen Monarchie". Die schrecklichsten Berichte werden über die Lage in Washington gegeben. Mr. Lincoln tröstet sich mit Trinken über seine Not hinweg. Mr. Seward folgt seinem Beispiel. Das Weiße Haus und die Hauptstadt sind voll von betrunkenen Grenzgangstern, angeführt von einem gewissen Jim Lane aus Kansas. Andererseits sind die

Yankees unter einem gewissen Butler, einem Anwalt aus Massachusetts, in Annapolis in Maryland eingetroffen, haben sich das Kriegsschiff „Constitution" gesichert und stellen in den ganzen Staaten Massen von Männern für die Invasion des Südens auf. Das Wichtigste ist meines Erachtens die Proklamation des Gouverneurs von Georgia, die es den Bürgern verbietet, bis Kriegsende Schulden bei den Nordstaatlern zu begleichen. General Robert E. Lee wurde zum Oberbefehlshaber der Streitkräfte des Commonwealth of Virginia ernannt, und Truppen aus Alabama und anderen Staaten strömen in diesen Staat. Gouverneur Ellis hat in North Carolina 30.000 Freiwillige einberufen, und Gouverneur Rector von Arkansas hat die US-amerikanischen Militärvorräte in Napoleon beschlagnahmt. Es gibt ein Gerücht, dass auch Fort Pickens eingenommen wurde, aber das ist höchstwahrscheinlich falsch. In Texas und Arkansas haben die regulären US-Truppen keinen Versuch unternommen, eines der Forts zu verteidigen.

Inmitten all dieser Kriegsarbeit, der Freiwilligenexerzitien und der Musikkapellen war es angenehm, durch den schattigen Park mit seinen kühlen Springbrunnen zu spazieren und die Kinder spielen zu sehen – viele von ihnen, leider!, „spielten Soldaten" – unter der Aufsicht ihrer Kindermädchen. Als ich zurückkam, setzte ich mich auf die Veranda und rauchte eine Zigarre; aber die Mücken waren sehr scharf und zahlreich. Meinem Gastgeber machten sie nichts aus, aber meine Nagelhaut wird nie stichfest sein.

30. April. – Um 13.30 UHR brach eine kleine Gruppe von Mr. Greens Haus auf, um den Friedhof von Bonaventure zu besuchen, zu dem jeder Besucher von Savannah pilgern muss; *difficiles aditus primos habet* – eine tiefe Sandstraße, die Pferde und Kutschen strapaziert; doch schließlich wird die „Muschelstraße" erreicht – eine mehrere Meilen lange Straße aus Austernschalen – der Stolz von Savannah, der so viele Austern isst, wie er kann, um die Länge dieser wunderbaren Straße zu verlängern. In den gesamten riesigen Schwemmlandgebieten von South Carolina und Maritime Georgia gibt es keinen Stein, und das einzige Material, das zum Bau einer Straße zur Verfügung steht, ist die Austernschale. An jedem Ende gibt es eine Mautstelle, um die Austernschalen zu entsorgen. Bedenken Sie, dass sie dreimal so groß sind wie jedes europäische Krustentier dieser Art.

Eine angenehme Fahrt durch die schattigen Hecken und angrenzenden Bäume führte zu einem verfallenen Pförtnerhaus und Tor, in dem sich in einer hoch aufragenden grünen Masse eines der schönsten Beispiele für Waldarchitektur erhob; ganz sicher nicht wie Burnham Beeches oder einige der Waldlichtungen von Windsor, aber dennoch mit einem ganz eigenen Charakter. Was wir erblickten, waren in der Tat die Ruinen großer Alleen aus Virginia-Eichen, die so wohlgestaltet waren, dass ihre besondere Wuchsweise eine ungewöhnliche Entwicklung der „gotischen Idee" ermöglichte, die durch einen überreichen Abfall der sich überlappenden Arme und ineinander verschlungenen Zweige der Tillandsia oder des Spanischen Mooses, eines weinenden, herabhängenden, gefiederten Parasiten, der mit dem Baum das macht, was sein tierisches Gegenstück, das Gelbfieber – *Vomito Prieto* – mit dem Menschen macht – er klammert sich ewig an ihn, trocknet den Saft aus, vergiftet das Blut und tötet das Lebensprinzip, bis es stirbt. Der einzige Unterschied, so sagt man in Irland, ist, dass die Tillandsia immer sehr hübsch aussieht und dass der Prozess sehr lange dauert. Manche loben diese Tillandsia, die wie die Locken einer Hexe über einem unsichtbaren Gesicht hängt, aber für mich ist sie ein armseliger Parasit, der die Anmut und Schönheit dessen zerstört, was er befällt, und seine stumpfen Ranken über das frische, schöne Grün fallen lässt, wie Wolken über das Gesicht einer schönen Landschaft fallen. Trotz alledem ist Bonaventure eine Szene von bemerkenswertem Interesse; es scheint als Grabstätte gedacht gewesen zu sein. Die Türken hätten es mit weißen Säulen mit Turbanen und mit warmen Geistern in der Nacht gefüllt. Die Franzosen hätten es mit verschlungenen Händen aus Stein, mit roten und schwarzen Tränen auf weißem Grund und mit Kränzen aus Immortellen geschmückt. Ich bin nicht sicher, ob wir viel mehr getan hätten, als eine Friedhofsgesellschaft zu gründen, Shillibeer zu engagieren, einen Gemeindediener zu engagieren und einen eisernen Zaun zu errichten. Die Leute von Savannah folgen keinem dieser Trends, die alle in den Städten des Nordens übernommen werden, sondern haben alles der Natur und dem Pförtner überlassen und dem Besitzer eines der Hotels, der einen Friedhof angelegt hat. Und dort, verstreut unter den großen alten Bäumen, die Tränen aus Spanischem Moos fallen lassen, Kränze aus Spanischem Moos flechten und Federn aus Spanischem Moos darüber schütteln, liegen ein paar Grabsteine für einige Bürger von Savannah. Unabhängig von diesen Symbolen unserer Sterblichkeit herrscht an diesem Ort eine melancholische Atmosphäre, die ihn besonders für Picknicks empfehlen könnte. Es gab noch nie zuvor einen Friedhof, auf dem die Natur die vom Menschen beabsichtigte Wirkung so gründlich zu unterstützen schien. Jeder weiß, dass eine Trauerweide über eine Hochzeitsgesellschaft weint, wenn sie darunter sitzt, ebenso wie über ein Grab. Aber hier sieht das Spanische Moos aus wie Trauernde, die von einer fantastischen Hand aus dem Trauerflor von Dreamland umkränzt wurden. Lucians Ghostlander, der Sohn von Skeleton vom Stamm der Saftlosen, könnte uns etwas über solch merkwürdige Verzierungen erzählen. Sie sind tatsächlich als die besten Fahnen bekannt, unter denen man Gelbfieber bekämpfen kann. Wo immer ihre flackernden Rosshaarlocken mit den spitzen Enden nach unten im Wind wehen, trägt Squire Black Jack Lanze und Schwert. Eine große grüne Eiche sagt zur anderen: „Dieser Kerl bringt mich um. Nimm mir seine tödlichen Roben von den Gliedern!" „Ach! Sieh, wie er mich ruiniert! Ich habe kein

Leben, das dir helfen könnte." Es ist tatsächlich ein seltsamer und sehr gruseliger Ort. Hier sind so viele *Querci virentes*, alt genug, um stark zu sein, und groß und gewaltig, saftreich, kräftig, mit breiten Armen und grünen Ehren – die alle langsam unter Tillandsia aussterben, als wären sie so viele Monarchien, die an Verfall zugrunde gehen – oder so viele junge Republiken, die an Prahlerei, Blutüberfluss und anderen für überwucherte politische Körper tödlichen Krankheiten sterben.

Die Leere, die inmitten all dieser angelegten Spazierwege und stattlichen Alleen durch das Fehlen eines geeigneten Mittelpunkts entsteht, verstärkt die Abgeschiedenheit und Einsamkeit. Irgendwo sollte ein Haus sein, so fühlt man – tatsächlich stand dort einst das Herrenhaus der Tatnalls, einer guten alten englischen Familie, deren Vorfahren aus der alten Heimat stammten, bevor von Menschenrechten gesprochen wurde, und die unter den Oglethorpes und solchen Männern der Pigtail-Schule lebten, die sehr erstaunt gewesen wären, sich in Gesellschaft von Benjamin Franklin oder seinesgleichen zu befinden. Ich weiß nichts über den alten Tatnall. Wer weiß das schon? Aber er hatte eine großartige Idee, Bäume zu pflanzen, die ihm in Amerika nie gelungen ist, wo er kaum Lob für alles andere als seine Fähigkeit erhalten hätte, gerade jetzt Baumwolle oder Zuckerrohr anzupflanzen. In seinen Kniehosen und Stulpenstiefeln kann ich mir den alten Herrn vorstellen, wie er eine häusliche Szene nachstellt und sich selbst rühmt: „Ich werde es so schön machen wie Lord Nihilos Park." Konnte er es jetzt sehen? – Eine verfallende Armee der Toten. Das Herrenhaus brannte während einer Weihnachtsfeier nieder und wurde nie wieder aufgebaut. Die jungen Bäume sind trotz des Spanischen Moos gewachsen und stehen nun wie in den Seitenschiffen einer Kathedrale um die Ruinen des verlassenen Hauses, spenden dem Boden Schatten und bewahren die Erinnerungen daran in einer Antike, die äußerst entfernt zu sein scheint, obwohl sie nicht so alt ist wie die jüngste Eiche im Park des Gutsherrn bei sich zu Hause.

Ich habe mich auf meinen kurzen Reisen hierher schon oft über die Ehrfurcht gewundert, die einem Baum entgegengebracht wird. Tatsächlich liegt es daran, dass ein Baum mit anständigem Wuchs mit Sicherheit älter ist als alles andere in seiner Umgebung; und obwohl das junge Amerika seine Zukunft genießt, wird es alt genug, um über seine Vergangenheit nachzudenken.

Am Abend gab Mr. Green ein Abendessen für einige sehr angenehme Leute, Mr. Ward, den chinesischen Minister (der nebenbei den Eindruck erwecken wollte, seine Holzkiste sei die Kutsche des Pekinger Staats für angesehene Ausländer), Mr. Locke, den klugen und intelligenten Herausgeber der wichtigsten Zeitschrift in Savannah, Brigadier Lawton, einen der Richter, einen Briten, Eigentümer der <u>the once renowned</u>America, die unter dem Namen Camilla jetzt im Fluss lag (vielleicht nicht ohne Hinweis auf eine kleine Spekulation über die Blockade, die stündlich erwartet wurde), Mr. Ward und Commodore Tatnall, der uns in England für sein tapferes Verhalten in der Peiho-Affäre so gut bekannt ist, als er unseren Schiffen Hilfe anbot und gab, obwohl er neutral war, und dabei den Ausruf ausstieß – jedenfalls in seiner Depesche – „Blut sei dicker als Wasser". Zu unserer Gruppe gehörte auch Mr. Hodgson, den die meisten unserer Mittelmeerreisenden vor einigen Jahren gut kannten, als er US-Konsul im Osten war. In seiner Freizeit verfasst und liest er noch immer Monographien über die Sprachen verschiedener Barbarenstämme in Numidien und Mauretanien.

Die Georgier sind in ihrem Hass auf die Nordstaatler nicht ganz so heftig wie die Südkaroliner; aber sie sind kaum weniger entschlossen, Präsident Lincoln und all seine Männer zu bekämpfen. Und das ist der Test für die Stärke dieser Rebellion. Ich habe niemanden gehört, der sich dazu bekennt, sich England unterzuordnen oder einen unserer Prinzen auszuleihen; aber ich habe nirgendwo eine stärkere Entschlossenheit erlebt, sich einer Wiedervereinigung mit den Neuenglandstaaten zu widersetzen. „Sie können uns nicht besiegen, Sir." „Wenn sie es versuchen, werden wir sie verprügeln."

KAPITEL XXI.

Der Fluss bei Savannah – Kommodore Tatnall – Fort Pulaski – Mangel an einer Flotte für die Südstaatler – Starkes Selbstbewusstsein der Frauen – Die Folgen der Sklaverei – Baumwolle und Georgia – Aufbruch nach Montgomery – Der Bischof von Georgia – Die Bibel und die Sklaverei – Macon – Abneigung gegen das Gold der Vereinigten Staaten.

Erster Mai. — Nicht unwürdig des besten englischen Wetters, bevor der Wechsel des Kalenders den Dichtern zwölf Tage raubte, aber dennoch ein wenig zu warm für die Wahl. Der junge amerikanische Künstler Moses, der unsere Gruppe hätte rufen sollen, um die Offiziere zu treffen, die nach Fort Pulaski fuhren, blieb aus einem ihm bekannten Grund an Bord der Camilla, und als wir schließlich das Flussufer erreichten, warteten Commodore Tatnall und Brigadier Lawton in voller Uniform auf mich.

Der Fluss ist etwa so breit wie die Themse unterhalb von Gravesend, sehr schlammig, hat eine starke Strömung und ist ziemlich übelriechend. Diese Wirkung könnte von den Reissümpfen auf der anderen Seite herrühren, wo das Land ziemlich tief liegt und sich in einer einzigen grünen Ebene, glatt wie ein Billardtuch, bis zum Meer erstreckt. Das Ufer auf der Stadtseite ist höher, so dass die Häuser auf einer kleinen Anhöhe über dem Fluss stehen und so bequeme Kaianlagen und Slipanlagen für Handelsschiffe bieten.

Davon waren allerdings nur wenige zu sehen – fast alle hatten aus Angst vor der Blockade das Weite gesucht; einige Küstenschiffe lagen untätig am Kai, und mitten im Strom in der Nähe eines Schwimmstegs war die Camilla vertäut, unter der Flagge ihres Clubs. Dies sind die Zeiten für waghalsige Unternehmungen, und wenn Uncle Sam mit seinen Blockaden nicht sehr schnell ist, werden überall auf der Welt viele Freibeuter und dergleichen unter der Flagge der CSA nach seinen fetten Handelsschiffen Ausschau halten.

Ich habe versucht, meine Freunde hier davon zu überzeugen, dass sie nur sehr wenige Engländer finden werden, die bereit sind, Kaperbriefe und Repressalien anzunehmen.

Auf dem Dampfer, der uns erwartete, wehte die Flagge der Konföderierten, und Commodore Tatnall, der auf einen jungen Offizier in Marineuniform zeigte, erzählte mir, er sei gerade „von der anderen Seite herübergekommen" und habe sich sehr darum bemüht, zu Ehren des Besuchs und des Anlasses die Flagge eines Commodore oder Flaggoffiziers hissen zu dürfen. Ich war sehr interessiert an dem feinen, weißhaarigen, blauäugigen, rotwangigen alten Mann, der plötzlich von einer großen politischen Explosion in die Luft gesprengt wurde und voller Zweifel und Verwunderung unter einer fremden Flagge in unbekannten Gewässern an Land trieb. Er war auch voller

Anekdoten über fremde Flaggen in fernen Gewässern und bekannte Namen. Der Adel von Savannah hatte in Bezug auf seinen alten Namen eine Art keltisches Gefühl für ihn und schien entschlossen, ihn zu unterstützen.

Er hat drei Viertel seines langen Lebens der amerikanischen Flagge gedient – seine Freunde sind im Norden, die Verwandten seiner Frau sind dort und auch alle seine besten Freunde – aber sein Staat ist untergegangen. Wie könnte er gegen das Land kämpfen, in dem er geboren wurde! Die Vereinigten Staaten sind kein Land in dem Sinne, wie wir die Worte verstehen. Sie sind eine Körperschaft oder ein juristischer Körper für bestimmte Zwecke, und ein Mann könnte sich nach Einschätzung unserer Amerikaner genauso gut als Einheimischer des Stadtrats von London oder als Einheimischer des Schweizer Parlaments bezeichnen, wie als Bürger der Vereinigten Staaten; obwohl es durchaus angebracht ist, dies zu sagen, wenn man sich im Ausland befindet oder für Zwecke rechtlicher Art.

Über Fort Pulaski selbst schrieb ich nach meiner Rückkehr einen langen Bericht für die „Times".

Als ich General Lawton auf die Schwäche von Fort Pulaski aufmerksam machen wollte, das im Tiefland liegt, mit Booten erreichbar und von der Stadtseite aus völlig offen genug ist, um es anzugreifen, sagte er: „Oh, das stimmt. All unsere Festungen an der Küste sind dieser Bemerkung ausgesetzt, aber der Kommodore wird sich auf See um die Yankees kümmern, und wir werden sie an Land in den Griff bekommen." Diese Leute machen alle einen Fehler, wenn sie sich auf die Ereignisse des alten Krieges beziehen. „Wir haben die britische Flotte in Charleston mit der Miliz zurückgeschlagen – ergo werden wir die Yankees jetzt versenken." Sie verstehen nicht die Natur der neuen Granaten und des schweren vertikalen Feuers oder die Wirkung von Geschossen, die aus großer Entfernung in offene Festungen einschlagen. Der Kommodore bemerkte später lächelnd: „Ich habe keine Flotte. Lange bevor die Südstaaten-Konföderation eine Flotte hat, die es mit den Stars and Stripes aufnehmen kann, werden meine Knochen im Grab weiß sein."

Wir kamen nach einem angenehmen Tag um 20 Uhr zurück . Was ich sah, überzeugte mich nicht davon, dass Pulaski stark oder Savannah sehr sicher war. Gestern sah ich in Bonaventure ein armseliges Fort namens „Thunderbolt" an einer Bucht, von der aus die Stadt gut erreichbar war. Von dort aus konnte sie leicht bedroht werden, während anderswo Landungsversuche unternommen wurden, sobald Pulaski erobert war. Beim Abendessen traf ich einen sehr starken und sehr gut informierten Südstaatler – es gibt einige, die weder das eine noch das andere sind –, dessen Name Gourdin geschrieben und Go-dine ausgesprochen wurde – so wie Huger Hugée genannt wird – und Tagliaferro, in diesen Gegenden Telfer.

2. Mai. — Frühstück mit Mr. Hodgson, wo ich Mr. Locke, Mr. Ward, Mr. Green und Mrs. Hodgson und ihre Schwester traf. Es waren einige hübsche kleine Negerjungen und -männer in Livreen anwesend, die den Orientalismus unseres Gastgebers widerspiegelten, und sie müssen unsere Diskussion oder vielmehr Anspielung auf die Frage, die entscheiden würde, ob wir sie für Menschen oder schwarzes zweibeiniges Vieh hielten, mit einigem Interesse gehört haben, es sei denn, die Prahlerei ihrer Herren, dass Sklaverei den Charakter eines Negers erhöhe und seinen Geist zivilisiere, ist ein weiterer der falschen Vorwände, auf denen die Institution von ihren Befürwortern beruht. Der gebürtige Afrikaner, der arme Schlingel, vermeidet es *totis viribus , in die Sklaverei verschleppt zu werden* , und es wäre ein schlechtes Argument für die Wirkung auf seinen Geist, ein Sklave zu werden, wenn er sogar seinem Lendenschurz und seinem Federkopfschmuck ein Stück bunten Kattun vorzieht. Diese Frage der Zivilisierung der Afrikaner in der Sklaverei wird durch die Behauptung der Sklavenhalter selbst beantwortet, dass die Neger, wenn man sie durch die Emanzipation sich selbst überließe, zu den schlimmsten Barbaren würden – ein wahres Quasheetum, an das Mr. Thomas Carlyle nie gedacht hätte. Ich bezweifle, dass der Ureinwohner im wahren Sinne des Wortes so zivilisiert ist wie jeder Neger, den ich nach drei Graden der Abstammung in Knechtschaft auf irgendeiner der Plantagen gesehen habe – selbst wenn dieser Lederschuhe und Barchent- oder Stoffkleidung und einen Filzhut trägt und vom Jordan singt. Er ist zwar von jedem blutigen Überfall verschont, aber er läuft Gefahr, aus seinem Dorf verschleppt und von einer Gefangenschaft in die andere getragen zu werden, und seine Familie ist in Amerika derselben Verbannung ausgesetzt wie in Afrika. Die extreme Wut, mit der jede ungünstige Bemerkung öffentlich beantwortet wird, zeigt die Empfindlichkeit der Sklavenhalter. Im Privaten täuschen sie Philosophie vor; und die blauen Bücher und Berichte der Bildungskommissionen und Bergbauausschüsse liefern ihnen einen unerschöpflichen Schatz, source of argumentwenn man einmal zugibt, dass das *höchste Gut* in einer gewissen Rundlichkeit der Person und einer regelmäßigen Versorgung mit grober Nahrung liegt. Ein langes Gespräch über die alten Themen – alt für mich, aber erst seit wenigen Wochen. Die Leute schwimmen mit der Flut. Hier gibt es viele Männer, die gerne beiseite treten würden, wenn sie könnten, und den Kampf zwischen den Yankees, die sie hassen, und den Sezessionisten beobachten würden. Aber es gibt keine Frauen in dieser Partei. Woe betideDer Pyrrhus aus dem Norden, dessen Kopf in Reichweite eines Ziegels aus dem Süden und des Arms einer Frau aus dem Süden ist!

Ich besuchte später einige der großen Häuser erneut und fand die Kaufleute nicht fröhlich, sondern wild und entschlossen vor. Es gibt eine beträchtliche Anzahl Iren und Deutscher in Savannah, die alle für die Konföderation sind und für ihre Unterstützung kämpfen werden. Tatsächlich wird erwartet, dass sie dies tun werden, und ihre Arbeitgeber üben einen Druck auf sie aus, dem sie nicht gut widerstehen können. Die Neger werden gezwungen, den Platz einzunehmen, den die Weißen bisher als Arbeiter innehatten – nur wenige brauchbare Handwerker werden bleiben, und die weiße Bevölkerung wird durch eine moralische Krafteinberufung gezwungen sein, in den Krieg zu ziehen. Das Königreich der Baumwolle ist im Wesentlichen von dieser Welt, und es wird energisch darum gekämpft werden. Auf den Kais von Savannah und in den Lagerhäusern gibt es keinen Mann, der daran zweifelt, dass er sein Bestes dafür geben sollte, oder der ein Scheitern befürchtet. Und was für eine Karriere steht ihnen bevor! Die ganze Welt verlangt nach Baumwolle, und England ist davon abhängig. Welch ein Wandel, seit Whitney seine Baumwollentkörnungsmaschine erstmals in diesem Staat in unserer Nähe in Betrieb nahm! Georgia, ein riesiges Land, das nur teilweise zurückgewonnen wurde, blickt dennoch einer großartigen Zukunft entgegen. In seiner Vergangenheit zeigen die Florida-Kriege und die Behandlung der unglücklichen Cherokee-Indianer, die noch 1838 aus ihrem Land vertrieben wurden, dass die Menschen, die von der Bande des alten Oglethorpe abstammten, wild und tyrannisch waren und zur Aggression neigten, und auch die Sklaverei wird sie nicht verbessern. Ich spreche nicht von den kultivierten und gastfreundlichen Bürgern der großen Städte, sondern von der Masse der sklavenlosen Weißen.

3. Mai. – Ich verabschiedete mich von Mr. Green, der mit mehreren seiner Freunde gekommen war, um mich am Endbahnhof oder „Depôt" der Central Railway auf meinem Weg nach Montgomery zu verabschieden – und blickte zum letzten Mal auf Savannah, seine Plätze und grünen Straßen, seine Kirchen und Institute mit dem Gefühl des Bedauerns, dass ich nicht mehr davon sehen konnte und mich mit dem äußeren Anblick der öffentlichen Gebäude zufrieden geben musste. Man hatte mir Ständchen gebracht und mich in alle Richtungen eingeladen, mich gebeten, Plantagen und große Bäume zu besuchen, Ausflüge zu berühmten oder schönen Orten zu machen, und mich besonders gewarnt, den Staat nicht zu verlassen, ohne die Bergregion im Norden und Westen besucht zu haben; aber der Lauf der Ereignisse rief mich nach Montgomery.

Von Savannah nach Macon, 191 Meilen, führt die Straße durch ebenes, nur teilweise gerodetes Land. Das heißt, es gibt immer noch Waldstücke, die in die grünen Felder hineinragen, wo die gezackten schwarzen Zähne der zerstörten Bäume über Mais und Baumwolle ragen. Es waren nur wenige Neger bei der Arbeit zu sehen, und das Land schien auch nicht fruchtbar zu sein, aber man sagte mir, die Eisenbahnlinie sei durch den unfruchtbarsten Teil des Landes verlegt worden. Die Indianer hatten diese Wälder vor kaum mehr als zwanzig Jahren durchstreift – jetzt standen die Holzhütten der

Sklaven der Plantagenbesitzer und das größere Gebäude mit seiner Veranda und der Holzkolonnade an der Stelle ihres Wigwams.

Unter den Passagieren, denen ich vorgestellt wurde, war der Bischof von Georgia, der ehrwürdige Mr. Elliott, ein Mann von außerordentlich stattlicher Erscheinung, großer Statur und schönem Gesicht mit lockerem und anmutigem Auftreten. Doch wir kamen auf das heikle Thema der Sklaverei, und ich war ziemlich empört, als ich einen christlichen Prälaten diese Institution mit biblischen Gründen befürworten hörte.

Diese Affektiertheit, die biblische Sanktion und Verordnung sei die Grundlage der Sklaverei, war mir nicht neu, obwohl sie jenseits des Atlantiks kaum bekannt ist. Ich hatte in einem Werk über die Sklaverei gelesen, dass sie sowohl in der Heiligen Schrift als auch in der Verfassung der Vereinigten Staaten erlaubt sei und daher doppelt richtig sein müsse. Eine Nation, die solche Interpretationen der Heiligen Schrift billigen und gleichzeitig den „New York Herald" lesen konnte, schien als gemeinschaftliche Existenz reif für die Zerstörung. Das *Malum prohibitum* war das einzige Übel, das ihre krassen Sinne erkennen konnten, und das *Malum an sich* war ihr Gut, wenn es nur mit Baumwolle oder Gold überzogen war. Die erbärmlichen Sophisten, die sich mit ihren armseligen Thesen über den göttlichen Ursprung und Nutzen der Sklaverei der Verachtung der Welt aussetzen, sind unendlich verachtenswerter als die elenden Fanatiker, die vor langer Zeit Themen über die Angemessenheit der Hexenverbrennung oder die Notwendigkeit der Inquisition veröffentlichten.

Wann immer die Südstaaten-Konföderation ihre Unabhängigkeit erreichen sollte – ungeachtet ihrer Ressourcen, ihrer Verbündeten oder ihrer Ziele – wird sie in der Frage der Sklaverei dem zivilisierten Europa gegenüberstehen müssen, und die Stärke, die sie aus der Ägide der Verfassung bezog – „dem Bund mit dem Teufel und dem Pakt mit der Hölle" – wird verdorrt und verschwunden sein.

Ich bin mir der Gefahr bewusst, aus den Fenstern einer Eisenbahnlinie voreilige Schlüsse zu ziehen, aber es gibt auch ein Sichtrecht, das unter allen Umständen besteht, und so kann man auf einen Blick feststellen, ob das Gesicht eines Menschen schmutzig ist, als ob man es eine halbe Stunde lang untersucht hätte. Zum Beispiel kann niemand die Beweise seiner Sinne anzweifeln, wenn er aus den Fenstern der Waggons sieht, dass die Kinder barfuß, ohne Schuhe und Strümpfe sind – dass die Menschen, die sich in den Holzhütten und Kneipen der Bahnhöfe versammeln, roh und ungepflegt sind, aber auch großartiges Kampfmaterial – dass die Dörfer elende Orte sind, verglichen mit den gepflegten, gemütlichen Siedlungen, die man in New Jersey aus den Waggonsfenstern sah. Die Sklaven auf den Feldern sahen ziemlich glücklich aus – aber ihre Herren sahen sicherlich rau und unzivilisiert aus – und das Land war nur schlecht gerodet. Aber wir durchquerten die unfruchtbarsten Teile des Staates – eine jüngste Errungenschaft – die erst seit einer Generation gewonnen wurde.

Der Zug hielt an einem gemütlichen kleinen Restaurant mit Laubengängen, umgeben von Spalieren und Gitterwerk und inmitten eines hübschen Gartens, der einen deutlichen Kontrast zu der „Umgebung" darstellte, die wir gesehen hatten. Das Abendessen, das von Sklaven serviert wurde, war gut und nicht teuer. Als ich dem Wirt ein Goldstück als Bezahlung anbot, betrachtete er es angewidert und fragte: „Haben Sie kein Geld aus Charleston? Keine Banknoten der Konföderierten?" „Nein, nein! Warum haben Sie etwas gegen Gold?" „Sehen Sie, ich hätte lieber unsere eigenen Papiere! Ich möchte nichts von dem Gold der Vereinigten Staaten nehmen. Ich will ihre Sterne und Adler nicht; ich kann ihren Anblick nicht ausstehen." Der Mann meinte es ganz aufrichtig – mein Begleiter gab ihm Banknoten einer Bank aus South Carolina.

Es war dunkel, als der Zug Macon erreichte, eine der wichtigsten Städte des Staates. Wir fuhren zum besten Hotel, aber die reguläre Essenszeit war vorbei und die für das Abendessen noch nicht gekommen. Der Wirt wies uns in ein unterirdisches Restaurant, in dem sich eine Reihe von Krypten befanden, die von schmutzigen Vorhängen umschlossen waren, wo wir ein sehr außergewöhnliches Mahl einnahmen, das von einer halb bekleideten kleinen Negerin serviert wurde, die uns beim Essen mit großem Interesse durch die Vorhänge beobachtete – der Service war von der gröbsten Art; dickes französisches Steingut, die Löffel aus Zinn, die Messer und Gabeln aus Stahl oder Eisen, die kaum einen Vorwand boten, gereinigt zu werden. An den Türen hingen die üblichen Warnungen vor Taschendieben und die üblichen internen Polizeivorschriften und Ukas. Taschendiebe und Spieler gibt es in amerikanischen Städten im Überfluss, und sie haben in den großen Hotels und an den Eisenbahnlinien großen Erfolg.

KAPITEL XXII.

Sklavenställe; Neger zum Verkauf oder zur Miete – Stimmung in der Bevölkerung hinsichtlich der Sezession – Beauregard und Reden – Ankunft in Montgomery – Schlechte Hotelunterkunft – Ritter des Golden Circle – Betrachtungen zur Sklaverei – Sklavenversteigerung – Die gesetzgebende Versammlung – Ein „lebendes bewegliches Eigentum" wird versteigert – Gerüchte aus dem Norden (wahr und falsch) und Kriegsaussichten.

4. Mai. — Morgens machte ich eine Fahrt durch die Stadt, die aus freistehenden Häusern besteht und sich über eine sehr hübsche, hügelige Landschaft erstreckt, die mit Wäldern und Obstbäumen bedeckt ist. Viele schöne, strahlend weiße Häuser mit hellgrünen Jalousien, Veranden und Türen stehen auf ihren eigenen Grundstücken oder Gärten. Während der Fahrt sah ich zwei oder drei Schilder und Plakate, die verkündeten, dass „Smith & Co. Geld für Sklaven vorstreckten und ständig Nachschub an virginischen Negern zum Verkauf oder zur Miete hatten". Diese Betriebe waren von hohen Mauern umgeben, hinter denen sich die Sklavenpferche oder großen Räume befanden, in denen die Sklaven zur Inspektion gehalten wurden. Der Zug nach Montgomery fuhr um 9.45 UHR AB , aber ich hatte keine Zeit, anzuhalten und sie zu besuchen.

Wir nähern uns offensichtlich der Hauptstadt der Konföderierten, denn die Kandidaten für die Ämter tauchen auf und in meinem Hotelzimmer entdeckte ich ein gedrucktes Empfehlungsschreiben. Das Land von Macon in Georgia bis Montgomery in Alabama bietet für den Reisenden keine interessanten Besonderheiten, die nicht auch in den bereits beschriebenen Gegenden üblich sind. Es ist zwar hügeliger und etwas malerischer oder weniger unansehnlich, aber insgesamt gibt es wenig, was für es spricht, außer der natürlichen Fruchtbarkeit des Bodens. Die Menschen sind roher, gröber, größer – es wird genauso viel Tabak gekaut und das Gleiche geschieht mit den Folgen – und es wird genauso viel geflucht und Schimpfwörter verwendet. Die Männer sind groß, mager, ungehobelt, aber sie sind keine Bauern. Soweit ich gesehen habe, gibt es in Amerika keine Bauern, keine Landbevölkerung; die Männer kleiden sich gleich und unterscheiden sich nur in feineren oder gröberen Stoffen; jeder Mann würde, wenn er könnte, eine schwarze Satinweste und eine große Diamantbrosche vorne am Hemd tragen, da er sicherlich eine Uhr und eine vergoldete oder goldene Kette irgendeiner Art hat. Der irische Arbeiter oder der deutsche Landwirt kommt unserem Giles Jolter oder dem Jacques Bonhomme, den man in den Staaten findet, am nächsten. Der gemeine Weiße ahmt den Stil des Großbesitzers von Sklaven oder Kapital so genau wie möglich nach; er liest seine Papiere – und nebenbei bemerkt werden sie kleiner und weißbrauner, je weiter wir kommen – und trinkt mit derselben Miene, nimmt ebenso viel Platz ein und spricht ziemlich viel auf dieselbe Weise.

Die Menschen hier sind alle überzeugte Sezessionisten – die Balken und Sterne wehen an den Raststätten und von den Kiefernwipfeln, und Jeff Davis und die Südstaaten-Konföderation werden lautstark bejubelt. Truppen aus den Südstaaten strömen nach Virginia, um den Marsch der Freiwilligen aus den Nordstaaten nach Washington zu beantworten; man hat jedoch das Gefühl, dass die von der Bundesregierung unternommenen Schritte zur Sicherung Baltimores jede Chance auf einen erfolgreichen Widerstand gegen die „Lincolniten", die durch diese Stadt ziehen, zunichte gemacht haben. Die Südstaatler sind stark geneigt zu glauben, dass sie im Norden viele Freunde haben, und sie versuchen, den Handlungen der Regierung einen aufrührerischen Charakter zu verleihen, indem sie die Freiwilligen und die Kriegspartei im Norden „Lincolniten", „Lincolns Söldner", „Schwarze Republikaner", „Abolitionisten" und dergleichen nennen. Der Bericht über einen Waffenstillstand, der jetzt von Mr. Seward offiziell bestritten wird, war einige Zeit im Umlauf, aber es ist klar, dass der Süden seine Worte wahr machen und seine Taten mit dem Schwert rechtfertigen muss. General Scott, so glaubte man, würde sich aus der US-Armee zurückziehen und entweder neutral bleiben oder unter der Flagge der Konföderierten das Kommando übernehmen, aber jetzt, da feststeht, dass er keinen dieser Wege einschlagen wird, wird er von der Presse und in privaten Gesprächen aufs Übelste angegriffen. Gott helfe dem Götzen einer Demokratie!

An einer der Kreuzungen stieg General Beauregard, begleitet von Mr. Manning und anderen aus seinem Stab, in den Wagen und versuchte, nicht beobachtet zu werden, aber die Schaffner haben ein großes Vergnügen daran, prominente Passagiere für die Öffentlichkeit aufzuspüren, und der General wurde von der Menge der Müßiggänger zu einer Rede aufgefordert. Der General hasst es, Reden zu halten, erzählte er mir, und außerdem habe er sich an jedem Bahnhof durch ähnliche Anforderungen zu Tode gelangweilt. Aber ein Mann muss beliebt sein, sonst ist er nichts. Also hielt Gouverneur Manning, das Nächstbeste, eine Rede im Namen des Generals, in der er über die Rechte des Südens, Sumter, den Sieg und die Abschaffung der Sklaverei sprach, und wurde mitten in einem unvollendeten Satz vom Beifall seiner Zuhörer vom Zug weggetragen. Es gab eine Reihe von Schwarzen, die dem Gouverneur zuhörten, und sie waren dankbar dafür.

Gegen Abend schlief ich ein, nachdem ich einige kleine Vorkehrungen gegen zufällige Speichelausbrüche meiner Mitreisenden getroffen hatte. Als ich um 23 UHR AUFWACHTE , hörte ich, dass wir in Montgomery waren. Ein sehr klappriger Omnibus brachte die Gruppe zum Hotel, das überfüllt war. Der General und seine Freunde hatten ein Zimmer für sich. Drei Herren und ich wurden in ein schmutziges Zimmer gezwängt, in dem bereits zwei Fremde untergebracht waren, und da es in dem Apartment nur drei Betten gab, war es offensichtlich, dass wir uns „erheblich zusammentun" sollten; aber nach großen Anstrengungen, ein wenig Bestechung und Überredung gelang es uns, Matratzen zu beschaffen, die wir auf den Boden legen konnten, was von unseren Nachbarn als Beweis für erbärmliche aristokratische Ansprüche angesehen wurde. Wären da nicht die Fliegen gewesen, wären die Flöhe unerträglich gewesen, aber eine Plage neutralisierte die andere. Was das Essen angeht, gab es im Hotel nichts, aber einer der Kellner führte uns in ein Restaurant, wo wir aus einer erlesenen Speisekarte wählten, die, glaube ich, so viele seltsame Gerichte enthielt wie ich noch nie gesehen hatte, einige unbekannte Fische, Austernfischer, Opossums raccoons, frogsund andere Delikatessen, und da wir auf Kröten und dergleichen verzichteten, aßen wir auf schmutzigen Tellern und einer schäbigen Tischdecke wirklich eine gute Mahlzeit, wobei unser Appetit durch die besten Gewürze angeregt wurde.

Colonel Pickett ist hier aufgetaucht. Er war gerade noch rechtzeitig aus Washington geflohen, um einer Verhaftung zu entgehen. Er war verkleidet und zu Fuß durch abgelegene Gegenden gereist, bis er unter Freunde kam.

Als die Schlafenszeit nahte, war ich froh, dass ich nicht unter den Matratzenmännern war. Einer der Herren im Bett nebenan war ein gewaltiger Projektor in der Tabaksaft-Fertigung: Sein letztes Grübeln, bevor er zur Ruhe sank, war ein Meisterwerk der Kunst – eine perfekte flüssige Pyrotechnik, römische Lichter und Sternschnuppen. Während ich starrte und staunte, kam mir ein schrecklicher Gedanke. Für den Fall, dass er in einem entscheidenden Moment seine Aufmerksamkeit auf mich richten sollte! – Ich war nur sieben oder acht Meter entfernt, und das könnte für ihn nichts bedeuten! – zog ich sofort meinen Moskitovorhang herunter und beobachtete ihn, bis er völlig gesättigt einschlief.

5. Mai. — Sehr warm und kein kaltes Wasser, es sei denn, man geht zum Fluss. Die Hotelbäder waren nicht vielversprechend. Dieses Hotel ist schlimmer als Mill's House oder Willard's. Das Füttern und die Fliegen sind unerträglich. Einer aus unserer Gruppe kommt herein und sagt, dass er wegen der Menschenmenge kaum in die Halle kommen konnte und dass alle Leute, die an ihm vorbeigingen, sehr harte, scharfe Knochen hatten. Daraufhin macht er dem Angestellten an der Bar eine Bemerkung, der ihm sagt, dass die besonderen Vorsprünge, auf die er anspielt, je nach Fall Verteidigungs- oder Angriffsgeräte sind, und fügt hinzu: „Ich nehme an, Sie und Ihre Freunde sind die einzigen Leute im Haus, die kein Bowiemesser, keinen Sechsschüsser oder Derringer bei sich haben." Das Haus ist voller Kongressabgeordneter der Konföderierten, Politiker, Oberste und Amtsträger mit oder ohne Posten und eine große Zahl von Spekulanten, Bauunternehmern und dergleichen, die von der aufstrebenden Regierung angezogen werden. Unter den Besuchern sind many filibustersbeispielsweise

Henningsen, Pickett, Tochman und Wheat. [4] Ich höre viel über die Vereinigung der Knights of the Golden Circle, eine protestantische Vereinigung zur Sicherung der Golfprovinzen und -staaten, deren Eingliederung in die Südstaaten-Konföderation - was durch die jüngsten Ereignisse weitgehend begünstigt wurde - und deren Schaffung einer unabhängigen Regierung.

Montgomery kann kaum als Hauptstadt bezeichnet werden. Die Straßen sind sehr heiß, unangenehm und uninteressant. Ich habe selten einen langweiligeren, lebloseren Ort gesehen; im Landesinneren sieht es aus wie eine kleine russische Stadt. Die Namen der Ladenbesitzer deuten auf deutsche und französische Herkunft hin. Ich habe mir ein oder zwei Sklavenmagazine angesehen, die ähnlichen Einrichtungen in Kairo und Smyrna nicht unähnlich sind. Einige der Männer, die an den Türen herumlungern, genießen ein gewisses Maß an Freiheit und kümmern sich nicht um Flucht oder Freiheit, da sie die Schwierigkeiten von beidem nur zu gut kennen.

Es sind nicht die äußeren Aspekte, die die Sklaverei so schmerzhaft machen. Der Beobachter muss Sterne folgen und durch die Gitterstäbe in die Kerker der Gefangenen blicken. Der Zustand eines Schweins im Schweinestall ist im tierischen Sinne alles andere als gut. Gut genährt, überfüttert, geschützt vor den Winden und Stürmen des Himmels, mit Kleidung, Nahrung, Medikamenten, versorgten Kindern, betagten Verwandten und dem Alter selbst beigestanden und beschützt – ist das nicht …? Geh weg von uns, Sklavenphilosoph! Die Stunde kommt, wenn der Metzger sich zum Schweinestall schleicht und das Messer aus der Scheide springt.

Nun gibt es da noch dieses eine Merkmal, wenn man ein ἄ ναξ ἄ νδρων ist, nämlich dass, so schlecht die Menschenrasse auch sein mag, ihrem Anführer eine Art grandioser Charakter verliehen wird. Der Hirsch, der seine Rivalen von seinem Kurs abbringt, ist der größte der Herde; aber ein Mann, der die größte Schafherde treibt, ist nicht besser als derjenige, der die kleinste treibt. Die Herde, die er zwingt, muss aus Menschen bestehen, um das Eigentum zu entwickeln, von dem ich spreche, und so beweist die Überlegenheit des Sklavenhalters in den Methoden und Gewohnheiten des Befehlens, dass der Neger ein Mensch ist. Aber gleichzeitig setzt sich hier das Gesetz durch, das all diese Beziehungen zwischen Mensch und seinen Mitmenschen regelt. Die herrschende Rasse wird für ihre Eleganz, ihren Luxus und ihre Notwendigkeiten von einer anderen Gruppe von Menschen abhängig, die weniger kriegerisch, arrogant und wohlhabend ist. Die armen Leibeigenen rund um die normannische Burg schmieden die Rüstungen, stellen die Möbel her und üben die mechanischen Künste aus, für die sich der Baron und seine

Anhänger zu unwissend und zu stolz sind. Wenn es keine Bevölkerung gibt, die diesen Zweck erfüllen kann, wird ihre Stelle durch eine andere tatkräftige Rasse eingenommen, und der Yankee spielt für den römischen Patrizier die Rolle des kleinen hungrigen Griechen.

Der Süden hat gegenwärtig wenig oder gar keine Industrie, nimmt den Yankees von draußen oder den gemeinen Weißen innerhalb seiner Tore alles ab und verachtet beide. Beide werden durch das Interesse versöhnt. Der eine bekommt von einem sorglosen, verschwenderischen Eigentümer einen guten Preis für seine Industrie und die Früchte seines Einfallsreichtums; der andere hofft, eines Tages so gut zu sein wie sein Herr und sieht den Anfang seines Vermögens im Besitz eines Negers. Es ist ein Glück für unser großes britisches Feuerrad, das unaufhörlich Licht und Wärme in die entlegensten Teile der Welt ausstrahlt – ich hoffe, es brennt nicht schließlich in der Mitte zu einer mattroten Asche nieder –, dass es seine Auswanderer nicht in die Südstaaten schicken musste, da die Auswanderung dort sicherlich bald gestoppt worden wäre. Die Vereinigten Staaten wurden den britischen und irischen Auswanderern durch die freien Staaten – die Nordstaaten und den großen Westen – repräsentiert, und der britische und deutsche Auswanderer, der sich im Süden wiederfindet, ist durch die Nordstaaten dorthin gewandert und ist entweder ein Wanderarbeiter oder hofft, mit etwas Geld in den Norden und Westen zurückkehren zu können, wenn er dort keinen Weg findet, Land und Neger zu besitzen.

Nach dem Abendessen am Hoteltisch, der mit Offizieren überfüllt war und wo ich Mr. Howell Cobb und mehrere Senatoren des neuen Kongresses traf, verbrachte ich den Abend mit Colonel Deas, Quartermaster-General, und einigen seiner Mitarbeiter in ihren Quartieren. Als ich zum Haus ging, einem der freistehenden, villenartigen Residenzen, die in den Städten des Südens so üblich sind, bemerkte ich eine Menge sehr gut gekleideter Neger, Männer und Frauen, vor einem schlichten Backsteingebäude, von dem ich erfuhr, dass es ihr baptistisches Versammlungshaus war, in das Weiße selten oder nie eindringen. Es handelte sich um Hausangestellte oder in Geschäften beschäftigte Personen, und ihr allgemeines Erscheinungsbild deutete auf viel Komfort und sogar Luxus hin. Ich bezweifelte, dass sie alle Sklaven waren. Einer meiner Begleiter ging auf eine junge Frau mit einem Strohhut mit leuchtend rot-grünen Bändern und künstlichen Blumen, einem bunten Paisley-Schal und einem regenbogenartigen Kleid zu, das über ihren gelben Stiefeln von einer gewaltigen Krinoline aufgebauscht wurde, und fragte sie: „Wem gehören Sie?“ Sie antwortete: „Ich gehöre zu Massa Smith, Sir.“ Nun, wir haben in England Männer, die den Pferden „gehören“. Ich bin mir nicht sicher, ob die Amerikaner, im Norden und im Süden, ihre Überlegenheit gegenüber allen Engländern nicht für so feststehend halten, dass sie von ihnen sprechen können, als sprächen sie von minderwertigen Tieren. Heute Abend zum Beispiel war ein galanter junger Südkaroliner, ein gewisser Ransome Calhoun, [5] so freundlich zu sagen, dass „Großbritannien in Todesangst vor Frankreich war und von seinem großen Rivalen erbärmlich unterworfen wurde." Daher kam es zu einer kurzen und erbitterten Kontroverse.

6. Mai. — Ich vergaß zu sagen, dass ich gestern vor dem Abendessen mit einigen Herren und Damen aus der Familie von Mr. George N. Sanders, dem ehemaligen US-Konsul in Liverpool, der jetzt hier ein zweifelhafter Mann ist, der ein Amt bei der Regierung anstrebt und von einem Teil der Presse beschuldigt wird, ein Spion der Konföderierten zu sein – *Porcus de grege epicuri* –, aber ein gelehrtes Schwein, das sich mit dem Wetter auskennt und die Zeichen der Zeit erkennt, Strohhalme fängt und sie nach oben wirbelt, um die Strömungen zu erkennen. Nun, in diesem großen Moment muss ich sagen, dass viel über Eis gesprochen wurde. Dem Norden gehören die gefrorenen Klimazonen; aber man hoffte, dass Großbritannien, dem der Nordpol gehört, die Blockade durchbrechen und Hilfe schicken könnte.

Die Umgebung von Montgomery ist angenehm – waldreich, hügelig, mit vielen Villen, öffentlichen Gärten und einem großen Vorort für Neger und Mulatten. Soweit ich es beurteilen kann, ist es im Süden nicht üblich, Frauen auf Pferden zu sehen, aber auf der Straße hierher begegneten wir mehreren.

Nach dem Frühstück ging ich mit Senator Wigfall zum Kapitol von Montgomery – einem der echten athenisch-yankeeisierten Bauwerke dieses novoklassischen Landes, errichtet an einem Ort, der eines besseren Schicksals und Gebäudes würdig gewesen wäre. Unterwegs begegnete ich an einer offenen Zisterne einem Herrn, der gerade einige lebende Ebenholzschnitzereien an einen kleinen Kreis verkaufte, der mehr Neugier als Geld hatte, denn er reagierte überhaupt nicht auf die energischen Appelle des Auktionators.

Der Anblick war eine schlechte Vorbereitung auf eine Einführung in die gesetzgebende Versammlung einer Konföderation, die auf der Institution als Eckstein des sozialen und politischen Bogens ruht, der sie aufrechterhält. Aber da waren sie, die Gesetzgeber oder Verschwörer, in einem großen Raum mit Bänken und Sitzen und hörten einer Predigt zu, wie sie ein Balfour von Burley seinen Covenanters hätte halten können – entschlossene und massive Köpfe und große Körper – solche Männer, die einen Glauben haben müssen, der sie inspiriert. Und das ist so. Angegriffen von Vernunft, Logik, Argumentation, Philanthropie, Fortschritt, der sich gegen seine besonderen Institutionen richtet, <u>Southerner at last</u> wird er zum Fanatismus getrieben – einem heiligen Glauben, der über jeder Vernunft oder jedem logischen

Angriff auf die Angemessenheit, Gerechtigkeit und Göttlichkeit der Sklaverei steht.

Der Kaplan, ein ehrwürdiger alter Mann, verfluchte lautstark die Köpfe der Feinde und segnete die Waffen und Räte des neuen Staates. Als er fertig war, klopfte Mr. Howell Cobb, ein dicker Mann mit Doppelkinn und sanften Augen, mit seinem Hammer auf den Schreibtisch vor dem Stuhl, auf dem er als Sprecher der Versammlung saß, und das Haus ging zur Arbeit über. Ich konnte mir vorstellen, dass sie bis auf ihre Kleidung den Männern ähnelten, die als erste den großen Aufstand planten, der zur Unabhängigkeit dieses wunderbaren Landes führte – so ernsthaft, so ernst, so nüchtern und so rachsüchtig – zumindest so verbittert gegenüber der Macht, die sie als tyrannisch und beleidigend betrachteten.

Das Wort „Freiheit" fiel in der kurzen Zeit, die für die öffentliche Abwicklung der Geschäfte und das Verlesen der Dokumente zur Verfügung stand, wiederholt; der Kongress konnte es kaum erwarten, mit seiner Arbeit zu beginnen, und Mr. Howell Cobb schlug erneut auf sein Pult und verkündete, dass das Haus in eine „geheime Sitzung" gehe, was bedeutete, dass alle Personen, die nicht Mitglieder waren, die Sitzung verlassen sollten. Ich wurde in das sogenannte Plenum des Hauses eingeführt und bekam einen Delegiertenstuhl, und natürlich ging ich mit den anderen und den enttäuschten Damen und Herren von den Galerien weg, aber eines der Mitglieder, Mr. Rhett, glaube ich, sagte scherzhaft: „Ich denke, Sie sollten Ihren Sitz behalten. Wenn die ‚Times' den Süden unterstützt, akzeptieren wir Sie als Delegierten." Ich antwortete, dass ich befürchtete, nicht als Delegierter für einen Kongress der Sklavenstaaten auftreten zu können. Und tatsächlich war ich sehr bewegt gewesen von der Sklavenauktion, die direkt vor dem Hotel auf den Stufen des öffentlichen Brunnens stattfand und die ich auf meinem Weg zum Kapitol miterlebt hatte. Der Auktionator, ein hässlicher, verlottert aussehender Schurke, hatte seinen „Artikel" auf einer Kiste aus Kiefernholz neben sich liegen – ein kräftiger junger Neger, schlecht gekleidet und schlecht beschuht, der mit all seinen Waren in einem kleinen Bündel in der Hand dastand und auf die kleine und lustlose Ansammlung von Männern blickte, die schnitzend und kauend von der schattigen Straßenseite herübergekommen waren, als sie den Mann dort ausgesetzt sahen. Der sklavische Charakter der Sklaverei in den Staaten macht sie äußerst abstoßend. Wie schade, dass der Nigger nicht polypoid ist – damit er in chunks, and each chunksich selbst reproduzieren könnte, wenn er zerschnitten würde!

Ein Mann auf einem Karren, einige Freiwillige in groben Uniformen, ein paar irische Arbeiter in einem langen Wagen und vier oder fünf Männer in den üblichen schwarzen Mänteln, Satinwesten und schwarzen Hüten bildeten das Publikum, zu dem der Auktionator wortreich sprach: „Ein erstklassiger

Feldarbeiter! Sehen Sie ihn sich nur an – gutmütig, ausgeglichen; keine Spuren, kein Anzeichen von Schlechtem an ihm! Ein Jäger – nur neunhundertfünfzig Dollar für ihn! Das ist ja ganz schön krass! Neunhundertfünfzig Dollar! Ich kann mich nicht entscheiden – Das ist gut. Danke, Sir. Fünfundzwanzig geboten – neunhundertfünfundsiebzig Dollar für diesen überaus nützlichen Arbeiter." Der Preis stieg auf eintausend Dollar, woraufhin der nützliche Arbeiter einem der schwarzen Hüte in meiner Nähe zugeschlagen wurde. Der Auktionator, der Neger und sein Käufer gingen alle zusammen weg, um die Transaktion abzuschließen, und die Menge zog ab.

„Dieser Nigger ist billig geworden", sagte einer von ihnen zu einem Begleiter, als er in den Schatten ging. „Ja, *Sir*! Nigger sind jetzt billig – das ist eine Tatsache." Ich muss zugeben, dass ich mich dabei ertappte, wie ich darüber nachdachte, ob es nicht schön wäre, einen Menschen so uneingeschränkt zu besitzen, wie man ein Pferd besitzen könnte – ihn meinem Willen und meinem Vergnügen unterworfen zu halten, als wäre er ein wildes Tier ohne die Kraft, zu treten oder zu beißen – ihn für mich arbeiten zu lassen – sein Schicksal in meinen Händen zu halten: aber der Gedanke war nur einen Moment lang. Ihm folgte Ekel.

Ich habe Sklavenmärkte im Osten gesehen, wo die Traditionen der Rasse, der Zustand der Familie und die sozialen Beziehungen die Sklaverei von den abscheulichsten Merkmalen befreien, die ihr in den Staaten eigen sind; aber die Verwendung der englischen Sprache bei einer solchen Transaktion und die Vorstellung, dass sie unter einem zivilisierten christlichen Volk stattfindet, riefen in mir ein Gefühl von unaussprechlichem Abscheu und Empörung hervor. Gestern war ich sehr beeindruckt von der Intelligenz, Aktivität und dem Wunsch, einem gutaussehenden farbigen Kellner zu gefallen, der so unbeschwert und hellhäutig wirkte, dass ich mir nicht vorstellen konnte, dass er ein Sklave war. Also fragte ihn einer aus unserer Gruppe, ein Amerikaner: „Was bist du, Junge – ein freier Nigger?" Natürlich wusste er, dass es in Alabama höchst unwahrscheinlich war, dass er diese Frage bejahen konnte. Das Lächeln des jungen Mannes erlosch von seinen Lippen, eine Röte überzog für einen Moment sein Gesicht, und er antwortete in traurigem, leisem Ton: „Nein, Sir! Ich gehöre zu Massa Jackson", und verließ sofort den Raum. Als ich an einem oberen Fenster des Kapitols stand und auf die weite Fläche des waldreichen, gut bebauten Landes blickte, das sich um den Hügel bis zum Horizont erstreckt, musste ich an das Elend und die Grausamkeit denken, die es erfordert haben muss, das Land zu bestellen und die Häuser und Straßen der herrschenden Rasse zu errichten, vor der eine Nationalität farbiger Menschen seit Menschengedenken ausgelöscht wurde. Das Elend und die Grausamkeit des Systems werden durch die Anzeigen für entlaufene Neger und durch die Beschreibung der Stigmata an

ihren Körpern – Peitschenhiebe und Brandzeichen, Narben und Schnitte –
veranschaulicht, obwohl diese hier tatsächlich seltener vorkommen als in den
Grenzstaaten.

Nach meiner Rückkehr besuchte mich der ehrenwerte WM Browne,
stellvertretender Außenminister - ein Kadett aus einer irischen Familie, der
vor einigen Jahren nach Amerika kam und, nachdem er sein Geld bei
Grundstücksspekulationen verloren hatte, seine Feder als Journalist zu Geld
machte und als Zeitungsredakteur in Washington Mr. Buchanans
Schirmherrschaft und Unterstützung gewann. Dort freundete er sich mit den
Herren aus dem Süden an, mit denen er natürlich lieber verkehrte als mit den
Mitgliedern aus dem Norden; und wenn sie ausgingen, ging er mit ihnen
hinüber. Er erzählte mir, dass die Regierung bereits zahlreiche - ich glaube,
er sagte 400 - Briefe von Schiffseignern erhalten hatte, die Kaperbriefe und
Repressalien beantragten. Viele dieser Anträge kamen von Kaufleuten aus
Boston und anderen Seestädten in den Neuenglandstaaten. Er erklärte
weiter, dass der Präsident entschlossen sei, die gesamte Kontrolle über die
Armee und die Ernennung von Kommandeuren aller Offiziersränge selbst
in die Hand zu nehmen.

Es besteht jetzt keine Chance mehr, den Frieden zu bewahren oder diese
großen und wohlhabenden Gemeinschaften vor den Schrecken des Krieges
zu bewahren. Die Menschen im Süden sind, ob zu Recht oder zu Unrecht,
auf Unabhängigkeit und Unabhängigkeit aus, und sie werden bis zum letzten
für ihr Ziel kämpfen.

Die Presse heizt das Feuer auf beiden Seiten an: Es ist schwer zu sagen, ob
sie oder die Telegrafen die meisten Lügen verbreiten; aber die Zeitungen, die
die Telegramme drucken, müssen die Nase vorn haben. Den Südstaatlern
wird erzählt, dass in New York eine Schreckensherrschaft herrscht – dass
das 7. New Yorker Regiment von den Leuten aus Baltimore gefangen
genommen wurde – dass Abe Lincoln immer betrunken ist – dass General
Lee die Höhen von Arlington eingenommen hat und Washington
bombardiert. Die New Yorker werden mit ähnlichen Geschichten aus dem
Süden unterhalten. Das Zusammentreffen des Datums des Gefechts in
Lexington und des Angriffs auf das 6. Massachusetts-Regiment in Baltimore
ist nicht so bemerkenswert wie die Tatsache, dass der erste Mann, der vor 86
Jahren an letzterem Ort getötet wurde, ein direkter Nachfahre des ersten
Kolonisten war, der von den königlichen Soldaten getötet wurde. Baltimore
könnte für den Süden dasselbe tun, was Lexington für alle Kolonien tat.
Kopfrasur, Zwangsdeportationen, Teeren und Federn werden empfohlen
und als Mittel zur Bekehrung von falschen Meinungen übernommen. Der
Präsident der Vereinigten Staaten hat 42.000 Freiwillige in den Dienst der
Bundesregierung gerufen und die reguläre Armee um 22.000 Mann und die
Marine um 18.000 Mann aufgestockt. Wenn der Süden austritt, müsste er

sicherlich einige Yankee-Hoteliers mitnehmen. Dieser „Austausch" ist in einem furchtbaren Zustand – nichts als Lärm, Schmutz, Saufen, Streit.

KAPITEL XXIII.

Kriegserklärung – Jefferson Davis – Gespräch mit dem Präsidenten der Konföderation – Reisepass und Geleitbrief – Die Herren Wigfall, Walker und Benjamin – Kaperei und Kaperbriefe – Empfang bei Jefferson Davis – Abendessen bei Mr. Benjamin.

9. Mai. — Heute enthalten die Zeitungen eine Proklamation des Präsidenten der Konföderierten Staaten von Amerika, in der er den Kriegszustand zwischen der Konföderation und den Vereinigten Staaten erklärt und die Ausgabe von Kaperbriefen und Repressalien ankündigt. Ich ging am Vormittag mit Mr. Wigfall aus, um Mr. Jefferson Davis im Außenministerium meine Aufwartung zu machen. Mr. Seward sagte mir, dass ohne Jefferson Davis die Sezessionspläne nie ausgeführt worden wären. Kein anderer Mann der Gruppe hatte den Verstand oder den Mut und die Geschicklichkeit, sie zu einem erfolgreichen Abschluss zu bringen. Alle Menschen in den Südstaaten sprachen mit Bewunderung von ihm, obwohl ihre Sprech- und Denkweise es ihnen im Allgemeinen verbietet, irgendjemandem Respekt zu erweisen.

Vor mir lag das Außenministerium von Jeff Davis – ein großes Backsteingebäude an einer Straßenecke, über dem eine Flagge der Konföderierten wehte. Die Tür stand offen und führte in eine große, weißgetünchte Halle mit schlicht bemalten Türen, die zu kleinen Räumen führten, in denen die wichtigsten Geschäfte abgewickelt wurden, nach den Namen zu urteilen, die auf Zetteln geschrieben und außen angebracht waren und Büros mit den höchsten Funktionen bezeichneten. Ein paar Angestellte gingen ein und aus, und ein oder zwei Herren standen auf der Treppe, aber im Gebäude war kein Trubel zu spüren.

Wir gingen geradewegs die Treppe hinauf in den ersten Stock, der von Türen umgeben war, die von einer viereckigen Plattform ausgingen. Auf einer dieser Türen stand einfach „Der Präsident". Mr. Wigfall ging hinein, kam nach einem Moment zurück und sagte: „Der Präsident wird sich freuen, Sie zu sehen; treten Sie ein, Sir." Als ich eintrat, war der Präsident mit vier Herren beschäftigt, die ihm ihre Hilfe anboten. Er dankte ihnen „im Namen der Regierung". Er schüttelte jedem die Hand, begleitete sie zur Tür, verbeugte sich und Mr. Wigfall und sagte zu mir: „Mr. Russell, ich freue mich, Sie hier begrüßen zu dürfen, obwohl ich fürchte, Ihr Erscheinen ist ein Zeichen dafür, dass unsere Angelegenheiten nicht ganz gut laufen", oder so ähnlich. Dann bat er mich, mich neben seinen eigenen Stuhl an seinem Bürotisch zu setzen, und sprach dann über allgemeine Angelegenheiten, wobei er auf den Krimkrieg und den Indischen Aufstand einging und Fragen zu Sebastopol, Redan und der Belagerung von Lucknow stellte.

Ich hatte Gelegenheit, den Präsidenten sehr genau zu beobachten: Er machte keinen so positiven Eindruck auf mich, wie ich erwartet hatte, obwohl er ganz anders aussieht als Mr. Lincoln. Er ist wie ein Gentleman – hat eine schlanke, leichte Figur, ist kaum größer als die mittlere Größe und hält sich aufrecht und gerade. Er trug einen rustikalen Anzug aus schieferfarbenem Stoff und hatte ein schwarzes Seidentuch um den Hals. Sein Auftreten ist schlicht und eher zurückhaltend und drastisch. Sein Kopf ist wohlgeformt, mit einer schönen vollen Stirn, eckig und hoch, bedeckt mit unzähligen feinen Linien und Fältchen. Die Gesichtszüge sind regelmäßig, obwohl die Wangenknochen zu hoch und die Kiefer zu hohl sind, um schön zu sein. Die Lippen sind dünn, flexibel und gebogen, das Kinn eckig und gut ausgeprägt. Die Nase ist sehr regelmäßig mit breiten Nasenlöchern. Die Augen liegen tief, sind groß und voll – eines scheint fast blind und ist teilweise mit einem Film bedeckt, der auf quälende Anfälle von Neuralgie und Tic zurückzuführen ist. Wunderbar zu erzählen, er kaut nicht und sieht ordentlich und sauber aus, mit gestutztem Haar und gebürsteten Stiefeln. Sein Gesichtsausdruck ist besorgt, er wirkt sehr hager, sorgenvoll und schmerzgequält, obwohl in seiner Unterhaltung keine Spur von irgendetwas anderem als äußerstem Selbstvertrauen und größter Entschlossenheit zu erkennen war. Er stellte mir einige allgemeine Fragen zu der Route, die ich in den Staaten genommen hatte.

Ich erwähnte, dass ich im Süden große militärische Vorbereitungen gesehen hatte und erstaunt war über die Bereitwilligkeit, mit der die Leute zu den Waffen griffen. „Ja, Sir", bemerkte er, und sein Tonfall und seine Sprechweise sind ziemlich bemerkenswert für das, was als Yankee-Eigenheiten angesehen wird. „In Europa" (Mr. Seward gibt sich ebenfalls dieser Aussprache hin) „lacht man über uns, weil wir eine Vorliebe für militärische Titel und Prunk haben. Alle Ihre Reisenden in diesem Land haben die Anzahl der Generäle, Obersten und Majore in den ganzen Staaten kommentiert. Aber Tatsache ist, dass wir ein militärisches Volk sind, und diese Anzeichen dafür wurden ignoriert. Wir sind nicht weniger militärisch, weil wir keine großen stehenden Armeen hatten. Aber vielleicht sind wir das einzige Volk auf der Welt, wo Herren auf eine Militärakademie gehen, die nicht beabsichtigen, den Waffenberuf zu ergreifen."

Im Laufe unseres Gesprächs bat ich ihn, mir eine Art Pass oder Schutz zu geben, da ich auf meinem Weg nach Norden möglicherweise einem Guerillaführer begegnen könnte, in dessen Augen ich möglicherweise keinen Anspruch auf freies Geleit hätte. Mr. Davis sagte: „Ich werde dem Kriegsminister die erforderlichen Anweisungen geben. Aber, Sir, Sie befinden sich unter zivilisierten, intelligenten Menschen, die Ihre Lage verstehen und Ihren Charakter schätzen. Wir suchen die Sympathie Englands nicht mit unwürdigen Mitteln, denn wir respektieren uns selbst und sind froh, die Kritik der Menschen über unsere Taten zu erregen; was unsere Motive betrifft, so begegnen wir dem Auge des Himmels." Ich glaubte, aus seinen Worten schließen zu können, dass er die höchste Meinung von den Franzosen als Soldaten hatte, dass seine Gefühle und Verbindungen jedoch eher mit England verbunden waren, obwohl er sich durchaus bewusst war, wie schwierig es ist, die Abneigung gegen die Sklaverei zu überwinden.

Mr. Davis erwähnte die Behörden in Washington nicht, fragte mich aber, ob ich glaube, dass in England ein Krieg zwischen den beiden Staaten erwartet werde. Ich antwortete, dass ich den Eindruck gehabt habe, die Öffentlichkeit glaube, es werde keine tatsächlichen Feindseligkeiten geben. „Und dennoch sehen Sie, dass wir gezwungen sind, zur Verteidigung unserer Rechte und Freiheiten zu den Waffen zu greifen."

Als ich eine riesige Menge Papiere auf seinem Tisch sah, stand ich auf und verbeugte mich. Mr. Davis begleitete mich zur Tür, gab mir die Hand und sagte: „Solange Sie bei uns bleiben, werden Sie alle Annehmlichkeiten genießen, die wir Ihnen bieten können, und ich werde mich immer freuen, Sie zu sehen." Colonel Wigfall war draußen und brachte mich in das Zimmer des Kriegsministers, Mr. Walker, den wir mit General Beauregard und zwei anderen Offizieren in einem Raum voller Karten und Pläne eingeschlossen vorfanden. Er ist der Typ Mann, der in unseren Typen normalerweise als „Yankee" dargestellt wird – groß, schlank, glattes Haar, kantig, mit feurigen, impulsiven Augen und einem ebensolchen Benehmen – ein Tabakfresser und ein starker Spucker – ein Anwalt, glaube ich, sicherlich kein Soldat; leidenschaftlich, der Sache ergeben und bis zum Äußersten von ihrem schnellen Erfolg überzeugt.

Die Nachricht, dass zwei weitere Staaten der Konföderation beigetreten waren, womit sie nun insgesamt zehn waren, genügte, um sie in gute Laune zu versetzen. „Ist es nicht zu schlimm, dass diese Yankees uns nicht unseren eigenen Weg gehen lassen und ihre verfluchte Union für sich behalten? Wenn sie uns dazu zwingen, könnten wir gezwungen sein, sie über den Susquehanna hinaus zu vertreiben." Beauregard war bester Laune und maß mit seinem Kompass meilenweit Land ab, als würde er Reiche aufteilen.

Von diesem Zimmer aus begab ich mich in das Büro von Mr. Benjamin, dem Generalstaatsanwalt der Konföderierten Staaten, dem vielleicht brillantesten aller berühmten Redner des Südens. Er ist ein kleiner, kräftiger Mann mit vollem Gesicht, olivefarbenen und ausgesprochen jüdischen Zügen, mit den leuchtendsten großen schwarzen Augen, von denen eines etwas anders aussieht als das andere, und einem lebhaften, lebhaften, angenehmen Wesen, gepaart mit viel Lebhaftigkeit in der Rede und Schnelligkeit in der Rede. Er ist einer der ersten Anwälte oder Advokaten in den Vereinigten Staaten und hatte eine große Praxis in Washington, wo seine jährlichen Einnahmen aus seinem Beruf nicht weniger als 8.000 bis 10.000 Pfund pro Jahr betrugen. Aber seine Liebe zum Kartentisch machte ihn zur Beute älterer und kühlerer Hände, die warteten, bis der Schwamm am Ende der Sitzung voll war, und ihn dann bis zum letzten Tropfen auspressten.

Mr. Benjamin ist der offenste, ehrlichste und herzlichste Konföderierte, den ich bisher kennengelernt habe. In wenigen Sekunden erzählte er mir alles über die Vorgehensweise der Regierung in Bezug auf Kaperschiffe, Kaperbriefe und Repressalien, wahrscheinlich um herauszufinden, was wir in England zu diesem Thema denken. Ich bemerkte, dass der Norden wahrscheinlich ihre Flagge nicht respektieren und ihre Kaperschiffe als Piraten behandeln würde. „Dagegen haben wir ein einfaches Mittel. Für jeden Mann unter unserer Flagge, den die Behörden der Vereinigten Staaten zu exekutieren wagen, werden wir zwei ihrer Leute hängen." „Angenommen, Herr Generalstaatsanwalt, England oder eine der Großmächte, die die Abschaffung der Kaperei beschlossen haben, weigert sich, Ihre Flagge anzuerkennen?" „Wir beabsichtigen, alle Rechte und Privilegien eines unabhängigen souveränen Staates zu beanspruchen und beanspruchen dies auch, und jeder Versuch, uns das volle Ausmaß dieser Rechte zu verweigern, wäre ein Akt der Feindseligkeit gegenüber unserem Land." „Aber wenn England beispielsweise Ihre Kaperschiffe zu Piraten erklären würde?" „So wie die Vereinigten Staaten das auf dem Pariser Kongress festgelegte Prinzip nie anerkannt haben, haben die Konföderierten Staaten dies auch nicht getan. Wenn England es für angebracht hält, Freibeuter unter unserer Flagge zu Piraten zu erklären, wäre dies nichts weiter als eine Kriegserklärung gegen uns, und wir müssen ihr so gut wie möglich begegnen." Tatsächlich schien Herr Benjamin vor nichts Angst zu haben; aber sein Vertrauen in Großbritannien beruhte zweifellos zu einem großen Teil auf seinem festen Glauben an Baumwolle und auf Englands völliger Unterwerfung unter ihre Baumwollinteressen und -produktion. „All diese Zurückhaltung hinsichtlich der Anerkennung einer Sklavenmacht wird sich schließlich auszahlen. Wir hören, dass unsere Kommissare nach Paris weitergereist sind, was so aussieht, als hätten sie in London auf keinerlei Ermutigung gestoßen; aber derzeit sind wir in diesem Punkt ganz beruhigt."

Großbritannien befindet sich also in einer angenehmen Lage. Mr. Seward droht uns mit Krieg, wenn wir den Süden anerkennen, und der Süden erklärt, dass er es als feindseligen Akt auffassen wird, wenn wir seine Flagge nicht anerkennen. Lord Lyons wird gedrängt, der Regierung in Washington zu versichern, dass Großbritannien die Rebellen des Südens unter keinen Umständen anerkennen wird; gleichzeitig weigert sich Mr. Seward jedoch, die geringste Zusicherung zu geben, dass das Recht der Neutralen im bevorstehenden Kampf respektiert wird.

Als ich die Treppe hinunterging, rief mich Mr. Browne in sein Zimmer. Er sagte, der Generalstaatsanwalt und er selbst seien ratlos, in welcher Form Kaperbriefe und Repressalienbriefe ausgefertigt werden sollten. Sie hätten alle Bücher durchgesehen, die sie bekommen konnten, aber keine Beispiele gefunden, die auf ihren Fall zutrafen, und er wollte wissen, ob ich ihm als Anwalt helfen könne. Ich sagte ihm, es sei nicht so sehr meine Rücksicht auf meine eigene Position als Neutraler, sondern vielmehr die vafri inscitia *juris*, die mich daran hindere, Licht in die Sache zu bringen. Es gibt nicht nur Yankee-Reeder, sondern auch englische Firmen, die mit Matrosen und Dampfern für die Konföderiertenregierung bereitstehen, und der Besitzer der Camilla könnte durch die ihm gemachten Angebote versucht sein, sich von seiner Jacht zu trennen.

Levée oder Empfang eingeladen , den Mrs. Davis, die Frau des Präsidenten, veranstaltete, und kehrte ins Hotel zurück, um mich auf den Anlass vorzubereiten. Auf meinem Weg kam ich an einer Kompanie Freiwilliger, einhundertzwanzig Artilleristen und drei Feldgeschützen vorbei, die auf dem Weg zum Bahnhof nach Virginia waren, gefolgt von einer Menge „Bürger" und Negern beiderlei Geschlechts, die lautstark jubelten. Die Band spielte den ausgezeichneten Quickstep „Dixie". Die Männer waren kräftige, feine Kerle, gekleidet in grobe graue Tuniken mit gelben Aufschlägen und französische Mützen. Sie waren mit Musketen mit glattem Lauf bewaffnet, und ihre Tornister waren nicht zum Marschieren geeignet, da sie wasserdichte Taschen waren, die über die Schultern gehängt wurden. Die Gewehre hatten keine Munitionswagen, und die Beschläge der Truppen waren definitiv nicht gut besohlt. Die Zuavenmanie ist hier ebenso weit verbreitet wie in New York, und die kleinsten Kinder werden in weite rote Kniehosen gesteckt, die dem gelehrten Lipsius gefallen hätten, und mit Fahnen und Blechschwertern ausgesandt, um die Autobahnen zu blockieren.

Die bescheidene Villa, in der der Präsident lebt, ist weiß gestrichen – ein weiteres „Weißes Haus" – und steht in einem kleinen Garten. Die Tür stand offen. Ein farbiger Diener nahm unsere Namen auf, und Mr. Browne stellte mich Mrs. Davis vor, die ich gerade noch in der *Demi-Jour* eines mittelgroßen Salons ausmachen konnte, umgeben von einigen Damen und Herren, die ersteren mit Hauben, die letzteren im Cutaway *à la midi* . Der Empfang war frei von jeglicher Staats- oder Zeremoniellgehabe. Mrs. Davis, die von manchen ihrer Freunde „Königin Varina" genannt wird, ist eine hübsche, muntere, fast mütterliche Frau, mit guter Figur und guten Manieren, gut gekleidet, damenhaft und klug, und sie schien bei ihren Mitmenschen sehr beliebt zu sein, obwohl ich einen von ihnen sagen hörte: „Es muss sehr schön sein, die Frau des Präsidenten und die First Lady der Konföderierten Staaten zu sein." Mrs. Davis, die der Präsident CS *in zweiter Ehe heiratete* , übte beträchtlichen gesellschaftlichen Einfluss in Washington aus, wo ich viele ihrer Freunde kennenlernte. Sie war gerade geneigt, wütend zu werden, weil in den Zeitungen ein Bericht stand, dass im Norden eine Belohnung für den Kopf des Erzrebellen Jeff Davis ausgesetzt war. „Sie sind, glaube ich", sagte sie, „zu solchen Taten durchaus fähig." Es waren nicht mehr als achtzehn oder zwanzig Personen anwesend, da jede Gruppe hereinkam und nur für ein paar Augenblicke blieb. Nach einer Weile verbeugte ich mich und zog mich zurück, nachdem ich von Mrs. Davis eine Einladung erhalten hatte, am Abend wiederzukommen, wenn ich den Präsidenten zu Hause antreffen würde.

Bei Sonnenuntergang wurden unter großem Jubel aus den Kanonen vor dem Außenministerium zehn Schüsse abgefeuert, um den Beitritt von Tennessee und Arkansas zur Konföderation zu verkünden.

Am Abend speiste ich mit Mr. Benjamin und seinem Schwager, einem Gentleman aus New Orleans, zu Abend. Colonel Wigfall kam am Ende des Essens dazu. Die Leute französischer Abstammung aus New Orleans oder „Kreolen", wie sie sich selbst nennen, sprechen lieber Französisch als Englisch, und Mr. Benjamins Schwager bemühte sich sehr, sich in unserer Umgangssprache verständlich zu machen. Die Unterhaltung, französisch-englisch, war sehr angenehm, denn Mr. Benjamin war angenehm und lebhaft. Er ist überzeugt, dass die englischen Justizbehörden die Regierung darauf hinweisen müssen, dass die Blockade der südlichen Häfen illegal ist, solange der Präsident sie als Häfen der Vereinigten Staaten bezeichnet. „Derzeit", sagte er, „richtet ihre Blockade auf dem Papier keinen Schaden an; die Saison für den Baumwolltransport ist vorbei; aber im nächsten Oktober, wenn der Mississippi Baumwolle in Tausenden von Ballen schwimmt und alle unsere Kais voll sind, ist es unvermeidlich, dass die Yankees mit diesem Versuch, uns zu zwingen, in Schwierigkeiten geraten." Mr. Benjamin begleitete mich zurück zum Hotel, und wir fanden unser Zimmer voller Tabakrauch, Filibuster und Gespräche vor, an denen wir uns, da wir nicht schlafen konnten, beteiligen mussten. Ich widerstand dem energischen Versuch von Mr. GN Sanders und einem seiner Freunde, mich zu einem Plantagenbesitzer mitzunehmen, der einige Meilen außerhalb von Montgomery einen Biberdamm besaß. Es gelang ihnen, Mr. Deasy festzunehmen.

KAPITEL XXIV.

Mr. Wigfall über die Konföderation – Geplanter Abzug aus dem Süden – Apathie des Nordens und Aktivität des Südens – Zukunftsaussichten der Union – South Carolina und Baumwolle – Die Theorie der Sklaverei – Gleichgültigkeit in New York – Abzug aus Montgomery.

8. Mai. Ich habe versucht zu schreiben, da ich morgen meinen Platz im Dampfer nach Mobile eingenommen habe, und ich musste mein Bestes geben in einem Raum voller Menschen, der ständig von Besuchern gestört wird. Heute Morgen früh kommt mein treuer Wigfall wie üblich herein und setzt sich an mein Bett, fährt mit den Händen durch seine Locken und schüttet seine Ideen mit wunderbarer Klarheit und seltsamer, ihm ganz eigener Logik aus. „Wir sind ein eigenartiges Volk, Sir! Sie verstehen uns nicht und können uns nicht verstehen, weil Sie uns nur den Schriftstellern und Zeitungen des Nordens kennen, die selbst nichts über uns wissen oder das, was sie wissen, falsch darstellen. Wir sind ein landwirtschaftliches Volk; wir sind ein primitives, aber zivilisiertes Volk. Wir haben keine Städte – wir wollen sie nicht. Wir haben keine Literatur – wir brauchen noch keine. Wir haben keine Presse – wir sind froh darüber. Wir brauchen keine Presse, weil wir rausgehen und alle öffentlichen Fragen von Anfang an mit unseren Leuten diskutieren. Wir haben keine Handelsmarine – keine Kriegsmarine – wir wollen sie nicht. Ohne sie geht es uns besser. Ihre Schiffe transportieren unsere Produkte, und Sie können Ihre eigenen Schiffe schützen. Wir wollen keine Manufakturen: wir wollen keinen Handel, keine mechanische oder Manufaktur. Solange wir unseren Reis, unseren Zucker, unseren Tabak und unsere Baumwolle haben, können wir über den Reichtum verfügen, um alles, was wir wollen, von den Nationen zu kaufen, mit denen wir befreundet sind, und außerdem Geld anzulegen. Aber mit den Yankees werden wir nie Handel treiben – niemals. Nicht ein Pfund Baumwolle wird jemals aus dem Süden in ihre verfluchten Städte gelangen; nicht eine Unze ihres Stahls oder ihrer Manufakturen wird jemals unsere Grenze überqueren." Und so weiter. Was der Senator, der einen Gesetzentwurf zur Einberufung der Bevölkerung in die Armee vorbereitet, befürchtet, ist, dass der Norden aktive Operationen beginnen wird, bevor der Süden zum Widerstand bereit ist. „Geben Sie uns bis November Zeit, unsere Männer auszubilden, und wir werden unaufhaltsam sein." Er missbilligt jede Angriffsbewegung und ist gegen einen Angriff auf Washington, den viele Zeitschriften hier befürworten.

Mr. Walker schickte mir einen Brief, in dem er mich allen Offizieren der Konföderierten Staaten empfahl, und ich erhielt eine Einladung des Präsidenten, morgen mit ihm zu Abend zu essen, die ich leider ablehnen musste. Tatsächlich ist es äußerst wichtig, meine Südstaatentour schnell abzuschließen, da der gesamte Postverkehr aus dem Süden bald eingestellt wird und die Blockade jede Seeverbindung effektiv abschneidet. Schienen sind herausgerissen, Brücken zerstört, Telegrafenanlagen kaputt – Züge durchsucht – der Krieg hat begonnen. Der Norden schickt seine Heerscharen in die Schlacht und hat die Lobgesänge der siegreichen Charlestoner mit einem allgemeinen Schrei der Empörung und einem Racheschwur beantwortet.

In einem Brief, den ich wenige Tage nach meiner Ankunft (27. März) schrieb, drückte ich meine Überzeugung aus, dass der Süden niemals wieder in die Union zurückkehren würde. Der Norden glaubt, er könne den Süden zwingen, und ich bin nicht bereit zu sagen, ob sie Recht haben oder nicht; aber ich bin überzeugt, dass der Süden nur durch eine Eroberung zurückgedrängt werden kann, wie sie Polen Russland zu Füßen legte. Es mag sein, dass der Norden eine solche Eroberung durchführen kann, aber der Erfolg muss die Union in ihrer bisherigen Form zerstören. Eine starke Regierung muss die logische Konsequenz des Sieges sein, und der Triumph des Südens wird ein ähnliches Ergebnis mit sich bringen, dem viele Südstaatler in der Tat sehr wohlgesonnen sind. Für die Menschen der Konföderierten Staaten wäre eine solche Angelegenheit kein Grund zur Beunruhigung, denn es scheint mir, dass sie sich nach einer starken Regierung sehnen. Der Norden muss sie akzeptieren, ob es ihm gefällt oder nicht.

Keine der beiden Parteien – wenn man diesen Begriff auf den Rest der Vereinigten Staaten und auf jene Staaten anwenden kann, die die Autorität der Bundesregierung ablehnen – war auf die Angriffs- oder Widerstandsmacht der anderen vorbereitet. Die Konföderierten Staaten erkennen bereits, dass sie nicht alles mit einem Schlag überwältigen können, während der Norden gelernt hat, dass er seine ganze Kraft einsetzen muss, um zumindest einen Teil seiner kürzlich geäußerten Drohungen wahr zu machen. Aber die Montgomery-Regierung ist bestrebt, Zeit zu gewinnen und eine reguläre Armee aufzustellen. Der Norden, abgelenkt durch die Befürchtung einer großen Störung seiner komplizierten Beziehungen, fordert lautstark sofortiges Handeln und eine rasche Vollendung. Die Ratschläge der gemäßigten Männer, wie sie genannt wurden, wurden völlig überstimmt.

Die Grundlage, auf der South Carolina ruht, ist Baumwolle und eine gewisse Menge Reis. Oder vielmehr, es baut sein ganzes Wirtschaftssystem auf den Bedarf auf, der in Europa an diesen Produkten seines Bodens besteht, da es glaubt und behauptet, dass England und Frankreich nicht ohne sie auskommen können und wollen. Baumwolle ohne Markt ist nur eine flockige Masse, die den Boden belastet. Reis ohne Nachfrage ist unverkäufliches Getreide im Lager und auf dem Feld. Baumwolle für zehn Cent pro Pfund bedeutet grenzenlosen Wohlstand, Macht und Überlegenheit, und Reis oder Getreide müssen nicht länger berücksichtigt werden.

In Sachen Sklavenarbeit argumentiert South Carolina ungefähr folgendermaßen: England und Frankreich (sagt sie) brauchen unsere Produkte. Um ihren Bedarf zu decken, müssen wir unseren Boden bebauen. Dafür gibt es nur einen Weg. Der weiße Mann kann zu bestimmten Jahreszeiten nicht auf unserem Land leben; er kann nicht so arbeiten, wie es die Ernte erfordert. Er muss daher eine Rasse beschäftigen, die für diese Arbeit geeignet ist, und das ist eine Rasse, die nur arbeiten wird, wenn sie dazu gezwungen wird. Diese Rasse wurde von unseren Vorfahren mit der Sanktion des Gesetzes aus Afrika importiert, als wir eine britische Kolonie waren, und sie wurde von uns gefördert, so dass ihre Vermehrung hier so groß war wie die der blühendsten Völker der Welt. An anderen Orten, wo ihre Arbeit nicht produktiv oder unbedingt notwendig war, wurde diese Rasse freigelassen, manchmal mit verheerenden Folgen für sie selbst und für die Industrie. Aber wir werden sie nicht freilassen. Das können wir nicht. Wir sind der Ansicht, dass die Sklaverei für unsere Existenz als Produzenten dessen, was Europa braucht, unverzichtbar ist; mehr noch, wir behaupten, dass sie im Prinzip abstrakt richtig ist; und einige von uns gehen so weit, zu behaupten, dass die einzig richtige Gesellschaftsform, gemäß dem Gesetz Gottes und den Erfordernissen des Menschen, die ist, die auf Sklaverei basiert. Was den Sklaven betrifft, so ist er in seinem Zustand der Knechtschaft weitaus glücklicher, zivilisierter und religiöser, als er es ist oder sein könnte, wenn er frei wäre oder in seiner Heimat Afrika. Für dieses System werden wir bis zum Ende kämpfen.

Am Abend machte ich Abschiedsbesuche und verbrachte eine Stunde mit Mr. Toombs, der zweifellos einer der originellsten, eigenartigsten und ernsthaftesten Führer des Südens ist und dessen Beredsamkeit und Schlagfertigkeit von seinen Landsleuten hoch geschätzt werden. Er ist so etwas wie ein Anglomaniker und ein Anglophobist – eine Kombination, die in Amerika nicht ungewöhnlich ist – das heißt, er ist stolz darauf, mit angesehenen englischen Familien verwandt zu sein und von ihnen abzustammen, und bewundert unsere gemischte Verfassung, während er ein Feind der sogenannten englischen Politik ist und ein starker Befürworter der Sklaverei. Wigfall und er sind sehr beunruhigt über die knappe Versorgung mit Schießpulver in den Südstaaten und die Schwierigkeit, es zu bekommen.

Abends gab es wie zuvor ein kleines Treffen im Schlafzimmer. – Mr. Wigfall, Mr. Keitt, ein bedeutender Politiker aus dem Süden, Col. Pickett, Mr. Browne, Mr. Benjamin, Mr. George Sanders und andere. Der letztgenannte Herr wurde von seinem Posten in Liverpool entlassen oder abberufen, weil er mit Mazzini und anderen roten Republikanern *à ce qu' on dit fraternisierte* . Hier ist er ein Sklave und ein Freund einer Oligarchie. Ihr

„Menschenrechts"-Mann ist oft höchst inkonsistent mit sich selbst und wird im Allgemeinen mit Männern der Gewalt und Gewalttätigkeit in Verbindung gebracht.

9. Mai. — Mein treuer Wigfall war so freundlich, früher zu kommen, um mir einige Kommentare zu meinen Briefen in der „New York Times" zu zeigen. Offenbar sind die Zeitungen verärgert, weil ich sagte, New York sei apathisch gewesen, als ich landete, und sie versuchen zu beweisen, dass ich Unrecht hatte, indem sie zeigen, dass es nach der Nachricht vom Fall von Sumter einen „glorreichen Ausbruch von Unionsgefühlen" gab. Aber ich weiß jetzt, dass die Regierung in Washington genau die Apathie empfand, von der ich sprach, und dass sie für sie äußerst schwächend und peinlich war. Was wäre der Wert des „glorreichen Ausbruchs" nicht gewesen, wenn er stattgefunden hätte, *bevor* die Charleston-Batterien Sumter beschossen hatten – als zum Beispiel auf die Bundesflagge geschossen wurde, die auf der „Stern des Westens" wehte, oder als Beauregard die Versorgung abschnitt, oder Bragg Pickens bedrohte, oder die erste Schaufel Erde in feindlichen Batterien ausgehoben wurde? Aber nein! New York war damals damit beschäftigt, die Rechte der Staaten zu diskutieren und Artikel zu lesen, die beweisen sollten, dass die neue Regierung Verräter wäre, wenn sie versuchen würde, die Festungen der Union zu verstärken, oder es wurden Leitartikel gelesen, die die Südstaatenregierung befürworteten. Vielleicht erinnern sie sich an einen Artikel, der noch nicht so viele Wochen alt ist, in dem der „New York Herald" Jeff Davis und sein Kabinett mit dem „Great Rail Splitter" und Seward und Chase verglich und zu dem Schluss kam, dass erstere „Gentlemen" waren – (ein Punkt, über den man nicht richtig urteilen kann) – „und Erfolg haben würden und sollten". Der glorreiche Ausbruch des „Unionsgefühls", der die Redaktion des „Herald" zu zerstören drohte, hat eine höchst wunderbare Veränderung in den Ansichten des Eigentümers bewirkt, dessen vielseitiger Blick nun ausschließlich auf die Schönheiten der Union gerichtet ist und dessen Glaube sich in „einer herzlichen Verbundenheit mit der Regierung unseres Landes" ausdrückt. New York muss die Strafe für seine Gleichgültigkeit zahlen und die Konsequenzen tragen, wenn man auf solche Ratgeber hört.

Mr. Deasy kam in sehr heruntergekommenem Zustand gegen zwölf Uhr von seinem Plantagenbesitzer zurück, der betrunken war, als er hinüberkam, und ihn nicht zum Biberdamm gehen lassen wollte. Um ihn zu trösten, blieb der Plantagenbesitzer die ganze Nacht wach, trank und weckte ihn in Abständen, damit er ihn mit einem Glas Whisky erfrischen konnte. Dieser Mann war wohlhabend, besaß Land und einen guten Sklavenbestand, aber er muss ein „gemeiner Weißer" gewesen sein, der es in der Welt getrieben hatte. Er lebte in einer Holzhütte mit drei Zimmern, und in einem der Zimmer hielt er seine Frau vor den Blicken von Fremden verborgen. Einer seiner Neger war krank, und er brachte Deasy zu ihm. Das Ergebnis seiner Untersuchung war: „Nigger! Ich schätze, Sie werden nicht länger als eine Stunde leben." Seine Diagnose war völlig richtig.

Vor meiner Abreise hatte ich noch einen kleinen Abschiedsempfang – Mr. Toombs, Mr. Browne, Mr. Benjamin, Mr. Walker, Major Deas, Colonel Pickett, Major Calhoun, Captain Ripley und andere – die mir mit Empfehlungsschreiben und Dienstangeboten außerordentlich freundlich entgegenkamen. Wir aßen wie üblich um drei Uhr ein gemischtes Abendessen – südländisches Fleisch und Geflügel – und fuhren um vier UHR NACHMITTAGS hinunter zu den steilen Ufern des Alabama River, wo der burgähnliche Rumpf der „Southern Republic" auf uns wartete. Ich verabschiedete mich ohne Bedauern von Montgomery. Die Einheimischen waren nicht sehr anziehend, und die Stadt hat nichts, um ihren Mangel auszugleichen, aber an meine Freunde dort werde ich immer angenehme Erinnerungen behalten, und ich hoffe wirklich, dass ich eines Tages mein Versprechen halten kann, zurückzukehren und mehr von den konföderierten Ministern und ihrem Chef zu sehen.

KAPITEL XXV.

Der Alabama-Fluss – Dampferreise – Selma – Unser Kapitän und seine Sklaven – „Fliegende" Sklaven – Glücksvorstellungen der Neger – Mobile – Hotel – Die Stadt – Mr. Forsyth.

Das Schiff war nichts weiter als ein riesiges Holzhaus mit drei Stockwerken, das auf einem Ponton schwamm, der die Maschine trug. Im zweiten Stock befand sich ein Speisesaal oder Salon, umgeben von Schlafkojen, und im Obergeschoss eine Reihe kleinerer Räume. Auf dem Metalldach befand sich ein „Musikinstrument" namens „Calliope", das wie ein Klavier mit Tasten gespielt wurde und auf Hebel und Ventile wirkte, wodurch Dampf in Metallbecher geleitet wurde, wo er die erforderlichen Töne erzeugte – hoch, volltönend und auf mäßige Entfernung nicht unangenehm. Es sind 417 Meilen bis Mobile, aber zu dieser Jahreszeit kann der Dampfer eine gute Geschwindigkeit beibehalten, da an den Anlegestellen nur sehr wenig Baumwolle oder Fracht an Bord genommen werden kann und der Strom voll ist.

Der Fluss ist etwa 200 Yards breit und hat die Farbe von Schokolade und Milch. Seine hohen, steilen, bewaldeten Ufer erheben sich so weit über die Wasseroberfläche, dass eine Person auf dem Oberdeck der hoch aufragenden Southern Republic keinen Blick auf die Felder und das Land dahinter erhaschen kann. Hohe Ufer und Steilufer erheben sich bis zu einer Höhe von 150 oder sogar 200 Fuß über dem Fluss, dessen Breite so gleichmäßig ist, dass der Alabama wie ein Kanal aussieht, der nur durch plötzliche Biegungen und schnelle Kurven unterbrochen wird. Die Oberfläche ist mit Massen von Treibholz, ganzen Bäumen und kleinen Inseln aus Ästen bedeckt. Ab und zu warnt ein scharfer, schwarzer, fangartiger Vorsprung, der steif in der Strömung steht, vor einem Hindernis, aber der Steuermann, der den gesamten Flusslauf von einem erhöhten Haus mittschiffs auf dem Oberdeck aus beherrscht, kann diese rechtzeitig sehen. Und nachts werden Kiefernzweige in eisernen Fackeln am Bug angezündet, um das Wasser zu beleuchten.

Der Kapitän, dem es nicht wichtig war, ob man seinen Namen Maher, Meaher oder Meagher (*les trois se disent*) schrieb, war offenbar ein Charakter – vielleicht sogar ein guter. Einer mit grauen Augen voller List und etwas Humor, markanten Gesichtszügen und einem sehr keltischen Mund, im Kerry-Stil. Er schloss sich mir bald an und beglückte mich mit einigen wunderbaren Geschichten, von denen ich hoffe, dass er nicht so dumm war, anzunehmen, dass ich sie glaubte. Eine davon handelte von einer groß angelegten Vernichtung und Massaker an Indianern und er erzählte sie mit sichtlichem Elan. Er zeigte auf eine der Steilküsten und sagte, dass sich vor etwa dreißig Jahren sämtliche Indianer der Gegend von den Weißen umzingelt an diese Stelle begeben hätten und dort ohne Fluchtmöglichkeit geblieben seien, bis sie völlig verhungert seien. Also schickten sie jemanden hinunter, um zu erfahren, ob die Weißen sie gehen ließen, und man einigte sich darauf, ihnen zu erlauben, in Booten den Fluss hinunterzufahren. Als der Tag kam und sie alle auf dem Wasser waren, kamen die Weißen dem Bootsmassaker von Nana Sahib in Cawnpore zuvor und töteten die hilflosen Rothäute. Viele Hunderte kamen dabei um, und die ganze Angelegenheit wurde sehr gutgeheißen.

Der Wert des Landes an den Ufern dieses Flusses ist enorm, da es neun bis elf Ballen Baumwolle pro Acre liefert – bei den gegenwärtigen Preisen 10 *Pfund* pro Ballen. Die einzigen Beweise für diesen Reichtum, die wir sehen konnten, waren die Baumwollschuppen auf den Ufern und Holzrutschen mit Stufen auf jeder Seite hinunter zu den Anlegestellen, die so konstruiert waren, dass die Baumwollballen an Bord des Schiffes geschossen werden konnten. Diese Rutschen und Treppen sind im Allgemeinen durch ein Bretterdach geschützt und führen in unbekannte Regionen, die von Nigger und ihren Herren bewohnt werden, wobei letztere alle über Politik reden. Sie werden nie erobert werden können und werden nie erobert werden – nichts auf der Welt könnte sie dazu bewegen, in die Union zurückzukehren. Sie werden jeden Baumwollballen verbrennen und jedes Haus in Brand setzen und jedes Feld und Gehöft verwüsten, bevor sie sich den Yankees ergeben. Und so reden sie stundenlang beim Schimmern schlechter Zigarren.

Das Boot wird geschickt gesteuert – wenn es sich einem Anlegeplatz nähert, wird das Ruder hart umgelegt, zum Kreischen der Dampfleitung und den wilden Klängen von „Dixie", die aus den Kehlen der Windorgel dringen, und wenn die Maschinen abmontiert werden, wird ein Rad nach vorne und das andere nach hinten bewegt, so dass es bald stromaufwärts dreht und dann sanft zum Flussufer gepaddelt wird, wo es gerade noch durch Dampf oben gehalten wird – das Brett wird an Land gezogen, und die wenigen Passagiere, die ein- oder aussteigen, werden auf ihrem Weg von den Flammen eines Kiefernholzes in einem Eisenkorb beleuchtet, der an einer langen Stange über dem Bug schwingt. Dann sehen wir sie die Stufen hinauf in die schwarze Dunkelheit verschwinden oder immer klarer herunterkommen, bis sie im vollen Licht des Leuchtfeuers stehen, das dunkle Schatten auf das gelbe Wasser wirft. Die Luft glitzert von Glühwürmchen, die die Dunkelheit mit Flecken und Flammenpunkten übersäen, gerade wie Funken durch die Glut von Zunder oder halb verbranntem Papier fliegen.

Einige der Anlegestellen waren bei weitem wichtiger als andere. An manchen gab es zum Beispiel eine Eisenbahn, die mit Winden das Ufer hinuntergeführt wurde, um Güter hochzuziehen; an anderen sprangen die Neger halbnackt an Land, stürzten sich auf Stapel von Brennholz und warfen es an Bord, um die Maschine zu befeuern, die völlig unbedeckt und zum Unterdeck hin offen war und die Dunkelheit durch das grelle Licht der Heizlöcher erhellte, die unaufhörlich „Gib her, gib her!" schrien, während die Neger unaufhörlich die Kiefernbalken in ihre hungrigen Mäuler schoben. Ich konnte verstehen, wie leicht ein Dampfer „abbrennen" kann und wie hoffnungslos eine Flucht unter solchen Umständen wäre. Das gesamte Gerüst des Schiffes besteht aus der leichtesten harzigen Kiefer, so roh, dass das Terpentin durch die Farbe sickert; der Rumpf ist nur eine Hülle. Wenn das Schiff einmal Feuer fing, konnte man nur wenden und ans Ufer fahren, in der Hoffnung, dort lange genug zu bleiben, damit die Menschen in die Bäume flüchten konnten. Wäre das Schiff aber nicht in der Nähe einer Anlegestelle, würden viele ums Leben kommen. Da das Ufer steil abfällt, kann das Schiff nicht auf Grund laufen. An manchen Stellen stehen die Bäume 2,5 bis 3 Meter tief im Wasser. Ein paar Minuten genügten, um das Schiff vom Bug bis zum Heck in Flammen zu setzen. Wäre Baumwolle an Bord, würden die Ballen fast wie Pulver brennen. Die Szene wiederholte sich bei jeder Anlegestelle mit wenigen Abweichungen zehnmal, bis wir um 23:30 Uhr in 177 Kilometer Entfernung Selma erreichten.

Selma, das durch eine Eisenbahn mit den Flüssen Tennessee und Mississippi verbunden ist, ist auf einer steilen, hohen Klippe gebaut, und die Lichter in den Fenstern und die hohen Hotels über uns erinnerten mich an die Altstadt von Edinburgh, von der Princes Street aus gesehen. Neben uns befand sich ein riesiger, stockwerkartiger Kai, so dass unsere Passagiere von jedem beliebigen Deck aus an Land gehen konnten. Hier wurde Mr. Deasy von einer Krankheit heimgesucht, und der Gedanke, seine Reise ohne die Möglichkeit medizinischer Hilfe fortzusetzen, beunruhigte ihn, und er ging an Land.

10. Mai. — Die Kabine eines dieser Dampfer lädt im Monat Mai nicht zum Schlafen ein. Die Holzbalken der Maschinen creak and scream „verbrauchen" sich, und die großen Maschinen selbst pulsieren, als wollten sie ihre dünnen, pulsierenden Kiefernholzdecken durchbrechen — und die Pfeife ertönt, und die Dampforgel kreischt unaufhörlich „Dixie". Als ich also aufgestanden und angezogen war, war das Frühstück vorbei, und ich hatte Gelegenheit, die Sklaven an Bord zu sehen, männlich und weiblich, die als Stewards und Stewardessen fungierten, bei ihrem Frühstück, das sie mit viel guter Laune und Anstand einnahmen. Sie waren hübsch gekleidet — sauber und ordentlich. Ich musste mir eingestehen, dass ihre Ashantee-Großväter und -Großmütter oder ihre Kroo- und Dahomey-Vorfahren sicherlich weniger bequem und gut gekleidet waren und dass diese Sklaven andere soziale Vorteile hatten, obwohl ich die Aussage des Bischofs von Georgia nicht nachvollziehen konnte, dass aus der Sklaverei die einzige Hoffnung und die einzige Maschinerie für die Evangelisierung Afrikas kommen müsse. Ich muss gestehen, dass ich auf den Einfluss der Stewards und Stewardessen bei der Christianisierung der Schwarzen nicht viel geben würde.

Der Fluss, die Landschaft und die Szenerien waren genau dieselben wie gestern – hohe Ufer, Baumwollrutschen, Holzstationen, Schilfrohr – und eine sehr elende Negerbevölkerung, wenn die Frauen und Kinder an den Anlegestellen die Masse der Sklaven angemessen repräsentierten. Sie standen in starkem Kontrast zu den bequemen, gut gekleideten Haussklaven an Bord, und man kann sich gut vorstellen, dass es einen großen Unterschied zwischen den Klassen gibt und dass diejenigen, die zur Arbeit auf den offenen Feldern verurteilt sind, außerordentlich leiden müssen.

Ein Passagier erzählte uns die Geschichte des Kapitäns. Eine Anzahl Plantagenbesitzer, darunter auch der Erzähler, spendeten jeweils tausend Dollar, um ein Schiff zu bauen, das eine Ladung Sklaven transportieren sollte, unter der Bedingung, dass sie so und so viel für das Schiff zahlen sollten, und so und so viel pro Kopf, wenn es erfolgreich war, und so und so viel, wenn es gekapert wurde oder verloren ging. Das Schiff machte sich auf die Reise zur Küste, war mit einheimischen Afrikanern beladen und tauchte zu gegebener Zeit vor Mobile auf. Der Steuereinnehmer hörte von ihm, aber seltsamerweise war der Sheriff zu dieser Zeit nicht da, der US-Marshal war weg, und da das Schiff am nächsten Morgen nicht zu sehen war, konnte man davon ausgehen, dass es den Fluss hinaufgefahren war oder sonst wohin. Aber es geschah, dass Kapitän Maher, der damals einen Flussdampfer namens Czar kommandierte (ein Name, der einst sehr passend für diese Arbeit war, seit der Befreiung der Leibeigenen aber eher fehl am Platz), sich gegen Einbruch der Nacht in der Nähe der Brigg befand; am nächsten Morgen lag die Czar tatsächlich an ihrem Liegeplatz im Fluss; Aber Kapitän Maher wurde reich, er ließ edle Neger auf seinem Land laufen, kaufte neue Felder und baute schließlich die „Südliche Republik" auf. Die Plantagenbesitzer fragten ihn nach ihrem Anteil an den Sklaven. Kapitän Maher lachte freundlich; er verstand nicht, was sie meinten. Wenn er etwas Unrechtes getan hatte, hatten sie ein Rechtsmittel. Sie waren völlig geschlagen; denn sie konnten sich in einem Fall, der sie der Todesstrafe aussetzte, nicht an die Gerichte wenden. Und so gab ihnen Kapitän Maher aus Gnade ein paar alte Neger und behielt den Rest der Ladung.

Es war der Mühe wert, das Grinsen zu sehen, mit dem er sich diese Geschichte über sich selbst anhörte: „Aber jetzt mal! Du glaubst, die Nigger, die ich an Bord habe, kämen aus Afrika? Ich werde es dir zeigen. Komm einfach her, Bully!" Ein etwa zwölfjähriger Junge, kräftig, fett und fast nackt, kam auf uns zu. Er hatte eine tiefschwarze Hautfarbe, sein Fell war dicht wie Filz, seine Wangen waren mit regelmäßigen parallelen Narben übersät und seine Zähne waren sehr weiß, sie sahen aus, als wären sie spitz gefeilt worden, sein Bauch war leicht vorgewölbt und seine Brust war mit den Spuren von Tätowierungen übersät.

„Wie heißen Sie, Sir?"

„Mein Name ist Bully."

"Wo wurden Sie geboren?"

„Ich bin in Sout Karliner geboren, Sar!"

„Da sehen Sie, er wurde nicht aus Afrika geholt", rief der Kapitän wissend. „Ich habe eine Menge dieser schwarzen Nigger aus Südkarolinen an Bord, nicht wahr, Bully?"

„Ja, Sar."

„Bist du glücklich, Bully?"

„Ja, Sar."

„Zeigen Sie, wie glücklich Sie sind."

Hier rieb sich der Junge den Bauch, grinste erfreut und sagte: „Lecker! Lecker! Der Bauch ist richtig voll."

„Das nenne ich einen richtig glücklichen, gefühlsbetonten Kerl", sagte der Kapitän. „Ich schätze, es gibt viele in Ihrem Land, die sich nicht auf *den* Bauch klopfen und sagen können: ‚Lecker, lecker, der Bauch ist voll?'"

„Woher hat er diese Flecken im Gesicht?"

„Ach, die? Wall, das ist eine Methode dieser Niggerfrauen, ihre Kinder zu kennzeichnen, damit sie sie erkennen, nicht wahr, Bully?"

„Ja, Sir! Das nehme ich an!"

„Und auf seiner Brust!"

„Wall, ich glaube wirklich, dass das Anzeichen für Pocken sind."

„Warum sind seine Zähne gefeilt?"

„Ach, da ist es ja! Das hättest du nie erraten; Bully hat das selbst gemacht, damit er leichter in sein Essen beißen konnte."

Tatsächlich waren der Junge und ein großer Teil der Arbeitskräfte das Ergebnis von Kapitän Mahers kleiner Segeltour auf der Czar.

„Wir sind gezwungen, sie manchmal reinzulassen, um das Gleichgewicht gegenüber den Nigger zu wahren, denen man in Canaydy begegnet."

Von 1848 bis 1852 wurden keine Sklaven gehalten, aber seit der Einwanderung nach Kanada und den Gesetzen zur persönlichen Freiheit hat es sich als rentabel erwiesen, sie zu halten. Diese Südstaatler haben eine bukolische Wildheit an sich, die ihnen im Kampf eine gute Stütze sein wird. Wie hätten die Spartaner gegen jeden Barbaren gekämpft, der gekommen wäre, um ihre Sklaven zu befreien, oder wie hätten die Römer diejenigen vernichtet, die Sklaven und Gläubiger gleichzeitig freiließen!

Heute Abend veranstaltete ein Enthusiast auf dem Unterdeck zwischen Holzbündeln und Fässern einen Tanz der Neger, um zu zeigen, wie „glücklich sie waren". Das ist das Lieblingsthema der Südstaatler. Der galante Kapitän Maher wird ganz beredt, wenn er auf Bullys berühmtes „Leckerli" verweist und über seine elende Lage spricht, wenn er den unsicheren Chancen, solche Entwicklungen in seinem Heimatland zu erreichen, ausgesetzt gewesen wäre. Dann dreht er ein Pfund um und sagt, als würde er einen heiligen Refrain zur universellen Hymne des Südens anstimmen: „Ja, Sir, sie sind die glücklichsten Menschen auf der Erde!"

Es gab einen Geiger und auch einen Banjospieler, die zu den plumpsten Tänzen ungehobelte Musik spielten, die mit dem schlechtesten irischen Jig zu vergleichen beleidigend wäre, und die Männer schlurften und schnitten mit enormer Ernsthaftigkeit und großer Schweißausbrüchen *und* klammerten sich mit überwältigender Feierlichkeit aneinander, bis die Rumflasche sie für die leichteren Anmuten des Tanzes aufwärmte, woraufhin sie ganz überwältigend wurden. „Ja, Sir, sehen Sie sie nur an, wie sie es genießen; sie sind die glücklichsten Menschen auf der ganzen Welt." Beim „Holzen" und Anheizen scheinen sie nicht im Besitz derselben exquisiten Glückseligkeit zu sein.

11. Mai. — Im frühen Morgengrauen fuhr der Dampfer durch eine breite Bucht mit Baumstümpfen, die von Treibholz gesäumt waren, und verkündete mit Dampftrompete und Dampforgel seine Ankunft am Kai von Mobile, der eine Reihe hoher Lagerhäuser und Läden aufwies, über denen Namen standen, die auf schottische, irische, englische, viele spanische, deutsche, italienische und französische Besitzer hindeuteten. Kapitän Maher machte sich sofort auf den Weg zu seiner Plantage, und wir stiegen die Stockwerke der ummauerten Burg zum Strand hinab und gingen weiter zum „Battle House", das nach seinem Besitzer benannt ist, denn Mobile hat noch nicht so viel durchgemacht wie New Orleans. Die Kais, die normalerweise, wie man uns sagte, von stattlichen Schiffsrümpfen und einem Wald von Masten gesäumt sind, waren verlassen; obwohl der Hafen nicht wirklich blockiert war, befanden sich Schwadronen der US-Schiffe in Pensacola im Osten und in New Orleans im Westen.

Das Hotel, ein schönes Gebäude amerikanischen Stils, war Sitz eines Wachsamkeitskomitees, und als wir unsere Namen in das Buch eintrug, wurden sie von einigen Herren, die aus dem Salon kamen, genauestens inspiziert. Zum Glück fanden sie keine Spuren des Lincolnismus bei uns, denn den Zeitungen zufolge waren sie damit beschäftigt, „Abolitionisten" zu deportieren, nachdem gewisse Vorprozesse stattgefunden hatten, die angeblich …

„Lass sie aufstehen und öffne ihre Augen

Um ein Gefühl für ihre Situation zu bekommen."

Die Bürger waren mit Exerzieren, Marschieren und Trommeln beschäftigt, und die Flagge der Konföderierten wehte von jedem Kirchturm. Der Tag war so heiß, dass es kaum einladender war, in die Sonne zu gehen, als es in den Hundstagen in Malaga der Fall wäre, mit dem Mobile übrigens eine „freundlichere" Ähnlichkeit hat, aber nichtsdestotrotz machte ich mich auf den Weg und fuhr auf einer Muschelstraße am Ende der Bucht entlang, wo es hübsche Villen in bezaubernden Magnolien-, Orangen- und Lindenhainen gab. Breite Straßen mit ähnlichen Häusern führen über Sandwege ins Land; einige davon würdigten Streatham oder Balham, und alle sind von einer Vegetation umgeben, um die Kew sie beneiden könnte.

Viele Einwohner von Mobile kamen vorbei, darunter auch der Bürgermeister, Mr. Forsyth, in dem ich den bemerkenswertesten der Südstaatenkommissare erkannte, die ich in Washington kennengelernt hatte. Mr. Magee, der amtierende britische Konsul, war ebenfalls so freundlich, mich zu besuchen und bot mir jede Hilfe an, die in seiner Macht stand. Ich habe gehört, dass er sich mit äußerst schwierigen Fragen befassen muss, die sich aus den Ansprüchen notleidender britischer Untertanen und der umstrittenen Nationalität ergeben. Am Abend speisten der Konsul und Dr. Nott, ein Gelehrter und Arzt aus Mobile, der unter Ethnologen für sein gemeinsam mit dem verstorbenen Mr. Gliddon verfasstes Werk über die „Menschentypen" bekannt ist, mit mir, und ich erfuhr von ihnen, dass die Menschen hier trotz der engen Handelsbeziehungen zwischen Mobile und den großen Städten des Nordens die extremsten Separatistenlehren vertreten. Der Reichtum und die Männlichkeit der Stadt werden bis zum Schluss eingesetzt, um die „Söldner aus Lincoln" abzuwehren.

Nach dem Abendessen spazierten wir durch die Stadt, in der es eine Fülle von Austernlokalen, Kneipen, Lagerbier- und Weinläden sowie Spiel- und Tanzlokalen gibt. Der Markt war einen Besuch wert – so etwas wie St. John's in Liverpool an einem Samstagabend, voll mit Negern, Mulatten, Quadronen und Mestizen aller Art, Spaniern, Italienern und Franzosen, die ihre eigene Sprache oder eine eigentümliche Lingua Franca sprechen und sehr auffällige und hübsche Kostüme tragen. Die Obst- und Gemüsestände boten sehr feine Produkte und einige Grundnahrungsmittel, die durch ihre Neuheit, Hässlichkeit und Güte auffielen. Nach unserem Spaziergang gingen wir in eines der großen Austernlokale und hatten in einem Raum im oberen Stockwerk Gelegenheit, diese großartigen Muscheln in Form von natürlichem Fischpudding zu probieren, in Teig frittiert, geröstet, gedünstet, gefüllt, gegrillt und in vielen anderen Varianten, *außerdem* roh. Ich muss anmerken, dass die Leute aus Mobile sie aßen, als gäbe es keine Blockade und als wären Austern ein Mittel gegen politische Magenverstimmungen und Bürgerkriege; sie sind leidenschaftliche Marseillais – und leben in der fremdartigsten Stadt, die ich in den Staaten bisher gesehen habe. Mein Privatzimmer im Hotel war groß, mit Gas gut beleuchtet und nach deutscher Art außerordentlich gut eingerichtet, mit französischer Pendelleuchte und Spiegeln. Der Preis für ein Privatzimmer variiert zwischen 1 *l* und 1 *l* 5 *s.* pro Tag; das Schlafzimmer und die Verpflegung werden separat berechnet, zwischen 10 *s.* 6 *d.* und 12 *s.* 6 *d.* pro Tag, aber Mahlzeiten im Privatzimmer werden alle extra berechnet, und zwar teuer. Exklusivität ist ein aristokratischer Geschmack, der bezahlt werden muss.

KAPITEL XXVI.

Besuch der Forts Gaines und Morgan – Krieg auf Leben und Tod, so der
Ruf des Südens – Der „Staat" und die „Staaten" – Bucht von Mobile – Die
Forts und ihre Bewohner – Meinungen zu einem Angriff auf Washington –
Gerüchte über einen tatsächlichen Krieg.

12. Mai. Mr. Forsyth war so freundlich, mich zu einem Ausflug in die Bucht
von Mobile einzuladen, zu den Forts, die Uncle Sam und seine französischen
Ingenieure gebaut hatten, um seine Briten zu versenken – die jetzt von der
„CSA" gegen die verhasste amerikanische Flagge gewendet wurden. Der
Bürgermeister und die wichtigsten Kaufleute und viele Politiker – und sind
nicht alle Männer in Amerika Politiker? – bildeten die Gruppe. Wenn man
sich anhand der Worte eines Menschen ein Urteil über seine Taten bilden
kann, werden die Mobiliten, die Vertreter des drittgrößten Hafens der
Vereinigten Staaten, eher untergehen, als dass sie sich den Yankees und dem
Volk von New York unterwerfen. Ich war jetzt in North Carolina, South
Carolina, Georgia, Alabama, und in keinem dieser großen Staaten habe ich
den geringsten Hinweis auf die Unionsgesinnung oder die Verbundenheit
mit der Union gefunden, die Mr. Seward immer im Süden vermutet. Wenn
es eine nennenswerte Stärke davon gab, war ich als Neutraler in der Lage,
von ihrer Existenz zu wissen.

Diejenigen, die sich früher gegen eine Sezession ausgesprochen haben, haben
jetzt ihre Köpfe vor der Majestät der Mehrheit gebeugt und beeilen sich, mit
der Feigheit, die das Ergebnis der verantwortungslosen und grausamen
Tyrannei der Masse ist, den Schrei der Revolution anzuschwellen. Aber die
Masse ist das Gesetz in den Vereinigten Staaten. „Es gibt eine Gottheit, die
den Pöbel schützt", die allmächtig und durch und durch gut ist. Die Mehrheit
in jedem Staat bestimmt seinen politischen Status gemäß den Ansichten des
Südens. Die Nordstaatler versuchen zu behaupten, dass die Mehrheit der
Bevölkerung in den Staaten im Allgemeinen diesen Punkt für jeden Staat
individuell und kollektiv regeln soll. Wenn es in den Südstaaten eine Partei
gibt, die einen solchen Versuch für gerechtfertigt hält, sitzt sie still, ängstlich
und hoffnungslos in Dunkelheit und Kummer, verborgen vor dem
Tageslicht. General Scott, über den vor kurzem noch in dem üblichen
aufgeblasenen Stil geschrieben wurde, der in den Staaten respektabler
militärischer Mittelmäßigkeit und Erfolg zusteht, wird jetzt von den
Zeitungen des Südens als berüchtigter, alter Verräter und dergleichen
geschmäht. Wenn ein Offizier seine Treue der Flagge der Vereinigten Staaten
vorzieht und im Bundesdienst bleibt, nachdem sein Staat ausgetreten ist,
kann sein Eigentum von den Staatsbehörden konfisziert werden, und seine
Familie und Verwandten sind dem schwersten Verdacht ausgesetzt und

müssen ihre Loyalität durch zusätzlichen Eifer für die Sache der Sezession beweisen.

Unsere fröhliche Gesellschaft bestand aus Marine- und Militäroffizieren im Dienste der Konföderierten Staaten, Journalisten, Politikern, Fachleuten und Kaufleuten, und keiner von ihnen hatte ein Wort übrig, das nicht Hass und Verwünschung für den Norden war. Die britischen und deutschen Siedler verteidigen die Rechte der Staaten ebenso vehement wie die Einheimischen, und zu den glühendsten Verfechtern der Sklaverei zählen die irischen Grundbesitzer und Kaufleute.

Die Bucht von Mobile, die etwa dreißig Meilen lang und zwischen drei und sieben Meilen breit ist, wird durch die Mündungen des Alabama und des Tombigee River gebildet. Sie ist seicht und gefährlich, voller Ufer und Bäume, die in den Sand eingebettet sind. Alle großen Schiffe liegen jedoch zur Zufriedenheit der Kapitäne am Eingang zwischen Fort Morgan und Fort Gaines, die sich so den Ärger mit ihren Mannschaften ersparen, der in den tiefer gelegenen Gegenden einer Seestadt auftritt. Die Baumwolle wird in Leichtern verschifft, die viele Arbeiter zu hohen Löhnen beschäftigen. Die Ufer sind niedrig bewaldet und hier und da mit hübschen Villen übersät, bieten aber keine attraktive Landschaft.

Die Meeresbrise milderte die Hitze der Sonne etwas, die jedoch zu heiß war, um ganz angenehm zu sein. Unser Dampfer, der bis an die Stützflosse vollgestopft war, kam gegen die Flut kaum voran; doch schließlich, nach fast vier Stunden Fahrt, zogen wir an einem Steg bei Fort Gaines an, der sich am rechten oder westlichen Ausgang des Hafens befindet und, wäre er fertig, den Kanal mit geringem Tiefgang beherrschen würde; jetzt ist er nur noch eine Mauerruine, aber Colonel Hardee, der für die Verteidigung von Mobile verantwortlich ist, sagte mir, dass sie ihn schnell fertigstellen würden.

Der Colonel ist ein angenehmer, feiner Mann, kaum mittleren Alters, und in den Staaten als Autor von „The Tactics" bekannt, was allerdings nur eine Übersetzung des französischen Waffenhandbuchs ist. Er scheint nicht über große Energie oder Fähigkeiten zu verfügen, ist aber zweifellos ein respektabler Offizier.

Als wir landeten, fanden wir eine kleine Gruppe von Männern vor, die im Fort Wache hielten. Auf den Sandhügeln und am Strand waren einige Kanonen mittleren Kalibers aufgestellt. Wir betraten das unvollendete Werk und wurden mit einem Salut empfangen. Den Männern fiel es schwer, Disziplin und Bürgersinn zu vereinen. Sie waren „langweilig" von ihrem Sandhügel, und einer von ihnen fragte mich, wann ich „glaubte, dass diese verdammten Yankees kämen. Er wollte ein paar Pillen zünden, von denen er wusste, dass sie gut gegen ihre Beschwerden sein würden." Ich muss sagen, ich konnte die Gefühle des jungen Offiziers nachvollziehen, der sagte, er würde lieber einen Tag mit den Lincolniten verbringen als eine Woche mit den Mücken, für die dieser Ort berühmt ist.

Von Fort Gaines fuhr der Dampfer nach Fort Morgan, das etwa drei Meilen entfernt liegt. Auf seinem Weg passierte er sieben Schiffe, hauptsächlich Briten, die vor Anker lagen, und, wie man mir sagte, während der Baumwollsaison Hunderte von ihnen zu sehen sind. Dieses Werk hat eine beeindruckende Seefront und könnte Uncle Sam große Schwierigkeiten bereiten, wenn er seine geliebten Untertanen in Mobile mit seinen Kanonenbooten besuchen will. Es ist vermutlich das Werk von Bernard und hat wie die meisten seiner Entwürfe eine schwache, lange Basis zum Land hin; aber es ist mit einem nassen Graben und einer Zugbrücke versehen, deren Vorhänge von Halbmonden bedeckt sind, und hat einen regelmäßigen Bastionspfeiler. Es hat eine Reihe von Kasematten, die mit 32- und 42-Pfündern bewaffnet sind. Die Barbettenkanonen sind 8-Zoll- und 10-Zoll-Kanonen; die Außenwerke an den Frontvorsprüngen sind mit Haubitzen und Feldgeschützen bewaffnet, und als wir die Zugbrücke überquerten, wurde zu unseren Ehren ein Salut von einer Feldbatterie auf einer flankierenden Bastion abgefeuert.

Im Inneren des Forts wimmelte es von Männern, von denen einige in den Kasematten schliefen, andere in Zelten auf dem Paradeplatz und in der Umzäunung des Forts. Es waren Freiwillige aus Alabama und so stämmige Kerle, wie noch nie ein Gewehr geschultert wurde; gekleidet in grobe, graue Anzüge aus selbstgesponnenem Stoff mit blauen und gelben Kammgarnaufschlägen und Streifen – in europäischen Augen ihren Offizieren gegenüber nicht sehr respektvoll, aber sehr gehorsam, wie man mir sagte, und wie ich hörte, sehr gebieterisch herumkommandierten.

Es waren 700 oder 800 Männer im Werk und ein überproportional großer Anteil an Offizieren, die alle nacheinander den Fremden vorgestellt wurden. Die Offiziere waren eine Gruppe sehr höflicher, gutaussehender junger Burschen, und einige von ihnen waren gerade aus Europa gekommen, um für ihren Staat zu den Waffen zu greifen. Ich habe den Namen des befehlshabenden Offiziers vergessen, aber ich kann seine Höflichkeit nicht vergessen, ebenso wenig wie das ausgezeichnete Mittagessen, das er uns in seiner Kasematte gab, nachdem wir einen heißen Spaziergang um die Brustwehren gemacht und mit dem harten Geschütz aus den Barbetten geübt hatten, was mich nicht gerade dazu veranlasste, viel an die hochgelobten Columbiaden zu denken.

Einer der Offiziere namens Maury, ein Verwandter des „Tiefsee-Maury", kam mir als einfallsreicher und kluger Offizier vor; in der Garnison herrschte vom Chef bis zum jüngsten Fähnrich äußerste Harmonie, Freundlichkeit und Hingabe an die Sache. In seinem gegenwärtigen Zustand würde das Fort unter einem schweren Bombardement außerordentlich leiden – die Magazine wären in Gefahr und die Traversen sind unzureichend. Alle Kasernen und Holzgebäude sollten zerstört werden, wenn man das Schicksal von Sumter vermeiden möchte.

Auf unserer Heimfahrt diskutierten wir beim Genuss eines kalten Abendessens unweigerlich über den Konflikt zwischen Nord- und Südstaaten. Mr. Forsyth, der Herausgeber und Eigentümer des „Mobile Register", ist ein leidenschaftlicher Verfechter der Sache, obwohl er einst nicht als reiner Südstaatler galt. Über einen Angriff auf Washington gibt es unterschiedliche Meinungen. General St. George Cooke, der die Armee von Virginia am Potomac befehligt, erklärt, dass keine Absicht besteht, Washington oder einen Ort außerhalb der Grenzen dieses freien und souveränen Staates anzugreifen. Das Verhalten der Bundesregierung in Maryland wird von den hitzigeren Südstaatlern jedoch als Rechtfertigung für die Vertreibung von „Lincoln und seinen Myrmidonen", „den Grenzraufbolden und Cassius M. Clay" aus der Hauptstadt angesehen. Butler hat das Relay House an der Kreuzung der Baltimore-Ohio-Eisenbahn mit der Bahnstrecke aus Washington in Beschlag genommen und seit seiner Ankunft in Annapolis viel Elan gezeigt. Er ist Demokrat und ein gefeierter Strafverteidiger in Massachusetts. Truppen strömen nach New York und bereiten einen Angriff auf Alexandria auf der Virginia-Seite unterhalb von Washington und dem Navy Yard vor, wo eine große Flagge der Konföderierten weht, die von den Fenstern des Präsidenten im Weißen Haus aus zu sehen ist.

Sogar hier herrscht insgeheim Unmut über die geringe Wirkung, die der Angriff auf Sumter in England im Vergleich zu dem, was man erwartet hatte, hatte; doch man hofft, dass Mr. Gregory, der vor einiger Zeit durch die Staaten reiste, eine starke Partei zur Unterstützung seines bevorstehenden Antrags auf Anerkennung des Südens haben wird. Der nächste Konflikt wird blutiger sein als der von Sumter. Die Gladiatoren nähern sich – Washington, Annapolis und Pennsylvania sind Militärabteilungen, jede mit einem Chef und Stab, zu denen jetzt noch die von Ohio hinzukommt, unter Major GB M'Clellan, Generalmajor der Ohio Volunteers in Cincinnati. Die Behörden auf beiden Seiten sind damit beschäftigt, Treueschwüre abzunehmen.

Der Hafen von Charleston soll von der Dampffregatte Niagara blockiert werden, und eine Truppe der US-Truppen in St. Louis, Missouri, unter Captain Lyon hat eine Truppe der Staatsmiliz unter einem gewissen Brigadier-General Frost angegriffen und zerstreut, was ganz Mobile sehr empörte. Das Argument ist, dass Missouri das Arsenal von St. Louis an die US-Regierung abgetreten hat und es nach Belieben zurückerobern könnte und sicherlich in der Lage war, die US-Truppen daran zu hindern, sich über das Arsenal hinaus zu bewegen.

KAPITEL XXVII.

Pensacola und Fort Pickens – Neutrale Truppen und ihre Freunde – Küstenfahrt – Haie – Die blockierende Flotte – Die Stars and Stripes und Stars and Bars – Durch den Krieg verursachte interne Fehden – Captain Adams und General Bragg – Innenansicht von Fort Pickens.

13. Mai. Ich war den ganzen Tag damit beschäftigt, Vorbereitungen zu treffen, um nach Pensacola und Fort Pickens zu gelangen. Die Landreise wurde als äußerst mühsam und in jeder Hinsicht äußerst trostlos dargestellt, durch eine Sandwüste, in der wir ersticken oder uns verlaufen könnten. Und dann hatte ich mir vorgenommen, sowohl Fort Pickens als auch Pensacola zu sehen, und es wäre, gelinde gesagt, schwierig, von einem feindlichen Lager zur Festung der Union zu gelangen und dann wieder zurückzukehren. Das Geschwader der Vereinigten Staaten blockierte den Hafen von Pensacola, aber ich dachte, sie würden mir wahrscheinlich erlauben, Fort Pickens zu besuchen, und die Union würde mir erlauben, von dort zu General Bragg hinüberzusegeln, da sie sicher sein konnten, dass ich keine Informationen über das, was ich in meiner neutralen Rolle gesehen hatte, an irgendjemanden weitergeben würde, außer an die Zeitschrift in Europa, die ich vertrat und in deren Interesse ich verpflichtet war, alles zu sehen und zu berichten, was ich über den Zustand beider Parteien konnte. Der Versuch hat sich jedenfalls gelohnt und nach langer Suche erfuhr ich von einem Schoner, der zu einem alles in allem vernünftigen Preis reisebereit war.

Mr. Forsyth fragte, ob ich Einwände hätte, drei Herren aus Mobile mitzunehmen, die unbedingt dabei sein wollten, da sie ihre Freunde in Pensacola sehen wollten, wo vermutlich bald ein „Kampf" stattfinden würde. Seit ich in den Süden gekommen bin, habe ich täglich die Ankündigung gesehen, dass „Braxton Bragg bereit ist", und sein derzeitiger Vorbereitungsstand musste alle Vorstellungskraft übersteigen. Doch hier gab es ein Problem. Ich sagte Mr. Forsyth, dass ich unmöglich damit einverstanden sein könnte, dass Personen mit mir kämen, die nicht neutral seien oder nicht bereit, die Verpflichtungen von Neutralen einzuhalten. Es gab den Vorschlag, ich sollte sagen, diese Herren seien meine Freunde, aber da ich gestern nur zwei von ihnen an Bord des Dampfers gesehen hatte, konnte ich diesem Vorschlag nicht zustimmen. „Wenn Sie dann gefragt werden, ob Mr. Ravesies Ihr Freund ist, werden Sie sagen, er ist es nicht." „Gewiss." „Aber Sie möchten doch sicher nicht, dass Mr. Ravesies gehängt wird?" „Nein, das möchte ich nicht, und ich werde nichts tun, was dazu führt, dass er gehängt wird; aber wenn ihm dieses Schicksal durch seine eigene Tat zustößt, kann ich nichts dagegen tun. Ich werde nicht zulassen, dass er mich unter falschen Vorwänden begleitet."

Schließlich wurde vereinbart, dass Herr Ravesies und seine Freunde, Herr Bartré und Herr Lynes, die in keiner Weise bei der Konföderiertenregierung angestellt waren oder mit ihr in Verbindung standen, einen Platz auf dem kleinen Schoner bekommen sollten, den wir am Kai ausgesucht und für diesen Anlass gemietet hatten. Sie sollten die Reise mit der klaren Maßgabe antreten, dass sie alle Konsequenzen ihrer Bürgerschaft in Mobile zu akzeptieren hatten.

Mr. Forsyth, Mr. Ravesies und ein paar Herren speisten abends mit mir. Nach dem Essen nahm Mr. Forsyth, der als Bürgermeister der Stadt auch das Leitungsgremium des Wachsamkeitskomitees innehat, eine Ausgabe von *Harpers Illustrated Paper* , die eine sehr schlechte Nachahmung der *Illustrated London News ist* , und machte mich auf die Ankündigung aufmerksam, dass Mr. Moses, ihr Spezialkünstler, mit mir in den Süden reiste, sowie auf einen Stich, der angeblich von Moses stammte. Ich konnte nur sagen, dass ich nichts über den jungen Designer wusste, außer dem, was er mir erzählte, und dass er mich glauben ließ, er liefere Skizzen für die *London News* . Da er im Hotel war, obwohl er nicht bei mir wohnte, ließ ich ihn rufen, und der junge Herr, der sehr blass und aufgeregt war, als man ihm die Anzeige und die Skizze zeigte, erklärte, dass er jede Verbindung zu Harper aufgegeben habe, dass er für die *Illustrated London News skizziere* und dass die Anzeige den Tatsachen widerspreche und ihm völlig unbekannt sei; und so wurde er entlassen und zog sich unbehaglich zurück. Nach dem Abendessen ging ich in den Bienville Club. „Regel Nr. 1" lautet: „Kein betrunkener Herr wird eingelassen." Der Club ist sehr gesellig, sehr klein und sehr gastfreundlich.

Später habe ich Mrs. Forsyth meine Aufwartung gemacht, die ich ängstlich auf Neuigkeiten von ihrem jungen Sohn wartete, der zur Konföderiertenarmee gegangen war. Sie erzählte mir, dass fast alle Damen in Mobile Patronen herstellen und Flusen oder Kleidung für die Armee vorbereiten. Man hegt nicht die geringste Angst vor der wachsenden schwarzen Bevölkerung.

14. Mai. Runter zu unserer Jacht, der Diana, die heute Nachmittag fertig gemacht werden soll, und wir sahen, wie sie ein wenig ausgeräumt wurde – ein breitbödiger Schoner mit flachem Boden, etwa fünfzig Tonnen Tragkraft, mit einem Schwert, schlecht kalfatert und ziemlich schmutzig – nicht vertraut mit Farbe. Der Kapitän war ein langbeiniger, plumper junger Kerl mit langen Haaren und einem ausdruckslosen Gesicht, das nur durch das Funkeln eines sehr „Yankee"-artigen Auges aufgelockert wurde; aber das war alles, was das verhasste Wesen an ihm ausmachte, denn einen ernsthafteren Sezessionisten habe ich nie gehört.

Seine Mannschaft bestand aus drei groben, mechanischen Männern und einem schwarzen Koch. Nachdem wir das Schiff mit einem kleinen Vorrat an Vorräten, einer britischen Flagge, die uns freundlicherweise vom amtierenden Konsul, Mr. Magee, geliehen worden war, und einer Tischdecke als Waffenstillstandsflagge beladen hatten, legte unsere Gruppe, bestehend aus den bereits genannten Herren, Mr. Ward und dem jungen Künstler, um fünf Uhr abends am Kai von Mobile ab, unter offensichtlicher Zustimmung der kleinen Menge, die sich versammelt hatte, um uns zu verabschieden, denn in der Stadt hatte sich das Gerücht verbreitet, dass wir bestimmt den großen Kampf miterleben würden. Der Wind war günstig und stetig; um neun Uhr NACHMITTAGS leuchteten die Lichter von Fort Morgan auf unserer Backbordseite und eine Zeit lang erwarteten wir, das Mündungsfeuer einer Kanone zu sehen, da der Kapitän zuversichtlich erklärte, sie würden uns niemals unangefochten passieren lassen.

Die Dunkelheit der Nacht war uns vielleicht wohlgesonnen, oder die Wachen waren nachlässig; jedenfalls krochen wir bald durch den „Swash", einen schmalen Kanal über der Sandbank, durch den uns unser Kapitän mit Hilfe einer Echolotstange führte. Die Luft war herrlich und wehte direkt vom niedrigen Ufer, parallel zu dem wir uns bewegten. Als die abendlichen Dünste sich verzogen, leuchteten die Sterne hell, und obwohl der Wind stark war und uns mit guten acht Knoten durch das Wasser trieb, war kaum eine Welle auf dem Meer zu sehen. Unser Kurs lag eine Viertelmeile vom Ufer entfernt, das durch das unaufhörliche Spiel der phosphoreszierenden Brandung wie ein weißes, mit Feuer gesäumtes Band aussah. Über diesem Sandgürtel erhoben sich die schwarzen, gezackten Umrisse eines Kiefernwaldes, durch den sich riesige Lagunen und sumpfige Bäche schlängelten.

Treibholz und Bäume übersäen den Strand, und von Fort Morgan, vierzig Meilen weit bis zur Einfahrt nach Pensacola, stört keine menschliche Siedlung das Gebiet, das Alligatoren, Schlangen, Pelikanen und Wildvögeln heilig ist. Einige der Lagunen, wie die Perdida, schwellen zu Binnenmeeren an, sind tief in Kiefernwäldern verborgen und nur den wilden Tieren bekannt, die an ihren Ufern und in ihren Gewässern wimmeln; einst jedoch, wenn der Bericht stimmt, von den Freibeutern und Piraten des spanischen Festlands frequentiert.

Wenn die Mücken damals so zahlreich und so quälend gewesen wären wie heute, hätte selbst der abenteuerlustigste junge Mann seine Vernarrtheit, die ihn zu den Brüdern vom Main geführt hat, bald bereut. Die Mücke ist ein großer Feind der Romantik, und unser Kapitän erzählt uns, dass es auf der Welt keinen Ort gibt, an dem sie so zahlreich sind wie an dieser Küste.

Während die Diana an der düsteren Küste entlangschwebte, lagen wir teilnahmslos auf dem Deck und bewunderten die übermäßige Helligkeit der Sterne oder beobachteten das Feuer, das ihr Kielwasser hinterließ. Ab und zu flogen große Fische aus dem seichten Wasser und bahnten sich in Flammen ihren Weg; und ein leuchtender Schimmer kam aus Lee wie ein wässriger Komet, bis seine schreckliche Silhouette dicht vor uns sichtbar wurde – ein Monsterhai – der uns mit einem leichten Spiel der Flosse begleitete, das in der wunderbaren Phosphoreszenz deutlich sichtbar war, mal vorwärts schoss, mal nach hinten fiel, bis er plötzlich mit ungeheurer Geschwindigkeit und Kraft auf ein Zerstörungsziel zusteuerte und in der Weite des Wassers verschwand. Trotz der Vielzahl von Fischen an der Küste müssen die Spanier, die dieses unglückselig benannte Florida besiedelten, ein hartes Leben zwischen den Indianern gehabt haben, die bald zu Tode gejagt oder vom strengen Uncle Sam vertrieben wurden, den Moskitos und den zahllosen Plagen, die an diesen Küsten allgegenwärtig sind.

Stunde um Stunde verging, während wir das Spiel der großen Fische und die Brandung am Strand beobachteten; eine nach der anderen erlosch die Zigarrenlampe; und während wir uns an Deck einhüllten oder in die kleine Kabine schlichen, schlief die Gruppe ein. Ich wurde geweckt, als der Kapitän mit einem seiner Leute in meiner Nähe sprach, und als ich aufsah, sah ich, dass er durch ein wunderbares schwarzes Rohr, das er sein „Talgenfernrohr" nannte, auf das Ufer starrte.

Als ich in die Richtung schaute, bemerkte ich das Gleißen eines Feuers im Wald, das sich bei Betrachtung durch ein Opernglas in ein gleichmäßiges zentrales Licht mit einigen kleineren Flecken darum herum verwandelte. „Nun", sagte der Kapitän, „ich schätze, es sind nur einige dieser verdammten Yankees, die von ihren Tarnbooten gelandet sind und nach einer Straße nach Mobile ,planen'." An Bord war eine alte eiserne Kanonade, und es kam mir wie ein merkwürdiges Beispiel für die Rücksichtslosigkeit unserer amerikanischen Vettern vor, als der Kapitän sagte: „Lasst uns eine Tüte Kugeln in die alte Kanone stecken und sie auf sie abfeuern", was er zweifellos getan hätte, unterstützt von einem aus unserer Gruppe, der seinen Revolver zog, um zur Breitseite beizutragen, aber ich erklärte ihnen, dass es genauso gut eine Gruppe aus dem Lager in Pensacola sein könnte, und dass ich ohnehin entschieden gegen jede kriegerische Handlung wäre, solange ich an Bord wäre. Es handelte sich höchstwahrscheinlich tatsächlich um das Wachfeuer einer Patrouille der Konföderierten, da sich die Adligen des Landes zu einer regulären Kavallerieeinheit für derartige Dienste formiert hatten. Der Kapitän erklärte jedoch, unsere Jungs wüssten es besser, als ihre Lichter auf diese Weise zu zeigen, da wir uns nur noch zehn Meilen von der Einfahrt nach Pensacola entfernt befanden.

Der Kapitän legte bei, da er, sehr klugerweise, nachts nicht in das Zentrum des US-Geschwaders geraten wollte; doch gerade beim ersten Anflug der Morgendämmerung nahm die Diana ihren Kurs wieder auf und dümpelte fröhlich dahin, bis mit den ersten Sonnenstrahlen Fort M'Rae, Fort Pickens und die Masten des Geschwaders vor uns sichtbar wurden und sich über den Horizont aus Land und Meer erhoben. Wir näherten uns ihnen schnell und konnten bald die rivalisierenden Flaggen erkennen – die Stars and Bars und Stars and Stripes – die sich gegenseitig trotzig verhöhnten.

Auf der Landseite zu unserer Linken liegt Fort M'Rae, und am Ende der Sandbank, Santa Rosa Island genannt, direkt gegenüber, erhebt sich der Umriss des vielbesprochenen Fort Pickens, das Fort Paul im Kleinen nicht unähnlich ist. Durch das Glas sieht man, dass das Blockadegeschwader aus einer Segelfregatte, einer Schaluppe und drei Dampfern besteht; und während wir sie untersuchen, gleitet ein kleiner Schoner aus dem Schutz des Wachschiffs hervor und kommt auf uns zu wie ein Falke auf einen Spatz. Hand über Hand kommt er, eine große, stolzierende Flagge auf der Spitze und eine schussbereite Kanone am Bug; und neben uns wird ein mit vier Mann bemanntes Boot zu Wasser gelassen, ein Offizier springt hinein und ist bald unter unserer Theke. Der Offizier, ein raubeiniger, wie ein Seemann aussehender Kerl in einer etwas abgenutzten Uniform und mit Bart, wie es Offiziere der US-Marine normalerweise tun, heftete seinen Blick auf den Kapitän – der nicht ganz entspannt schien und uns tatsächlich gestanden hatte, dass er erst vor kurzem von der Oriental, wie das Beiboot hieß, gewarnt worden war – und sagte: „Hallo, Sir, ich glaube, ich habe Sie schon einmal gesehen: Was für ein Schoner ist das?" „Die Diana of Mobile." „Das dachte ich mir." Er trat an Deck und sagte: „Meine Herren, ich bin Mr. Brown, Kapitän der US-Marine und verantwortlich für den Enterschoner Oriental." Wir nannten alle unsere Namen, woraufhin Mr. Brown sagte: „Ich zweifle nicht daran, dass alles in Ordnung sein wird. Geben Sie mir bitte Ihre Papiere. Und jetzt, Sir, setzen Sie die Segel und legen Sie vor dem Achterdeck dieses Dampfers dort, der Powhatan, an." Der Kapitän wirkte alles andere als glücklich, als der Offizier ihn auf den Vermerk auf seinen Papieren aufmerksam machte; und auch die Gruppe aus Mobile schien sich nicht sehr wohl zu fühlen, als er bemerkte: „Ich nehme an, meine Herren, Sie sind sich durchaus darüber im Klaren, dass dieser Hafen streng abgeriegelt ist?"

Nach einer halben Stunde lag der Schoner unter den Kanonen der Powhatan, einem gedrungenen, stämmigen, starken Dampfer der alten Schaufelradbauart, ähnlich der Leopard. Wir fuhren im Beiboot des Kutters längsseits und wurden in die Kajüte geführt, wo uns der kommandierende Offizier, Leutnant David Porter, empfing, uns bat, Platz zu nehmen, und sich dann nach dem Grund unseres Besuchs erkundigte, den er dem Flaggschiff per Signal mitteilte, um Anweisungen zu unserer Verfügung zu erhalten. Seine Höflichkeit war unübertroffen, und ich hatte einen äußerst positiven Eindruck von ihm, seinen Offizieren und seiner Mannschaft. Er führte mich über das Schiff, das mit 10-Zoll-Dahlgrens und einem 11-Zoll-Pivot-Geschütz bewaffnet ist, mit gezogenen Feldgeschützen und Haubitzen auf den Stützflosse. Die Enternetze waren aufgespannt, Bug und schwache Teile mit totem Holz und alten Segeln gepolstert und alles war einsatzbereit.

Leutnant Porter war die ganze Nacht über im Hafen und wieder draußen, um die feindlichen Stellungen zu untersuchen. Er hat mir auf der Karte die Richtung der verschiedenen Stellen markiert, an denen er die Stellungen des Feindes räumen oder flankieren kann. Alles in allem war die Mannschaft sehr sauber und ihr Personal außerordentlich gut.

Wir waren nicht die einzige Beute, die die Oriental heute Morgen machte. Auf der anderen Seite der Powhatan lag ein zerlumpter kleiner Schoner, dessen Kapitän sich die Augen rieb und in gebrochenem Englisch und Italienisch traurige Ausdrücke von sich gab, denn er war ein edler Römer aus Civita Vecchia. Leutnant Porter weihte mich in das Geheimnis ein. Diese kleinen Händler in Mobile, die großen Eifer für die Sache der Konföderierten vortäuschen, beladen ihre Schiffe mit Obst, Gemüse und Dingen, von denen sie wissen, dass die Schwadron und die Garnison der konföderierten Forts sie dringend brauchen. Sie brechen mit der mutigsten Absicht auf, die Blockade zu durchbrechen, und werden ordnungsgemäß von der Schwadron gefangen genommen, deren Offiziere nur zu gern bereit sind, faire Preise für die Ladung zu zahlen. Sie kehren nach Mobile zurück, behalten ihr Geld in der Tasche und erklären, sie seien von den Yankees ausgeplündert worden. Wenn sie hineingelangen, verlangen sie von den Konföderierten noch höhere Preise und beanspruchen den erhabensten Patriotismus.

Auf ein Signal des Flaggschiffs Sabine wurden wir angewiesen, an Bord zu gehen, um den ranghöchsten Offizier, Kapitän Adams, aufzusuchen. Und zum ersten Mal, seit ich das Deck der alten Leander im Hafen von Balaklawa betreten hatte, stand ich an Bord einer 50-Kanonen-Segelfregatte. Kapitän Adams, ein grauhaariger Veteran mit sehr sanften Manieren und großer Höflichkeit, empfing uns in seiner Kabine und hörte sich meine Erklärung des Grundes meines Besuchs mit Interesse an. Mich selbst betreffend gab es keine Schwierigkeiten, aber er bemerkte sehr zu Recht, dass er es nicht für richtig hielte, die Herren aus Mobile Fort Pickens untersuchen zu lassen und dann in die Lager der Konföderierten zu gehen. Ich muss sagen, dass diese Herren einen solchen Gefallen kaum zu wünschen oder zu erwarten schienen.

Major Vogdes, ein Ingenieuroffizier des Forts, der zufällig an Bord war, erklärte sich bereit, einen Brief von mir an Colonel Harvey Browne zu überbringen, in dem ich um Erlaubnis bat, das Fort besuchen zu dürfen. Schließlich vereinbarte ich mit Captain Adams, dass die Diana die Blockade passieren und in den Hafen von Pensacola einlaufen und von dort nach Mobile zurückkehren durfte. Mein Besuch in Pickens hing von der

Zustimmung des Kommandanten des Forts ab. „Ich fürchte, Mr. Russell", sagte Captain Adams, „indem ich Ihnen diese Erlaubnis erteile, setze ich mich falschen Darstellungen und unbegründeten Angriffen aus. Die Herren der Presse in unserem Land kümmern sich wenig um den persönlichen Charakter und sind, fürchte ich, ziemlich skrupellos in dem, was sie sagen. Aber ich vertraue auf Ihren Charakter, dass diese Erlaubnis nicht missbraucht wird. Sie müssen eine Waffenstillstandsflagge hissen, da General Bragg, der dort das Kommando hat, mir mitteilen ließ, dass er unsere Blockade als Kriegserklärung betrachtet und auf jedes Schiff unserer Flotte schießen wird, das sich ihm nähert."

Während wir uns unterhielten, während er mich mit den Luxusgütern eines Kriegsschiffs verwöhnte, die der freundliche Offizier zur Verfügung hatte, schilderte er mir das Elend dieses grausamen Konflikts – die unsägliche Verwüstung der Häuser, die Bitterkeit der Gefühle, die in Familien entstehen. Er ist gebürtiger Pennsylvanier und heiratete vor langer Zeit eine Dame aus Louisiana, wo er auf seiner Plantage lebte, bis sein Schiff in Dienst gestellt wurde. Er war im Auslandsdienst, als die Fehde begann, und erhielt auf See auf der südamerikanischen Station den Befehl, direkt zur Blockade von Pensacola aufzubrechen. Er hat gerade erfahren, dass einer seiner Söhne in die Armee der Konföderierten eingezogen wurde und dass zwei andere sich den Streitkräften in Virginia angeschlossen haben; und er sagte traurig: „Gott weiß, wann ich meine Breitseite öffne, vielleicht töte ich meine eigenen Kinder." Aber das war noch nicht alles. Einer der Herren aus Mobile brachte ihm einen Brief von seiner Tochter, in dem sie ihm mitteilte, dass sie zur Marketenderin eines Regiments in New Orleans ernannt worden sei, mit dem sie nach Washington vorstoßen und eine Locke von Abe Lincolns Haar erbeuten wolle. Der Brief endete mit dem barmherzigen Wunsch, ihr Vater möge verhungern, wenn er mit seiner bösen Blockade fortfuhr. Aber der tapfere alte Seemann war nicht weniger entschlossen, seine Pflicht zu tun.

Mr. Ward, einer meiner Gefährten, war auf der Paraguay-Expedition mit der Sabine gesegelt, und ich nutzte seine Bekanntschaft mit seinen alten Kameraden, um einen Blick auf das Schiff zu werfen. Wo auch immer sie herkamen, man sah nirgendwo 400 stärkere, geschicktere junge Burschen als die Mannschaft, und die Offiziere waren so gastfreundlich, wie es ihre begrenzten Vorräte an Whisky, Grog, Käse und Junkfood erlaubten.

Mit Dank für seine Freundlichkeit und Höflichkeit verabschiedete ich mich von Captain Adams, da ich die Furchtbarkeit und Ernsthaftigkeit des bevorstehenden Konflikts mehr denn je spürte. Möge der freundliche, gute alte Mann am Tag der Schlacht beschützt sein!

Ein zehnruderiger Lastkahn brachte uns zur Oriental, die mit wehendem Segel hinunter zum Powhatan fuhr. Dort traf ich Captain Porter und erzählte ihm, dass Captain Adams mir die Erlaubnis gegeben hatte, das Lager der Konföderierten zu besuchen, und dass ich um Erlaubnis gebeten hatte, in Port Pickens an Land zu gehen. Ein Offizier war in seiner Kabine, dem ich als Captain Poore von der Brooklyn vorgestellt wurde. „Sie wollen doch nicht sagen, Mr. Russell", sagte er, „dass diese Redakteure der Südstaatenzeitungen, die bei Ihnen sind, Erlaubnis haben, an Land zu gehen?" Das war eher eine Frage aus der Seemannssee. „Ich versichere Ihnen, Captain Poore, dass sich in meiner Gesellschaft kein Redakteur einer Südstaatenzeitung befindet."

Das Boot, das uns von der Powhatan zur Diana brachte, wurde von einem jungen Offizier kommandiert, der mit Kapitän Porter verwandt war. Ich war amüsiert, wie lebhaft er mit den Männern aus Mobile Bemerkungen über den Krieg machte, die inzwischen ihre Gelassenheit wiedererlangt hatten und sich über die Blockade lustig machten. „Nun", sagte er, „Sie waren die Ersten, die damit angefangen haben. Mal sehen, ob Sie nicht die Ersten sind, die damit aufhören. Ich schätze, unser nördliches Eis wird Ihr südliches Feuer ziemlich bald löschen."

Als wir an Bord kamen, hörte der Kapitän unseren Befehl, die Stangen hochzuziehen und abzuhauen, mit einem Ausdruck von Mitleid und Ungläubigkeit. Und erst nachdem ich ihn wiederholt hatte, weckte er seine Mannschaft aus dem Schlaf an Deck und segelte mit einem „Mist, wirklich, so etwas habe ich noch nie gesehen!" in Richtung Hafeneinfahrt.

Als wir auf gleicher Höhe mit Fort Pickens waren, ließ ich Tischtuch Nr. 1 auf die Spitze hissen. Durch das Glas sah ich, dass unser Erscheinen keine gewöhnliche Aufmerksamkeit erregte, weder von der Garnison von Pickens direkt rechts von uns noch von den weiter entfernten Konföderierten auf Fort M'Rae und den Sandhügeln links von uns. Letztere Festung ist schwach und schlecht gebaut und steht ganz unter Pickens' Kommando. Sie wird jedoch durch das alte spanische Fort Barrancas auf einer Anhöhe weiter im Landesinneren unterstützt, sowie durch zahlreiche Batterien an der Wasserlinie und teilweise verborgen in den Wäldern, die die Küste bis zur Marinewerft von Warrington in der Nähe von Pensacola säumen. Der Wind war schwach, aber die Flut trug uns weiter in Richtung der Festungswerke der Konföderierten. Waffen blitzten in der sengenden Sonne, wo Regimenter an Übungen teilnahmen, Staubwolken stiegen von den Sandstraßen auf, Reiter ritten am Strand entlang, Gruppen von Männern in Uniform verliehen dem Ort ein martialisches Aussehen, im Einklang mit den schwarzen Mündungen der Kanonen, die aus den weißen Sandbatterien von der Hafeneinfahrt bis zur jetzt ganz in der Nähe gelegenen Marinewerft lugten. So wie Major Anderson in Sumter den Caroliniern erlaubte, die Batterien zu errichten, die er zu Beginn so leicht hätte zerstören können, so ließen die Bundesoffiziere General Bragg hier in aller Ruhe arbeiten, eine Kanone nach der anderen aufstellen, Erdwälle aufwerfen und seine Batterien verstärken, bis er eine so furchterregende Haltung einnahm, dass ich sehr bezweifle, ob das Fort und die Flotte zusammen sein Feuer zum Schweigen bringen können.

Auf dem flachen Ufer in unserer Nähe standen zahlreiche Holzhäuser und freistehende Villen, umgeben von Orangenhainen. Schließlich warf der Kapitän seinen Anker am Ende eines hölzernen Stegs, der vollgestopft war mit Munition, Schrot, Granaten, Proviantfässern und Proviantvorräten. Ein kleiner Dampfer war damit beschäftigt, die Sammlung zu vergrößern, und zahlreiche leichte Boote zeigten, dass der Handel nicht zum Erliegen gekommen war. Tatsächlich wird innerhalb der Insel Santa Rosa, die sich 45 Meilen von Pickens ostwärts parallel zur Küste erstreckt, ein beträchtlicher Küstenverkehr zugunsten der Konföderierten betrieben.

Der Kapitän ging mit meinen Briefen an General Bragg an Land und kehrte schnell mit einem Ordonnanzoffizier zurück, der der Diana die Erlaubnis überbrachte, am Kai anzulegen. Die Herren aus Mobile waren bald an Land, begierig darauf, ihre Freunde zu treffen; und wenige Sekunden später kam der diensthabende Offizier der Abteilung des Generalquartiermeisters an Bord, um mich in die Offiziersquartiere zu führen, während er auf meine Antwort von General Bragg wartete.

Der Marinehof ist von einer hohen Mauer umgeben, die Tore werden von Wachen streng bewacht; die Häuser, Gärten, Werkstätten, Fabriken, Schmieden, Lagerhallen und Bauschuppen sind vollständig und erstrecken sich über mehr als 300 Morgen; und zusammen mit den Forts, die den Eingang schützen, kostete dies die Regierung der Vereinigten Staaten nicht weniger als sechs Millionen Pfund Sterling. Drinnen herrschte reges Treiben und Leben – Zuaven, Jäger und alle möglichen militärischen Exzentrizitäten – exerzierten, paradierten, übten, saßen im Schatten, luden Karren, spielten Karten oder schliefen im Gras. Zelte wurden unter den Bäumen und auf den kleinen Rasenflächen und grasbedeckten Innenhöfen aufgeschlagen. Die Häuser, jedes nummeriert und mit dem Namen des Beamten gekennzeichnet, dem es zugewiesen war, waren Musterbeispiele für Sauberkeit, mit Gärten davor, die mit herrlichen tropischen Blumen gefüllt waren. Sie waren grün und weiß gestrichen und mit Säulengängen, Jalousien, Veranden und Kolonnaden ausgestattet, um die Insassen so gut wie möglich vor der sengenden Sonne zu schützen, die in den Hundstagen Kalkutta würdig ist. Die alte Fulton ist das einzige Schiff auf dem Stapel. Aus dem Marinearsenal strömen ständig Unmengen von Schrot und Granaten zu den Batterien. Stapel von Kanonenkugeln liegen über das Gelände verstreut, aber die einzige Munition, die ich sah, waren zwei alte Mörser, die als Zierde in der Hauptstraße aufgestellt waren, einer davon aus dem Jahr 1776.

Der Quartiermeister führte mich durch schattige Gänge in eines der Häuser, dann in einen langen Raum und stellte mich *einer* Gruppe von Offizieren vor, die größtenteils einem Zuavenregiment aus New Orleans angehörten und bei einem sehr gemütlichen Abendessen mit viel Champagner, Rotwein, Bier und Eis saßen. Sie waren alle jung, voller Leben und Elan, mit Ausnahme von drei oder vier ernsteren und älteren Männern, die Europäer waren. Einer, ein Däne, hatte bei Idstedt und Friedrichstadt gegen die Preußen und Schleswig-Holsteiner gekämpft; ein anderer, ein Italiener, schien gleichgültig an Kämpfen auf dem gesamten südamerikanischen Kontinent beteiligt gewesen zu sein; ein dritter, ein Pole, war bei Comorn gewesen und hatte an der revolutionären Guerilla von 1848 teilgenommen. Von diesen Offizieren erfuhr ich, dass Mr. Jefferson Davis, seine Frau, Mr. Wigfall und Mr. Mallory, Marineminister, aus Montgomery gekommen waren und den ganzen Tag die Werke besichtigt hatten.

Jeder hier ist davon überzeugt, dass der seit langem angedrohte Angriff nun endlich und sofort erfolgen wird.

Nach dem Abendessen kam ein Adjutant von General Bragg herein und bat mich, ihn zum Quartier des befehlshabenden Offiziers zu begleiten. Da der Sand außerhalb des Marinehofs tief war und das Gehen sehr unangenehm machte, hielt der junge Offizier einen Karren an, in den wir stiegen, und wir setzten unseren Weg fort, als ein großer, älterer Mann in einem blauen Gehrock mit einem goldenen Stern auf der Schulter, Hosen mit einem goldenen Streifen und vergoldeten Knöpfen vorbeiritt, gefolgt von einem Ordonnanzoffizier, der mehr wie ein Dragoner aussah als alles, was ich bisher in den Staaten gesehen habe. „Da ist General Bragg", sagte der Adjutant, und ich wurde ordnungsgemäß dem General vorgestellt, der den Wagen anhielt. Er schickte seinen Ordonnanzoffizier sofort los, um einen leichten, von zwei Maultieren gezogenen Karren zu holen, in dem ich meine Reise beendete und sicher vor der Tür eines soliden Hauses abgesetzt wurde, das von Linden, Eichen und Platanen umgeben war.

Geführte Pferde und Ordonnanzen drängten sich vor dem Portikus und verliehen ihm den üblichen Anblick eines Hauptquartiers. General Bragg empfing mich an der Treppe und führte mich in sein Privatgemach, wo wir uns lange unterhielten. Er hatte sich nach dem Mexikanischen Krieg – in dem er übrigens eine herausragende Rolle spielte, da sein Name allgemein mit dem Ausspruch „ein bisschen mehr Trauben, Captain Bragg" verbunden war, der in einer der hitzigsten Auseinandersetzungen dieses Feldzugs fiel – aus der US-Armee zurückgezogen und sich auf seine Plantage in Louisiana begeben; doch plötzlich erklärten die Nordstaaten ihre Absicht, Gewalt gegen freie und souveräne Staaten anzuwenden, die ihr verfassungsmäßiges Recht wahrnahmen, aus der Föderalen Union auszutreten.

Weder er noch seine Familie waren für das System der Sklaverei verantwortlich. Seine Vorfahren fanden es gesetzlich verankert und florierend vor und hatten ihm Eigentum, bestehend aus Sklaven, hinterlassen, das ihm durch die Gesetze und die Verfassung der Vereinigten Staaten zugestanden wurde. Sklaven waren für die eigentliche Bodenbearbeitung im Süden notwendig; Europäer und Yankees, die sich dort niederließen, waren schnell davon überzeugt; und wenn sich morgen eine Bevölkerung aus dem Norden in Louisiana niederließe, würde sie feststellen, dass sie das Land durch die Arbeit der schwarzen Rasse bestellen muss und dass die einzige Möglichkeit, die schwarze Rasse arbeiten zu lassen, darin besteht, sie in einem Zustand unfreiwilliger Knechtschaft zu halten. „Erst neulich hat Colonel Harvey Browne in Pickens, gegenüber, eine Anzahl Neger aus Tortugas verschleppt und sie in Santa Rosa zur Arbeit eingesetzt. Warum? Weil seine weißen Soldaten dazu nicht in der Lage waren. Nein. Der Norden war entschlossen, den Süden zu unterwerfen, und solange er einen Tropfen Blut in seinem Körper hatte, würde er einem solch schändlichen Versuch widerstehen."

Vor dem Abendessen öffnete General Bragg seine Karten und zeigte mir detailliert die Lage aller seiner Stellungen, die Schusslinie jeder Kanone und die zu erwartenden Auswirkungen. „Ich kenne jeden Zoll von Pickens", sagte er, „denn ich war zufällig dort stationiert, sobald ich Westpoint verließ, und ich glaube, es gibt keinen Stein dort, den ich nicht so gut kenne wie Harvey Browne."

Sein Stab, bestehend aus vier intelligenten jungen Männern, von denen zwei kürzlich der US-Armee angehörten, aß mit uns zu Abend, und nach einem sehr angenehmen Abend wurden die Pferde vor die Tür beordert, und ich kehrte in Begleitung der Ordonnanz des Generals und mit Passierschein und Parole in den Marinehof zurück. Als Zeichen seines absoluten Vertrauens sagte mir General Bragg für mein Privatohr, dass er gegenwärtig nicht die geringste Absicht habe, das Feuer zu eröffnen, und dass seine Batterien weder hinsichtlich der Bewaffnung noch der Munition in einem Zustand seien, der es rechtfertigen würde, dem Feuer der Forts und Schiffe zu begegnen.

Und so verabschiedeten wir uns. „Morgen", sagte der General, „werde ich eines meiner besten Pferde und Mr. Ellis, meinen Adjutanten, runterschicken, um Sie über alle Werke und Batterien zu führen." Als ich mit meinem ehrlichen Ordonnanzoffizier neben statt hinter mir nach Hause ritt, denn er war von gesprächiger Art, war ich innerlich sehr verwirrt und versuchte herauszufinden, was in diesem Streit Recht und was Unrecht hatte, und schließlich war ich, wie in Montgomery, gezwungen, mich zu fragen, ob Recht und Unrecht geographische Ausdrücke sind, deren Ausdehnung oder Begrenzung von bestimmten klimatischen Bedingungen und Längen- und

Breitengraden abhängt. Da war der Ordonnanzoffizier des Generals neben mir, ein intelligenter Mann mittleren Alters, der mit so viel Aufrichtigkeit – ja, und religiösem Vertrauen – gekommen war, um zu kämpfen, wie je den alten John Brown oder irgendeinen Puritaner Neuenglands dazu bewegt hatte, gegen die Sklaverei in den Krieg zu ziehen. „Ich habe meine Alte und die Kinder der Obhut der Nigger überlassen; Ich habe mein ganzes Baumwollland umgegraben und mit Mais bepflanzt und ich habe nicht vor, lebend zurückzukehren, bis ich dem letzten Yankee in unseren Südstaaten den Rücken zugekehrt bin." „Und sind Frau und Kinder allein mit den Negern?" „Jawohl, Sir. Es gibt nur einen Weißen auf der Plantage, eine Art Aufseher." „Haben Sie keine Angst vor einem Aufstand der Sklaven?" „Gewiss sind sie unwissende, arme Geschöpfe, aber bisher sind sie treu. Wie dem auch sei, ich vertraue auf Gott und ich weiß, dass er über das Haus wachen wird, während ich fort bin und für diese gute Sache kämpfe!" Dieser Mann kam aus Mississippi und besaß 25 Sklaven im Wert von mindestens 5.000 Pfund. Er war über das Alter der Begeisterung hinaus und wurde zweifellos von starken Prinzipien geleitet, die für ihn unumstößlich und heilig waren.

Mein Pass und mein Parolenzeichen, die nur einmal verlangt wurden, brachten mich durch die Wachen, und ich kam kurz vor Mitternacht an Bord des Schoners und fand fast die gesamte Gruppe an Deck, entzückt über ihren Empfang. Mehr als einmal wurden wir von den wachsamen Wachen geweckt, die den Rest unserer Freunde, wie die Amerikaner es nennen, nicht an Bord ließen, bis sie meine Befugnis gesehen hatten, sie zu empfangen.

KAPITEL XXVIII.

Bitter vor dem Frühstück – Ein alter Bekannter von der Krim – Erdarbeiten und Batterien – Schätzung der Kanonen – Magazine – Gastfreundschaft – Englische und amerikanische Vorstellungen und Abschiede – Fort Pickens; sein Inneres – Rückkehr nach Mobile – Verfolgt von einem fremden Segelschiff – Durchbrechen der Blockade – Landung in Mobile.

16. Mai. — Das Wecksignal der Zuaven, Note für Note dasselbe, das auf der Krim so oft die armen Kerle weckte, die vor Einbruch der Nacht den langen Schlaf schliefen, weckte uns heute Morgen früh, und dann riefen der Klang der Trompeten und das Wirbeln der Trommeln mit französischen Rufen die Freiwilligen zum frühen Aufmarsch. Da es letzte Nacht starken Tau gab und viele geflügelte Dinge unterwegs waren, begab ich mich in meine Koje unten, wo vier menschliche Wesen in Schichten liegen sollten, wie Mumien unter einer Pyramide, und sank dort, nach einem Kampf mit Kakerlaken, zur Ruhe. Kein Wunder, dass ich ziemlich verwirrt war, wo ich jetzt war; denn zusätzlich zu der Musik und den vertrauten Geräuschen draußen wurde ich in meinen mentalen Berechnungen etwas gestört, als ich meinen Kopf heftig mit einem Balken des Decks in Berührung brachte, der am stärksten davon betroffen war; aber schließlich ergaben sich die Dinge von selbst und fügten sich zusammen, sehr begünstigt durch das Erscheinen des schwarzen Kochs mit einer Tasse Kaffee in der Hand, der fragte: „Mosieu! Capitaine vant to ax vedder, nimm etwas Bitteres, Sar! Bitteres Lissabon, Sar." Ich sah den Kapitän an Deck eifrig damit beschäftigt, eine Flüssigkeit herzustellen, die ich auf Geheiß der gesamten Gruppe an Deck zu mir nehmen sollte, wenn ich aus meinem Magen einen Redan oder einen Malakhoff machen wollte, und dementsprechend schluckte ich ein *Petit Verre* einer sehr starken, intensiv bitteren Zubereitung aus Brandy und Stärkungswurzeln, gesüßt mit Zucker, für die Mobile berühmt ist.

Der Lärm unserer Ankunft hatte sich herumgesprochen; vielleicht auch die Nachricht von den guten Sachen, mit denen die Männer von Mobile das Schiff beladen hatten, denn selbst zu dieser frühen Stunde kamen noch ein paar Offiziere an Bord, und wir baten zwei, die unsere Freunde kannten, zum Frühstück zu bleiben. Diese Mahlzeit, der sich der schwarze Koch mit ganzer Aufmerksamkeit und der ganzen Kombüse widmete, bestand aus einem hässlich aussehenden, aber wohlschmeckenden Fisch aus den Gewässern vor uns, gebratenem Schinken und Zwiebeln, Keksen, Kaffee, Eiswasser und Bordeaux, serviert mit bezaubernder Einfachheit und keineswegs darauf angelegt, Horaz' Zorn durch eine Zurschaustellung persischer Apparaturen zu erregen.

Eine fettigere, zwiebeligere Mahlzeit hat mir noch nie besser geschmeckt. Einer unserer Gäste war ein lustiger Mann, der wie ein Yorkshire-Bauer aussah und mit seinen Hunden bis zu 16 Stone wog. Er trug eine Tunika aus grünem Wollstoff oder Fries mit scharlachroter Kammgarnborte auf der Vorderseite, goldene Spitzen an den Manschetten und am Kragen und eine Filzmütze mit einem Bündel Federn darin. Er wischte sich den Schweiß von der Stirn und schwor, dass er niemals aufgeben würde und dass die gesamte Kompanie der Schützen, die er befehligte, zwar nicht so schwer, aber genauso patriotisch sei. Er war offensichtlich ein freundlicher, liebevoller Mann ohne eine Spur von Bosheit in seinem Wesen, aber seine Gefühle waren ziemlich wild, wenn er von den Yankees sprach. Er war ein großer Sklavenhalter und daher ein vermögender Mann, und er sprach mit der ganzen Inbrunst eines Kapitalisten, der von einer Gruppe roter Republikaner bedroht wird.

Sein Begleiter, der eine schlichte blaue Uniform trug, sprach vernünftig über eine Angelegenheit, mit der Vernunft selten etwas zu tun hat – nämlich Uniformen. Viele der amerikanischen Freiwilligen tragen die gleichen grauen Farben, die bei den Konföderierten so beliebt sind. Die Offiziere beider Armeen tragen ähnliche Rangabzeichen, und er hatte völlig recht mit seiner Annahme, dass bei Nachtmärschen oder bei ernsthaften Gefechten großen Ausmaßes viel Verwirrung und Verluste entstehen würden, wenn Männer derselben Armee aufeinander schießen oder Feinde mit Freunden verwechseln würden.

Während wir redeten, flogen große Schwärme von Meeräschen und anderen Fischen vor den Tümmlern, Rotbarschen und anderen Feinden im Gezeitenkanal hinter dem Schoner her. Einmal, als ein großer weißer Fisch an die Oberfläche sprang, schoss ein Schimmer von etwas noch Weißerem durch die Wellen, und ein brodelnder Wirbel, purpurn gefärbt, der allmählich in der Flut schmolz, markierte, wo der Fisch gewesen war.

„Da ist ein Riesenschildkrötenfisch, der gerade sein Frühstück bekommt", sagte der Kapitän. „Hier gibt es ziemlich viele davon." Ab und zu zeigte eine Schildkröte ihren Kopf und erregte damit *desiderium tam cari capitis* über der beneidenswerten Flut, die sie mit ihrer Anwesenheit beehrte.

Weit entfernt, in Richtung Pensacola, trieben drei britische Flaggen von ebenso vielen Handelsschiffen, die noch fünfzehn Tage Zeit hatten, den blockierten Hafen zu verlassen. Fort Pickens hatte die Sterne und Streifen in den Wind gehisst, und Fort M'Rae zeigte, als wolle es seinen Nachbarn ärgern, eine fast identische Flagge, bis auf den „einsamen Stern", den das Glas anstelle der üblichen Galaxie entdeckte – den Stern von Florida.

Leutnant Ellis, General Braggs Adjutant, kam frühmorgens an Bord, um mir die Anlagen zu zeigen, und bald saß ich auf dem Rücken des Schlachtrosses des Generals, sicher eingebettet zwischen dem erhobenen Vorder- und Hinterzwiesel eines großen, messingbeschlagenen Sattels mit wappenverzierter Satteldecke und mächtigen messingenen Steigbügeln, passend für den dicksten Marschall, der je eine französische Streitmacht zum Sieg geführt hat; aber General Bragg hat längere Beine als der Herzog von Malakoff oder Marschall Canrobert, und alle meine Bemühungen, mit meinen Zehen die wunderbaren Stützen zu berühren, die im Einklang mit der amerikanischen Idee tief unter mir baumelten, waren vergeblich.

Da unser Weg am Hauptquartier vorbeiführte, führte mich der Adjutant in den Hof und rief „Ordonnanz"; und auf die Aufforderung hin kam ein flotter, soldatischer junger Bursche nach vorn, führte mich drei Löcher weiter, und als ich davonritt, tippte er an seine Mütze und sagte: „Verzeihung, Sir, aber ich habe Sie oft auf der Krim gesehen." Er war beim 11. Husarenregiment gewesen und am Tag von Balaklawa dicht hinter Lord Cardigan und Captain Nolan her, als sein Pferd durch einen Kanonenschuss getötet wurde. Als er versuchte, zu Fuß zu fliehen, nahmen ihn die Kosaken gefangen, und er blieb elf Monate in russischer Gefangenschaft, bis er gegen Ende des Krieges in Odessa ausgetauscht wurde; dann verließ er den Dienst, da er einer von zwei Sergeanten war, die entlassen werden durften. „Aber da sind Sie schon wieder", sagte ich, „und sind wieder Soldat und handeln bloß als Ordonnanz!" „Nun, das ist wahr, aber ich kam hierher, um mich zu verbessern, wie es einige unserer Kameraden taten, und dann brach der Krieg aus, und ich trat einem ihrer sogenannten Kavallerieregimenter bei – Gott segne Sie, Sir, es würde Ihnen das Herz brechen, sie zu sehen – und hier bin ich nun, und der General hat mich zum Ordonnanzoffizier ernannt. Er ist ein freundlicher Mann, Sir, und der Sold ist gut, aber sie sind nicht wie die alten Leute; ich weiß nicht, was mein Herr von ihnen halten würde." Der Mann hieß Montague, und er erzählte mir, sein Vater lebe „an einem Ort namens Windsor", einundzwanzig Meilen von London entfernt. Leutnant Ellis sagte, er sei ein sehr sauberer, gepflegter und wohlerzogener Soldat gewesen.

Vom Hauptquartier aus begannen wir unsere kleine Inspektionstour durch die Batterien. Etwas, das das Vertrauen in den amerikanischen Journalismus stärker erschüttern könnte, war sicherlich nicht zu sehen; denn man hatte mich zu der Annahme verleitet, dass die Anlagen höchst furchterregend waren und Hunderte von Kanonen enthielten. Wo Hunderte geschrieben standen, wäre Zehner der Wahrheit näher gekommen.

Ich besuchte zehn der dreizehn Batterien, die General Bragg gegen Fort Pickens errichtet hat. Ich sah nur fünf schwere Belagerungsgeschütze in der gesamten Anlage unter den fünfzig oder fünfundfünfzig Geschützen, mit denen sie bewaffnet waren. Insgesamt könnten es etwa achtzig sein auf den Linien, die einen Bogen von 135 Grad für etwa drei Meilen um Pickens herum beschreiben, mit einer durchschnittlichen Entfernung von einer Meile und einem Drittel. Ich war ziemlich interessiert an Fort Barrancas, das vor langer Zeit von den Spaniern gebaut wurde – ein altes Werk nach dem alten Plan, schwach bewaffnet, aber mit einer akzeptablen Kontrolle über den Beschuss.

In allen Batterien gab es überdachte Galerien im hinteren Bereich, die mit den Magazinen verbunden waren und „Rattenlöcher" genannt wurden. Die Konstrukteure hatten sie als Unterschlupf für die Männer konzipiert, wenn eine Granate von Pickens einschlug. Der Ansturm auf das Rattenloch wirkt nicht gerade förderlich für anhaltendes und schweres Feuer oder würde die *Moral* der Kanoniere verbessern. Die Arbeitstrupps, wie sie genannt wurden – Freiwillige aus Mississippi und Alabama, große langbärtige Kerle in Flanellhemden und Schlapphüten, die bis auf ihre glänzenden Waffen und ihre entschlossene Zielstrebigkeit keine Uniform trugen – lagen zwischen den Werken herum oder trugen träge zu ihrer Fertigstellung bei.

Es wurden erhebliche Verbesserungen vorgenommen, aber die Offiziere waren sich nicht immer einig, welche Arbeiten zu erledigen waren. Captain A. an den Schubkarren: „Also, Männer, rollen Sie diese Sandsäcke herbei und stellen Sie sie genau an dieser Ecke auf", Major B.: „Mein guter Captain A., wozu brauchen Sie die Säcke dort? Habe ich Ihnen nicht gesagt, dass diese Zinnen erst fertiggestellt werden, wenn wir die Brustwehr an der Vorderseite fertiggestellt haben?" Captain A.: „Nun, Major, das haben Sie, und Ihr Befehl ließ mich glauben, dass Sie verdammt wenig von Ihrem Geschäft verstehen; also werde ich selbst ein wenig Ingenieursarbeit leisten."

Insgesamt war ich völlig davon überzeugt, dass General Bragg vollkommen richtig handelte, als er sich weigerte, das Feuer auf Fort Pickens und die Flotte zu eröffnen, was seine Werke sicherlich umgehauen hätte, trotz seiner vorteilhaften Lage und einiger gut platzierter Mörserbatterien im Unterholz, 2500 und 2800 Yards von Pickens entfernt. The magazinesDie Batterien, die ich besuchte, enthielten nicht mehr Munition für den normalen Feuerbetrieb eines Tages. Die Kugeln waren schlecht gegossen, mit hervorstehenden Rändern aus der Form, die beim Abfeuern für Weichmetallgewehre sehr schädlich sein würden. Was die Menschen wie auch die Gewehre angeht, hatten die Zeitungen der Südstaaten maßlos gelogen. Ich kann nicht sagen, wie viele sich in Pensacola selbst befanden, da ich das Lager nicht besucht habe; die Zahl dürfte auf 2000 geschätzt worden sein. Ich habe jedoch alle Lager hier gesehen und bezweifle sehr stark, dass General Bragg - der gegenwärtig angeblich zwischen 30.000 und 50.000 Mann unter seinem Kommando hat - insgesamt 8.000 oder, einschließlich Pensacola, 10.000 Soldaten zur Unterstützung seiner Batterien hat.

Wenn Gastfreundschaft darin besteht, dass der Besitzer seine Besucher so großzügig wie möglich behandelt, dann hat Philemon hier in der Tat seinen Typ in jedem Zelt. Als wir durch jede Batterie ritten, an jedem Offiziersquartier vorbei, kam irgendein großer Mississippianer oder Alabamaer auf mich zu und sagte: „Captain Ellis, ich freue mich, Sie zu sehen." „Colonel", sagte er zu mir, „wollen Sie nicht aussteigen und etwas trinken?" Mr. Ellis stellt mich ordnungsgemäß vor. Der Colonel ergreift überschwänglich meine Hand und sagt, als hätte er gerade den besonderen Zweck seiner Existenz erreicht: „Sir, ich freue mich wirklich sehr, Sie kennenzulernen. Ich hoffe, es geht Ihnen ziemlich gut, seit Sie in unserem Land sind, Sir. Hier, Pompey, nehmen Sie das Pferd des Colonels. Steigen Sie ein, Sir, und trinken Sie etwas." Dann kommt die große Whiskyflasche heraus, und es ist eine enorme Befolgung des ersten Naturgesetzes erforderlich, um Sie mit weniger als einem halben Pint „Bourbon" davonkommen zu lassen; Am schlimmsten für einen Fremden ist jedoch die Tatsache, dass sich der Offizier, der sich so gefreut hat, ihn zu sehen, bei seiner Abreise scheinbar nicht im Geringsten um seinen Gast oder dessen Gesundheit schert.

Tatsächlich handelt es sich bei diesen Vorstellungen um zeremonielle Bräuche und um eine Reaktion auf die allgemeine Neugier der Amerikaner, die Leute, denen sie begegnen, kennenzulernen. Der Engländer verbeugt sich bei der ersten Vorstellung frostig vor seinem Bekannten, und wenn er ihn mag, schüttelt er ihm beim Abschied die Hand – ein viel vernünftigeres und gerechtfertigteres Vorgehen. Die Herzlichkeit des Amerikaners bei der ersten Begegnung muss künstlich sein, und die Gleichgültigkeit beim Abschied ist unanständig und geschmacklos. Ich hatte dies bereits bei vielen Gelegenheiten beobachtet, besonders in Montgomery, wo ich es bei Colonel Wigfall bemerkte, aber dieser Brauch ist weder mit der großzügigsten Gastfreundschaft noch mit dem Wunsch, einen Dienst zu erweisen, unvereinbar.

Als ich zum Hauptquartier zurückkehrte, fand ich General Bragg in seinem Zimmer, wo er gerade damit beschäftigt war, einen offiziellen Brief als Antwort auf meine Bitte um Erlaubnis zu schreiben, Fort Pickens besuchen zu dürfen. Darin erteilte er mir die volle Erlaubnis, zu tun, was ich wollte. Darüber hinaus hatte er eine Reihe Empfehlungsschreiben an die Militärbehörden und seine persönlichen Freunde in New Orleans verfasst, in denen er sie bat, mir jede in ihrer Macht stehende Erleichterung und freundliche Unterstützung zukommen zu lassen. Er fragte mich nach meiner Meinung zu den Batterien und ihrer Bewaffnung, die ich ihm bereitwillig mit *einem Quantum Valeat gab* . „Nun", sagte er, „ich denke, Ihre Schlussfolgerungen sind ziemlich richtig; aber nichtsdestotrotz werde ich eines schönen Tages gezwungen sein, den Mut unserer Freunde auf der

Gegenseite auf die Probe zu stellen." Ich konnte nur sagen: „Möge Gott das Recht verteidigen." „Ein gutes Wort, dem ich sage: Amen. Und trink mit Ihnen darauf."

Draußen gab es einen Raum voller Generäle und Oberste, denen ich ordnungsgemäß vorgestellt wurde, aber die Zeit der Abreise war gekommen, und ich verabschiedete mich vom General und ritt zum Kai hinunter. Während meines kurzen Aufenthalts im Norden hatte ich immer gehört, dass die Menschen im Süden äußerst ungebildet und unwissend seien. Das mag so sein, aber ich muss sagen, dass ich einen großen Teil der Soldaten auf dem Weg zum Marinehof dabei beobachtet habe, wie sie Zeitung lasen, obwohl sie die verschiedenen Kneipen und Bars nicht vernachlässigten, von denen es in der Nähe der Lager nur allzu viele gab.

Der Schoner war seeklar, aber die Herren aus Mobile waren nach Pensacola aufgebrochen, und da ich sie nicht einladen wollte, Fort Pickens zu besuchen – wo sie höchstwahrscheinlich auf eine Ablehnung gestoßen wären –, beschloss ich, ohne sie abzusegeln und am Abend zur Marinewerft zurückzukehren, um sie auf unsere Heimreise mitzunehmen. „Nun denn, Kapitän, losmachen; wir fahren nach Fort Pickens." Der ehrenwerte Seemann war inzwischen völlig auf See und schien nicht zu wissen, ob er zu den Konföderierten Staaten, Abraham Lincoln oder der britischen Marine gehörte. Aber dieser Befehl weckte ihn ein wenig, und er sah mich mit allen Augen an und rief aus: „Aber Sie wollen doch nicht etwa sagen, dass Sie mich zwingen werden, die Diana neben dieses verdammte Yankee-Fort zu bringen!" Unsere etwas von der Soße befleckte Tischdecke wurde noch einmal auf die Spitze gehievt, und nach einigen Formalitäten zwischen uns und den Wächtern der Mole drehte sich der Schoner in der Flutrinne um und segelte mit einer feinen, leichten Brise hinunter auf die Sterne und Streifen zu.

Welch magische Kraft liegt in den Farben eines Flaggentuchs! Meine Gefährten, wage ich zu behaupten, waren so stolz auf ihre Flagge, als hätten ihre Vorfahren in Akko oder Jerusalem unter ihr gekämpft. Und doch war ihr Einfluss so fiktiv! Tod und Schande, schlimmer als der Tod, sie an einem Tag zu verlassen! Patriotismus und Ruhm, sie im Staub zurückzulassen und am nächsten Tag unter ihrem Rivalen zu kämpfen! Wie empört wäre George Washington gewesen, wenn der Franzose in Fort Du Quesne ihn gebeten hätte, den alten Lumpen, den Braddock in der Wildnis hochhielt, aufzugeben und unter eben jener *Lilie zu dienen* , die derselbe große George nur wenige Jahre später mit so viel Freude begrüßte, als sie an die Front in York Town vorrückte, um einen ihrer wenigen Siege über die Löwen und die Harfe zu erringen. Und in dieser Flagge der Konföderierten steckt eine Bedeutung, die niemals sterben wird – sie markiert den Geburtsort einer neuen Nationalität, und ihr Platz muss dies für immer sein. Sogar die Flagge einer Rebellion hinterlässt unauslöschliche Farben in der politischen Atmosphäre. Die Hoffnungen, die es aufrechterhielten, mögen in der Dunkelheit der Nacht verschwinden, aber der nationale Glaube glaubt immer noch, dass seine Sonne an einem herrlichen Morgen aufgehen wird. Es muss hart für dieses so arrogante, so große Volk sein, Streifen und Stern von dem schönen Banner gerissen zu sehen, mit dem es gern alle Königreiche der Welt überschattet hätte; aber ihr großer Kontinent ist groß genug für viele Nationen.

„Und jetzt", sagte der Kapitän, „denke ich, wir sollten lieber lügen – diese verfluchten Yankees am Strand schreien uns an." Und das taten sie auch. Ein Wachposten am Ende eines hölzernen Stegs rief: „Hallo, Sie da! Bleiben Sie zurück, oder ich schieße" und „zog eine Leine auf uns." Gleichzeitig rief der Kapitän: „Bitte schicken Sie ein Boot los, um an Land zu gehen." „Nein, Sir! Kommen Sie in Ihrem eigenen Boot!", rief der Wachoffizier. Unser eigenes Boot! Ein echtes Boot von Charon! Undicht, morsch, schief. Wir waren hundert Meter vom Strand entfernt, und es war zu hoffen, dass es mit seiner ganzen Last nicht so schnell untergehen konnte. Als ich jedoch einstieg, gefolgt von meinen beiden Begleitern, strömte das Wasser wie von einer Pumpe hinein, und als die Matrosen hinter uns herkamen, sagte der Kapitän mit einem Mund voll Saft: „Deevid! ziehen Sie so fest Sie können, denn es gibt an der ganzen Küste keinen schrecklicheren Ort für Scheren. Deevid und sein Freund zogen wie Männer, und unsere Hoffnung stieg mit dem Wasser im Boot und der geringer werdenden Entfernung zum Ufer. Sie arbeiteten wie Doggetts Dachse, und in fünf Minuten hatten wir die „Scherentiefe" verlassen und lagen neben der Mole, wo Major Vogdes, Mr. Brown von der Oriental und ein Offizier, der als Captain Barry von der US-Artillerie vorgestellt wurde, darauf warteten, uns zu empfangen. Major Vogdes sagte, dass Colonel Brown mir sehr gern erlauben würde, das Fort zu besuchen, dass er aber keinen der anderen Herren der Gruppe empfangen könne; sie dürften nach Belieben umherwandern. Einige Freunde, die sie unter den Offizieren aufsammelten, nahmen sie mit auf einen Ausritt entlang der Insel, die nichts weiter als eine mit grober Vegetation, ein paar Bäumen und Brackwasserpfützen bedeckte Sandbank ist.

Wenn ich eine Sommerresidenz aussuchen müsste, würde ich mich bestimmt nicht für Fort Pickens entscheiden. Es ist, wie alle anderen amerikanischen Anlagen, die ich gesehen habe, stark zur Seeseite und schwach zum Land hin. Das äußere Tor war geschlossen, aber auf ein talismanisches Klopfen von Captain Barry öffnete der Wächter das Tor und wir gelangten durch eine gewölbte Galerie auf den Exerzierplatz, der voller Männer war, die damit beschäftigt waren, den Platz zu befestigen und in der Mitte tiefe Gruben als

Granatenfallen auszuheben. Die Männer waren reguläre Soldaten der Vereinigten Staaten, die körperlich nicht mit den Freiwilligen der Südstaaten vergleichbar waren, ihnen aber in Sachen Sauberkeit und soldatischer Eleganz unendlich überlegen waren. Der diensthabende Offizier führte mich zu einer der Ecken des Forts und bog in einen überdachten Weg ein, der geschickt konstruiert worden war, indem Geschützplattformen und Holzbalken schräg gegen die Wand gekippt und mehrere Fuß dicke Erd- und Sandbänke dagegen aufgeschüttet worden waren. Die Kasematten, die sonst einem heftigen Feuer von hinten ausgesetzt gewesen wären, waren so wirksam geschützt.

Als ich aus diesem dunklen Gang herauskam, betrat ich einen der bombensicheren Räume, der als Schlafzimmer eingerichtet war, und ging von dort zur Kasematte, in der Oberst Harvey Browne sein Hauptquartier hatte. Nach einiger Unterhaltung führte er mich auf die Brustwehr und ging die Verteidigungsanlagen durch.

Fort Pickens ist ein schräges und etwas schmales Parallelogramm, dessen einer stumpfe Winkel zum Meer und der andere zum Land zeigt. Die Bastion im spitzen Winkel zu Barrancas ist der schwächste Teil des Bauwerks, und die Männer waren damit beschäftigt, improvisiert ein Glacis zu errichten, um die Mauer und die Kasematten vor Feuer zu schützen. Die Kanonen waren von dem, was heutzutage als kleinkalibrig gilt, 32- und 42-Pfünder, mit vier oder fünf schweren Columbiaden. In den letzten drei Wochen wurde eine enorme Menge Arbeit geleistet, aber die Vorbereitungen sind noch lange nicht abgeschlossen. Von den Mauern aus hartgebrannten Ziegeln mit einer Dicke von neun Fuß hat man eine gute Sicht auf die Position des Feindes. Um das Bauwerk herum verläuft ein breiter Graben, der jetzt trocken ist und wahrscheinlich nicht für Wasser gedacht ist. Die Cuvette wurde kürzlich geräumt, und als Beweis für die angenehme Natur der Gegend erzählten mir die Offiziere, dass die Arbeiter während der Operation sechzig sehr schöne Klapperschlangen getötet hätten.

Während ich mir die Stellungen von der Mauer aus ansah, machte Captain Vogdes ab und zu eine schlaue Bemerkung, blinzelte und sah mir genau ins Gesicht, um zu sehen, ob er mir irgendwelche Informationen entlocken konnte. „Dort ist das Quartier Ihres Freundes General Bragg; er behauptet, wie wir hören, es sei ein Lazarett, aber wir werden ihn bald rausholen, wenn wir das Feuer eröffnen." „Oh, tatsächlich." „Das ist ihre beste Batterie neben dem Leuchtturm; wir können nicht genau erkennen, ob sie zehn, elf oder zwölf Kanonen hat." Dann wurde Captain Vogdes ganz nachdenklich und dachte laut: „Nun, ich bin sicher, Colonel, sie haben in diesem Wald hinter ihren Mörserbatterien ein starkes verschanztes Lager. Ich bin mir ganz sicher

– darauf müssen wir mit unseren Langstreckenkanonen achten." Was der Ingenieur sah, müssen gewisse absurde kleine Furchen im Sand gewesen sein, die die Konföderierten etwa einen Meter vor ihren Zelten aufgerissen hatten. Ob sie jedoch dazu dienten, Regenwasser abzuleiten oder zurückzuhalten oder als Schutz für Klapperschlangen zu dienen, kann auch der vernünftigste Richter nicht beurteilen.

Die Konföderierten waren hocherfreut über die Vorstellung, dass Pickens im Sommer für die US-Truppen wegen der Hitze und der Moskitos, ganz zu schweigen vom Gelbfieber, fast unhaltbar sein würde; tatsächlich geht es ihnen aber viel besser als den Truppen an Land – die Kasematten sind außerordentlich gut belüftet, hell und luftig. Moskitos, Gelbfieber und Ruhr machen keinen Unterschied zwischen Trojan und Tyrian. Im Großen und Ganzen wäre ich im Falle eines Bombardements lieber drinnen als draußen in Pickens; und es besteht kein Zweifel, dass die Unionstruppen die gesamte Marinewerft und -station jederzeit zerstören können. Colonel Browne zeigte auf den hohen, rauchenden Schornstein in Warrington und sagte: „Das ist der ganze Grund für Braggs Nachsicht, wie man es nennt. Sehen Sie? – sie schießen so schnell sie können mit Kugeln und Granaten dorthin. Sie wissen genau, wenn sie ein Gewehr auf uns richten würden, könnte ich diese Werft und all ihre Anlagen dort in Schutt und Asche legen." und Colonel Harvey Browne scheint genau der richtige Mann für diese Aufgabe zu sein – ein entschlossener, energischer Veteran, beseelt von der tiefsten Abneigung gegen die Sezession und ihre Führer und erfüllt von den sogenannten „Unionsprinzipien", die sich schnell zum bloßen Ausdruck des Wunsches entwickeln, Leben, Freiheit, Eigentum und praktisch alles zu zerstören, was sich der Konsolidierung der Bundesregierung widersetzt.

Wahrscheinlich war es niemandem außer mir jemals gestattet, zwei feindliche Lager zu besuchen, die in Sichtweite voneinander lagen. Ich war weder Spion, noch Herold, noch Botschafter, und beide Seiten vertrauten mir voll und ganz, in der Annahme, dass ich keine der Informationen hier verwenden würde, sondern dass sie der Welt auf der anderen Seite des Atlantiks mitgeteilt werden könnten.

Zusammenhang erzählte mir Colonel Browne eine amüsante Geschichte, die zeigt, dass Niedlichkeit nicht nur den Yankees vorbehalten ist. Vor einigen Tagen wurde ein Herr auf der Insel umherirrend gefunden, der behauptete, er sei Korrespondent einer New Yorker Zeitung. Colonel Browne war mit der Schilderung seiner Person nicht zufrieden und schickte ihn an Bord eines der Schiffe der Flotte, um ihn dort gefangen zu nehmen. Bald darauf kam eine Waffenstillstandsflagge der Konföderierten herüber, die einen Brief von General Bragg enthielt, in dem Colonel Browne aufgefordert wurde, den Gefangenen freizugeben, da er nach Begehung eines Verbrechens auf die Insel geflohen war. Dem Brief lag ein von einem Friedensrichter unterzeichneter Haftbefehl bei. Colonel Browne lachte über die *List* und behält seinen Gefangenen.

Da es schon Abend war und ich alles im Fort gesehen hatte – das Lazarett, die Kasematten, Magazine, Backhäuser –, die Rationen probiert und den Whisky getrunken hatte, machte ich mich in Begleitung von Colonel Browne, Captain Barry und anderen Offizieren auf den Weg zum Schoner und holte meine Freunde draußen beim Backhaus ab.

Nachdem wir uns von unseren Bekannten verabschiedet hatten, gingen wir an Bord der Diana, die in Richtung der Warringtoner Marinewerft steuerte, um den Rest der Gruppe an Bord zu nehmen. Die Wachen entlang des Strandes und an den Batterien legten ihre Waffen nieder und starrten überrascht, als die Diana mit wehendem Tischtuch von Fort Pickens herüberfuhr und langsam an den Werken der Konföderierten entlangfuhr. Während wir nach den Herren aus Mobile Ausschau hielten, kam der Maat auf die Idee, die Flagge der Konföderierten zu nehmen und sie über dem Viertel zu schwenken. „Hallo, was machen Sie da?" „Es ist nur ein Signal an die Herren an Land." „Wenn Sie möchten, schwenken Sie eine andere Flagge, wenn wir in diesen Gewässern sind, und wehen Sie mit einer Waffenstillstandsflagge."

Nachdem wir eine Zeit lang immer wieder gewartet hatten, kamen die Mobilianer schließlich in einem Boot an Bord. Sie waren voller Aufregung und wollten unbedingt bleiben und den Bombenangriff miterleben, der in 24 Stunden beginnen musste. Bevor wir den Hafen von Mobile verließen, hatte ich um eine kleine Summe gewettet, dass keine der beiden Seiten innerhalb der nächsten Tage angreifen würde; aber jetzt konnte ich nicht einmal den Kopf schütteln, und es erforderte die äußerste Selbstbeherrschung und Kunstfertigkeit, die ich beherrschte, um den scharfsinnigen Fragen und Vorschlägen meiner guten Freunde auszuweichen. Ich war entschlossen zu gehen – sie waren ebenso entschlossen zu bleiben; und so trennten wir uns nach einer kurzen, aber sehr angenehmen gemeinsamen Kreuzfahrt.

Wir hatten mit Mr. Brown vereinbart, dass wir beim Verlassen des Hafens nach ihm Ausschau halten würden, und wir stellten eine Flasche Wein in die Reste unseres Eises, um uns zum Abschied zu trinken; aber es war schon fast dunkel, als die Diana zwischen Pickens und M'Rae seewärts schoss; und einige bange Minuten lang waren wir unsicher, wer als erster auf uns schießen würde. Unsere Tischdecke flatterte noch; aber die Farbe war vielleicht unsichtbar. Auf meinen Befehl wurde eine Laterne nach achtern gehisst, sobald der Schoner die Forts verlassen hatte; und mit einer kühlen Meeresbrise glitten wir in die Nacht hinaus, die schwarze Gestalt war the Powhatan beinggerade noch zu erkennen, der Rest des Geschwaders verlor sich in der Dunkelheit. Wir hielten Ausschau nach der Oriental, aber vergebens; und uns wurde klar, dass es kaum sehr sicher wäre, von den konföderierten Forts hinunter zum Wachschiff zu gehen, es sei denn, wir befanden uns im Geleitzug der Oriental. Es schien ganz sicher, dass sie ein Stück weit nach Westen kreuzte und auf uns wartete.

Der Wind kam aus Nord, aus der besten Richtung für unsere Rückfahrt. Die Diana legte sich auf dem glatten Wasser zur Seite und setzte ihren Weg nach Mobile fort. Sie kam dabei so nah ans Ufer, dass ich einen Keks auf den Sand hätte werfen können. Sie schien den Wind durch ihre Segel zu atmen und flog mit einer Flammensäule am Bug und einer sprudelnden Spur meteorartiger Ströme achtern, als ob flüssiges Metall aus einem Schmelzofen strömte.

Die Nacht war außerordentlich schön, aber nach der Hitze des Tages war der Horizont etwas neblig. „Keine Spur von der Oriental vor unserem Lee-Bug?" „Überhaupt nichts in Sicht, Sir, weder vor noch hinter uns." Haie und große Fische flohen aus dem seichten Wasser, als wir vorbeifuhren, und schwammen in hellem Licht aufs Meer hinaus. Die Perdida blieb weit achtern zurück.

Die Diana raste weiter, aber keine Oriental kam in Sicht. Ich fühlte mich überaus müde, erhitzt und erschöpft; ich war früh aufgestanden, in der sengenden Sonne geritten, hatte Batterien durchsucht, Forts untersucht, war hin- und hergesegelt, also war ich froh, mich aus dem nächtlichen Tau zurückziehen zu können, und nachdem ich dem Kapitän die Anweisung gegeben hatte, nach dem Enterschoner der Union Ausschau zu halten, ging ich schlafen, ohne die geringste Ahnung zu haben, dass ich Mr. Brown zum letzten Mal gesehen hatte.

Ich hatte zwei oder drei Stunden geschlafen, als ich von dem schwarzen Koch geweckt wurde, der sich über die Koje beugte und mit klappernden Zähnen sagte: „ Monsieur! Nous sommes perdus! Un bâtiment de guerre nous poursuit – il va tireder bientôt. Nous serons coulé! Oh, Mon Dieu! Oh, Mon Dieu! " Ich sprang auf und steckte meinen Kopf durch die Luke. Der Kapitän selbst stand am Steuer und blickte vom Kompass auf die zitternden Reffpunkte des Großsegels. „Was ist los, Kapitän?" „Nun, Sir", sagte der Kapitän und sprach sehr langsam, „uns ist seit fast zwei Stunden etwas hinterhergelaufen, aber er holt uns nicht ein. Ich glaube nicht, dass er uns dieses Mal irgendwie einholen wird; wenn der Wind dieses Mal ein bisschen hält, wird Diana ihn schlagen."

Das Vertrauen der Küstenkapitäne in ihr eigenes Schiff ist eine Halluzination, die sie trotz aller Risiken und Gefahren nie innig hegen werden. Es gibt keinen Kapitän von Hartlepool bis Whitstable, der nicht glaubt, dass seine Maryanne Smith oder die Two Grandmothers „auf gewisse

Pints" in der Lage ist, ihren dicken Bug anzustoßen und ihr kohlenkübelförmiges Heck schneller durchs Meer zu ziehen als jeder schwimmende Klipper. Der Kapitän einer Margate Billy Boy erzählte mir einmal, dass er glaubte, er könne in Luv vor jeder Fregatte im Dienste Ihrer Majestät fahren.

„Aber, du lieber Himmel, Mann, es könnte der Orientale sein – zweifellos ist es Mr. Brown, der auf uns aufpasst."

„Ah! Na, kann sein. Wer auch immer es ist, er ist im Dunkeln ganz nah an mich herangeschlichen. Ich habe mich ganz schön erschrocken, als ich ihn gesehen habe. ,Kann sein', sagte ich, ,er ist ein Kaper – ein Pirat – Kerl.' Also laufe ich so nah wie möglich ans Ufer heran, hole mein Schwert ein und sage: ,Ich werde sehen, was du draufhast, mein Junge.' Und so geht es weiter. Er holt uns nicht ein, das kann ich Ihnen sagen."

Ich schaute durch das Glas und konnte gerade noch eine halbe oder dreiviertel Meile achtern und in Lee ein Schiff erkennen, das ganz schwarz aussah und uns zu verfolgen schien. Das Ufer war so nah, wir hätten fast in die Brandung springen können, denn mit hochgezogenem Schwert hatte die Diana nicht viel mehr als vier Fuß Tiefgang. Der Kapitän hielt grimmig durch. „Sie sollten besser den Wind abschütteln und nachsehen, wer es ist; es könnte Mr. Brown sein." „Nein, *Sir*, Mr. Brown hin oder her, ich kann nicht anders, als jetzt weiterzufahren; vor uns ist eine Uferböschung, und wenn ich meinen Kurs nicht halte, bin ich in einer Minute darauf." Ich gebe zu, ich war ziemlich verärgert, aber der Kapitän hatte die Situation unter Kontrolle. Er sagte, wenn es die Oriental gewesen wäre, hätte sie eine Platzpatrone abgefeuert, um uns zur Strecke zu bringen, sobald sie uns gesehen hätte. Auf meine Frage, warum er mich nicht geweckt habe, als wir mit ihr geknutscht haben, antwortete er unschuldig: „Du hast so schön geschlafen, ich dachte, es wäre die reinste Grausamkeit, dich zu stören."

Indem sie sich dicht an die Küste heranschlich, konnte die Diana in Luv des Fremden bleiben, der ein- oder zweimal anstieß oder schlug, denn ihre Segel zitterten. „Da, sie hat wieder angeschlagen." „Sie ist wieder weg", und die Jagd geht weiter. Jeden Moment erwartete ich, dass meine Augen durch das Blitzen ihres Buggewehrs geblendet würden, aber aus irgendeinem Grund, möglicherweise weil sie ihren Kurs nicht ändern wollte, sparte die Oriental – Freibeuter oder was auch immer es war – ihr Pulver.

Eine harte Jagd ist eine lange Jagd. Es ist zwei Uhr morgens – der Kapitän grinste entzückt. „Ich werde ihn in eine ziemliche Patsche bringen, wenn er mir durch den ,Swash' folgt, wer auch immer er ist." Wir waren nur zehn Meilen von Fort Morgan entfernt. Immer näher kommt die Diana ans Ufer.

„Wirf das Blei aus, John." „Neun Fuß." „Gut. Noch einmal." „Sieben Fuß." „Noch einmal." „Fünf Fuß." „Charlie, bring die Laterne." Wir waren jetzt im „Swash" mit einer brodelnden Flut.

Gerade in dem Moment, als der Neger die Laterne aufdeckte, ging sie aus, was die bemerkenswerteste Menge an Verwünschungen hervorrief, die je ein Ohr gehört hat. Der Kapitän tanzte in Intervallen tödlicher Ruhe wie verrückt und gab der Mannschaft abwechselnd seine Befehle und seltsame Flüche an den Koch, während der Maat sang: „Fünfeinhalb Fuß." „Sie geht fast! Verdammt, du schwarzer Schurke, ich werde es dir beibringen", usw., usw. „Sechs Fuß! Achteinhalb Fuß!" „Sie kommt fast wieder." „Fünf Fuß! Viereinhalb Fuß." (O Gott! Sechs Zoll unter unserem Kiel!) Und so fuhren wir, mit einer Entfernung von einigen Zoll zwischen uns und dem Tod, die keineswegs angenehm war, wobei der Kapitän bemerkenswerte Kühle und Geschick bei der Führung seines Schiffes zeigte, verbunden mit einer höchst unziemlichen Feindseligkeit gegenüber seinem unglücklichen Koch.

Es grenzte an ein Wunder, dass wir den „Ellenbogen" passierten, wie der engste Teil des Kanals genannt wird, denn genau in dem kritischen Moment wurde das Licht im Kompasshaus gelöscht und ging knallend aus, und wir blieben in der Dunkelheit in einem Kanal zurück, der keine hundert Meter breit und nur sechs Fuß tief war. Das Schwert blieb auch ein- oder zweimal hängen, als es am wichtigsten war, so nah wie möglich am Wind zu liegen; aber schließlich rief der Kapitän: „Es ist alles in Ordnung, wir sind in tiefem Wasser", und er rief den Maat ans Steuer und beruhigte ihn, indem er Charlie in eine Ecke jagte und ihn mit einem toten Hai oder Dornhai von etwa vier Fuß Länge bearbeitete, den er vom Deck aufhob, da er die praktischste Waffe war, die er finden konnte. Den ganzen Morgen lang fand der Kapitän von da an großen Trost darin, den unglücklichen Koch ständig anzugreifen, der den Hai schließlich bei einer günstigen Gelegenheit schlau über Bord warf und seinen Meister zwang, auf andere Arten von rhadamantinischen Werkzeugen zurückzugreifen. Aber wo war die Oriental die ganze Zeit? Das konnte niemand sagen. Doch Charlie, der ein Experte auf dem Gebiet ihrer Bewegungen zu sein schien, behauptete, sie habe das Ruder herumgeworfen, sobald wir in den „Swash" einfuhren, und sei in der schwarzen Nacht verschwunden.

Die Diana hatte sich also durch die Blockade von Pensacola ausgezeichnet, aber ein neuer Triumph erwartete sie. Als wir uns Fort Morgan näherten, bot ein grauer Streifen im Osten gerade genug Licht, um die Umrisse des Forts und der darüber wehenden Flagge der Konföderierten zu erkennen. Eine leichte Brise trug uns auf Höhe der Signalstation, ein einsames Licht schimmerte von den Mauern, aber weder legte ein Wachboot ab, um uns zu entern, noch rief eine Wache, noch wurde ein Gewehr abgefeuert – wir standen noch immer da. „Kapitän, sollten Sie nicht besser beilegen? Sie werden gleich eine Salve auf uns abfeuern." „Nein, *Sir*. Sie schlafen alle in diesem Fort", antwortete der unbezwingbare Kapitän.

Das Ruder ging runter, und die Diana segelte in die Mobile Bay und war bald sicher im Dunst, fern von Schüssen und Granaten, auf das gegenüberliegende Ufer zu. Das war Ruhm genug für die Diana von Mobile. Der Wind blies uns direkt aus dem Norden in die Zähne, und bei strahlendem Sonnenaufgang war sie nur wenige Meilen in der Bucht.

Den ganzen lieben langen Tag verbrachten wir damit, von einem niedrigen Ufer zum nächsten zu kreuzen, durch Gewässer, die wie Erbsensuppe aussahen. Wir hatten das Vergnügen, Mobile von jedem Standpunkt aus zu sehen, von Osten und Westen, mit all den Unterschieden zwischen Nord und Süd und zahlreichen Veränderungen in der Position von Kirchtürmen, Sandhügeln und Villen, während die Sonne uns die ganze Zeit röstete und das Pech aus den Fugen kochte.

Die größte Aufregung des Tages war die Begegnung mit einem jungen Alligator, der unfreiwillig durch die Gezeitenrinne aufs offene Meer hinaustrieb. Die Mannschaft sagte, er ertrank, habe sich verirrt oder sei vom Kampf gegen die Strömung erschöpft. Er war etwa drei Meter lang und schien so völlig zerfetzt, dass er bereitwillig an Bord gekommen wäre, als er nur zwei Meter an uns vorbeikam; aber in seinem verzweifelten Zustand wäre es geradezu grausam gewesen, ihn zu unserer Gruppe hinzuzufügen.

Das nächste Ereignis des Tages war das Abendessen, bei dem Charlie sich selbst übertraf, indem er ein gewaltiges Zwiebelgericht mit in Scheiben geschnittenen Bologna-Würsten und ein Stück Schwein aß, das sich nicht entscheiden konnte, ob es Schweinefleisch oder Speck sein sollte.

Nachdem ich in vierzehn Stunden etwa siebenundzwanzig Meilen zurückgelegt hatte, landete ich gegen fünf Uhr abends endlich an einem Kai in den Vororten der Stadt. Auf meinem Weg zum Battle House begegnete ich sieben verschiedenen Kompanien, die durch die Straßen marschierten, um zu proben, und die Luft war erfüllt von Trompeten- und Trommelklängen. Am Abend kamen einige Herren zu mir, um mich zu fragen, was ich von Fort Pickens und Pensacola hielte, und ich hatte einige Schwierigkeiten, ihre sehr direkten Fragen zu beantworten, aber schließlich wählte ich eine Formel, die ihnen offenbar gefiel – ich versicherte meinen Freunden, dass es meiner Meinung nach eine äußerst schwierige Angelegenheit sein würde, wann immer das Bombardement stattfinden würde.

Einer der wichtigsten Schritte, von dem ich bisher gehört habe, hat wenig Aufmerksamkeit erregt, nämlich die Weigerung des Kommandeurs von Fort MacHenry in Baltimore, dem *Habeas-Corpus- Befehl Folge zu leisten* , den ein

Richter dieser Stadt für einen Soldaten seiner Garnison erlassen hatte. Dieser Militäroffizier behauptet, dass in Baltimore ein Bürgerkrieg herrscht, was seiner Ansicht nach ein ausreichender Rechtsgrund für die Aussetzung des Befehls ist.

KAPITEL XXIX.

Richter Campbell – Dr. Nott – Sklaverei – Abreise nach New Orleans – Flussabwärts – Angst vor Kreuzern – Annäherung an New Orleans – Duell – Straßen von New Orleans – Ungesundheit in der Stadt – Öffentliche Meinung zum Krieg – Glückliche und zufriedene Neger.

18. Mai. — Ein außerordentlich heißer Tag, der nichts Gutes verspricht für die Bundessoldaten, die, wie die Regierung in Washington behauptet, kommen, um in diesen Gegenden einen Aufstand niederzuschlagen. Die Mücken breiten sich immer stärker aus. Am Tag meiner Ankunft fragte ich den Kellner, ob es viele davon gäbe. „Ich wünschte, es wären hundertmal so viele", sagte er. Auf die Frage, ob er einen möglichen Grund für solch ein außergewöhnliches Vorhaben hätte, sagte er: „Weil wir diese verdammten schwarzen Republikaner umso schneller aus Fort Pickens vertreiben würden." Der Mann schien zu folgern, dass sie die Soldaten der Konföderation nicht beißen würden.

Ich speiste bei Dr. Nott und traf Richter Campbell, der sein hohes Amt als Richter am Obersten Gerichtshof der Vereinigten Staaten niedergelegt hatte und seine Gründe dafür in einem Brief darlegte, in dem er Herrn Seward des Verrats, der Verstellung und der Lüge bezichtigte. Er schien mir eher ein großer Kasuist als ein profunder Jurist zu sein und sich an subtilen Unterscheidungen und technischen Abstraktionen zu erfreuen; aber ich hatte den Vorteil, von ihm ausführlich die ganze Geschichte des Dred-Scot-Falls und eine Zusammenfassung der Argumente beider Seiten zu hören, deren Kraft seiner Meinung nach unwiderlegbar für die Entscheidung des Gerichts sprach. Herr Forsyth, Oberst Hardee und andere waren mit von der Partie.

Für mich war es sehr schmerzhaft, eine süße, klingende, silbrige Stimme aus einem sehr hübschen Mund zu hören: „Ich bin so erfreut zu hören, dass die Yankees in Fortress Monroe Typhus haben. Ich hoffe, es wird sie alle töten." Dies wurde von einer der charmantesten jungen Personen gesagt, die man sich vorstellen kann, und mit unverkennbarer Aufrichtigkeit vorgetragen, gerade als hätte sie gesagt: „Ich habe gehört, dass alle Schlangen in Virginia an Gift sterben." Ich fürchte, die junge Dame hielt nicht viel von mir, weil ich mich weigerte, ihren Wünschen in dieser besonderen Form nachzukommen. Aber alle Damen in Mobile gehören der „Yankee Emancipation Society" an. Sie verbringen ihre Tage damit, Patronen zu nähen, Flusen zu kämmen, Bandagen vorzubereiten, und ich bin mir nicht ganz sicher, ob sie nicht auch Granaten und Zünder füllen. Ihr Eifer und ihre Energie werden viel dazu beitragen, den Süden im bevorstehenden Kampf zu unterstützen, und nirgendwo ist der Einfluss der Frauen größer als in Amerika.

Was Dr. Nott betrifft, so haben seine Studien ihn dazu gebracht, eine rein materialistische Sichtweise der Sklavereifrage einzunehmen, und seiner Meinung nach sollten Fragen der Moral und Ethik, die mit dieser Frage in Zusammenhang stehen, auf das Fassungsvermögen des menschlichen Schädels bezogen werden – der Kopf, der die größte Ladung Schnepfenschrot vertragen kann, wird schließlich in irgendeiner Form den Kopf mit geringerem Fassungsvermögen übertreffen. Dr. Nott verabscheut die Sklaverei, aber er sieht nicht, was mit den Sklaven geschehen soll und wie man verhindern kann, dass aus den vier Millionen Negern sechs, acht oder zehn Millionen werden, wenn ihr Wachstum durch hohe Preise für Produkte aus dem Süden gefördert wird.

Die Aussage, die ich hier unten mehr als einmal gehört habe, dass Großbritannien seine Neger nicht hätte emanzipieren können, wenn sie innerhalb seiner Grenzen gelebt hätten, etwa in Lancashire oder Yorkshire, ist ziemlich überzeugend. Die englische Bevölkerung hatte infolge der Emanzipation, die für eine Weile die Industrie zerstörte und die Gesellschaft in Jamaika in Stücke riss, keine Unannehmlichkeiten . Als die Staaten Kolonien waren, sah Großbritannien die Einführung von Sklaven in derart abgelegene Gebiete mit Genugtuung, und als die Vereinigten Staaten ihre Souveränität etabliert hatten, fanden sie die Institution der Sklaverei innerhalb ihrer eigenen Grenzen etabliert und als wichtige, wenn nicht wesentliche Schicht in ihrem Sozialsystem. Die Arbeit der Emanzipation wäre damals vergleichsweise einfach gewesen, heute ist sie ein gewaltiges Problem, das kein Mensch zu lösen versucht hat.

19. Mai. — Die Hitze draußen war so groß, dass ich mich kaum versucht fühlte, hinauszugehen, aber um 2 Uhr fuhr mich Mr. Magee zu einem hübschen Ort namens Spring Hill, wo Mr. Stein, ein deutscher Kaufmann aus der Stadt, seinen Landsitz hat. Die Häuser der Kaufleute aus Mobile sind auf den Anhöhen in dieser Gegend verstreut; aus der Ferne sehen sie aus wie Marmor, aber aus der Nähe betrachtet, sieht man sie als bemaltes Holz. Stein ist in dieser ganzen Küstenregion fast unbekannt. Der ehrenwerte Deutsche war sehr gastfreundlich, und ich genoss vor dem Abendessen einen kühlen Spaziergang im Schatten seiner Weintrauben, die angenehme Wege in seinem Garten bildeten. Die Scuppernung-Traube, die in Hülle und Fülle wuchs – eine aus North Carolina stammende Sorte – hat ein bemerkenswertes Aussehen. Der Stiel, der glatt und mit einer feinkörnigen grauen Rinde bedeckt ist, hat nicht den Charakter einer Rebe, sondern wächst gerade und steif wie der Ast eines Baumes und ist voll mit köstlichen Trauben. Cherokee-Pflaumen- und Rosenbäume und prächtige Magnolien drängen sich um sein Haus, und in ihrem Schatten lauschte ich dem ehrenwerten Deutschen, wie er sein Vaterland mit seiner Wahlheimat verglich und hin und wieder seiner heimlichen Liebe für die alte Heimat freien Lauf ließ. Wie alle besseren

Klassen im Süden fürchtet er sich zutiefst vor dem allgemeinen Wahlrecht und würde es morgen, wenn er könnte, weitgehend einschränken.

20. Mai. — Ich verließ Mobile heute Morgen um acht Uhr mit dem Dampfer Florida in Richtung New Orleans. Er war voll mit Passagieren in Uniform. In meiner Kabine hing ein Hinweis mit den Regeln und Vorschriften des Dampfers. Nummer 6 lautete wie folgt: „Alle Sklavendiener müssen beim Zollamt abgefertigt werden. Passagiere, die Sklaven haben, melden sich bitte, sobald sie an Bord kommen."

Wenige Meilen von Mobile entfernt bog der Dampfer nach rechts ab und fuhr in einen der schmalen Kanäle, die die ganze Küste durchziehen und „Grant's Pass" genannt werden. Ein findiger Mensch hat ihn durch einen künstlichen Einschnitt schiffbar gemacht; da er aber kein universeller Menschenfreund war und möglicherweise aus dem Norden des Tweeds kam, errichtete er zusätzlich eine Reihe von Barrieren, die nur mit Hilfe eines kleinen Leuchtturms aus Pfefferstreuereisen überwunden werden können; und er erhebt von allen vorbeifahrenden Schiffen Maut. Eine kleine Insel in der Passage, knapp über dem Wasserspiegel, etwa zwanzig Meter breit und einhundertfünfzig Meter lang, wurde befestigt. Einige unserer militärischen Freunde landeten hier; und es erforderte eine Menge Patriotismus, um der Aussicht, in einer Kiste unter den Moskitos eingesperrt zu bleiben, auf dieser elenden Sandbank, die eine Granate in Atome zersprengen könnte, freudig entgegenzusehen.

Nachdem wir diesen Kanal passiert hatten, fuhr unser Dampfer eine Art Binnenmeer hinauf, das rechts vom Ufer und links von einer fast ununterbrochenen Kette sandbedeckter Riffe gebildet wurde und äußerst schmal war, so dass man die Brandung der Meereswalzen auf der anderen Seite durch das Laub der Kiefern sehen konnte, die sie säumten. Zu unserer Rechten versperrten die endlosen Kiefern den Blick auf den Horizont; der Strand war von unzähligen Buchten, sogenannten Bayous, durchzogen; und es war merkwürdig, die weißen Segel der kleinen Schoner zu beobachten, die zwischen den Bäumen entlang der grünen Wiesen ein- und ausglitten, die sich wie eine unüberwindbare Barriere auf ihrem Weg auszudehnen schienen. Riesige Scharen von Pelikanen flatterten über das Meer und stürzten sich unaufhörlich auf die Fische, die im Binnenwasser im Überfluss vorhanden waren; und lange Reihen derselben Vögel standen am weißen Strand neben dem Meeresschaum und verdauten ihre reichlichen Mahlzeiten.

Die Passagiere waren etwas beunruhigt, als man berichtete, dass die Kreuzer der Vereinigten Staaten im Inneren gesehen worden waren und dass sie sogar die Batterien auf Ship Island verbrannt hatten. Wir sahen nichts Furchterregenderes als Küstenschiffe und einen Dampfer, der von New Orleans zurückkehrte, bis wir uns der Einfahrt nach Pontchartrain näherten, als ein großer Schoner, der wie eine Hexe segelte und mit Männern vollgestopft war, unsere Aufmerksamkeit erregte. Durch das Glas konnte ich zwei Kanonen auf ihrem Deck erkennen und das war für jedes gut bestückte Handelsschiff, das unter der amerikanischen Flagge segelte, Grund genug, ihre enge Gesellschaft zu meiden.

Die Annäherung an New Orleans wird durch große Weiler und verstreute Städte entlang der Küste angezeigt, die in den Kiefernwäldern versteckt sind und den Kaufleuten und ihren Familien im Sommer einen Zufluchtsort vor der glühenden Hitze der ungesunden Stadt bieten. Vom Meer aus gesehen haben diese hygienischen Siedlungen eine malerische Wirkung und eine Atmosphäre bezaubernder Frische und Leichtigkeit. Es gibt freistehende Villen in jeder möglichen Bauweise, die aus Holz gebaut werden können, gestrichen in den hellsten Farbtönen – Grün, Blau und Rosatönen –, jede von Magnolien und Rhododendren umgeben. Von jedem Garten erstreckt sich ein sehr langer und schmaler Pier, der von einer Badehütte abgeschlossen wird, in das seichte Meer; und der allgemeine Anblick dieser Häuser mit den hellen Kuppeln und Kirchtürmen, die sich über die Reihen weißer Geländer erheben, die in das dunkle Grün der Kiefern eingefasst sind, ist hell und neuartig. Zu jeder dieser Städte gibt es einen Anlegesteg. An zweien davon legten wir an, luden Zeitungen an Land, erhielten oder löschten ein paar Ballen mit Waren und fuhren wieder los.

Die kleine Menschenmenge, die sich auf jeder Seite versammelte, bestand zum größten Teil aus Schwarzen – die Weißen trugen fast ausnahmslos Uniform und waren bewaffnet. Als ich näher kam, kam mir nicht der Gedanke, dass weniger mächtige Einflüsse als Epidemien und Sommerhitze Pascagoula, Passchristian, Mississippi City und den Rest dieser Siedlungen zu sehr geeigneten Wohnorten für Menschen mit aktivem Geist machen könnten.

Den ganzen lieben langen Tag über redeten meine Mitreisenden ununterbrochen über Politik, außer wenn sie aßen und tranken, denn das schreckliche Kauen und Spucken ist durchaus mit einer aktiven Diskussion vereinbar. Die Wildeste von allen war eine dünne, feurigäugige kleine Frau, die beim Abendessen ein brennendes Verlangen nach Stücken von „Old Abe" äußerte – seinem Ohr, seinem Haar; aber ob zum Verzehr oder als kurioses Andenken, sie erleuchtete die Gesellschaft nicht.

Nach dem Abendessen kam es zu leichten Schwierigkeiten unter den Militärs, ob sie politischer oder persönlicher Natur waren, konnte ich jedoch nicht sagen. Die Lage wurde jedoch noch dadurch verschärft, dass ein Sechsschüsser auf der Bildfläche erschien, der sich zu meiner großen Bestürzung genau auf meiner Koje befand, aus deren Fenster ich die Kämpfer beobachtete. Ich bin froh, sagen zu können, dass das Feuer durch eine gütliche Vereinbarung abgewendet werden konnte, wonach sich die Streitenden am zweiten Tag nach ihrer Ankunft um 12 Uhr im St. Charles Hotel treffen sollten, um Zeit, Ort und Bedingungen für eine orthodoxere und regulärere Auseinandersetzung festzulegen.

Nachts fuhr der Dampfer in einen düsteren Kanal, durch einen Sumpf, der als der von Moskitos am stärksten befallene Ort entlang der Küste berüchtigt ist; die Mündungen des Mississippi selbst waren im Vergleich zur Einfahrt des Pontchartrain-Sees ziemlich harmlos. Als ich bei Tagesanbruch aufwachte, fand ich das Schiff neben einem Kai liegend, neben dem ein Eisenbahnzug lag, der uns in die sechs Meilen entfernte Stadt New Orleans bringen sollte.

Um die Endstation herum ist ein Dorf mit Restaurants oder „Restaurats", wie sie hier genannt werden, und Badehäuschen entstanden; alle Namen der Besitzer, die Schilder und Hinweisschilder sind französisch. Außerhalb der Siedlung verläuft die Eisenbahn durch einen Sumpf, der einem indianischen Dschungel gleicht, durch den die Überschwemmungen des Mississippi in schwarzen Strömungen kriechen. Die Kirchtürme von New Orleans erheben sich über dem Unterholz und der subtropischen Vegetation dieses Sumpfes. Näher an der Stadt liegt eine sumpfige Ebene, in der Viehherden, die bis zum Bauch in der weichen Erde stecken, zwischen den Pflanzenbüscheln zappeln. Die nähere Annäherung an New Orleans mit der Eisenbahn führt durch einen Vorort mit außerordentlich breiten Gassen, die auf beiden Seiten von Reihen elender, schäbiger, einstöckiger Häuser gesäumt sind, die, wenn ich nach den Exemplaren urteilen soll, die ich gesehen habe, von einer elenden und kränklichen Bevölkerung bewohnt werden.

In den Adern vieler Männer und Frauen floss deutlich Negerblut, und viele der reinblütigen Weißen hatten das eigentümliche Aussehen der fischig-fleischigen Bevölkerung der levantinischen Städte, und alle waren blass und mager. Der Endbahnhof der Eisenbahn ist in der Stadt durch einen schmutzigen, kasernenartigen Schuppen gekennzeichnet. Ich wählte einen der zahlreichen heruntergekommenen Droschken, die die Straße vor dem Bahnhof verstopften, und wies den Mann an, mich zum Haus von Mr. Mure, dem britischen Konsul, zu fahren, der so freundlich gewesen war, mich für die Dauer meines Aufenthalts in New Orleans als seinen Gast einzuladen.

Die Straßen sind schlecht gepflastert, wie die der meisten amerikanischen Städte, wenn nicht aller, in denen ich je gewesen bin, aber in anderer Hinsicht sind sie einer Großstadt würdiger als die von New York. Die Menschen haben ein durch und durch französisches Flair – Cafés, Restaurants, Billardzimmer gibt es in Hülle und Fülle, dazwischen Austern- und Lagerbier-Salons. Die Geschäfte sind alle *magazins*; die Leute auf den Straßen sprechen Französisch, insbesondere die Neger, die mit ihren Herren und

Herrinnen einkaufen gehen, außerordentlich gut gekleidet, laut und nicht unglücklich aussehend. Die Länge der Straße vermittelte eine beeindruckende Vorstellung von der Größe von New Orleans – der Reichtum einiger Geschäfte, die Fahrzeuge auf den Straßen und die Vielzahl gut gekleideter Menschen auf den Bürgersteigen vermittelten einen Eindruck von seinem Reichtum und dem Wohlstand der Einwohner. Die Flagge der Konföderierten wehte an den öffentlichen Gebäuden und an vielen Privathäusern. Militärkompanien marschierten durch die Straßen, und ein großer Teil der Männer trug Uniform.

Tagsüber fuhr ich durch die Stadt, überbrachte Empfehlungsschreiben, stattete Besuche ab und erkundete die Geschäfte und öffentlichen Plätze. Doch um einen herum herrscht ein solcher Wirbel aus Sezession und Politik, dass man von der Außenwelt kaum etwas mitbekommt.

Wie groß auch immer die Zahl der Unionisten oder Nichtsezessionisten sein mag, die Volkspartei hat einen Druck auf die Freunde der Bundesregierung ausgeübt, der zu stark ist, als dass man ihm widerstehen kann. Der Agent von Brown Brothers aus Liverpool und New York hat sein Büro geschlossen und verlässt das Land aufgrund der Einschüchterung durch den Pöbel oder, wie man hier sagt, der „Aufregung der Bürger", als er hörte, dass die Firma nach dem Beschuss von Sumter Beiträge zum New Yorker Fonds geleistet hatte. Ihr Agent in Mobile war gezwungen, dasselbe zu tun. Andere Häuser folgen ihrem Beispiel, aber da die meisten Geschäftstransaktionen für diese Saison abgeschlossen sind, hofft die Handelsgemeinschaft, dass der Streit vor der nächsten Saison durch die Anerkennung der Unabhängigkeit des Südens beendet sein wird.

Die Straßen sind voll von Türken, Zuaven und Jägern; die Wände sind mit Plakaten von Freiwilligenkompanien bedeckt, es gibt Pickwick-Schützen, La Fayette, Beauregard, MacMahon-Wachen, irische, deutsche, italienische und spanische sowie einheimische Freiwillige, unter denen die Meagher-Schützen, empört über den Herrn, von dem sie ihren Namen haben, wegen seiner Verbundenheit mit dem Norden, sich neu taufen lassen und Ruhm unter einem verheißungsvolleren suchen werden. Tatsächlich sieht New Orleans aus wie ein Vorort des Lagers in Châlons. Schneider sind Tag und Nacht damit beschäftigt, Uniformen herzustellen. Ich ging mit dem Konsul in ein Geschäft, um ein paar Hemden zu kaufen – die Herrin und alle ihre Näherinnen waren damit beschäftigt, Flaggen so fest anzufertigen, wie die Nähmaschine sie nur nähen konnte, und konnten sich im Moment um nichts kümmern. Die irische Bevölkerung, die nicht in der Lage war, nach Norden zu ziehen, und ohne Arbeit war, eilte voller Enthusiasmus zu den Waffen, um die Institutionen des Südens zu unterstützen, und Mr. John Mitchell und Mr. Meagher stehen sich in feindlichen Lagern gegenüber.

22. Mai. — Das Thermometer zeigte heute 95° im Schatten an. Es ist nicht verwunderlich, dass New Orleans unter schrecklichen Epidemien leidet. An jeder Straßenseite fließt ein schmutziger offener Abwasserkanal mit der Flut in der sengenden Sonne hin und her, und Mr. Mure erzählt mir, dass die Stadt so tief liegt, dass er gezwungen war, in einem Boot entlang der Straßen zu seinem Büro zu fahren.

Ich saß eine Weile da und hörte mir die Meinungen der verschiedenen Kaufleute an, die gekommen waren, um über die Nachrichten und Politik im Allgemeinen zu sprechen. Sie waren alle davon überzeugt, dass Großbritannien den Süden schnell anerkennen würde, aber ich kann nicht feststellen, dass einer von ihnen die Auswirkungen einer solchen Anerkennung untersucht hätte. Ein Herr schien heute zu glauben, dass Anerkennung bedeutete, die Blockade zu erzwingen; während sie, wie ich ihm zu zeigen versuchte, lediglich zur Anerkennung der Rechte der Vereinigten Staaten führen muss, eine Blockade der Häfen einer unabhängigen und feindlichen Nation zu errichten. Es gibt einige, die behaupten, dass es letztlich keinen Krieg geben wird; dass der Norden nicht kämpfen wird und dass die Freunde der Sache des Südens ihren Mut wiederfinden werden, wenn diese Tyrannei vorbei ist. Niemand glaubt, dass der Süden jemals freiwillig in die Union zurückkehren wird oder dass der Norden die Macht hat, ihn mit der Spitze des Bajonetts zurückzudrängen.

Der Süden hat mit den Vorbereitungen für den Kampf begonnen, indem er Getreide sät, anstatt Baumwolle anzubauen, um den Verlust an Lieferungen aus dem Norden auszugleichen. Die Zahlung von Schulden an Gläubiger aus dem Norden wird für illegal erklärt, und in den meisten der abtrünnigen Staaten wurden „Aufschubgesetze" verabschiedet, durch die die üblichen Gesetze zur Eintreibung von Schulden in den Staaten selbst vorübergehend ausgesetzt werden, was zu der Annahme verleiten könnte, dass die Gesetzgeber selbst zur Klasse der Schuldner und nicht der Gläubiger gehören.

23. Mai. — Da der Postverkehr zwischen Nord und Süd eingestellt wurde und die Expressunternehmen angewiesen wurden, keine Briefe zu befördern, habe ich mein Paket mit Depeschen heute durch Mr. Ewell vom Hause Dennistoun & Co. auf die Reise geschickt und meine Ausflüge durch New Orleans fortgesetzt.

Der junge Künstler, der im St. Charles Hotel wohnt, kam in großer Aufregung zu mir und sagte, sein Leben sei in Gefahr, weil er früher mit einer New Yorker Zeitung zur Abschaffung der Sklaverei in Verbindung gestanden habe, und er sei von einem Mann, mit dem er in Washington einen Streit gehabt habe, mit dem Tod bedroht worden. Um seine Befürchtungen zu beruhigen, bot Mr. Mure an, ihn zu den Behörden der Stadt zu bringen, die ihn zweifellos beschützen würden, da er nur Skizzen für eine englische Zeitschrift anfertigte, aber der junge Mann erklärte, er sei in Gefahr, ermordet zu werden. Er bat Mr. Mure, ihm Depeschen mitzugeben, die ihm auf seinem Weg nach Norden Schutz bieten würden; und der Konsul, bewegt von seiner seelischen Not, versprach, dass er, wenn er irgendwelche offiziellen Briefe für Washington hätte, sie ihm durch ihn schicken würde, falls sich keine andere Gelegenheit dazu böte.

Ich speiste mit Major Ranney, dem Präsidenten einer der Eisenbahnen, bei dem Mr. Ward abstieg. Unter den Gästen befanden sich Mr. Eustis, der Schwiegersohn von Mr. Slidell; Mr. Morse, der Generalstaatsanwalt des Staates; Mr. Moise, ein Jude, der angeblich großen Einfluss auf den Gouverneur hat und ein leidenschaftlicher Politiker ist; die Herren Hunt und andere. Die Tafel war ausgezeichnet und die Weine entsprachen dem Ruf, den unser Gastgeber in einer Stadt genießt, in der es angeblich viele Sallusts und Luculli gibt. Einer der Sklavendiener, die bei Tisch bedienten, ein intelligenter gelber „Junge", wurde mir als Sohn von General Andrew Jackson vorgestellt.

Wir erhielten einen vollständigen Bericht über den Angriff der britischen Truppen auf die Stadt und ihre Zurückweisung. Mr. Morse bestritt nachdrücklich, dass es vor den Linien, wo unsere Truppen besiegt wurden, eine Befestigung aus Baumwollsäcken gab; er behauptete, dass nur wenige Ballen, ich glaube fünfundsiebzig, zum Bau einer Batterie verwendet wurden und dass diese und einige Zuckerfässer die einzigen Verteidigungsanlagen des amerikanischen Schützengrabens darstellten. Nur ein Bürger beantragte beim Staat eine Entschädigung für die von Jacksons Truppen verwendete Baumwolle, und ihm gehörten alle so entwendeten Ballen.

Keiner der Herren aus dem Süden hat auch nur die geringste Angst vor einem Aufstand der Untergebenen. Sie verwenden die allgemeine Formel: „Unsere Neger sind die glücklichsten, zufriedensten und bequemsten Menschen auf der Erde." Ich gebe zu, dass mir gut gekleidete und gut gelaunte Neger auf den Straßen aufgefallen sind, aber sie sind in der Minderheit; viele sehen mürrisch, schlecht gekleidet und unzufrieden aus. Die Patrouillen, die ich kenne, wurden verstärkt, und neulich hörte ich eine junge Dame sagen: „Ich werde keine Angst haben, auf die Plantage zurückzukehren, obwohl Mama sagt, die Neger wollen Unheil stiften."

KAPITEL XXX.

Der erste Schlag führte – Das St. Charles Hotel – Invasion der Unionstruppen in Virginia – Tod von Col. Ellsworth – Abend bei Mr. Slidell – Öffentliche Kommentare zum Krieg – Richmond, die Hauptstadt der Konföderation – Militärische Vorbereitungen – Die Gesellschaft im Allgemeinen – Jüdisches Element – Besuch eines Schlachtfelds von 1815.

24. Mai. — Heute gibt es eine Menge Neuigkeiten, die zusammen mit den Ereignissen der Woche kurz aufgezählt werden können. Die Kämpfe zwischen den US-Dampfern vor der Festung Monroe und der an Sewalls Point errichteten Batterie der Konföderierten haben tatsächlich begonnen – beide Seiten behaupten, einen gewissen Erfolg erzielt zu haben. Die Konföderierten erklären, sie hätten den Dampfer durchlöchert und mehrere Matrosen getötet und verwundet. Der Kapitän des Schiffes sagt, er habe aus Mangel an Munition davon Abstand genommen, glaubt aber, er habe mehrere Rebellen getötet und weiß, dass er selbst keine Verluste erlitten habe. Beriah Magoffin, Gouverneur des souveränen Staates Kentucky, hat sowohl Bundes- als auch Konföderiertensoldaten von seinem Territorium ferngehalten. Der Kongress der Konföderierten hat ein Gesetz verabschiedet, das Personen, die den Vereinigten Staaten, mit Ausnahme von Delaware, Maryland, Kentucky, Missouri und dem District of Columbia, etwas schulden, ermächtigt, den Betrag ihrer Schulden an die Staatskasse der Konföderierten zu zahlen. Die Staatsversammlung von North Carolina hat eine Sezessionsverordnung verabschiedet. Arkansas hat seine Delegierten zum Kongress der Südstaaten geschickt. Mehrere Schiffe der Südstaaten wurden von der Blockadestaffel als Prisen erbeutet; das Ereignis, das hier jedoch die größte Aufregung und Empörung hervorrief, war die Beschlagnahmung der telegrafischen Depeschen der letzten zwölf Monate durch die US-Marschälle am Montag in jeder großen Stadt der Union.

Im Laufe des Tages besuchte ich das St. Charles Hotel, ein riesiges Haus amerikanischen Typs mit südstaatlichem Charakter. Mehrere Herren saßen in der Halle und vor dem Büro, mit den Beinen an der Wand und auf Stuhllehnen, rauchten, spuckten und lasen Zeitung. Die Bar war voller Offiziere. Der Trubel und Lärm des Ortes würde ihn für jemanden, der Ruhe liebt, alles andere als zu einem angenehmen Aufenthaltsort machen; aber dieses Hotel ist für seine Schwierigkeiten bekannt. Nicht die geringste Schande unter ihnen war der Angriff, den einige von Walkers Freibeutern auf Captain Aldham von der Royal Navy verübten.

Der junge Künstler, der sehr zurückgezogen lebte, war in seinem Zimmer eingesperrt. Als ich ihm mitteilte, dass Herr Mure Depeschen habe, die er, wenn er wolle, noch am selben Abend mitnehmen könne, freute er sich riesig. Am Abend machte er sich auf den Weg nach Norden, und ich sah ihn nie wieder.

Um halb fünf fuhr ich mit dem Zug zu der Endstation am See, an der ich gelandet war, nämlich New Orleans Richmond oder vielmehr Greenwich, und speiste mit Mr. Eustis, Mr. Johnson, einem englischen Kaufmann, Mr. Josephs, einem Anwalt aus New Orleans, und Mr. Hunt. Das Abendessen war dem Ruf des französischen Kochs würdig. Die Sumpfschildkrötensuppe war ausgezeichnet, obwohl sie, wie die Amerikaner behaupten, nicht mit der besten Schildkröte vergleichbar war. Das Tier, von dem sie ihren Namen hat, ist eine kleine Landschildkröte, deren Fleisch ähnlich wie bei einer Schildkröte gekocht wird, aber die Suppe ist voller kleiner Knochen, und die schwarzen Pfoten mit den weißen, nagelartigen Stümpfen, die aus ihnen herausragen und die man zwischen den *Schleimhäuten findet*, sind nicht schön anzuschauen. Die Bouillabaisse war einwandfrei, die weiche Krabbe aller Anerkennung würdig, aber das beste Gericht war zweifellos der Pompinoe, ein seltsamer Fisch, ein bisschen wie ein ungewöhnlich hässlicher Petersfisch, der aber bewundernswerte Eigenschaften in allem besitzt, was Fisch ausmacht. Die Freuden des Abends wurden durch einen herrlichen Sonnenuntergang noch verstärkt, der seine letzten Strahlen durch eine Wildnis aus Lorbeerrosen in voller Blüte warf, die den Garten überschwemmten. In der Abenddämmerung war die Luft voller Glühwürmchen und seltsamer Käfer. Fliegen und Käfer summten durch die offenen Fenster und flatterten zwischen den Glasscheiben. Um halb zehn kehrten wir in von Pferden gezogenen Wagen entlang der Eisenbahn nach Hause zurück.

25. Mai. — Virginia ist tatsächlich von den Unionstruppen besetzt worden. Alexandria wurde eingenommen. Die Aufregung und Wut der Bevölkerung ist nicht zu beschreiben; sie tröstet sich jedoch ein wenig mit der Tatsache, dass Oberst Ellsworth, der Kommandeur eines Regiments New Yorker Zuaven, von JT Jackson erschossen wurde, dem Wirt eines Gasthauses in der Stadt namens Marshal House. Als sein Regiment in Alexandria eintraf, begann Ellsworth, die Sezessionsflagge herunterzunehmen, die man schon lange von den Fenstern des Präsidenten aus gesehen hatte. Er ging aufs Dach, schnitt sie vom Mast ab und ging damit die Treppe hinunter, als ein Mann aus einem Zimmer stürzte, eine doppelläufige Waffe anlegte, Oberst Ellsworth erschoss und mit dem anderen Lauf auf einen seiner Männer feuerte, der auf das Gewehr geschossen hatte, als der Mörder es dem Oberst präsentierte. Fast augenblicklich schoss der Zuave Jackson in den Kopf und stieß ihm, als er tot umfiel, sein Säbelbajonett durch den Körper. Seltsamerweise sind die Menschen in New Orleans der Meinung, dass Jackson völlig im Recht war, als er den Bundesoberst erschoss, und behaupten, dass der Zuave, der Jackson erschoss, des Mordes schuldig war.

Ihre Theorie ist, dass Ellsworth mit einer Horde gewalttätiger Abolitionisten oder, wie es der Richmond *Examiner* ausdrückt, „einer Bande von Dieben, Räubern und Mördern im Sold von Abraham Lincoln, allgemein bekannt als die Armee der Vereinigten Staaten" gekommen war, um das Territorium eines souveränen Staates zu verletzen, um ihre blutigen und brutalen Absichten auszuführen, und dass er gerade dabei war, einen Raubüberfall zu begehen, indem er eine Flagge nahm, die ihm nicht gehörte, als ihn sein gerechtes Schicksal ereilte.

Es ist merkwürdig zu beobachten, wie Leidenschaft in diesem Streit die Vernunft des Menschen blind macht. Noch merkwürdiger ist es, im Lichte dieses Ereignisses zu sehen, wie unterschiedlich dasselbe Ereignis von Nord- und Südstaatlern gesehen wird. Jackson wird in den Zeitungen des Nordens als Unmensch und Mörder dargestellt; selbst sein Gesicht soll im Tod einen abstoßenden Ausdruck von Wut und Hass gezeigt haben. Die Flagge der Konföderierten, die die Ursache der tödlichen Schlägerei war, wurde von einem Autor als durch den Kontakt mit Ellsworths Blut von ihrer Niedertracht gereinigt beschrieben. Die Invasion Virginias wird im ganzen Norden mit größter Begeisterung begrüßt. „Ellsworth ist ein Märtyrerheld, dessen Name für immer heilig gehalten werden soll."

Andererseits erklären die Zeitungen der Südstaaten, die Invasion Virginias sei „eine Tat der Tyrannen aus Washington, die ihre blutige und brutale Absicht, das Volk der Südstaaten auszurotten, verdeutlicht. Die Virginianer werden der Welt einen weiteren Beweis liefern, wie den von Moskau, dass ein freies Volk, das auf freiem Boden kämpft, unbesiegbar ist, wenn es um alles kämpft, was dem Menschen lieb ist." Und weiter: „Eine Hand abscheulicher Halsabschneider und Gefängnisvögel, bekannt als die Zuaven von New York, unter dem Oberhaupt aller Schurken, Ellsworth, brach die Tür eines Bürgers auf, um die Flagge des Hauses herunterzureißen – der mutige Besitzer traf den Lieblingshelden der Yankees in seiner eigenen Halle, allein, gegen Tausende, und schoss ihm durchs Herz – er starb einen Tod, um den ihn Kaiser beneiden könnten, und seine Erinnerung wird endlose Generationen überdauern." Verzweifelt müssen in der Tat die Leidenschaft und Wut des Mannes gewesen sein, der in der vollsten Gewissheit, dass der sofortige Tod die Strafe sein würde, eine solche Tat beging. Meines Erachtens hat Colonel Ellsworth, so unklug er auch gewesen sein mag, in Wirklichkeit seine Pflicht erfüllt, als er die Flagge eines Feindes herunterholte.

Am Abend besuchte ich Mr. Slidell, den ich zu Hause mit seiner Familie antraf: Mrs. Slidell und ihre Schwester Madame Beauregard, die Frau des Generals, zwei sehr bezaubernde junge Damen, Töchter des Hauses, und ein Wohnzimmer voller schöner Gesellschaftspersonen, die so eifrig damit beschäftigt waren, mit ihren schönen Händen Fussel zu kardieren. Unter den

Gästen war Mr. Slidells Sohn, der gerade unter falschem Namen von der Schule im Norden gekommen war, um der Gewalt durch den Unionsmob zu entgehen, der angeblich jeden Südstaatler beleidigt und schmähte. Die Unterhaltung wurde, wie dies in den meisten kreolischen häuslichen Kreisen der Fall ist, auf Französisch geführt. Ich habe selten einen Mann getroffen, dessen Gesichtszüge eine größere *Finesse* und Zielstrebigkeit ausstrahlten als die von Mr. Slidell; seine scharfen grauen Augen sind voller Leben, seine dünnen, fest zusammengepressten Lippen deuten auf Entschlossenheit und Leidenschaft hin. Mr. Slidell ist, obwohl in einem Nordstaat geboren, vielleicht einer der entschlossensten Abtrünnigen der Südstaaten-Konföderation; er ist kein bedeutender Redner, kein gewandter Wahlkampfredner und auch kein fähiger Schriftsteller; aber er ist ein ausgezeichneter Menschenkenner, geschickt, ausdauernd und scharfsinnig, voller List und liebt Intrigen; einer jener Männer, die, der Außenwelt fast unbekannt, eine Fraktion organisieren und unterhalten und sie in die Position einer Partei erheben – was man hier einen „Drahtzieher" nennt. Mr. Slidell ist für den Süden etwas Größeres als Mr. Thurlow Weed für seine Partei im Norden war. Er ist wie jeder andere überzeugt, dass die Anerkennung bald erfolgen muss; aber er ist unter allen Umständen vollkommen zufrieden, dass die Regierung und Unabhängigkeit der Südstaaten-Konföderation so vollständig etabliert sind wie die jeder anderen Macht der Welt. Mr. Slidell und die Mitglieder seiner Familie besitzen *Naivität* , gesunden Menschenverstand und angenehme Manieren; und das Bedauern, das ich in der Washingtoner Gesellschaft über ihr Fehlen hörte, war völlig berechtigt.

Ich aß im Club zu Abend, den ich jeden Tag besuchte, seit ich zum Ehrenmitglied ernannt worden war, da alle Zeitschriften dort sind und eine große Anzahl von Plantagenbesitzern und Kaufleuten dort waren, die mit der Lage im Süden gut vertraut waren. Es waren zwei Engländer anwesend, Mr. Lingam und ein weiterer, die entschlossensten Sezessionisten und ergebensten Befürworter der Sklaverei, die ich bisher auf meinen Reisen getroffen habe.

26. Mai. — Die Hitze heute war so groß, dass ich meine alten Indianererlebnisse wieder verspürte und nicht wie beabsichtigt in eine der Hauptkapellen gehen konnte, um einem sehr bedeutenden Prediger zuzuhören, der über den Krieg sprach.

Alle verfügbaren Regimenter sind auf dem Marsch nach Virginia. Es war eine schlechte Strategie von Jefferson Davis, Washington zu bedrohen, bevor er seine Drohungen ernsthaft wahr machen konnte, denn der Norden war durch die Rede seines Kriegsministers dazu angestachelt worden, außerordentliche Maßnahmen zur Verteidigung seiner Hauptstadt zu ergreifen. Und General Scott war durch ihren Enthusiasmus nicht nur in der Lage, für deren Verteidigung zu sorgen, sondern auch in Alexandria eine Stellung als Operationsbasis gegen den Feind zu errichten.

Als der Kongress in Montgomery neulich vertagt wurde, beschlossen sie, sich am 20. Juli in Richmond zu treffen, das damit zur Hauptstadt der Konföderation wird. Die Stadt liegt nicht viel mehr als hundert Meilen südlich von Washington, mit dem sie per Eisenbahn und Fluss verbunden ist. Die Wahl hätte zu einem Zusammenstoß der beiden Armeen vor den rivalisierenden Hauptstädten geführt. Die Besetzung der Marinewerft von Norfolk durch die Konföderierten machte es notwendig, die Festung Monroe zu verstärken. Potomac und Chesapeake sind derzeit außer Gefahr.

Die militärischen Vorkehrungen, die General Scott traf, und die ihm zugeschriebenen Maßnahmen zur Verteidigung Baltimores und zur Aufrechterhaltung der Verbindungen zwischen Washington und dem Norden zeugen von Urteilsvermögen und militärischem Geschick. Die Zeitungen des Nordens fordern lautstark einen sofortigen Vormarsch ihrer Rohtruppen nach Richmond, was General Scott ablehnt.

In einer Hinsicht hat der Süden mehr Scharfsinn bewiesen als der Norden. Jefferson Davis, der selbst im Feld gedient hatte und Kriegsminister war, erkannte die Gefahren und die Ineffizienz von irregulären Aushebungen und veranlasste daher den Kongress in Montgomery, ein Gesetz zu verabschieden, das Freiwillige verpflichtet, während des Krieges zu dienen, sofern sie nicht früher entlassen werden. Dem Präsidenten der Südstaaten-Konföderation bleibt die Ernennung von Stabs- und Feldoffizieren vorbehalten, das Vetorecht für von jeder Kompanie gewählte Bataillonsoffiziere und die Befugnis, Kompanien von Freiwilligen in Schwadronen, Bataillone und Regimenter zu organisieren. In einem damaligen Brief an die *Times* bemerkte ich: „Obwohl riesige Aushebungen von Männern für Zwecke der lokalen Verteidigung oder für Angriffsoperationen zusammengestellt werden können, wird es sehr schwierig sein, diese Massen wie reguläre Armeen zu bewegen. Es besteht ein äußerster Mangel an Feldzügen, Ausrüstung und Verpflegung, der nicht in einem Tag, einer Woche oder einem Monat behoben werden kann. Das Fehlen von Kavallerie und der völlige Mangel an Artillerie könnten dazu führen, dass keine der beiden Seiten in einem Gefecht ein entscheidendes Ergebnis erzielen kann; doch es besteht kein Zweifel, dass es immer dann zu großen Verlusten kommen wird, wenn sich diese Massen von Männern auf offenem Feld gegenüberstehen."

27. Mai. — Ich besuchte mehrere der örtlichen Kompanien, ihre Übungsplätze und Paraden; aber nur wenige Männer waren anwesend, da fast alle den Befehl haben, zum Lager in Tangipao weiterzufahren oder nach

Richmond zu marschieren. Gefreite und Offiziere sind in den glühend heißen Straßen damit beschäftigt, das Nötigste für ihre Reise einzukaufen. Wenn man die entschlossenen, lebhaften, wütenden Gesichter um sich herum betrachtet und nur das eine Thema hört, muss man spüren, dass der Süden dem Norden niemals nachgeben wird, es sei denn als eine Nation, die unter den Füßen eines siegreichen Feindes geschlagen wird.

In jedem Staat ist nur eine Stimme zu hören. In Zukunft werden die Eifersüchteleien der einzelnen Staaten zwar ihre eigenen Wege gehen, aber wenn Worte etwas bedeuten, dann sind alle Südstaatler entschlossen, sich der Invasion von Herrn Lincoln zu widersetzen, solange sie einen Mann oder einen Dollar haben. Dennoch gibt es bestimmte harte Fakten, die gegen die Wahrheit ihrer eigenen Behauptungen sprechen, „dass sie bis an den Rand gedrängt und bereit sind, bis an den Rand zu kämpfen". Von den 50.000 wehrpflichtigen Männern im Staat Louisiana stehen nur 15.000 unter Waffen.

„Anklagen wegen Abolitionismus" erscheinen jeden Morgen in den Polizeiberichten der Zeitungen; und Personen, die für schuldig befunden werden, nicht weil sie ihre Meinung gegen die Sklaverei geäußert, sondern weil sie ihren Glauben an den Erfolg der Nordstaatler zum Ausdruck gebracht haben, werden für sechs Monate ins Gefängnis geschickt. Die Angeklagten sind im Allgemeinen Ausländer oder gehören den unteren Schichten an, die kein Interesse an der Unterstützung der Sklaverei haben. Die moralische Überredung durch das Lasso, durch Teeren und Federn, Kopfrasieren, Untertauchen und Pferdetümpel, Deportation auf Schienen und ähnliche ethische Verfahren sind sehr beliebt. Bislang ist der Norden noch nicht zu einer so erhabenen Ansicht über die Notwendigkeiten seiner Position gelangt.

Die Zeitungen aus New Orleans machen sich über ihre neue Methode zur Erzielung von Einstimmigkeit lustig und loben in den höchsten Tönen den „Lehrgang in der humanen Einrichtung zur Verbesserung der Lage der Barbaren im Norden und der Abolitionsfanatiker unter dem Vorsitz von Professor Henry Mitchell", der mit anderen Worten der Kerkermeister des Arbeits- und Besserungshauses ist.

Ich habe am See mit Mr. Mure, General Lewis, Major Ranney, Mr. Duncan Kenner, einem Plantagenbesitzer aus Mississippi, Mr. Claiborne usw. zu Abend gegessen und den Club am Abend besucht. Seit ich in New Orleans bin, gab es jeden Abend ein oder zwei Brände; heute waren es drei – einer davon war ein gewaltiger Brand. Als ich fragte, was die Ursache sei, sagte ein Herr, der in der Nähe saß, sich über mich beugte und mir direkt ins Gesicht sah, mit leiser Stimme: „Die Sklaven." Vielleicht tragen auch die Rauchabzüge und das Ofensystem einen Teil der Schuld. Die Stadtbewohner sind sehr aufgeregt, weil die Washingtoner Artillerie, eine Elitetruppe, die von den Ureinwohnern von New Orleans gestellt wurde, nach Virginia abkommandiert wurde.

28. Mai. — Als ich heute beim Konsulat vorbeischaute, traf ich die Kapitäne mehrerer englischer Schiffe an, die unbedingt auslaufen wollten, damit sie nicht von den Bundeskreuzern aufgehalten werden. Die amerikanischen Dampffregatten Brooklyn und Niagara haben seit einigen Tagen Pass à l'outre blockiert . Ein Bürger machte Mr. Mure einen bemerkenswerten Vorschlag. Er kam, um sich eine Flagge des Royal Yacht Squadron auszuleihen, um sie, so sagte er, an Bord seiner Yacht zu hissen und hinunterzulaufen, um sich die Yankee-Schiffe anzusehen. Mr. Mure hatte keine Flagge zu leihen, woraufhin er um eine Beschreibung bat, anhand derer er eine anfertigen lassen konnte. Als ich gefragt wurde, „ob der Herr ein Mitglied des Geschwaders sei?" „Oh nein", sagte er, „aber meine Yacht wurde in England gebaut, und ich habe vor einiger Zeit geschrieben, dass ich dem Geschwader beitreten würde." Ich wagte es, ihm zu sagen, dass er daraus keineswegs Mitglied sei und dass die Jacht beschlagnahmt würde, wenn er mit der Flagge hinausfuhr und nicht anhand seiner Papiere nachweisen könnte, dass er das Recht hatte, sie zu führen. Er war jedoch vollkommen zufrieden, dass er eine englische Jacht hatte und das Recht, eine englische Flagge zu hissen, und ging zu einem Ausrüster, um ein *Faksimile* der Flagge des Geschwaders zu bestellen, und kreuzte anschließend zwischen den blockierenden Schiffen.

Wir hören, dass Mr. Ewell in Tennessee von einem Gewerkschaftsmob angegriffen wurde, sein Gepäck aufgebrochen und geplündert wurde und er nur knapp einer Körperverletzung entging. *Im Gegensatz dazu* häufen sich hier weiterhin die „Anklagen wegen Abolitionismus" und sind fast so zahlreich wie die gerichtlichen Untersuchungen, ganz zu schweigen von den Schwierigkeiten, die manchmal das Ausmaß eines Mordes erreichen.

Ich speiste mit einer großen Gesellschaft am See, die mich als Gast eingeladen hatte, darunter Mr. Slidell, Gouverneur Hebert, Mr. Hunt, Mr. Norton, Mr. Fellows und andere. Ich bemerkte in New York, dass jeder seine eigene Lösung für die Ursache der gegenwärtigen Schwierigkeiten hatte und seinem Nachbarn in dem Moment, in dem er versuchte, seine eigene Theorie vorzubringen, rundheraus widersprach. Hier stellte ich fest, dass sich alle über die Berechtigung des Streits einig waren, aber alle unterschiedlicher Meinung waren, was die beste Vorgehensweise für den Süden anging. Auch im Laufe des Abends kam es nicht annähernd zu Einstimmigkeit. Nebenbei hörten wir wilde Geschichten aus dem Leben im Süden, einige gute Lieder, seltsam vermischt mit politischen Diskussionen und dem, was die Nordstaatler Hyphileutin-Gespräche nennen.

Als ich heute im Konsulat war, kam ein großer und gut gekleideter, aber nicht sehr einnehmend aussehender Mann herein, um mit Herrn Mure über geschäftliche Angelegenheiten zu sprechen, und wurde mir auf seinen eigenen Wunsch vorgestellt. Sein Name wurde heute Abend beiläufig erwähnt, und ich hörte eine Passage aus seinem Leben, die, gelinde gesagt, nicht angenehmer Natur war. Vor vielen Jahren gab es in New Orleans einen Ball, bei dem dieser Herr anwesend war; er schenkte einer Dame besondere Aufmerksamkeit, die jedoch die Gesellschaft eines der Gesellschaftsmitglieder vorzog, und im Laufe des Abends kam es zu einer Auseinandersetzung bezüglich einer Tanzverabredung, bei der heftige Worte ausgetauscht wurden und der bevorzugte Partner seinem Rivalen einen Stoß oder Schlag versetzte, der den Raum verließ und, wie es heißt, zu einem Messerschmied ging, wo er sich ein mächtiges Dolchmesser besorgte. Mit diesem bewaffnet kehrte er zurück und schickte dem Herrn, mit dem er sich gestritten hatte, eine Nachricht. Dieser ahnte nichts, kam ins Vorzimmer, der Mörder stürzte sich auf ihn, stach ihm durchs Herz und ließ ihn in seinem Blut schmoren. Eine andere Version der Geschichte besagt, dass er auf sein Opfer wartete, bis dieses in die Garderobe kam, und ihn schlug, als er gerade seinen Mantel anzog. Nach langer Verzögerung wurde der Verbrecher vor Gericht gestellt. Seine Verteidigung bestand darin, dass er im Eifer des Gefechts, als der Streit stattfand, ein Messer ergriffen und seinen Gegner in einem Moment der Leidenschaft erschlagen habe. Doch die Beweislage sprach, soweit ich weiß, stark dafür, dass zwischen dem Streit und der Begehung des Mordes eine beträchtliche Zeitspanne vergangen war. Der Gefangene wurde von einem fähigen und einfallsreichen Anwalt unterstützt und freigesprochen. Sein Freispruch war hauptsächlich der umsichtigen Verwendung einer großen Geldsumme zu verdanken. Jeder Geschworene konnte, als er sich vor der Beratung über das Urteil zum Abendessen zurückzog, die Summe von 1000 Dollar unter seinem Teller finden; es war auch nicht klar, dass der Richter und der Sheriff nicht an der Prämie beteiligt waren; tatsächlich hörte ich einen Streit über den genauen Betrag, den der Mörder vermutlich zahlen musste. Er bekleidet jetzt unter der Regierung der Konföderierten den Posten in New Orleans, den er zuletzt als Vertreter der Regierung der Vereinigten Staaten innehatte.

Nach dem Abendessen ging ich in Begleitung einiger meiner Gastgeber in den Boston Club, der, wie ich wohl sagen muss, keine Verbindung zu der gleichnamigen Stadt hat. Weitere Feuer, Sturmglocken und dann ins Bett.

29. Mai. – Abends mit M. Aristide Miltenberger zu Abend gegessen, wo ich Seine Exzellenz Mr. Moore, den Gouverneur von Louisiana, seinen Militärsekretär und eine kleine Gruppe traf.

Es ist in der Tat ein seltsames Land; eines der Übel, das die Einwohner von Louisiana plagt, ist, wie sie sagen, die Übermacht und der Einfluss der Juden aus South Carolina und der Juden im Allgemeinen, wie Moise, Mordecai, Josephs und Judah Benjamin und andere. Die Feinheit und Schärfe des kaukasischen Intellekts verleihen Männern einen hohen Stellenwert unter einem Volk, das Können und Geschicklichkeit bewundert und gleichzeitig rücksichtslos mit Mitteln umgeht und der Arbeit abgeneigt ist. Der Gouverneur steht angeblich etwas unter dem Einfluss der Hebräer, aber er ist ein Mann, der durchaus in der Lage ist, für sich selbst zu denken und zu handeln – ein schlichter, aufrichtiger Herrscher eines Sklavenstaates und ein Verfechter des patriarchalischen Instituts. Nach dem Abendessen begleiteten wir Madame Miltenberger (die in ihrer eigenen Person eine sehr vollständige Widerlegung des Dogmas bietet, dass amerikanische Frauen keine Beispiele für die Reize liefern, die ihre englischen Schwestern im Übergang von der Blütezeit zum mittleren Alter umgeben) auf einer Fahrt entlang der Shell Road zum See und Kanal; Das bemerkenswerteste Objekt war eine lange Mauer, die von prächtigen Orangenbäumen gesäumt war: Mückenschwärme trübten die Freude an der Fahrt merklich.

30. Mai. — Geschrieben in der Hitze des Tages, angeregt durch meinen Nachbarn, einen wunderbaren Spottdrosselvogel, dessen Lieder und Nachahmungen ihm in jeder Gesellschaft, die in der Lage ist, eingeborene Genies zu schätzen, Glück bringen würden. Seine Ruhelosigkeit, sein Mut, seine Aktivität und sein Talent sollten nicht auf Mr. Mures Käfig beschränkt bleiben, aber er scheint zufrieden und glücklich. Ich habe mit Madame und M. Miltenberger zu Abend gegessen und bin mit ihnen hinausgefahren, um den Schauplatz unserer Niederlage im Jahr 1815 zu besuchen, der einige Meilen flussabwärts liegt.

Ein verfallenes Bauernhaus, umgeben von Bäumen und Negerhütten, markiert die Stelle, an der Pakenham begraben wurde. Sein Leichnam wurde jedoch später exhumiert und nach England zurückgeschickt. Nahe der Spitze des Kanals, der einen Teil der amerikanischen Verteidigungsanlagen bildet, kam ein Negerführer, um uns durch den Ort zu führen, aber er wusste so wenig wie die meisten Führer über die Geschehnisse des Kampfes. Das bemerkenswerteste Zeugnis für die Schwere des Feuers, dem die Briten ausgesetzt waren, liefern die Bäume in der Nähe des Grabes. In einer Virginia-Eiche stecken nicht weniger als acht Kugeln, andere enthalten zwei oder drei, und viele sind von Kanonenkugeln abgesägt, zerrissen und vernarbt. Die amerikanischen Linien erstreckten sich fast drei Meilen und waren an der Front von Sümpfen, Marschen und Wassereinschnitten bedeckt. Ihre Batterien und die Schiffe im Fluss beschossen die Briten, als sie zum Angriff vorrückten.

Zu den prominenten Verteidigern der Baumwollballen zählte ein berüchtigter Pirat und Mörder namens Lafitte, der mit seiner Bande aus dem Gefängnis entlassen wurde, unter der Bedingung, dass er sich der

Verteidigung anschloss und seinen Freunden und Befreiern bedeutende Dienste leistete.

Ohne alle Umstände des Falles zu kennen, wäre es voreilig, die Offiziere, die den Angriff leiteten, jetzt zu verurteilen; aber soweit man es anhand der gegenwärtigen Geländeverhältnisse beurteilen kann, muss die Stellung sehr gefährlich gewesen sein und hätte nicht angegriffen werden dürfen, bis das Flankenfeuer unterbunden und ein sehr schweres Deckungsfeuer die Kanonen vorn zum Schweigen gebracht hatte. Die Amerikaner sind natürlich sehr stolz auf ihren Sieg, den sie mit einem für sie höchst geringen Verlust errungen haben und den sie fälschlicherweise als Beweis ihrer Tapferkeit beim Widerstand gegen den Angriff ansehen. Es ist eines der Ereignisse, die in ihnen die fixe Idee geschaffen haben, dass sie in der Lage sind, „die Welt zu besiegen".

Nach meiner Rückkehr von meinem Besuch ging ich in den Club, wo ich ein langes Gespräch mit Dr. Rushton führte, der fest davon überzeugt ist, dass es unmöglich ist, eine Regierung zu führen oder kommunale Angelegenheiten zu regeln, solange das allgemeine Wahlrecht nicht eingeführt ist. Er führte zahlreiche Beispiele für den Terrorismus, die Gewalt und die Morde an, die während der Wahlen in New Orleans vorherrschen. M. Miltenberger hingegen findet, dass die Dinge so, wie sie sind, ganz gut sind, und erklärt, dass all diese Geschichten erfunden sind: Brandstiftung ist wieder weit verbreitet. Alle Fenster des Clubs sind voll mit Männern, die auf ein gewaltiges Feuer blicken, das drei oder vier Läden und Häuser niedergebrannt hat.

KAPITEL XXXI.

Waffen tragen – Gefängnis von New Orleans – Verzweifelte Charaktere –
Hinrichtungen – Verrückte weibliche Gefangene – Der Fluss und der Deich
– Klima von New Orleans – Bevölkerung – Allgemeine Not – Druck der
Blockade – Geld – Philosophie der abstrakten Rechte – Die Doktrin der
Staatenrechte – Theoretischer Mangel in der Verfassung.

31. Mai. — Ich ging mit Mr. Mure ins Gefängnis. Wir trafen den Sheriff, wie
vereinbart, im Polizeigericht. So etwas wie ein Sheriff – ein großer, kräftiger,
sechs Fuß großer Mann mit Revolvern im Gürtel und ausreichender Kraft
und Waffen, um sein Amt in höchstem Maße ausüben zu können. Als er von
den zahlreichen Verbrechen sprach, die in New Orleans begangen wurden,
erklärte er, es sei die Hölle auf Erden und nichts würde Morden, Totschlägen
und tödlichen Angriffen ein Ende bereiten, bis das Tragen von Waffen unter
Strafe gestellt würde; aber laut Gesetz darf jeder amerikanische Bürger mit
einer Waffenkammer um die Hüfte herumlaufen, wenn er möchte. Kneipen,
Cocktails, Mint Juleps, Spielhöllen, politische Diskussionen und eine
unvollkommene Zivilisation erledigen den Rest.

Das Gefängnis ist ein quadratisches, weißgetünchtes Gebäude mit rissigen
Wänden und vergitterten Fenstern. Vor der offenen Tür saßen vier Männer
auf Stühlen, die Beine an die Wand gelehnt, sie rauchten und lasen Zeitung.
„Also, was wollen Sie?", sagte einer von ihnen, ohne aufzustehen. „Das
Gefängnis besuchen." „Haben Sie Freunde im Haus oder tragen Sie einen
Befehl bei sich?" Das erforderliche Dokument von unserem Freund, dem
Sheriff, wurde vorgelegt. Wir betraten durch die Tür einen kleinen Flur, an
dessen Ende sich ein Eisengitter und eine Eisentür befanden. Ein
schmächtiger junger Mann, der in Hemdsärmeln auf einem Stuhl lümmelte,
stand auf und untersuchte den Befehl, nahm einen Schlüsselbund von einem
Haken, stellte sich uns als einer der Wärter vor, öffnete die Eisentür und ging
vor uns durch einen kleinen Gang in einen quadratischen Hof, der auf der
einen Seite von einer hohen Mauer und auf den anderen drei von Wänden
mit Fenstern und Zellen gebildet wurde, deren Türen auf den Hof führten.
Er war mit einer Menge Männer und Jungen gefüllt; Einige gingen auf und
ab, andere saßen und Gruppen auf dem Bürgersteig; einige standen düster
abseits und rauchten oder kauten; ein oder zwei wuschen ihre Kleidung oder
wuschen an einem kleinen Becken. Wir gingen mitten unter sie, und der
Wärter, der seine Zigarre rauchte und sich kühl umsah, zeigte auf die
verzweifeltsten Verbrecher.

Dieser überfüllte und höchst lärmende Ort war voller Schwerverbrecher aller
Art, aber auch armer Kerle, die sich des Diebstahls schuldig gemacht hatten.
Abgebrühte Mörder, Diebe und Meuchelmörder verkehrten hier mit Jungen

im Teenageralter, die wegen eines geringfügigen Raubes im Gefängnis saßen. Es war nicht angenehm, mit Übeltätern zusammenzusitzen, die mit beinahe trotzigem Lächeln vorbeischlenderten, während der schlanke Wärter in Strohhut, Hemdsärmeln und Unterhose einem erzählte, wie der eine seine Mutter ermordet hatte, ein anderer einen Polizisten getötet hatte oder ein dritter nicht weniger als drei Menschen in wenigen Augenblicken umgebracht hatte. Hier trieben sich siebzig Mörder, Piraten, Einbrecher, Gewalttäter und Diebe unter Männern herum, die keiner Straftat schuldig befunden worden waren, sondern nur auf ihren Prozess warteten.

An einer Seite der Wand entlang verlief eine Veranda über einer Reihe kleiner Zellen, in denen die Insassen Rollbetten fanden. „Das ist ein verzweifelter Kerl, das kann ich Ihnen sagen", sagte der Wärter und zeigte auf einen Mann, der bis aufs Hemd nackt auf dem Boden saß, mit schweren Eisen an den Beinen, die trotz der blutigen Lumpen um ihn herum scheuerten, und der mit einem Mitgefangenen Karten spielte und mit äußerster Zufriedenheit rauchte. Der Gefangene drehte sich bei diesen Worten um, gab eine Art Grunzen und Kichern von sich und spielte dann seine nächste Karte. „Das", sagte der Wärter im stolzen Ton eines Menageriewärters, der sein wildestes Tier zur Schau stellt, „ist ein wirklich verzweifelter Charakter; sein Name ist Gordon: Ich vermute, er kommt aus Ihrem Land; er hat einen höchst wundersamen Fluchtversuch unternommen und wäre fast erfolgreich gewesen; und Sie würden mir nie glauben, wenn ich Ihnen erzählen würde, dass er sich an diesem kleinen Ausguss einhakte, die Ecke dieser Mauer dort hochkletterte und es schaffte, bis zum Fenstersims über der Außenmauer zu gelangen, bevor er entdeckt wurde." Und tatsächlich bedurfte es des bestätigenden Funkelns in den Augen des Kerls, als er von seiner eigenen Heldentat hörte, um mich glauben zu lassen, dass die angedeutete Leistung von einem sterblichen Menschen vollbracht werden konnte.

„Dort hängen wir sie auf", fuhr er fort und zeigte auf eine kleine schwarze Tür, die etwa 5,5 Meter über dem Boden in die Wand eingelassen war und über der sich einige Eisenhaken befanden. „Sie gehen durch die Tür hinaus, die an einem Bolzen befestigt ist, und wenn das Seil vom Haken um ihren Hals hängt, wird die Tür aufgeklappt und sie schwingen über den Hof." Die Gefangenen sind während der Hinrichtung in ihren Zellen eingesperrt, aber sie können sehen, was vor sich geht, zumindest diejenigen, die gute Plätze an den Fenstern bekommen. „Einige von ihnen", fügte der Wärter hinzu, „sterben wirklich sehr tapfer. Einige von ihnen werden misshandelt, wie Sie es noch nie gehört haben. Aber den meisten scheint es nicht zu gefallen."

Wir verließen den Hof und gingen die Treppe hinauf in den ersten Stock, wo sich die Zimmer der Schuldner befanden. Diese waren im Vergleich zu den elenden Zellen, die wir gesehen hatten, einigermaßen komfortabel; die ärmeren Schuldner waren jedoch zu dritt oder zu viert in einem Zimmer zusammengepfercht. Soweit ich feststellen konnte, gibt es kein Insolvenzrecht, aber der Schuldner ist nach neunzig Tagen Haft frei, wenn seine Kost und Logis bezahlt werden. „Und was, wenn das nicht der Fall ist?" „Na gut, in diesem Fall behalten wir sie, bis alles bezahlt ist, und berechnen natürlich für jeden Tag, den sie eingesperrt werden."

In einem dieser Zimmer saß auf seinem Bett ein gewisser Doktor Withers, der vor ein paar Tagen seinen Schwiegersohn und dessen Frau in einem Haus in der Nähe von Mr. Mure ermordet hatte . Er sah böse und düster aus und hatte einen Blick wie ein wildes Tier in den Augen. Er konnte für dieses Privileg bezahlen und „da er ein anständiger Mann ist", sagte der Wärter, „kann er vielleicht dem Schlimmsten entgehen."

Der Wärter verließ diesen Bereich und betrat eine andere Galerie. Er gelangte zu einer Eisentür, über der ein Totenkopf mit gekreuzten Knochen aufgemalt war, und darunter standen die Worte „Todeszelle".

Er öffnete die Tür, die zu einer kurzen, schmalen, überdachten Galerie führte. Eine Seite der Galerie ging auf einen Hof hinaus, und Licht fiel in zwei kleine Kammern, in denen Strohpaletten standen, die mit sauberen Bettdecken bedeckt waren.

Sechs Männer gingen im Gang auf und ab. Im ersten Raum stand ein Tisch, auf dem ordentlich gebundene Messbücher und sehr saubere religiöse Bücher, ein Kruzifix und *das Agnus Dei* lagen. Die weißgetünchte Wand dieses Raumes war mit höchst merkwürdigen Zeichnungen in Kohle oder schwarzer Kreide bedeckt, die in Abschnitte unterteilt waren und Szenen aus dem Leben des unglücklichen Künstlers darstellten, eines Franzosen, der vor einigen Jahren wegen Mordes an seiner Geliebten hingerichtet wurde. Sie schilderten seine Versuchungen – seinen allmählichen Abfall von der Unschuld – seinen Umgang mit verlassenen Männern und Frauen – vermischt mit Motiven aus der Heiligen Schrift, Christus, wie er über das Wasser geht und dem Täter die Hand entgegenstreckt – die Leiche des Mörders im Grab – Engel, die sie besuchen und um sie klagen – und schließlich die Auferstehung, bei der man ihn in den Himmel auffahren sieht!

Von diesem ungewöhnlichen Raum richtete sich meine Aufmerksamkeit auf eine offene Galerie auf der anderen Seite des Hofes, in der sich eine Anzahl Frauen mit zerzaustem Haar und zerrissener Kleidung befanden. Einige gingen ruhelos auf und ab, andere schrien laut, während einige mit unanständigen Gesten die elenden Männer ihnen gegenüber anschrien, während sie ihren jämmerlichen Spaziergang machten.

Schande und Schrecken für ein christliches Land! Diese Frauen waren Wahnsinnige! Sie werden hier festgehalten, bis in der staatlichen Irrenanstalt Platz für sie ist. Tag und Nacht hallen ihre schrecklichen Schreie und ihr

Toben durch die trostlosen, wachen Stunden und den unruhigen Schlaf der elenden Männer, die so bald sterben werden.

Zwei derjenigen, die durch diese Galerie gingen, werden morgen sterben.

Was für eine Verhöhnung – das Kruzifix! – das *Agnus Dei* ! – die heiligen Bücher! Mit Übelkeit und Abscheu wandte ich mich von diesem schrecklichen Ort ab. „Aber", sagte der Wärter entschuldigend, „nicht einer von ihnen glaubt, dass er gehängt wird."

Als nächstes besuchten wir die Frauengalerie, wo weibliche Kriminelle aller Klassen wahllos zusammengepfercht sind. Als ich die Tür öffnete, war der Gestank aus der offenen Veranda, auf der die Gefangenen saßen, so widerlich, dass ich nicht weitergehen konnte; aber ich sah genug, um mich davon zu überzeugen, dass die arme, irregeleitete Frau, die wegen eines geringfügigen Vergehens dort eingesperrt und mit den Wesen in Kontakt gebracht wurde, die solche Worte von sich gaben, wie wir sie hörten, tatsächlich die Hoffnung aufgeben könnte.

Die Gefangenen haben keine Betten zum Schlafen, nicht einmal eine Decke, und können sich hinlegen, wie es ihnen beliebt, zu fünft in einer kleinen Zelle. Man kann sich vorstellen, was die tropische Hitze unter solchen Bedingungen hervorruft; aber da der Chirurg nicht da war, konnte ich keine Informationen über die Krankheits- oder Sterberate erhalten.

Als nächstes begab ich mich zu einem Hof, der etwas kleiner war als der für Schwerverbrecher vorgesehene, in dem Gefangene eingesperrt waren, die wegen Vergehen wie Trunkenheit, Körperverletzung und dergleichen zu kurzen Haftstrafen verurteilt worden waren. Unter den Gefangenen befanden sich einige englische Seeleute, die wegen Angriffen auf ihre Offiziere oder Verstößen gegen die Gesetze eingesperrt worden waren. Sie alle hatten beim Konsul über willkürliche Verhaftungen und unbegründete Anklagen Beschwerde einzulegen. Mr. Mure erzählte mir, dass er, wenn der Hafen voll ist, ständig mit der Untersuchung solcher Fälle beschäftigt ist. Und ich muss leider erfahren, dass die Männer unserer Handelsmarine den Behörden eine Menge Ärger bereiten.

Ich verließ das Gefängnis in keiner besonders wohlwollenden Stimmung gegenüber den Menschen, die eine solch schändliche Einrichtung genehmigt hatten, und setzte meinen Rundgang durch die Stadt fort.

Der „Deich", ein enormer Damm, der die Überschwemmung des Flusses verhindern soll, ist heute fast verlassen, abgesehen von den Flussdampfern und jenen, die die Blockade nicht durchbrechen konnten. Da New Orleans bei Hochwasser durchschnittlich drei Fuß unter dem Niveau des Flusses liegt, muss diese Arbeit ständig überwacht werden. Er ist nicht weniger als fünfzehn Fuß breit und erhebt sich fünf oder sechs Fuß über das Niveau der angrenzenden Straße. Er setzt sich in fast ununterbrochener Linie mehrere hundert Meilen den Lauf des Mississippi hinauf fort. Wenn der Damm nachgibt oder eine „Kluft", wie es technisch genannt wird, entsteht, muss der Schaden, der den Plantagen zugefügt wird, manchmal auf Millionen von Dollar geschätzt werden. Wenn der Fluss sehr niedrig ist, besteht eine neue Art von Gefahr, nämlich das sogenannte „Einbrechen" des Damms, der ohne die Unterstützung des Wasserdrucks in das Bett des riesigen Flusses gleitet.

New Orleans wird die „Halbmondstadt" genannt, weil sie an einer Flussbiegung gebaut wurde, die hier in Gravesend etwa so breit ist wie die Themse und sehr tief ist. In Ufernähe werden riesige Baumwollpressen errichtet, in denen die Ballen maschinell gepresst werden, bevor sie an Bord eines Schiffes verladen werden, was für den Plantagenbesitzer mit hohen Kosten verbunden ist.

Das Zollhaus, das Rathaus und die Münzanstalt der Vereinigten Staaten sind schöne Gebäude von eher anspruchsvoller Architektur; ersteres ist neben der Hauptstadt das größte Gebäude in den Staaten. Ich wurde informiert, dass auf dem Deich, der jetzt fast verlassen ist, während der Baumwoll- und Zuckersaison ein Treiben, Leben und Lärm herrscht, wie es ihn nirgendwo sonst auf der Welt gibt. Sogar in Kanton sind nicht so viele Boote auf dem Fluss unterwegs, von Dampfern, Schleppern, Flachbooten und dergleichen gar nicht zu reden; und man kann sich leicht vorstellen, dass dies der Fall ist, wenn man weiß, dass der Wert der Baumwolle, die jedes Jahr allein aus diesem Hafen verschifft wird, zwanzig Millionen Pfund Sterling übersteigt und dass die anderen Exporte einen Wert von mindestens fünfzehn Millionen Pfund Sterling haben, während die Importe sich auf fast vier Millionen belaufen.

Da die Stadt New Orleans fast 1700 Meilen südlich von New York liegt, ist es nicht verwunderlich, dass sie sich eines subtropischen Klimas erfreut. Die Plätze sind von Zitronenbäumen, Orangenhainen, Myrten und prächtigen Magnolien umgeben. In allen Gärten findet man Palmetto- und Pfirsichbäume, und in der Nachbarschaft stehen riesige Zypressen, die mit dem ewigen Spanischen Moos behangen sind.

Die Straßen der erweiterten Stadt unterscheiden sich in ihrem Charakter von den engen Chaussées der Altstadt, und die in den Vereinigten Staaten, Russland und den britischen Indianer-Kantonen übliche rechteckige Anordnung wird so weit wie möglich beibehalten. Die Märkte sind ausgezeichnet, jede Gemeinde oder Großgemeinde hat ihre eigenen. Sie wimmeln von Exemplaren der gemischten Rassen, die die Stadt bewohnen, vom reinrassigen, wollköpfigen Neger, der verdächtig einem gebürtigen Afrikaner ähnelt, bis zum Kreolen, der damit prahlt, dass jeder Tropfen Blut in seinen Adern rein französisch sei.

Es fiel mir auf, dass unter den Arbeitern überhaupt keine Weißen waren, und als ich fragte, was aus den Männern geworden sei, die auf dem Deich und an den Baumwollpressen arbeiten und dort mit den Schwarzen konkurrieren, sagte man mir, sie seien für den Krieg eingezogen worden.

Ich vergaß zu erwähnen, dass sich unter den Verbrechern im Gefängnis ein gewisser Mr. Bibb befand, ein ehrenwerter Bürger, der am Sonntagmorgen selbst eine kleine Affäre hatte.

Mr. Bibb kam vom Markt und hatte sich ein Frühexemplar der Morgenzeitung besorgt. Drei Bürger, die auf Neuigkeiten brannten oder, wie Bibb beteuert, auf seine Uhr und Geldbörse, kamen und bestanden darauf, dass er ihnen die Zeitung vorlesen sollte. Bibb lehnte ab, woraufhin die drei Bürger, die ihre Rechte als Mehrheit voll ausübten, ihn zu nötigen begannen; aber Bibb hatte einen Revolver in der Tasche und erschoss im Nu einen seiner literarischen Angreifer und verwundete die beiden anderen schwer, wenn nicht tödlich. Die Zeitung, die die Umstände schildert, fügt neben der Feststellung, dass der erfolgreiche Kämpfer ins Gefängnis gesteckt worden war, hinzu: „Mr. Bibb empfindet großes Mitgefühl." Wenn die südliche Minderheit in ihrem Widerstand gegen *höhere Gewalt ebenso erfolgreich ist* wie dieser hervorragende Bürger, kann das Schicksal der Konföderation nicht mehr lange zweifelhaft sein.

1. Juni. Die ehrenwerten Leute der Stadt sind aufgrund der Verarmung, die durch den Handelsstopp mit dem Norden und mit Europa verursacht wurde, von zwei inneren Übeln bedroht. Die Stadtbehörden drohen aus Geldmangel, die städtischen Schulen zu schließen und die Polizei aufzulösen; gleichzeitig weigern sich die Arbeitgeber, ihre Arbeiter mit der Begründung der Unfähigkeit zu bezahlen. Das britische Konsulat war heute von Iren, Engländern und Schotten überfüllt, die darum flehten, in den Norden oder nach Europa geschickt zu werden. Die Geschichten, die einige dieser armen Kerle erzählten, waren höchst bemitleidenswert und wurden durch Fakten und Dokumente bestätigt; aber Mr. Mure hat nicht genug Geld, um ihren Bitten nachzukommen. Ihnen bleibt nichts anderes übrig, als sich zu melden. Zum dritten oder vierten Mal hörte ich von Fällen, in denen britische Staatsbürger gewaltsam verschleppt wurden, um die Reihen sogenannter Freiwilligenkompanien und -regimenter zu füllen. In einigen Fällen wurden sie niedergeschlagen, gefesselt und in Kasernen eingesperrt, bis sie in ihrer Verzweiflung einwilligten, zu dienen. Diejenigen, deren Freunde über ihre Lage Bescheid wussten, wurden durch das Eingreifen des Konsuls entlastet;

aber es gibt zweifellos viele, die ohne sein Wissen auf diese Weise gezwungen und in unfreiwillige Knechtschaft versetzt wurden. Herr Mure hat bei diesen Gelegenheiten energisch, umsichtig und erfolgreich gehandelt; aber ich wünschte sehr, er hätte den vielen verzweifelten englischen Untertanen, die sein Büro bevölkerten, aus nationaler Quelle helfen können.

Die große Handelsgemeinschaft von New Orleans, die jetzt den Druck der Blockade spürt, ist auf die Einmischung der europäischen Mächte im kommenden Oktober angewiesen. Unter ihnen gibt es Männer, die sich weigern, ihre Schulden bei den Häusern im Norden zu bezahlen, aber sie leugnen, dass sie dies beabsichtigen, und versprechen, alle zu bezahlen, die keine schwarzen Republikaner sind, wenn der Krieg vorbei ist. „Verweigerung" ist ein unliebsames Wort, da sie der Meinung sind, dass der Ruf der Südstaaten und von Herrn Jefferson Davis selbst in Europa durch den Bruch von Ehrlichkeit und Ehre, dessen sie sich schuldig gemacht haben, schwer geschädigt wurde; aber ich bin von allen Seiten überzeugt, dass jeder Staat schließlich alle seine Verpflichtungen begleichen wird. Inzwischen verschwindet das Geld hier schnell. Wechsel auf New York sind nichts wert, und Wechsel auf England werden mit 18 Prozent Abschlag vom Nennwert des Goldes gehandelt; aber die Menschen dieser Stadt werden all dies und noch viel mehr ertragen, um der verhassten Herrschaft der Yankees zu entgehen.

Durch die gegenwärtige Düsternis dringen die Strahlen einer glorreichen Zukunft, die einen großen Sklavenbund sehen wird, der den Golf in seine Arme schließt und sich bis zu den Ufern des Potomac und der Chesapeake Bay ausdehnt, mit der vollständigen Kontrolle über den Mississippi und einem Monopol auf die wichtigsten Grundnahrungsmittel, von denen ein Großteil der Industrie und des Handels in England und Frankreich abhängt. Sie glauben tatsächlich, dass sie die Herren des Schicksals der Welt sind. Baumwolle ist König – nicht nur König, sondern Zar; und verbunden mit der Befriedigung und dem Profit, die sie aus dieser mächtigen Macht ziehen können, sehen sie mit größter Genugtuung der völligen Demütigung ihrer verhassten Feinde in den Neuenglandstaaten entgegen , der Zerstörung ihres wucherischen Rivalen New York und der Verarmung und dem Ruin der Staaten, die ihre Feindschaft durch Gesetze zur persönlichen Freiheit erregt und sie durch die Aufnahme von Abolitionisten und einer Anti-Sklaverei-Presse empört und beleidigt haben.

Die Abolitionisten haben gesagt: „Wir werden nicht ruhen, bis jeder Sklave in den Vereinigten Staaten frei ist." Männer mit weiter reichenden Ansichten haben erklärt: „Sie werden nicht ruhen, bis ein Mann seine Meinung zur Sklaverei oder zu anderen Dingen auf den Straßen von Charleston oder New

Orleans genauso frei äußern kann wie auf denen von Boston oder New York." „Unsere Rechte sind durch die Verfassung garantiert", ruft der Süden. „Die Verfassung", entgegnet Wendel Phillips, „ist ein Bund mit dem Teufel – ein Pakt mit der Hölle."

Die Doktrin der Staatenrechte wurde konsequent nicht nur von den Staatsmännern des Südens vertreten, sondern auch von der großen Partei, die immer die Ansicht vertrat, dass die Errichtung einer starken Zentralregierung eine Gefahr für die Freiheit darstelle. Bislang wurden die widerstreitenden Interessen und Meinungen beider Seiten jedoch durch geschickte Kompromisse und raffinierte Maßnahmen vor einem offenen Zusammenstoß bewahrt. Dieser endete mit der Wahl Lincolns.

Im Grundstein des republikanischen Gebäudes befand sich ein kleiner Riss, der sich immer weiter ausdehnte, je höher und schwerer das große Bauwerk wurde. Die frühen Staatsmänner und Gründer der Republik wussten von seiner Existenz, überließen es jedoch der Nachwelt, sich damit auseinanderzusetzen und sich vor seinen Folgen zu schützen. Washington selbst war sich der Gefahr vollkommen bewusst und rechnete nur mit einer Lebensdauer von sechzig oder siebzig Jahren für das große Gebäude, zu dessen Errichtung er beitrug. Er war überzeugt, dass eine Krise eintreten musste, in der die Staaten, die er in seiner Abschiedsrede vor Rivalität und Parteigängen warnte, nicht in der Lage sein würden, die durch unterschiedliche Interessen hervorgerufenen Feindseligkeiten und die aus feindlichen Institutionen entstehenden Leidenschaften zu überwinden; und jetzt, da die Trennung eingetreten ist, gibt es weder in der Verfassung noch außerhalb davon die Macht, die zerbrochenen Fragmente zusammenzukitten.

Es ist bemerkenswert, dass in New Orleans, wie auch in New York, die Meinung der reichsten und intelligentesten Männer der Gesellschaft, soweit ich das beurteilen kann, das allgemeine Wahlrecht als organisierte Beschlagnahme, legalisierte Gewalt und Korruption betrachtet, als eine tödliche Krankheit des politischen Körpers. Neulich, als ich im Clubhaus saß, hörte ich eine Diskussion über die Aktivitäten der Thugs in dieser Stadt, einer Bande gebürtiger Amerikaner, die zu Wahlzeiten absichtlich irische und deutsche Wähler niederschossen, die Positionen als Anführer ihrer Banden innehatten. Diese Thugs wurden nur durch ein bewaffnetes Wachsamkeitskomitee unterdrückt, zu dessen Mitgliedern ein Arzt gehörte, der am Tisch saß.

Nachdem ich einige Einkäufe getätigt und alle meine Besuche abgeleistet hatte, kehrte ich zurück, um mich auf meine Reise den Mississippi hinauf und die Besuche bei mehreren Plantagenbesitzern an seinen Ufern vorzubereiten – mein erster Besuch galt Gouverneur Roman.

KAPITEL XXXII.

Den Mississippi hinauf – Freie Neger und englische Politik – Eintönigkeit der Flusslandschaft – – <u>Visit to M. Roman</u>Sklavenunterkünfte – Ein Sklaventanz – Sklavenkinder – Negerkrankenhaus – Allgemeine Meinung – Vertrauen in Jefferson Davis.

2. Juni. — Mein guter Freund, der Konsul, stand früh auf, um mich zu verabschieden; und wir fuhren zusammen zum Dampfer JL Cotten. Die Leute gingen zur Messe, als wir durch die Straßen fuhren; und es war bedauerlich, die Kinder als Zuaven verkleidet zu sehen, mit Blechschwertern und allen möglichen pseudomilitärischen Albernheiten; die Straßen waren voll mit Militärkompanien; überall spielten Musikkapellen.

Bevor wir die Tür verließen, kam ein armer schwarzer Matrose zu uns und bat Mr. Mure um sein Eingreifen. Mr. Magee, der Konsul in Mobile, hatte ihn auf dem Landweg nach New Orleans geschickt, in der Hoffnung, dass Mr. Mure ihm eine freie Überfahrt zu einem britischen Hafen verschaffen könnte. Er hatte in der Royal Navy gedient und war im russischen Krieg verwundet worden. In dem Moment, als er in New Orleans ankam, wurde er von der Polizei festgenommen. Als er erklärte, er sei ein frei geborener britischer Staatsbürger, ordneten die Behörden an, ihn zu Mr. Mure zu bringen. Wegen seiner Hautfarbe durfte er nicht auf freiem Fuß gehen. Die Gesetze des Staates verboten derart gefährliche Experimente mit den Gefühlen der Sklavenbevölkerung. Wenn der Konsul nicht für ihn sorgte, würde er verhaftet und im Gefängnis festgehalten, falls ihm kein schlimmeres Schicksal widerfuhr. Er litt unter den Folgen seiner Verwundung und war offensichtlich bei schlechter Gesundheit. Mr. Mure gab ihm einen Brief an das Seemannskrankenhaus und etwas Hilfe aus eigener Tasche. Die Polizei begleitete ihn bis zur Tür und blieb draußen, um ihn zu verhaften, falls der Konsul ihm keinen Schutz und keine Versorgung gewährte, damit er nicht auf freiem Fuß in den Straßen der Stadt gesehen würde. Neulich kaperte ein Freibeuter aus New Orleans drei Briggs aus dem Norden, an Bord befanden sich zehn freie Neger. Der Kapitän übergab sie dem Recorder, der sich an den Marschall der Konföderierten Staaten wandte, um sie in seine Obhut zu nehmen. Der Marschall weigerte sich, sie aufzunehmen, woraufhin der Recorder als Richter und guter Bürger beschloss, sie im Gefängnis zu behalten, da es eine schlechte und gefährliche Politik wäre, sie auf die Bevölkerung loszulassen.

Ich kann nicht anders, als zu glauben, dass die Haltung, die England in Bezug auf die Frage seiner farbigen Untertanen einnimmt, demütigend und entwürdigend ist. Die Menschen, die in London leben, mögen diese Frage als eine leichte Angelegenheit betrachten; sie ist jedoch nicht nur mit der nationalen Ehre unvereinbar; sie hat uns in der Meinung der Amerikaner selbst so erniedrigt, dass sie ermutigt werden, einen unverschämten Ton anzuschlagen und uns gegenüber gewalttätig zu werden, was Großbritannien eines Tages keine andere Alternative als den Einsatz der Waffen lassen wird. Freie farbige Personen können von der Polizei festgenommen und inhaftiert werden und können unter bestimmten Umständen in die Knechtschaft verkauft werden.

Als ich am Dampfer ankam, fand ich eine ansehnliche Gruppe von Bürgern vor, die sich versammelt hatten, um ihre Freunde zu verabschieden. Gouverneur Romans Sohn entschuldigte sich bei mir, dass er mich nicht den Fluss hinauf begleiten konnte, da er zu einer Übung seiner Freiwilligenkompanie ging. Mehrere andere Herren trugen Uniform, und als wir die Häuser der Stadt passiert hatten, bemerkte ich Kompanien und Reitertruppen, die auf beiden Seiten des Ufers Übungen machten. An Bord befand sich Mr. Burnside, ein sehr wohlhabender Eigentümer, <u>and Mr. Forstall</u>Agent von Messrs. Baring, der behauptet, aus einer irischen Familie aus der Nähe von Rochestown zu stammen, obwohl er unsere Umgangssprache nur schwer spricht und viel mehr Franzose als Brite ist. Er gilt als einer der fähigsten Finanziers und Ökonomen der Vereinigten Staaten und ist sicherlich sehr einfallsreich und gut mit Fakten und Zahlen ausgestattet.

Der Anblick von New Orleans vom Fluss aus wird durch die sehr ärmlichen Häuser entlang der Kais am Deich getrübt. Breite Straßen öffnen sich zu langen Aussichtspunkten, die von den ärmlichsten kleinen Häusern gesäumt sind; und die großen Pläne derer, die sie planten, wurden trotz des Wohlstands der Stadt nicht verwirklicht.

Da wir nun neun Fuß höher als das Straßenniveau schwebten, konnten wir auf ein Meer aus Flachdächern und niedrigen, weiß gestrichenen Holzhäusern hinabblicken, durchbrochen von den Kuppeln und Türmen von Kirchen und öffentlichen Gebäuden. In vielen dieser Straßen wuchs Gras. Auf der anderen Seite des Flusses liegt eine kleinere Stadt mit Häusern mit Schindeldächern und einem Hintergrund aus niedrigem Holz.

Der Dampfer hielt ständig an verschiedenen Stellen entlang des Deichs, um Proviant, Pakete und Passagiere auszuladen, und glitt nach einiger Zeit in das offene Land, das sich zu beiden Seiten des Ufers mehrere Meilen unter uns ausbreitete, mit einem durchgehenden Waldhintergrund. Dieser ganze Teil des Flusses wird Küste genannt, und das angrenzende Land ist bemerkenswert fruchtbar. Die Zuckerplantagen sind durch Linien begrenzt, die im rechten Winkel zu den Ufern des Flusses gezogen sind und sich durch den Wald erstrecken. Die Villen der Eigentümer sind dicht inmitten der grünen Felder bepflanzt, mit den üblichen Säulengängen, Säulen, Veranden und grünen Jalousien, und in der Nähe jeder dieser Villen stehen Reihen weißgetünchter Hütten, die die Sklavenunterkünfte sind. Diese Felder, eben wie ein Billardtisch, sind von leuchtendem Grün mit Mais- und Zuckerernten.

Aber es waren nur wenige Menschen zu sehen; kein einziges Boot war zu sehen; und auf der Strecke von 62 Meilen begegneten wir nur zwei Dampfern. Keine abfallenden Ufer, keine kiesigen Untiefen, keine felsigen Ränder markieren den Verlauf oder verändern die Kontur des Mississippi. Die tote, gleichmäßige Linie des Deiches drückt ihn auf beiden Seiten zusammen, und das trübe Wasser fließt, ohne eine Strömung gleichmäßiger Breite zwischen den monotonen Ufern zuzulassen. Die Giebel und Spitzen eines Hauses ähneln denen eines anderen; und wären da nicht die enormen Ausmaße des Flusses und der Ufer und die schwarzen Gesichter der wenigen sichtbaren Neger, könnte ein Passagier glauben, er sei an Bord einer holländischen „Treckshuyt". Tatsächlich ist der Mississippi ein riesiger grabenartiger Kanal, der einen Kontinent entwässert.

Um halb vier UHR NACHMITTAGS legte der Dampfer am rechten Ufer des Deichs an und setzte mich in „Cahabanooze" ab, was in der Sprache der Indianer „der Schlafplatz der Enten" heißt, zusammen mit einem englischen Kaufmann aus New Orleans, M. La Ville Beaufevre, dem Schwiegersohn von Gouverneur Roman, und seiner Frau. Der Gouverneur wartete auf unseren Empfang am Deich und führte uns durch ein Tor im Zaun, der sein Grundstück von der Straße trennte, zum Haus, einem großen, quadratischen, zweistöckigen Herrenhaus mit einer Veranda rundherum, eingebettet zwischen ehrwürdigen Bäumen und umgeben von Magnolien. Um die Nähe seines Hauses zum Fluss zu erklären, erzählte mir M. Roman, dass ein beträchtlicher Teil des Gartens davor vor kurzem vom Mississippi weggeschwemmt worden sei; und er ist sich auch nicht sicher, ob das Haus selbst nicht dasselbe Schicksal erleiden wird; ich hoffe aufrichtig, dass es nicht so sein wird. Meine Unterkunft befand sich in einem eigenständigen Haus mit vier Schlafzimmern, einer Bibliothek und einem Wohnzimmer. Es lag in der Nähe des Herrenhauses und war wie dieses von schönen Bäumen umgeben.

Nachdem wir eine Zeitlang im Schatten der vornehmsten Gruppe gesessen hatten, fragte mich M. Roman, oder, wie er genannt wird, der Gouverneur – einmal Kapitän, immer Kapitän –, ob ich die Sklavenunterkünfte besuchen wolle. Ich willigte ein, und der Gouverneur führte mich zu einem hohen Zaun an der Rückseite des Hauses, von dem aus man das Geigenspiel hörte. Als wir an der Rückseite des Hauses vorbeikamen, huschten einige junge Frauen in schneeweißen Kleidern, Krinolinen, rosa Schärpen und grellbunten Kopftüchern vorbei. Der Gouverneur erzählte mir, dass es sich dabei um Hausangestellte handelte, die zu einem Tanz in der Zuckerfabrik gingen; er lässt seine Sklaven jeden Sonntag tanzen. Die amerikanischen Plantagenbesitzer, die keine Katholiken sind, lassen ihre Sklaven zwar sonntags nicht arbeiten, es sei denn, es gibt etwas zu tun, gewähren ihnen aber selten den Genuss eines Tanzes, aber einige wenige gestatten ihnen jeden Samstagnachmittag einige Stunden der Entspannung.

Wir betraten durch ein Pförtnertor einen quadratischen Bereich, der von Negerhütten aus Holz gesäumt war, ähnlich denen, die zu Beginn des Feldzugs von Malta auf die Krim kamen. Sie haben keine Fenster – eine hölzerne Rutsche oder ein Gitter lässt so viel Luft herein, wie ein Neger braucht. Eine Trennwand teilt die Hütte in zwei Bereiche, von denen einer als Schlafzimmer dient und ein Rollbett und eine mit Watte oder den haarähnlichen Fasern getrockneten Spanischen Mooses gefüllte Matratze enthält. Die Kleiderschränke der Insassen hängen an Nägeln oder in die Wand getriebenen Stiften. Der andere Raum ist mit einer Anrichte ausgestattet, auf der einige Geschirr- und Küchenutensilien stehen. Manchmal gibt es zusätzlich zu den einfachen, mehr oder weniger verfallenen Holzstühlen, die das Mobiliar bilden, einen Tisch – einen Herd in Verbindung mit einem gemauerten Schornstein außerhalb der Hütte, in dem, so heiß der Tag auch sein mag, mit Sicherheit einige Glut brennt. Der Boden um die Hütten war mit Abfall und Staub bedeckt, mit Haufen alter Schuhe, Kleidungsstücken und Federn, in denen sich Schweine und Geflügel tummelten. Köter niederer Rasse huschten in den Schatten und wieder hinaus oder um zwei riesige Hunde herum, *Chiens de Garde* , die nachts losgelassen werden, um das Gelände zu bewachen; in einem Teich mit stehendem Wasser, bis zum Bauch, dösten dreißig oder vierzig Maultiere in der Sonne und genossen ihren Ruhetag.

Die Hütten der im Haus beschäftigten Neger sind durch einen Holzzaun von denen der Sklaven getrennt, die im Freien Feldarbeit verrichten. Ich schaute in mehrere der Häuser, aber irgendwie empfand ich eine, ich wage zu sagen, ungerechtfertigte Abneigung, die Penetralien zu untersuchen, obwohl der Gouverneur mich dazu aufgefordert – ja, sogar gedrängt – hatte. Ich erwartete zwar nicht, auf etwas Schreckliches zu stoßen, aber ich konnte nicht aufhören, Rücksicht auf die Gefühle der armen Geschöpfe zu nehmen, die, obwohl sie Sklaven waren, schüchtern, knicksend und schweigend daneben standen, als ich in ihren Familienkreis eindrang, ihre Betten betastete und ihre Kleidung umdrehte. Welches Recht hatte ich, dies zu tun?

In allen Hütten fand man Schwärme von Fliegen, Kochgeschirr aus Blech, das sie mit Melasseresten anzog, zerbrochenes und altes Geschirr auf den Anrichten, mehr oder weniger alte Kleidung an den Wänden, die sich immer wieder änderte; nicht ein Anzeichen von Ornament oder Dekoration war zu sehen; nicht die geschmackloseste Druckgrafik, kein Bild der Jungfrau oder des Erlösers; kein Gebetbuch oder gedrucktes Buch. Die Sklaven werden nicht ermutigt oder dürfen nicht lesen, und einige Gemeinschaften von Sklavenbesitzern bestrafen diejenigen schwer, die versuchen, sie zu unterrichten.

Alle Sklaven schienen ihrem Herrn gegenüber respektvoll zu sein; in ihren besten Kleidern knicksten sie und kamen herbei, um ihm und mir die Hand zu schütteln. Unter ihnen waren einige sehr alte Männer und Frauen, die Abschaumwürmer des Anwesens, die in die Ewigkeit dösten und nur an Maisbrei, Schweinefleisch und Melasse dachten. Zwei Negergeiger spielten energisch ihre Bögen vor einer der Hütten, und eine Schar kleiner Kinder hörte der Musik zu, zusammen mit ein paar erwachsenen Farbigen, von denen einige von den angrenzenden Plantagen stammten. Die Kinder sind normalerweise in einen kleinen Sack aus grobem Kattun gekleidet, der allen vernünftigen Zwecken dient, auch wenn er nicht sehr sauber ist.

Für Naturphilosophen, die sich mit der Krinologie beschäftigen, könnte es ein interessantes Forschungsthema sein, herauszufinden, warum das Haar von Negerkindern oder Kindern bis zu sechs oder sieben Jahren im Allgemeinen eine schöne rotbraune oder sogar gummiartige Farbe hat und allmählich zu einem matten Ebenholzton nachdunkelt. Diese kleinen Körper hatten meist große Mägen, waren wohlgenährt und nicht weniger glücklich als frei geborene Kinder, obwohl sie viel wertvoller waren – denn wenn sie erst einmal die Gefahren der Kindheit überwunden haben und neun oder zehn Jahre alt werden, steigt ihr Wert auf 100 Pfund oder mehr, selbst in Zeiten, in denen der Markt schlecht und Geld knapp ist.

Die Frauen waren nicht sehr gutaussehend; ein gelbes Mädchen mit blondem Haar und hellen Augen, dessen Kind ganz weiß war, ausgenommen; die Männer waren in so seltsam geschnittene Kleider gekleidet, ihre Hüte, Schuhe und Mäntel waren so wunderbar gemacht, dass man ihre Figur nicht erkennen konnte. Auf allen Gesichtern lag eine Ernsthaftigkeit, die ein Zeichen für heitere Zufriedenheit und vollkommenes Wohlbefinden sein muss, denn diejenigen, die es am besten wissen sollten, erklären, sie seien die glücklichste Rasse der Welt.

Als ich jedoch die Gesichtsausdrücke der Sklaven untersuchte, fiel mir immer deutlicher auf, dass tiefe Niedergeschlagenheit das vorherrschende, wenn nicht gar universelle Merkmal dieser Rasse ist. Hier gab es zahlreiche Beweise dafür, dass sie gut behandelt wurden; sie hatten gute Kleidung, Nahrung und einen Herrn, der ihnen bewusst kein Unrecht antun konnte, da er, da bin ich mir sicher, dazu nicht fähig ist. Dennoch sahen sie alle traurig aus, und selbst die alte Frau, die damit prahlte, ihren alten Besitzer als Kind in den Armen gehalten zu haben, lächelte nicht fröhlich, wie es die Amme zu Hause beim Anblick ihres alten Schützlings getan hätte.

Die Neger züchten Hausgeflügel aller Art und verkaufen Eier und Geflügel an ihre Herren. Das Geld wird für den Kauf von Tabak, Melasse, Kleidung und Mehl ausgegeben; Whisky, ihr großes Vergnügen, dürfen sie nicht haben. In diesem Teil des Anwesens waren etwa siebzig oder achtzig Arbeiter untergebracht.

Bevor ich das Gehege verließ, wurde ich ins Krankenhaus gebracht, das von einer alten Negerin betreut wurde. Die nackten Räume enthielten mehrere Betten auf groben Gestellen und fünf Patienten, von denen drei Frauen waren. Sie saßen lustlos auf den Betten und schauten ins Leere; keine Bücher, die sie amüsierten, keine Unterhaltung – nichts als ihre eigenen stumpfsinnigen Gedanken, wenn sie denn welche hatten. Sie litten an Lungenentzündung und Schwellungen der Drüsen am Hals; ein Mann hatte Fieber. Ihr Arzt besucht sie regelmäßig, und jede Plantage hat einen Arzt, der für die Dauer seiner Tätigkeit angestellt ist. Wenn der Anbau von Zuckerrohr, Baumwolle und Mais das große Ziel der Mission des Menschen auf Erden wäre und wenn alle Herren wie Gouverneur Roman wären, könnte die Sklaverei als natürliche und harmlose Institution verteidigt werden. Zucker und Baumwolle sind zweifellos zwei große Faktoren in dieser letzteren Welt. Der Ältere kam auch ohne sie gut zurecht.

Das Geigengewirr führte uns zur Zuckerfabrik, wo der Zuckerrohrsaft gepresst, gekocht, granuliert und für die Raffination vorbereitet wird, ein großes Backsteingebäude mit einem fabrikähnlichen Schornstein. In einem von Maschinen unbesetzten Raum des Bodens versammelten sich etwa fünfzehn Frauen und ebenso viele Männer, und vier Paare tanzten zur Musik der schwarzen Musiker eine Art irischen Jig – ein Double Shuffle in hämmernder Ekstase, mit lockeren Ellbogen, hängenden Pfoten, angewinkelten Knien, zurückgeworfenen Köpfen und nach innen gewölbten Rücken – ein glasiger Blick, ein Ausdruck höchster Feierlichkeit.

Zu dieser Jahreszeit wird in der Zuckerfabrik nicht gearbeitet, doch wenn der Zucker zerkleinert und gekocht wird, ist die Arbeit äußerst anstrengend und die Arbeiter arbeiten in Gruppen Tag und Nacht. Wenn zu den Temperaturen im September noch die Hitze des Feuers hinzukommt, kann man wohl zugeben, dass die Mühen und Leiden, die die Zuckerproduktion erfordert, nur durch „unfreiwillige Knechtschaft" ertragen werden können.

Am Nachmittag kam der Sohn des Gouverneurs von der von ihm befehligten Kompanie zurück: Seine Männer stammen aus den besten Familien des Landes – Plantagenbesitzer und dergleichen. Wir schlenderten durch die Gärten, die, wie ich schon sagte, durch eine Laune des Flusses verkleinert wurden. Die französischen Kreolen lieben Gärten; die Angelsachsen hier in der Gegend haben keine große Beziehung zu ihnen und bauen ihre Feldfrüchte bis zur Tür an.

Es war merkwürdig, so weit weg von Frankreich so viele Spuren aus dem Leben des alten Seigneurs zu beobachten – die frühen Mahlzeiten, bei denen das Abendessen durch das Abendbrot ersetzt wurde – schlichte Einfachheit – und dennoch eine Verfeinerung der Umgangsformen, Freundlichkeit und Höflichkeit, die nicht zu übertreffen waren.

Am Abend kamen mehrere Offiziere von M. Alfred Romans Kompanie und benachbarte Plantagenbesitzer vorbei, und wir saßen im Dämmerlicht unter den Bäumen auf der Veranda, beleuchtet von den blinkenden Glühwürmchen, und sprachen über Politik. Ich war beeindruckt von der tiefen Stille, die um uns herum herrschte, bis auf ein leises Rauschen, wie es der Wind verursacht, der über die Kornfelder bläst, das vom mächtigen Fluss vor uns herrührte. Außer dem Klang unserer eigenen Stimmen und dem entfernten Bellen eines Hundes war nichts zu hören. Nachdem der Dampfer, der uns trug, weitergefahren war, glaube ich, fuhr kein einziges Boot den Fluss hinauf oder hinunter, und nur ein einsamer Plantagenbesitzer überquerte in seinem Gig oder Buggy die Straße, die zwischen dem Gartenzaun und dem Ufer des großen Flusses lag.

Unsere Freunde waren alle Kreolen – das heißt Eingeborene aus Louisiana – französischer oder spanischer Abstammung. Sie sind nach allgemeiner Auffassung gütigere und bessere Herren als amerikanische Ureinwohner oder Schotten; aber die Yankees aus Neuengland gelten als die strengsten aller Sklavenhalter. Alle diese Herren sind sich bis auf den letzten Mann einig, dass England seine Baumwolle bekommen muss oder untergeht. Sie werden sie sich daher mit Gewalt nehmen; aber da der Süden entschlossen ist, niemals zuzulassen, dass ein Yankee-Schiff seine Produkte transportiert, hat Monsieur Baroche, der sich derzeit in New Orleans umsieht, eine Frage aufgeworfen, die dem scharfsinnigen und statistisch denkenden Mr. Forstall einige Schwierigkeiten bereitet. Der französische Ökonom hat ausgerechnet, dass, wenn die Yankee-Schiffe vom Transporthandel ausgeschlossen würden, die Handelsflotte Frankreichs und Englands zusammen völlig unzureichend sein würde, um die Produkte des Südens nach Europa zu transportieren.

Doch der Glaube der Südstaaten ist unbezwingbar. Mit ihren treuen Negern, die Getreide, Zucker und Baumwolle anbauen, während ihre jungen Männer im Krieg sind; mit Frankreich und England, die ihnen Gold in den Schoß schütten, mit dem sie alles kaufen können, was sie im Kampf brauchen, glauben sie, sie könnten alle Mächte der nördlichen Welt mit Waffengewalt besiegen. Unendliche Felder, bestellt von unzähligen Negern, öffnen sich vor ihren Augen, und sie sehen die Reiche Europas mit ihren Manufakturen, ihrer Industrie und ihrem Reichtum am Fuße ihrer Throne liegen und rufen: „Baumwolle! Mehr Baumwolle! Das ist alles, worum wir bitten!"

Mr. Forstall behauptet, der Süden könne durch eine geringe direkte Besteuerung enorme Einnahmen erzielen, während der Norden, der der Ressourcen des Südens beraubt sei, sich weigere, überhaupt Steuern zu zahlen und enorme Schulden anhäufe, was unweigerlich zu seinem finanziellen Ruin führe. Er drückt, wie jeder Südstaatler, den ich bisher getroffen habe, grenzenloses Vertrauen in Mr. Jefferson Davis aus. Als zweite Frage wird mir von einem Fremden immer gefragt: „Haben Sie unseren Präsidenten gesehen, Sir? Halten Sie ihn nicht für einen sehr fähigen Mann?" Diese Einstimmigkeit in der Einschätzung seines Charakters und das allgemeine Vertrauen in das Staatsoberhaupt werden sich in einem Bürgerkrieg als unschätzbar wertvoll erweisen.

KAPITEL XXXIII.

Ritt durch die Maisfelder – Zuckerplantage; Neger bei der Arbeit – Einsatz der Peitsche – Einstellung zu Frankreich – Schweigen auf dem Land – Neger und Hunde – Theorie der Sklaverei – Körperliche Entwicklung der Neger – Verteidigung der Sklaverei – Messen für die Seelen der Neger – Kloster Sacré Cœur – Fährhaus – Ein Großgrundbesitzer.

3. Juni. Um fünf Uhr heute Morgen, nachdem ich eine Stunde zuvor von einem wunderbaren Chor ausgelassener Spottdrosseln geweckt worden war, brachte mir mein alter Negerwärter ein Bad mit Mississippi-Wasser, das wie der Nil einen starken Niederschlag abwirft und nach dem Stehen genauso klar, wenn auch nicht so süß wird. „Le seigneur vous attend"; und schon sah ich vor meinem Fenster den Gouverneur auf einem kräftigen Pferd reiten und ein schönes kastanienbraunes Pferd warten, das von einem Sklaven geführt wurde. Obwohl es früh war, schien die Sonne übermäßig heiß, und ich beneidete den Gouverneur um seinen Schlapphut, als wir durch die vom Tau geröteten Felder ritten. In wenigen Minuten durchquerten unsere Pferde enge Gassen zwischen den hohen Maisfeldern, die sich weit über unsere Köpfe erhoben. Dieser Mais, wie er genannt wird, ist die Hauptnahrung der Neger; und jeder Pflanzer pflanzt eine ausreichende Menge an, um sich im Durchschnitt das ganze Jahr über einen Vorrat zu sichern. Draußen erstreckten sich riesige Felder ohne Hecken, Mauern und Zäune, wo das grüne Zuckerrohr gerade lernte, seine langen Triebe im Wind zu wiegen – ein See aus hellgrünen Zuckersprossen, an dessen Rand sich in der Ferne ein ununterbrochener Waldrand erhob, zwei Meilen tief, bis zum sumpfigen Morast, der im Laufe der Zeit gerodet und in Ackerland verwandelt werden sollte. Vom Flussufer bis zu diesem Wald erstreckten sich die Felder aus reichem Lehm, unergründlich und mit einem Ertrag von einem bis anderthalb Oxhoft Zucker pro Acre, anderthalb Meilen tief. Inmitten dieser Weite waren weiße Punkte sichtbar wie Sowars, die man auf dem frühen Marsch oft und oft auf Indianerfeldern sah. Das sind die Arbeiterkolonnen bei der Arbeit – wir werden gleich sehen, was sie sind. Diese kleine Erinnerung an das Leben der Indianer wurde noch verstärkt durch die Neger, die neben uns herliefen, um Fliegen von den Pferden zu verscheuchen und die Tore an der Grenze der Plantage zu öffnen. Wenn der Mais nicht gut ist, werden abwechselnd Erbsen zwischen die Stängel gesät, die als sehr nützlich gelten; und wenn das Zuckerrohr schlecht ist, wird aus demselben Grund Mais mitgepflanzt. Bevor wir zu den Gruppen kamen, kamen wir auf der Straße an einem Karren vorbei, der ein großes Fass, einen Eimer voll Melasse, einen Eimer Maisgrieß oder gekochten Mais und eine Menge Blechtöpfe enthielt. Das Fass enthielt Wasser für die Neger, und die anderen Gefäße enthielten die Zutaten für ihr Frühstück; außerdem bekamen sie normalerweise jeweils einen getrockneten Fisch. Das Essen war reichlich und sah gesund aus; so, dass jeder Arbeiter damit zufrieden wäre. Wir gingen auf der einen Seite durch Mais und auf der anderen durch Zuckerrohr und kamen schließlich zu einem Stück Land, auf dem sechsunddreißig Männer und Frauen hackten.

Drei Negertrupps waren bei der Arbeit: ein Trupp Männer mit zwanzig Maultieren und Pflügen war damit beschäftigt, durch die Furchen zwischen den Sträuchern zu rennen, das Unkraut zu zerschneiden und das Gras zu entfernen, das der Feind des wachsenden Sprosses ist. Die Maultiere sind von schöner, großer, gutmütiger Art und verstehen ihre Arbeit fast so gut wie die Fahrer, die normalerweise die intelligenteren Arbeiter auf der Plantage sind. Der Aufseher, ein pfiffig aussehender Kreole auf einem schlaksigen Pony, mit der Peitsche in der Hand, beaufsichtigte ihre Arbeit und ritt nach einem Gruß an den Gouverneur, dem er einige Bemerkungen über den Zustand der Ernte machte, in einen anderen Teil der Farm davon. Abgesehen davon, dass sie ihre Maultiere anschrien, verhielten sich die Neger bei ihrer Arbeit still.

Eine andere Gruppe bestand aus vierzig Männern, die das Gras im Maisfeld hackten. Die dritte Gruppe, bestehend aus sechsunddreißig Frauen, war mit dem Hacken von Zuckerrohr beschäftigt. Ihre Kleidung schien für das Klima schwer; ihre schweren und schlecht gemachten Schuhe hatten die Füße ihrer dicken Strümpfe abgenutzt, die in Fransen über dem oberen Leder hingen. Grobe Strohhüte und helle Baumwolltücher schützten ihre Köpfe vor der Sonne. Auch in diesen Gruppen herrschte die Stille, die ich bereits erwähnt habe – außer den Schlägen der Hacke auf die schweren Erdklumpen war kein Laut zu hören. Im hinteren Teil jeder Gruppe stand ein schwarzer Aufseher mit einer Peitsche mit schweren Riemen über der Schulter. Wenn „Alcíbíade" oder „Pompée" gerufen wurden, kam er mit ausgestreckter Hand, um zu fragen „Guten Tag", und kehrte dann zu seiner Arbeit zurück; aber die Damen waren schüchtern und blickten kaum unter ihren flatternden *Chapeaux de Paille* zu ihren Besuchern auf.

Mütter überlassen ihre Kinder der Obhut gewisser alter Frauen, die für nichts anderes geeignet sind, und „Sauger", wie sie genannt werden, dürfen zu bestimmten Tageszeiten nach Hause gehen, um die Säuglinge zu stillen. Die Aufseher haben die Befugnis, zehn Peitschenhiebe zu verabreichen; strengere Strafen müssen jedoch dem Gouverneur gemeldet werden; es ist jedoch unwahrscheinlich, dass ein guter Aufseher von seinem Herrn in irgendeiner Weise kontrolliert würde. Die Sorgen, die den Zuckeranbau begleiten, sind groß, und so viel hängt von der umsichtigen Verwendung der Arbeitskräfte ab, dass man die Bedeutung von Erfahrung bei der Leitung und von Macht, um auf deren Anwendung zu bestehen, kaum überschätzen kann. Wenn der Frost kommt, wird das Zuckerrohr wertlos – eine Berührung zerstört den Zucker. Aber wenn der Frost der Feind des weißen Pflanzers ist, ist die Sonne kaum der Freund des schwarzen Mannes. Die Sonne verurteilt ihn zur Sklaverei, weil es die Hitze ist, die die Arbeit des weißen Mannes behindert. Der Gouverneur erzählte mir, dass im August, wenn die Ernte dicht und hoch steht und die Sonne senkrecht auf die Arbeiter brennt, ein Mann nur mit schwarzer Haut und einem mit Wolle bedeckten Kopf im Freien überleben kann.

Wir kehrten rechtzeitig zum Frühstück ins Haus zurück, auf das wir durch unsere frühe Tasse Kaffee und Kekse und die Fahrt gut vorbereitet waren. Hier war wieder das alte Frankreich. Man könnte sich einen Lord aus dem 17. Jahrhundert in seiner Halle vorstellen, wären da nicht die schwarzen Gesichter der Diener und das seltsame Geschirr tropischer Herkunft. Es herrschte der alte französische Überfluss, die zahlreichen Teller und die üppigen Servietten, die langhalsigen Flaschen Bordeaux, und dazu ein stetiger Strom angenehmer Gespräche. Ich sah einige Nummern einer Zeitung namens *La Misachibée* , was der ursprüngliche indianische Name des großen Flusses war, der durch die Hinzufügung zischender angelsächsischer Silben nicht aufgewertet wurde.

Die Amerikaner, denen die Hilfe, die sie am Ende des Unabhängigkeitskrieges geleistet hatten, nicht unbewusst war, erfreuen sich sogar im Norden daran, Frankreich über seinen alten Rivalen zu erheben; doch als wollten sie die angeborene Unähnlichkeit der beiden Rassen zeigen, zeigen die französischen Kreolen gegenüber den Neuenglandern und dem Norden eine Feindseligkeit, vermischt mit Verachtung, die schlecht für eine zukünftige Verschmelzung oder Wiedervereinigung spricht. So wie die Südkaroliner erklären, sie würden lieber zu ihrer Loyalität unter der englischen Monarchie zurückkehren, so behaupten die Louisianaer, obwohl sie keine Gefühle mit den Menschen des republikanischen und imperialen Frankreichs gemeinsam haben, dass sie viel lieber eine Verbindung mit dem alten Land anstreben würden, als sich dem Joch der Yankees zu unterwerfen.

Nach dem Frühstück fuhr der Gouverneur einige Meilen auf der immer stillen Deichstraße entlang, vorbei an einem Anwesen nach dem anderen, wo ein Wäldchen an das andere grenzte und jede Gasse ihre Schwester sah. An der kleinen, begrenzten Front dieser Plantagen konnte man sich nicht vorstellen, dass die Eigentümer viele Tausende im Jahr verdienten, denn die Anwesen erstrecken sich im Durchschnitt drei bis vier Meilen bis zum Wald. Die Abwesenheit menschlicher Wesen auf der Straße war ein Merkmal, das einen immer mehr beeindruckte. Wären da nicht die hohen Schornsteine der Fabriken und Zuckerfabriken, hätte man glauben können, diese Villen seien von irgendwelchen vergnügungssüchtigen Leuten errichtet worden, die alle aus Angst vor der Pest von den Flussufern geflohen waren. Die arbeitenden Negerbanden waren im tiefen Korn versteckt und ihre Quartiere waren still und verlassen. Wir trafen nur einen Plantagenbesitzer in seinem Gig, bis wir das Anwesen von Monsieur Potier, dem Schwager des Gouverneurs, erreichten. Der Besitzer war zu Hause und empfing uns sehr freundlich, obwohl er unter den Folgen eines kürzlichen häuslichen Unglücks litt. Er ist ein ernster, ernsthafter Mann mit einem Gesicht wie Jerome Bonaparte und ein äußerst frommer Katholik; und man kann sich kaum einen Mann vorstellen, der weniger geeignet wäre, in irgendeiner Art von Gemeinschaft mit Puritanern aus Neuengland zu leben; denn gleiche Zielstrebigkeit und Aufrichtigkeit ihrer Überzeugungen könnten sie nur in tödliche Konflikte führen. Sein Haus war wie ein französisches Schloss , das unter tropischen Einflüssen errichtet wurde, und er führte uns durch einen schönen Garten mit Treibhäusern, Gewächshäusern, Orangenbäumen und Dattelpalmen und Teichen voller prächtiger Victoria Regia in Blüte. Wir besuchten seine Raffineriefabriken und Mühlen, aber die Hitze der Kessel, die selbst für die fast nackten Neger, die bei der Arbeit waren, zu viel zu sein schien, verleitete uns nicht dazu, einen sehr langen Aufenthalt im Inneren zu verbringen. Die Ebenholzgesichter und polierten schwarzen Rücken der Sklaven waren schweißnass, während sie an Kesseln, Bottichen und Zentrifugentrocknern schufteten. Der gute Raffineriebesitzer verdiente derzeit nicht viel Geld, denn der Zuckerpreis in New Orleans ist rapide gesunken, und die 300.000 Barrel, die im Süden jährlich produziert werden, werden nicht ausreichen, um den Profit zu erwirtschaften, der im Durchschnitt bei 11 *l* pro Oxhoft liegt, ohne die Melasse für den Plantagenbesitzer mit einzurechnen. Trotz seines vollkommenen Glaubens an die Rechte der Staaten schien er entweder Gleichgültigkeit oder Unwissenheit in Bezug auf die Macht und Entschlossenheit des Nordens zu vereinen, der Sezession bis zuletzt zu widerstehen. Alle Plantagenbesitzer hier in der Gegend haben ungewöhnlich viel Mais gesät, um die Neger zu ernähren, falls der Krieg andauert, ohne dass sie durch eine Blockade im Inland oder auf See in Bedrängnis geraten. Die Absurdität der Annahme, dass eine Blockade ihre Versorgung beeinträchtigen könnte, ist ein beliebtes Thema. Sie werden jedoch möglicherweise feststellen, dass es sich hierbei keineswegs um ein verachtenswertes Mittel der Kriegsführung handelt.

Nachts gibt es regelmäßige Patrouillen und Wächter, die auf die Deiche und die Neger aufpassen. Es werden auch eine Anzahl Hunde losgelassen, aber man versichert mir, dass die Tiere die Neger nicht zerreißen; sie werden „nur" dazu erzogen, sie zu fangen und zu quälen, sie zu behandeln, wie ein gut zugerittener Apportierhund eine verletzte Wildente behandelt.

Um sechs UHR MORGENS kam Moïse und fragte mich, ob ich ein Glas Absinth oder etwas anderes Magenstärkendes möchte. Beim Frühstück saß Doktor Laporte, ein ehemaliges Mitglied der französischen gesetzgebenden

Versammlung, der von Louis Napoleon ins Exil geschickt worden war. Mit anderen Worten, ihm wurde befohlen, entweder seine Zustimmung zum neuen *Regime zu geben* oder einen Pass für das Ausland zu beantragen. Er entschied sich für den zweiten Weg, und jetzt, als echter Franzose, sieht er, dass der Kaiser Frankreich vergrößert und seinen militärischen Ruf gestärkt hat, und bewundert den Mann, den er vor wenigen Jahren noch mit bitterstem Hass überschüttet hat.

Der Wagen ist bereit, und endlich wird das Wort Lebewohl gesprochen. M. Alfred Roman, mein Begleiter, ist durch Europa gereist und hat Philosophie gelernt; er ist nicht so orthodox wie viele der Herren, die ich getroffen habe und die sich in raffinierten Hypothesen ergehen, um das Gewissen der Anthropoeigentümer zu beruhigen. Der Schädel eines Negers hält nicht so viele Unzen Schrot aus wie der des weißen Mannes. Ein überzeugender Beweis dafür, dass der weiße Mann das Recht hat, das Geschöpf zu verkaufen und zu besitzen! Er ist Sohlengänger und bis zum Schienbein geschnitzt! Ein überzeugender Beweis dafür, dass er ausdrücklich dazu geschaffen wurde, für den Kaukasier mit den gewölbten Füßen und dem geraden Schienbein zu arbeiten. Er hat ein *Rete mucosum* und ein farbiges Pigment! Sicherlich kann er keine Seele von derselben Farbe haben wie die eines Italieners oder Spaniers, geschweige denn die eines flachshaarigen Sachsen! Sehen Sie sich diese Besonderheiten in der Stirnhöhle an – im Vorder- oder Hinterhaupt! Können Sie daran zweifeln, dass das Wesen mit einem so geformten Kopf nur geschaffen wurde, um für eine andere Rasse zu pflügen, zu hacken und zu graben? Außerdem sagt die Bibel, dass er ein Sohn Hams ist, und die Prophezeiung muss in den Reissümpfen, Zuckerrohr- und Maisfeldern der Südstaaten erfüllt werden . Sich dagegen zu stellen, ist schlichte Gotteslästerung. Unser Erlöser billigt die Sklaverei, weil er kein Wort dagegen sagt, und es ist sehr wahrscheinlich, dass der heilige Paulus ein Sklavenhalter war. Wären Baumwolle und Zucker bekannt gewesen, hätte der Apostel ein Pflanzer sein können! Darüber hinaus wird der Neger zivilisiert, indem er aus Afrika weggebracht und an die Arbeit geschickt wird, anstatt in einheimischer Nutzlosigkeit zu faulenzen. Welche Hoffnung gibt es, die afrikanischen Rassen zu christianisieren, außer durch die Vermittlung der Apostel aus New Orleans, Mobile oder Charleston, die die süßen Lieder Zions mit solcher Vehemenz singen und so inbrünstig nach der Taufe in den Wassern des „Jawdam" schreien?

Wenn diese hohen physikalischen, metaphysischen, moralischen und religiösen Überlegungen Sie nicht zufriedenstellen und Sie den Mut haben, weiterhin Ihre Unüberzeugtheit zu zeigen und dies auch zu äußern, dann rate ich Ihnen, sich nicht in die Nähe einer Massenversammlung unserer Bürger zu begeben, die in der Nähe vielleicht ein Seil und einen Baum finden.

Während wir in einer leicht rollenden Kutsche, die von zwei kräftigen Pferden gezogen wird, dahintrabten, begegneten uns eine Anzahl Weißer, die aus der katholischen Kapelle der Gemeinde kamen, wo sie den Gottesdienst für die Ruhe der Seele einer in der Nachbarschaft sehr beliebten Dame besucht hatten. Man muss davon ausgehen, dass die Schwarzen sehr glückliche Seelen haben oder unter bestimmten Umständen ebenso verloren sind wie Mr. Shandys Homunkulus, denn ich konnte nicht feststellen, dass derartige Gottesdienste in ihrem Fall jemals als notwendig erachtet wurden, obwohl sie vielleicht sehr gute – oder, wenn der Gottesdienst am wünschenswertesten war – sehr schlechte Katholiken waren. Die tote, bleierne Eintönigkeit der Landschaft zwang einen zum Gespräch, um der tiefen Melancholie zu entgehen: der Damm auf der rechten Seite, über dem nichts als der Himmel zu sehen war; auf der linken Seite Plantagen mit Zypressenzäunen, weißgekalkte und spitze Holztore, die zu den Häusern der Plantagenbesitzer führten, und wilde, von Sträuchern umgebene Gärten, durch die man die Sklavenunterkünfte sehen konnte. Männer, die im Jahr 80 oder 90 Oxhoft Zucker produzierten, lebten in äußerst elenden, baufälligen Holzhäusern, die kaum größer waren als Ochsenställe.

Während wir weiterfuhren, zog über uns ein Sturm auf, und der Regen fiel in Strömen – der Mississippi floss leblos vorbei, kein einziges Boot war auf seiner breiten Oberfläche zu sehen.

Schließlich erreichten wir das Anwesen von Gouverneur Manning und gingen zum Haus des Aufsehers, eines großen alten Mannes mit schwermütigen Augen.

„Der Regen wird dem Mais guttun“, sagte der Aufseher. „Die Nigger hatten wirklich nichts zu tun, da sie die Felder ziemlich gut gerodet haben.“

Am Fährhaus wurde ich von einem kräftigen jungen Sklaven begleitet, der mich hinüberrudern sollte. Zwei Flachboote lagen am Ufer. Der Neger tastete unter dem Schuppen herum und zog ein Stück Holz hervor, das wie ein großer Spachtel aussah, etwa vier Fuß lang, und eine kleine runde Stange, die noch etwas länger war. „Was sind das?“, fragte ich. „Das sind Ruder, Massa“, war die flotte Antwort meines schwarzen Fährmanns. „Ich bin mir sehr sicher, dass sie es nicht sind; wenn man sie zusammenspleißen würde, könnte man ein Ruder daraus machen.“ „Meine Güte, und das ist die Wahrheit, Massa.“ „Dann geh und hol Ruder, ja?“ Während er herumstöberte, betraten wir den Schuppen an der Fähre, um uns vor dem Regen zu schützen. Wir fanden „eine einsame Frau, die saß“ und neben der Asche auf dem Kamin eine Pfeife rauchte, mit trüben Augen, gesenkter Stirn und mürrisch – so jung sie auch war. Sie sagte kein Wort und bewegte sich nicht, als wir hereinkamen, saßen und rauchten und schaute mit ihren klebrigen Augen auf Hühner, die etwa so groß wie Spatzen waren, und auf eine Katze, die nicht größer als eine Ratte war und auf dem schmutzigen Boden herumlief. Ein kleines Mädchen, etwa vier Jahre alt, nicht übermäßig angezogen – tatsächlich halbnackt, „um es nicht zu genau zu sagen" – kroch unter dem Bett hervor, wo sie sich bei unserer Annäherung versteckt hatte. Da sie den Nutzen eines kleinen Silberstücks, das man ihr schenkte, nicht zu schätzen schien – da sie keine genauen Vorstellungen von Münzen oder Bonbons hatte –, nahm ihre Mutter den Obolus mit unmissverständlicher Entschlossenheit in die Hand; aber die Dame wollte sich noch immer keinen Schritt rühren, um unserem Führer zu helfen, der nun auf dem „Schlüssel zum Ruderhaus" bestand. Das kleine Ding schlich davon und suchte es oben auf dem Bettgestell hervor, und als es gefunden war und das Boot bereit war, war ich nicht traurig, die Gesellschaft der schweigsamen Frau in Schwarz zu verlassen. Der Bootsmann stieß sein Boot, das die Form einer Löschwasserschale hatte, etwa zehn Fuß lang und einen Fuß tief, ins Wasser – es war ziemlich viel Regen darin. Ich stieg ebenfalls ein, und das Wasser begann sofort kräftig durch die Baumwollwatte zu spritzen, mit der das Boot kalfatert war. Wären wir in den Fluss hinausgefahren, hätten wir schwimmen müssen, und es heißt, der Mississippi sei der gefährlichste Fluss der bekannten Welt, was diese gesunde Bewegung angeht. „Warum! Hol dich der Teufel" (das sagte ich zumindest in meinem Zorn), „siehst du nicht, dass das Boot leckt?" „Sieh es jetzt wirklich, Massa. Niemand kann das aber sagen, bis Massa einsteigt." Ein anderes Boot erwies sich als standhafter. Ich verabschiedete mich von meinem Freund Roman und setzte mich in mein Boot, das der Neger dicht ans Ufer gegen den Fluss drückte, um einen guten Start auf die andere Seite zu bekommen. Die Aussicht von meinem einsamen Standort war merkwürdig, aber keineswegs malerisch. Die Welt war auf beiden Seiten von einem hohen Ufer begrenzt, das den breiten Fluss einschnürte, als ob man in einem offenen Abwasserkanal von enormer Länge und Breite segeln würde. Über dem Ufer erhoben sich die Wipfel hoher Bäume und die Schornsteine der Zuckerfabriken, und das war alles, was man außer dem Himmel sehen konnte.

Nach einer Viertelstunde erreichten wir den Damm auf der anderen Seite. Ich stieg das Ufer hinauf, und auf der anderen Straßenseite erschien direkt vor mir ein Kutschentor und weiß gestrichene Holzpförtchen in einer Reihe von Parkzäunen aus demselben Material, die sich so weit das Auge reichte die Straße hinauf und hinunter erstreckten und weitläufige Mais- und Zuckerrohrfelder bewachten. Eine von Bäumen gesäumte Allee, deren Äste dicht beieinander standen und herabhingen und einen mit roten Ziegeln gepflasterten Weg überspannten, führte zum Haus, dessen Veranda am Ende des Rasens sichtbar war, mit Blumenbüscheln, Rosen, Jasmin und Kletterpflanzen, die sich an die Säulen klammerten, die die Veranda stützten. Die Aussicht vom Aussichtspunkt auf dem Dach war eine der eindrucksvollsten ihrer Art auf der Welt.

Wenn ein englischer Landwirt 6.000 Acres des besten Landes auf einem Feld sehen könnte, das weder durch Hecken noch Grenzen unterbrochen ist und mit den prächtigsten Ernten von Mais und Zuckerrohr bedeckt ist, so eben wie ein Billardtisch, würde er sicherlich an seinen Sinnen zweifeln. Aber hier ist buchstäblich ein solcher Anblick – 6.000 Acres, besser bestellt als das beste Stück Land in ganz Lothians, grün wie die Weiden von Meath, die hundert Jahre lang ohne Dünger umgegraben werden können, praktisch unbegrenzt tief sind und einen durchschnittlichen Gewinn von mindestens 20 *Pfund* pro Acre abwerfen, wenn man das Land zu den alten Preisen und dem üblichen Zuckerertrag verkauft. Inmitten des Grüns erheben sich die weißen Linien der Negerhütten und der Plantagenbüros und Zuckerhäuser, die aus der Ferne wie große öffentliche Gebäude aussehen. Mein Gastgeber war nicht gerade stolz, als er mir erzählte, dass er dieses Anwesen im Jahr 1857 für 300.000 *Pfund gekauft hatte.* und ein angrenzendes Anwesen von 8000 Acres für 150.000 *Pfund*, und dass er Belfast in früher Jugend, arm und ohne Freunde, verlassen hatte, um sein Glück in der Neuen Welt zu suchen, und dabei kaum wusste, was Glück bedeutet. Tatsächlich hatte er den größten Teil, aber nicht alle, der Gewinne aus dem Geschäft in New Orleans, das er von seinem Herrn geerbt hatte, in diese Käufe investiert; von dem noch ein fester Kern in Form eines großen Wollmagazins und eines Landhauses übrig geblieben war. Er ist noch keine fünfzig Jahre alt, und sein Vertrauen in die große Zukunft des Zuckers veranlasste ihn, dieses enorme Vermögen in ein Anwesen zu investieren, das durch die Blockade lahmgelegt wurde.

Ich kann jedoch nicht bezweifeln, dass er bedauert, sein Geld nicht in ein gewisses großes Anwesen im Norden Irlands investiert zu haben, das er beinahe gekauft hätte. Hätte er dies getan, wäre er jetzt in der Lage, zu der ihn sein ungekünstelter gesunder Menschenverstand, seine Bescheidenheit, Freundlichkeit und Güte, immer zuzüglich der Miete, berechtigen. Sechstausend Morgen auf diesem einen Anwesen, alle mit Zuckerrohr bedeckt, und weitere 16.000 Morgen Mais, um die Sklaven zu ernähren – das waren große Besitztümer, aber nicht weniger als 18.000 Morgen blieben noch übrig, bedeckt mit Buschland, Wald und Sumpf, die urbar gemacht und in Gold verwandelt werden mussten. Es war ebenso einfach, den Besitzer eines solchen Reichtums davon zu überzeugen, dass Sklaverei unhaltbar ist, wie den normannischen Baron davon zu überzeugen, dass der sächsische Bauer, der sein Land bestellte, ihm ebenbürtig sein sollte.

Ich fand Mr. Ward und einige Kaufleute aus New Orleans im Besitz des Junggesellenhauses. Der Dienst wurde von Sklaven verrichtet, und die Ordnung und Regelmäßigkeit der Dienerschaft war eines wohlgeordneten englischen Herrenhauses würdig. In den Häusern der Südstaaten entlang der Küste, wie der Mississippi oberhalb von New Orleans genannt wird, findet man selten Rind- und Hammelfleisch, und je seltener, desto besser. Fisch ist ebenfalls selten, aber Truthähne, Gänse, Geflügel und Schweinefleisch, ausgezeichnetes Gemüse und Wein von bester Qualität lassen das Fehlen der gewohnten Gerichte kaum bedauern.

Die Stille, die mir bei Gouverneur Roman auffiel, wird bei Mr. Burnside nicht gebrochen, und wenn der letzte Gesang der Spottdrossel durch den Hain verklungen ist, legt sich eine Stille von avernscher Tiefe über Hütte, Feld und Fluss.

KAPITEL XXXIV.

Neger – Zuckerrohrplantagen – Die Neger und billige Arbeitskräfte – Sterblichkeit der Schwarzen und Weißen – Irische Arbeiter in Louisiana – Eine Zuckerfabrik – Negerkinder – Mangel an Bildung – Ernährung der Neger – Krankenhaus der Neger – Spirituosen am Morgen – Frühstück – Mehr Sklaven – Kreolische Pflanzer.

5. Juni. — Der flotte Neger, der mich heute Morgen bediente, sprach Englisch. Ich fragte ihn, ob er lesen und schreiben könne. — „Das dürfen wir nicht tun, Sir." „Wo sind Sie geboren?" — „Ich bin auf der Plantage aufgewachsen, Massa, aber ich war in New Orleans", und dann fügte er mit einem Anflug von Stolz hinzu: „Ich nehme an, Sir, Massa Burnside nimmt nicht weniger als 1500 Dollar für mich." Nach unten zum Frühstück, dessen Köstlichkeiten Fisch, Garnelen und rotes Fleisch sind, das mit einem von einem alten Neger geruderten Boot nach Donaldsonville geschickt wurde. Nach dem Frühstück ging ich hinunter zum Hof, wo die Pferde warteten, und besuchte das zuckersüße Fürstentum. Mr. Seal, der Aufseher dieses Teils des Anwesens, war mein Führer, wenn nicht Philosoph und Freund. Unser Weg führte uns durch eine Gasse, die von einem Karrenweg gebildet wurde, zwischen Feldern mit Mais, der gerade zu blühen begann – wie es technisch heißt, sich zu „quasten" – und Zuckerrohr. Es gab Stängel des ersteren, die zwölf oder fünfzehn Fuß hoch waren, mit jeweils drei oder vier Kolben, um die sich die Erbsen in blattreichen Massen wanden. Der Mais dient den Negern als Nahrung, und die Schalen werden von den Pferden und Maultieren gefressen, die sich im Lauf der Zeit auch an den Erbsen mästen.

Der Reichtum des Landes ist unerschöpflich: Der Boden erfordert nur einen Wechsel von Mais und Zuckerrohr; und letzteres bringt, wenn es am Ende des Jahres am Stängel abgeschnitten wird, „Ratoons" genannt, eine frische Ernte hervor, die ausgezeichneten Zucker liefert. Das Zuckerrohr wächst aus Stängeln, die im Winter in Gruben gelegt werden, bis der Boden gepflügt ist. Dann wird jedes Stück Zuckerrohr der Länge nach auf den Grat gelegt und mit Erde bedeckt, und aus jedem Glied des Stängels sprießt ein einzelner Spross, wenn die Ernte zu wachsen beginnt. Gegenwärtig wartet das Zuckerrohr auf seine volle Entwicklung, aber die Arbeit der Neger um seinen Stamm hat aufgehört. Es wird in langen, durchgehenden Furchen gepflanzt, und obwohl sich die palmenartigen Spitzen noch nicht zu einem gleichmäßigen Bogen über die sechs Fuß vereinigt haben, die Reihe von Reihe trennen, sind die Stängel höher als ein Mann. Die Plantage ist von Wagenwegen durchzogen, die das Zuckerrohr zu den Zuckermühlen transportieren, und diese werden wiederum von Abflüssen und Gräben durchkreuzt und verlaufen parallel zu diesen, Teilen des großen

Bewässerungs- und Entwässerungssystems, in Verbindung mit einem Kanal, der das überschüssige Wasser zu einem Bayou ableitet. Der Umfang dieser Arbeiten lässt sich daran abschätzen, dass es dreißig Meilen Straße und zwanzig Meilen offene, tiefe Entwässerung durch das Anwesen gibt und dass der Hauptkanal fünfzehn Fuß breit und derzeit vier Fuß tief ist; aber wo sind inmitten dieser Verschwendung von Überfluss und Reichtum die Menschen, die beides produzieren? Man muss weit gehen, um sie zu finden; sie sind unter Zucker und Mais begraben oder in Negerquartieren versteckt. Tatsächlich findet man auf dieser ganzen Landfläche keine Spur von ihnen, es sei denn, man weiß, wo man suchen muss; kein „Pflüger pfeift über die Wiese"; Kein Bauer steht da, um seine eigene Arbeit zu verrichten, sondern die Bande wird schweigend von einem Punkt zum anderen bewegt, wie das Armeekorps eines despotischen Kaisers, das auf dem Schlachtfeld manövriert.

Wenn ich alles zugebe, was gesagt werden kann, bin ich nach dem, was ich sehe, umso mehr davon überzeugt, dass die wahre Grundlage der Sklaverei in den Südstaaten in der Fähigkeit liegt, Arbeitskräfte nach Belieben und in einem Ausmaß zu erhalten, das von keiner Kombination der Arbeiter kontrolliert werden kann. Wenn man Hitze und Malaria zugibt, kann man nicht einen Augenblick lang bestreiten, dass die Plantagenbesitzer keine weißen Männer für ihre Arbeit finden könnten, wenn sie sie für das Risiko bezahlen würden. Ein Neger verträgt zwar Hitze gut und kann unter der sengenden Sonne Louisianas in der stickigen Luft zwischen den dichten Zuckerrohrplantagen schuften, aber der Ire, der im Heizraum eines Dampfers arbeitet, ist höheren Temperaturen und noch schwereren körperlichen Anstrengungen ausgesetzt. Der irische Arbeiter kann jedoch den Wert seiner Arbeit bestimmen; der afrikanische Sklave kann die Menge der Arbeit, die er von ihm bekommen kann, nur anhand der Erschöpfung seiner Kräfte bestimmen. Auch der Indigopflanzer in Indien, der von morgens bis abends in seinen Ryots unterwegs ist, oder der Jäger, der sich unter der Mittagssonne durch Sumpf und Dschungel kämpft, beweisen, dass der weiße Mann die größte Kraft der heißesten Sonne der Welt ebenso gut ertragen kann wie der Eingeborene. Darüber hinaus scheint der weiße Mann von den entzündlichen Erkrankungen, Lungenentzündungen und Anfällen der Schleimhäute und Atmungsorgane, denen die Schwarzen ausgesetzt sind, verschont zu bleiben; und wenn man die Statistiken über die Sterblichkeit der Neger genau untersuchte, bezweifle ich, dass sie einen so hohen Anteil an Sterblichkeit und Krankheit zeigen würden wie bei Banden weißer Männer unter ähnlichen Umständen. Aber der Sklave unterliegt strenger Kontrolle; er wird der anregenden Getränke beraubt, denen sich der freie weiße Arbeiter hingeben würde; und er ist gezwungen, sein Leben mit einer entzündungshemmenden Diät zu bestreiten, die ihm jedoch genügend Kraft gibt, um seine tägliche Arbeit zu erledigen.

Der eigentliche Kern der Frage liegt in der vermeintlichen Billigkeit der Sklavenarbeit und ihrer gewinnbringenden Verwendung für die Produktion von Feldfrüchten im Süden. Der Plantagenbesitzer kann für die Arbeit eines Sklaven, für den er 200 *Pfund bezahlt hat* , eine Summe Geld erhalten, mit der er diesen Sklaven in verhältnismäßig wenigen Lebensjahren verbrauchen kann, während er dem weißen Arbeiter für die gleiche Menge Arbeit eine Summe zahlen müsste, die seinen Profit offensichtlich erheblich schmälert. Man schätzt, dass jeder Feldarbeiter, wie ein arbeitsfähiger Neger genannt wird, sieben Oxhoft Zucker pro Jahr erbringt, was bei einem Kurs von vier Pence pro Pfund und durchschnittlich einem Oxhoft pro Acre dem Plantagenbesitzer 140 *Pfund* pro Sklaven einbringen würde. Das ist ein wunderbarer Zins für das Geld des Plantagenbesitzers; aber manchmal bekommt er two hogsheadseinen Acre, und in guten Jahren wurden auf den besten Böden sogar bis zu drei Oxhoft produziert; mit anderen Worten, aus einem Hektar Zuckerrohr wurden zweieinhalb Tonnen Zucker und Abfallprodukte, sogenannte „Bagasse", gewonnen. Keiner der vielen Plantagenbesitzer, die ich gefragt habe, hat je eine Schätzung der jährlichen Unterhaltskosten eines Sklaven abgegeben; die Idee, diese zu berechnen, kommt ihnen nicht in den Sinn.

Viel hängt von der Zeit ab, in der der Frost einsetzt. Wenn die Pflanzer bis Januar ohne Kälte auskommen, die dem Zuckerrohr und dem Saft den Garaus macht, steigt der Wert ihrer Ernte mit jedem Tag. In durchschnittlichen Jahreszeiten können sie jedoch erst im Oktober damit beginnen, Zuckerrohr an die Mühlen zu schicken. Und wenn der Frost erst im Dezember kommt, können sie im Durchschnitt mit einem Oxhoft mit 1200 Pfund Zucker pro Acre rechnen.

Die Arbeit des Grabens, Grabens, Säuberns der Ödländer und Abholzens der Wälder wird im Allgemeinen von irischen Arbeitern erledigt, die im Auftrag von Vertragspartnern durch das Land reisen oder von ortsansässigen Bandenarbeitern für diese Aufgabe angeheuert werden. Mr. Seal beklagte die hohen Preise dieser Arbeit, sagte aber auch: „Es war viel besser, Iren damit zu beauftragen, die dem Plantagenbesitzer nichts kosteten, wenn sie starben, als gute Feldarbeiter für solch harte Arbeit zu verwenden." In dieser Beobachtung steckt eine wunderbare Fundgrube an Wahrheit. Der Himmel weiß, wie viele arme Hibernianer in diesen Sümpfen von Louisiana verbrannt und begraben wurden, sodass ihr Verdienst dem Schankwirt und dem Vertragspartner und die Früchte ihrer Arbeit dem Plantagenbesitzer überlassen wurden. Dieses Anwesen leitet seinen Namen von einem Indianerstamm namens Houmas ab, und als Mr. Burnside es für 300.000 *Pfund kaufte,* erhielt er im ersten Jahr 63.000 *Pfund* als Nettowert der Ernteerträge seiner Investition.

Der erste Ort, den ich mit dem Aufseher besuchte, war eine neue Zuckerfabrik, die von schwarzen Zimmerleuten und Maurern errichtet wurde. Es wäre amüsant gewesen, wenn das Thema nicht so ernst gewesen wäre, den Aufseher die Intelligenz und Geschicklichkeit dieser Arbeiter loben zu hören und zu prahlen, dass sie alle Arbeiten der Facharbeiter auf dem Gut erledigten, und ihm dann ein paar Minuten lang zuzuhören, wie er sich über die völlige Hilflosigkeit und Unwissenheit der schwarzen Rasse ausließ, über ihre Unfähigkeit, etwas Gutes zu tun oder auch nur für sich selbst zu sorgen.

In diesem Teil des Anwesens von Mr. Burnside gibt es vier Zuckerfabriken, bestehend aus Mahlmühlen, Siedehäusern und Kristallisationsschuppen.

Die Zuckerfabrik ist das Zentrum der Negerviertel, und an jedes ist ein Gehege angeschlossen, in dem sich eine doppelte Reihe einstöckiger Holzhütten befindet, die in zwei oder vier Räume unterteilt sind. Eine Baumallee verläuft in der Mitte der Negerstraße, und hinter jeder Hütte stehen einfache Geflügelställe, die zusammen mit Gänsen, Truthähnen und einigen Schweinen die Nebeneinkünfte der Sklaven bilden und ihre einzige Quelle für ihren Umgang mit Geld sind. Sie müssen ausschließlich in bar bezahlt werden. Gestern Abend brachte ein alter Neger Mr. Burnside ein paar Enten und bot sechs für drei Dollar an. „Also gut, Louis, wenn Sie morgen kommen, bezahle ich Sie." „Nein, Massa, ich will das Geld jetzt." „Aber wollen Sie mir keinen Kredit geben, Louis? Glaubst du nicht, dass ich die drei Dollar bezahlen werde?" „Oh, zahl irgendwann, Massa, ganz bestimmt. Massa ist gut darin, die drei Dollar zu bezahlen; aber dieser Nigger braucht jetzt Geld, um Nahrung und Dinge für seine kleine Familie zu kaufen. Sie werden Massa in Donaldsville vertrauen, aber diesem Nigger vertrauen sie nicht." Mir wurde gesagt, dass ein sparsamer Neger manchmal zehn oder zwölf Pfund im Jahr mit seinem Getreide und Geflügel verdient; aber er kann keinen Anreiz haben, zu horten; denn was ihm gehört, gehört ebenso wie er selbst seinem Herrn.

Mr. Seal führte mich zu einer Art Treibhaus, wo die jungen Neger in Obhut gewisser alter Weiber gehalten werden, die zu alt zum Arbeiten sind, während ihre Eltern beim Zuckerrohr- und Maisanbau sind. Eine Menge Kinder beiderlei Geschlechts saßen auf der Veranda eines großen Holzschuppens oder spielten sehr fröhlich und laut darum herum. Ich war froh zu sehen, dass die Jungen und Mädchen im Alter von neun, zehn und elf Jahren zu dieser Jahreszeit jedenfalls von dem grausamen Schicksal verschont blieben, das arme Kinder ihres Alters in den Bergbau- und Industriegebieten Englands ereilt. Beim Anblick des Aufsehers kamen die Kleinen in lautem Jubel nach vorne, plapperten „Massa Seal" und waren offensichtlich erfreut, ihn zu sehen.

Wie ein fröhlicher Landwirt seine Jährlinge oder jungen Rinder betrachtet, deutete der freundliche Aufseher, der sich in seinem Sattel räkelte, mit seiner Peitsche auf die glänzenden fetten Rippen und fülligen Bäuche seiner wolligen Herde. „Es gibt keine Plantage im Staat", sagte er, „die so viele junge Nigger aufweisen kann. Um sie richtig zu erziehen, muss man die Mütter nicht zu hart arbeiten lassen, wenn sie kurz vor ihrer Zeit stehen; ihnen reichlich zu essen geben und sie nicht zu früh auf die Felder schicken." Er sagte mir, die Zunahme betrage etwa fünf Prozent pro Jahr. Die Kinder waren ausreichend gekleidet, liefen um uns herum, streichelten die Pferde, betasteten unsere Beine, versuchten, in den Steigbügel zu klettern und blinzelten Massa Seal mit ihren schwarzen und ockerfarbenen Augen an. Einige waren außerordentlich blond; und Mr. Seal, der bemerkte, dass mein Blick ihnen folgte, murmelte etwas darüber, dass die Aufseher vor Mr. Burnsides Zeit ein ziemlich schlechter Haufen gewesen seien. Er sprach ganz offen über ihre Hautfarbe und ihren Teint, und es schien ihm auch nicht aufzufallen, dass der weiße Mann, der seine Kinder als Sklaven auf der Plantage zurückgelassen hatte, irgendeine besondere Verworfenheit an den Tag legte.

Ein großer, gut gebauter Junge von etwa neun oder zehn Jahren stand neben mir und sah mir neugierig ins Gesicht. „Wie heißt du?", fragte ich. „George", antwortete er. „Kannst du lesen oder schreiben?" Er verstand die Frage offensichtlich nicht. „Gehst du in die Kirche oder Kapelle?" Ein zweifelndes Kopfschütteln. „Hast du jemals von unserem Erlöser gehört?" An diesem Punkt warf Mr. Seal ein und sagte: „Ich denke, wir sollten weiterfahren, denn die Sonne wird heiß", und so ritten wir langsam durch die Kleinen; und als wir eine gewisse Strecke zurückgelegt hatten, sagte er etwas entschuldigend: „Wir halten es nicht für richtig, ihnen so junge Dinge in den Kopf zu setzen, es verwirrt nur ihren Verstand und führt sie in die Irre."

In diesem Viertel lebten nicht weniger als achtzig Kinder, einige zwölf und einige sogar vierzehn Jahre alt. Keine Ausbildung – kein Gott – ihr ganzes Leben lang – Essen und Spielen, um ihre Muskeln zu stärken und sie für die Arbeit als Sklaven fit zu machen. „Und wenn sie sterben?" „Nun", sagte Mr. Seal, „sie werden dort auf dem Feld von ihren eigenen Leuten begraben, und ich glaube, einige von ihnen haben eine Art Gebet für sie." Der Aufseher hatte mit Sicherheit keine anspruchsvollen Vorstellungen von der Sklaverei; für ihn war sie das Richtige am richtigen Ort, und sein *höchstes Gut* war ein hoher Preis für Zucker, eine gute Ernte und eine gesunde Plantage. Nein, ich bin sicher, ich würde ihm nicht unrecht tun, wenn ich sagte, er sehe keine Unangemessenheit darin, eine gute Ladung regulärer schwarzer Sklaven zu transportieren, die das große Hinterholz und das sumpfige Unterholz roden könnten, das jetzt, in Abwesenheit irischer Erdarbeiter, die Kräfte seiner Feldarbeiter erschöpfte.

Jeder Neger bekommt 5 Pfund Schweinefleisch pro Woche und so viel Maisbrot wie er essen kann, mit einer Portion Melasse, und gelegentlich gibt es Fisch zum Frühstück. Alle Zimmermanns- und Schmiedearbeiten, der Bau von Schuppen, die Reparatur von Karren und Pflügen und das Brennen von Ziegeln für die Wirtschaftsgebäude werden auf dem Anwesen von den Sklaven erledigt. Die Maschinen kommen aus den Industriestädten des Nordens; es werden jedoch große Anstrengungen unternommen, um sie aus New Orleans zu beschaffen, wo bereits Fabriken errichtet wurden. An den Waldrändern dürfen die Neger Mais für den Eigenbedarf anbauen, und manchmal haben sie einen Überschuss, den sie an ihre Herren verkaufen. Außer wenn sie unter Erntedruck stehen, können sie von Samstagmittag bis Montagmorgengrauen tun, was sie wollen, aber sie dürfen die Pflanzung nicht auf der Straße aufrühren, es sei denn mit einer Sondergenehmigung, die selten erteilt wird.

Auf dem Anwesen gibt es ein Krankenhaus, und selbst der kluge Mr. Seal erkannte nicht, welche Schlussfolgerung aus seiner Aussage über dessen ausgezeichnete Einrichtungen zu ziehen war. „Wenn ein Nigger erst einmal dort ist, möchte er dort für den Rest seines Lebens leben." Aber sind sie nicht die glücklichsten, zufriedensten Menschen der Welt – jedenfalls, wenn sie im Krankenhaus sind? Ich erkläre, dass für mich die Sklaverei umso verhasster und abscheulicher wird, je ordentlicher, methodischer und perfekter die Einrichtungen zur Ökonomisierung der Sklavenarbeit – zur Regulierung der Sklaven – sind. Ich wäre viel lieber das belebte menschliche Eigentum eines Türken, Ägypters, Spaniers oder französischen Kreolen als das arbeitende Tier eines Yankees oder eines Kapitalisten aus Neuengland.

Als ich nach Hause kam, hielten meine Freunde eine ruhige *Siesta* , und den Rest des Nachmittags verbrachten wir mit Müßiggang, was bei einem Thermometer, das Agra würdig war, gar nicht unangenehm war. Sogar die Spottdrosseln waren bis zur Stille gebraten, und der Vogel, der auf unsere Krähe oder Saatkrähe antwortet, saß unter den Zweigen der Bäume und schnappte mit weit geöffnetem Schnabel nach Luft. Es muss wirklich heiß sein, wenn die Spottdrossel ihre Aktivität einstellt. Da ist einer, der sein Nest in einem Rosenbusch hat, der sich entlang der Veranda unter meinem Fenster rankt, und der jetzt mit ausgebreiteten Flügeln über seinen Jungen sitzt, als wolle er sie vor dem Verbrennen schützen; und er ist so mutig und anhänglich, dass er, wenn ich ganz nahe komme, nur seinen Kopf umdreht, sein schönes dunkles Auge weitet und seinen Schnabel öffnet, in dem die winzige scharfe Zunge bestimmt sagt: „Störe mich um Himmels willen nicht, denn wenn du mich zwingst zu gehen, werden die Kinder verbrannt."

6. Juni. — Mein Schatz Joe, „ adscriptus mihi domino ", weckte mich zu einem Bad in Mississippi-Wasser mit riesigen Eisklumpen darin, zu dem er als Beilage einen Mint-Julep empfahl. Nicht hier wurde ich zum ersten Mal der Tortur des Mint-Julep ausgesetzt, denn am frühen Morgen erwartet ein Fremder im Haus eines Plantagenbesitzers im Süden unter einer Eisinsel das Angebot eines Glases Brandy, Zucker und Pfefferminze – ein obligatorisches Allheilmittel gegen alle Übel des Klimas. Nachdem es entsorgt wurde, kommt Pompey vielleicht wieder mit Glas Nummer zwei: „Massa sagt, heute Morgen sehr starkes Fieber – viel Tau." Es ist möglich, dass der degenerierte angelsächsische Magen nicht die feine Konsistenz und Stimmung des Magens eines meiner hibernischen Freunde hat, der der Meinung war, das beste Mittel, um die Auswirkungen eines kleinen Übermaßes auszugleichen, sei ein Glas heißen Whiskys und Wassers, sobald der Leidende morgens die Augen öffnete. Daher kann das freundliche Angebot abgelehnt werden. Doch einmal brachte der Neger vor dem Frühstück den dritten Mint Julep auf den Tisch und verlangte dessen Annahme mit der nachdrücklichen Erklärung: „Massa sagt, Sir, Sie sollten das lieber nehmen, denn das wird das Letzte sein, was er vor dem Frühstück macht."

Das Frühstück wird serviert: Auf dem Tisch steht eine Fülle von Gerichten – gegrilltes Geflügel, Garnelen, Eier und Schinken, Fisch aus New Orleans, eingelegter Lachs aus England, konserviertes Fleisch aus Frankreich, Rotwein, Eiswasser, Kaffee und Tee, verschiedene Maisgrütze, Brei und afrikanische Gemüsezubereitungen. Dann kommen die Zeitungen, die eifrig durchgelesen werden, mit Ausrufen wie „Hören Sie, was sie jetzt tun – teuflische Schurken! Dieser Lincoln muss verrückt sein!" und dergleichen. Um ein Uhr, trotz der Sonne, ritt ich mit Mr. Lee die Straße am Mississippi entlang zu Mr. Burnsides Plantage, genannt Orange Grove, von ein paar Bäumen, die noch vor dem Haus des Aufsehers stehen. Wir besuchten einen alten Neger namens „Boatswain", der mit seiner alten Frau in einer Holzhütte dicht am Ufer des Mississippi lebt. Sein Geschäft ist es, nach Donaldsonville zu fahren, um Briefe, Fleisch oder Eis für das Haus zu holen – ein harter Kampf für den verkümmerten alten Mann. Er ist gebürtiger Afrikaner und erinnert sich nur daran, dass man ihn an Bord eines Schiffes gebracht und in eine große Stadt gebracht hat, bevor er auf die Plantage kam.

„Erinnern Sie sich an nichts aus dem Land, aus dem Sie kamen, Bootsmann?" „Ja, Sir. Ich erinnere mich nur an Bäume und süße Sachen, die mir meine Mutter gab, und an viel heißen Sand, in den ich meine Füße steckte, und an große Blätter, mit denen wir spielten – wir alle kleine Kinder – und an jede Menge zu essen und an große Vögel und Muscheln." „Möchten Sie zurückgehen, Bootsmann?" „Wozu, Sir? Niemand kennt den alten Bootsmann dort. Meine alte Frau Sally drinnen." „Sind Sie ganz glücklich, Bootsmann?" „Ich werde sehr alt, Massa. Massa Burnside ist sehr gut zu Bootsmann, aber wer kümmert sich um so einen verdammten alten Nigger? Golla Mighty gab mir vierzehn Kinder, aber er nahm sie Sally und mir alle wieder weg. Keiner kümmert sich groß um einen verdammten alten Nigger wie mich."

Weiter vorne grüßt uns Mr. Seal von der Veranda seines Hauses, aber wir sind auf dem Weg zum Aufseher Gibbs, der uns zu Pferd am Straßenrand erwartet – ein Mann mit grimmigem Bart und grimmigem Blick, der dabei schweigsam ist, mit einer großen Peitsche in der Hand und einem großen Messer im Gürtel. Er führt uns durch ein prächtiges Gebiet aus Zuckerrohr und Mais, wobei letzterer weit über unseren Köpfen aufragt; aber ich war am gespanntesten, den Urwald zu sehen, der an das freie Land hinter dem Anwesen grenzt und sich über von Alligatoren heimgesuchte Sümpfe bis in die entfernten Bayous erstreckt. Allerdings war es nicht möglich, seine Neugier über die Grenzen des gerodeten Landes hinaus großflächig zu befriedigen, denn um die Wurzeln der Zypressen, Sumpfkiefern und Virginia-Eichen erhob sich eine Barriere aus Unterholz und Buschwerk, die sich um das etwa fünf Meter hohe Schilfgebüsch wand und so steif war, dass die vereinten Kräfte von Mensch und Pferd den starren Fasern nichts anhaben konnten. Und tatsächlich, wie uns Mr. Gibbs erzählte: „Wenn die Nigger das Schilfgebüsch angreifen, können sie Mensch oder Hund besiegen, und nichts kann sie besiegen außer Schlangen und Hunger."

Er zeigte auf einige Schuppen, in denen zerbrochene Flaschen lagen, in denen die letzte irische Bande unter einem gewissen „John Loghlin" aus Donaldsonville gearbeitet hatte, einem großen Bauunternehmer, der, wie er sagt, viel Geld mit seinen Landsleuten verdient hat, deren Knochen den Mississippi entlang liegen. „Sie müssen wie Feuer arbeiten", sagte er. „Loghlin gibt ihnen nicht einmal die Hälfte der Rationen, die wir unseren Negern geben, aber er kann sie immer mit Whiskey versorgen, und wenn er sie für eine Arbeit braucht, gibt er ihnen reichlich ‚Vierzig Ruten', und sie kämpfen – ein richtiger freier Kampf, das kann ich Ihnen sagen, solange er dauert. Am nächsten Morgen unterschreiben sie alles und gehen mit ihm überall hin."

Obwohl die Ernten auf der Orange Grove Plantation so gut waren, schienen sich die Neger zweifellos weniger wohl zu fühlen als die in den Vierteln von Houmas, die nur durch eine nominelle Trennung von ihnen getrennt waren. Dann sah man wieder mehr Kinder mit heller Haut aus den Hütten lugen; einige von ihnen wurden dem ehemaligen Aufseher, einem gewissen Johnson, zugeschrieben, aber Mr. Gibbs, als wolle er sein Andenken rechtfertigen, erzählte mir vertraulich, dass er dem ehemaligen Besitzer des Anwesens eine große Summe Geld für eines seiner Kinder bezahlt und es mitgenommen hatte, als er ging. „Sie konnten nicht erwarten, dass er sie alle

zu den Preisen kaufte, die damals im Jahr 1956 galten", sagte Gibbs. „Alle
Kinder auf dem Anwesen", fügte er hinzu, „sind gesund, und ich kann mich
mit Seals dort drüben messen, obwohl ich gehört habe, dass er Ihnen gestern
eine große Vorführung von ihnen gegeben hat."

Das Flussufer unterhalb der großen Plantage wurde von einer Gruppe kleiner
kreolischer Plantagenbesitzer bewohnt, deren armselige Häuser dicht
beieinander standen, was auf sehr kleine Farmen schließen lässt, die von Zeit
zu Zeit nach französischer Art aufgeteilt worden waren; so dass die Besitzer
schließlich der Verarmung nahe gekommen sind; aber sie bestehen
hartnäckig auf ihren Rechten und geben dem verlockenden Preis, den die
großen Plantagenbesitzer bieten, nicht nach. Sie klammern sich an den
Boden, ohne Unternehmungsgeist und ohne Sorgfalt. Die spanischen Siedler
entlang des Flusses sind demselben Vorwurf ausgesetzt und ziehen ihre
eigene Bequemlichkeit der Ausbreitung ihrer Rasse in anderen Ländern oder
der Vergrößerung ihrer Nachkommenschaft vor; und ein Epikureer würde
behaupten, sie seien wahrere Philosophen als die ruhelosen Geschöpfe, die
ihr Leben in Mühe und Arbeit verbrauchen, um Imperien für die Zukunft zu
gründen.

Unter diesen Menschen nimmt die Sklaverei manchmal ihre härteste Gestalt
an und die Neger sind der schwersten Arbeit ausgesetzt; aber es stimmt auch,
dass die Sklaven engere Beziehungen zu den Familien ihrer Besitzer haben
und in engerer Verbindung mit ihnen leben als unter der strengen Polizei der
großen Plantagen. Diese Leute bekommen manchmal vierzig Scheffel Mais
pro Acre und eineinhalb Oxhoft Zucker. Wir sahen ihre Kinder zur Schule
gehen, während die Familienoberhäupter auf der Veranda saßen und
rauchten und ihre Mütter mit den Hausarbeiten beschäftigt waren; und die
Lebenszeichen, die Stimmen der Frauen und Kinder und die auf den kleinen
Bauernhöfen sichtbare Geschäftigkeit bildeten keinen unangenehmen
Kontrast zur wüstenartigen Stille der größeren Siedlungen. Wir fuhren in
einem Gewitter zurück.

Beim Abendessen bewirtete Mr. Burnside eine Reihe von Plantagenbesitzern
aus der Nachbarschaft – M. Bringier, M. Coulon (französische Kreolen), Mr.
Duncan Kenner, einen Arzt namens Cotmann und andere – der
letztgenannte Herr ist Unionist und zögert nicht, seine Ansichten zu
verteidigen; aber er hat sich während eines Besuchs in Russland hohe
Vorstellungen von der Notwendigkeit und den Vorzügen einer absoluten
und zentralisierten Regierung gebildet.

KAPITEL XXXV.

Kriegsgerüchte und militärische Bewegungen – Gouverneur Mannings Sklavenplantagen – Durch Sklavenarbeit geschaffene Vermögen – Frösche für den Tisch – Der Wald – Baumwolle und Zucker – Ein Gewitter.

7. Juni. — Die Konföderierten-Ausgabe von zehn Millionen Pfund Sterling in Anleihen mit einer Laufzeit von zwanzig Jahren reicht nicht aus, um die Forderungen der Regierung zu erfüllen; und die vier Millionen kleinen, zinslosen Schatzanweisungen, die vom Kongress ausgegeben wurden, werden rasch absorbiert. Während die Zeitungen in Richmond eine sofortige Maßnahme gegen Washington fordern, fordern die New Yorker Journale lautstark einen Vorstoß gegen Richmond. Die Plantagenbesitzer werden aufgefordert, die Konföderierten-Anleihen als Bezahlung für die von den Staaten beizusteuernde Baumwolle zu akzeptieren.

Auf beiden Seiten herrschen außergewöhnliche Wahnvorstellungen. Der Norden glaubt, dass in Harpers Ferry tatsächlich Bataillone skalpierender indianischer Wilder stationiert sind. Eine der wichtigsten Maßnahmen wurde von Generalmajor M'Clellan ergriffen, der eine Truppe von Cincinnati nach West Virginia marschieren ließ, einen Teil der Baltimore-Ohio-Eisenbahnstrecke besetzte, der von den Sezessionisten mit Zerstörung bedroht war, und bereits bis nach Grafton vorgerückt ist. General M'Dowell wurde zum Oberbefehlshaber der Bundestruppen in Virginia ernannt. Täglich strömen Regimenter aus dem Norden nach Washington. General Butler, der das Kommando über die Festung Monroe hat, hat beschlossen, flüchtige Neger, die er „Schmuggler" nennt, bei den Arbeiten rund um das Fort einzusetzen, sie zu verpflegen und die Kosten für ihren Unterhalt nach dem Wert ihrer Dienste zu berechnen. und Kriegsminister Cameron hat ihm befohlen, solche Sklaven nicht an ihre Herren auszuliefern und gleichzeitig keine Einmischung seiner Soldaten in die Verhältnisse von Personen zuzulassen, die nach den Gesetzen der Staaten, in denen sie sich befinden, zum Dienst verpflichtet sind.

Mr. Jefferson Davis ist in Richmond angekommen. Auf See haben die Unionsdampfer eine Reihe von Südstaatenschiffen gekapert, und die konföderierten Freibeuter haben einige kleinere Vergeltungsschläge ausgeführt. Der größte Teil der konföderierten Truppen hat sich an einem Ort namens Manassas Junction an der Eisenbahnstrecke von West Virginia nach Alexandria versammelt.

Die Zeitungen des Nordens sind voll von Berichten über die Schlacht bei Philippi und einen großen Sieg, bei dem insgesamt zwei Männer verwundet und zwei als vermisst gemeldet wurden. Doch Napoleon hat kaum so viel

Tinte über Austerlitz verschwendet, wie die Sensationsschlagzeilen der New Yorker Zeitungen über diesen Ruhm verraten.

Nach dem Frühstück begleitete ich eine Gruppe von Mr. Burnsides Freunden, um die nahegelegenen Plantagen von Gouverneur Manning zu besuchen. Eine Plantage gleicht der anderen wie ein Ei dem anderen. Wir hatten dieselben Wege durch hoch über unseren Köpfen wucherndes Maisfeld oder durch Wüsten aus hoch aufragendem Zuckerrohr; aber die Sklavenunterkünfte auf Gouverneur Mannings Plantagen waren größer, besser gebaut und sahen komfortabler aus als alle, die ich je gesehen hatte.

Mr. Bateman, der Aufseher, ein mürrischer, starker Mann mit Brille auf der Nase und einem Pfund in der Wange, führte uns über das Gelände. Als er sah, dass mein Blick auf einem großen Messer in einem Lederetui in seinem Gürtel ruhte, hielt er es für notwendig zu sagen: „Ich behalte das, um mir einen Weg durch das Schilfgebüsch zu bahnen; es ist so verdammt dicht."

Das gesamte Oberflächenwasser des Anwesens wird in einen großen, offenen Abfluss mit einem Reservoir geleitet, in dem die Ventilatoren eines großen, durch Dampfkraft angetriebenen Rades so betrieben werden, dass das Wasser in einen Einschnitt unterhalb der Plantage geleitet wird, der es in einen Bayou leitet, der mit dem unteren Mississippi verbunden ist.

In diesem Abfluss sah einer meiner Gefährten einen gewaltigen Frosch, etwa so groß wie eine Schildkröte, auf den er sich eifrig stürzte; und als er seine Beute an Land trug, gratulierte ihm sein Freund sehr. „Was in aller Welt willst du mit diesem scheußlichen Reptil machen?" „Mach es! Na, iss es auf jeden Fall." Und es stimmt tatsächlich, dass das Monster „Crapaud" bei unserer Rückkehr dem alten Koch übergeben wurde und bald darauf auf dem Frühstückstisch erschien, einem ungewöhnlich schönen Spatchcock sehr ähnlich sah und von der ganzen Gesellschaft mit Begeisterung verspeist wurde.

Von der Siebmühle aus besichtigten wir den Wald, wo Neger damit beschäftigt waren, Bäume zu roden, indem sie die Erde zwischen den Baumstümpfen umgruben, die die Stellen markierten, wo die mächtigen Platanen, Virginia-Eichen, Gummibäume und Kiefern vor kurzem die reiche Erde beschattet hatten. An manchen Stellen wiegte der Mais bereits seinen Kopf und seine Quasten über den schwarzen, knorrigen Wurzeln; an anderen Stellen erhoben sich die Bäume, von der Axt umgürtet, aber noch nicht gefällt, aus dichten Maisfeldern; und noch tiefer im Wald lenkten Neger die Pflüge, die mühsam und mühsam von Maultieren zu dritt durch das Wurzelgewirr und die harte Erde gezogen wurden, die nächstes Jahr zur Aussaat bereit sein wird. Es waren einhundertzwanzig Neger bei der Arbeit;

und diese werden mit einer entsprechenden Anzahl Maultieren in diesem Jahr vierhundertfünfzig Morgen Land roden. „Aber das ist der Tod für Neger und Maultiere", sagte Mr. Bateman. „Normalerweise machen wir das mit den Iren, genauso wie mit dem Hedging und dem Gräbenbau, aber jetzt können wir sie nicht kriegen, weil sie alle in den Krieg ziehen."

Obwohl die Gewinne aus dem Zuckeranbau hoch sind, erfordern die Kosten für die Errichtung der Maschinen, den Holzverbrauch im Kessel und die wissenschaftlichen Geräte ein weitaus höheres Kapital als der Baumwollpflanzer, der, wenn er Land hat, Neger auf Kredit anschaffen kann und nur Nahrung und Kleidung benötigt, bis er den Ertrag ihrer Arbeit realisieren und ein gewisses Vermögen machen kann. Baumwolle hält sich, wo Zucker verdirbt. Die Preise sind bei letzterem weitaus variabler, obwohl es einen Schutzzoll von 20 Prozent gibt.

Die gesamte halbe Million Oxhoft des im Süden angebauten Zuckers wird in den Vereinigten Staaten verbraucht, während der größte Teil der Baumwolle ins Ausland exportiert wird. Im Falle einer Blockade kann der Süden seinen Zucker *bis zum Überdruss verbrauchen* , während die Baumwolle aufgrund des Mangels an Herstellern im Süden so gut wie unbrauchbar ist.

Als ich zurückkam, saß Mr. Burnside auf seiner Veranda und starrte besorgt, aber nicht voller Furcht, auf die vorbeiziehenden schwarzen Wolkensäulen, die von Zeit zu Zeit von heftigen Blitzen erhellt und von Donnergrollen erschüttert wurden. Tag für Tag warteten die Plantagenbesitzer auf Regen, klopften auf Gläser, untersuchten Aneroiden, befragten schwarze Wetterpropheten, und hin und wieder wurden ihre Erwartungen durch Wolken geweckt, die den Fluss hinunterzogen, nur um dann enttäuscht zu werden, wenn sie in den Weltraum verschwanden, oder, schlimmer noch, sie begünstigten weiter entfernte Plantagen mit einem Regenschauer, der so manche Schatzkammer mit Gold überhäufte. „Haben Sie jemals so viel Glück gehabt? Kenner hat es wieder! Das ist der dritte Regenschauer, den Bringier in den letzten zwei Tagen hatte."

Doch nun waren alle unsere Freunde an der Reihe, uns um ein gewaltiges Gewitter zu beneiden, mit heftigen, gleichmäßigen Regenfällen, die von der durstigen Erde fast ebenso schnell aufgesogen wurden, wie sie fielen, und das kräftige junge Korn mit Wachstumsschmerzen erfüllten und dem Zuckerrohr eine solche Kraft verlieh, dass wir es buchstäblich sprießen sahen und den Höhenzuwachs der Stängel von Stunde zu Stunde beobachten konnten.

Mein guter Gastgeber ist wegen des Krieges ziemlich beunruhigt über seine Aussichten in diesem Jahr; und das ist kein Wunder. Er rechnete allein für seinen Zucker mit einem Einkommen von 100.000 Pfund; aber wenn er ihn nicht nach Norden schicken kann, ist es unmöglich, die Verringerung seiner

Gewinne abzuschätzen. Ich glaube sogar, dass er es immer mehr bedauert, sein Kapital in diesen großen Zuckersümpfen versenkt zu haben, und dass er es jetzt gern mit Verlust in der alten Heimat anlegen würde, deren Untertan er noch ist; denn er wurde in den Vereinigten Staaten nie eingebürgert. Trotzdem erfreut er sich an den besten Rotweinen und an Weinen von sagenhaftem Preis, die von einem alten, weißhaarigen Neger gepflegt werden, der sich so sehr um die Flüssigkeit kümmert, als wäre er daran gewöhnt, sie jeden Tag zu trinken.

KAPITEL XXXVI.

Besuch der Plantage von Mr. M'Call – Iren und Spanier – Der Plantagenbesitzer – Ein Sportler aus dem Süden – Die Kreolen – Abschied von Houmas – Donaldsonville – Beschreibung der Stadt – Baton Rouge – Dampfer nach Natchez – Südstaatengefühl, Vertrauen in Jefferson Davis – Aufstieg und zunehmender Wohlstand der Plantagenbesitzer – Endgültiges Ergebnis des Krieges im Norden und im Süden.

8. Juni. — Wie versprochen haben die Bewohner von Mr. Burnsides Haus heute die Plantage von Mr. M'Call besucht, der etwa zehn oder zwölf Meilen entfernt auf der anderen Seite des Flusses lebt. Immer noch dieselben geräuschlosen Plantagen, dieselbe bedrückende Stille, nur unterbrochen vom Läuten der Glocke, die die Sklaven zur Arbeit ruft oder die kurzen Ruhephasen markiert! Während wir auf die Fähre warteten, besuchten wir Dr. Cotmann, der in einem gemütlichen Haus in der Nähe des Deichs lebt , denn so eilig wir auch waren, wäre es dennoch ein grober Verstoß gegen die Etikette gewesen, seine Türen zu passieren; und ich bedauerte die Gelegenheit nicht, eine so liebenswürdige Dame wie seine Frau kennenzulernen und ein Gesicht mit zarten, nachdenklichen Augen, heiterer Stirn und lieblichen Konturen zu sehen, wie sie Guido oder Greuse verewigt hätten und von denen Miss Cotmann in der Abgeschiedenheit dieser kleinen Villa am Ufer des Mississippi kaum zu wissen schien, dass sie in jeder Hauptstadt Europas zu einer Schönheit geworden wäre.

Dem Doktor wird erlaubt, über seine Neigungen zur Union und seine politische Macht zu schwadronieren, während Mr. Petigru sich in Charleston ähnlichen Launen hingeben darf, einfach weil er als hilflos gilt. Der Opposition des Doktors gegen die vorherrschende politische Meinung in der Nachbarschaft liegt jedoch eine Eifersucht auf Ackerland und Sklaven und ein Gefühl der Feindseligkeit gegenüber den Großherren und Sklavenbesitzern zugrunde, die ihn antreiben, ohne dass er sich ihres Einflusses bewusst ist. Nach einem einstündigen Aufenthalt in seinem Haus setzten wir mit der Fähre nach Donaldsonville über, wo wir, während wir auf die Kutschen warteten, vor dem nahegelegenen Wirtshaus einen Dialog zwischen einigen betrunkenen Iren und einigen noch betrunkeneren Spaniern hörten. Die Iren zogen in den Krieg und versuchten vergeblich, die ausländischen Herren zu ähnlichem Enthusiasmus zu erregen; aber da letztere entschlossen in der Gosse saßen, wurde es notwendig, Beredsamkeit und Kraft anzuwenden, um sie auf die Beine zu bringen, damit sie zum Hauptquartier der Donaldsonville Chasseurs marschieren konnten. „Um der Liebe der Jungfrau Maria und um deiner eigenen Seele willen, Fernandey, steh auf und komm mit uns, um gegen die Yankees zu kämpfen." „Josey, willst du zulassen, dass wir von einem Haufen verdammter Protestins und schändlicher Nigger ermordet werden?" „Gomey, mein Liebling, steh auf; es sind elf Dollar im Monat und Essen und alles, was wir finden. Die Jungs kümmern sich um das Angeln für dich und wir werden so reich wie Juden zurückkommen."

Ob ihre Appelle Erfolg hatten, kann ich nicht sagen, denn die Kutschen kamen zur Umkehr, und nachdem wir einen großen Bayou überquert hatten, der in einen Arm des Mississippi in Meeresnähe mündet, machten wir uns auf den Weg zu Mr. M'Calls Plantage, die wir gerade erreichten, als die Sonne hinter den Wolken eines weiteren Gewitters versank.

Je mehr man vom Leben eines Plantagenbesitzers sieht, desto stärker ist die Überzeugung, dass sein Charme einer bestimmten Geisteshaltung entspringt, die weit von den modernen Ideen Europas entfernt ist. Der Plantagenbesitzer ist ein entnomadisierter Araber; er hat sich mit Pferden und Sklaven an einem fruchtbaren Ort niedergelassen, wo er seine Frauen mit orientalischer Sorgfalt bewacht, patriarchalische Herrschaft ausübt und zugleich wild, zärtlich und gastfreundlich ist. Das Innenleben seines Haushalts ist überaus reizvoll, denn man ist erstaunt, die Anmut und Errungenschaften der Weiblichkeit in einer Szene zu finden, die im Grunde eine gewisse wilde Grobheit an sich hat und wo alle möglichen unpassenden Zufälle im Service des Tisches, in der Einrichtung des Hauses, in seinen Dekorationen, Dienstboten und der umgebenden Landschaft sichtbar werden.

Es war spät am Abend, als die Gruppe nach Donaldsonville zurückkehrte; und als wir auf der anderen Seite des Bayous ankamen, waren keine Kutschen da, so dass wir zu Fuß zum Kai gehen mussten, wo Mr. Burnsides Boote warten sollten – der schwarze Fährmann hatte sich längst zur Ruhe begeben. Unter keinen Umständen konnte ein Marsch zu Fuß über einen unbekannten, mit Holzklötzen und anderen Hindernissen bedeckten Pfad, der die Straße zur Fähre darstellte, angenehm sein; aber die jüngsten Regenfälle hatten den Boden in ein Meer aus Schlamm verwandelt, das mit Löchern gefüllt war, mit Inseln aus Brettern und Holzbalken, die nur von den Sternen beleuchtet wurden – und dann das in Anzughosen und leichten Stiefeln!

Wir tauchten, kämpften und planschten, bis wir den Deich erreichten , wo es keine Boote gab. Und so schrie Mr. Burnside den Fluss hinauf und hinunter, dasselbe taten Mr. Lee und Mr. Ward und alle anderen, während ich auf einem Baumstamm saß und Philosophie und Gleichgültigkeit vortäuschte, trotz der Qualen unzähliger Moskitos und schwerer Stiche unbekannter Insekten.

Die Stadt und der Fluss waren in Dunkelheit gehüllt; das Rauschen des Flusses, der in Ufernähe sechzig Fuß tief ist, war das Einzige, was man zwischen den Rufen „Boot ahoi!", „Ho! Batelier!" und diversen Ausrufen weniger regelmäßiger und anständiger Art hörte. Endlich glitt ein Boot aus der Dunkelheit, und der Mann, der es ruderte, sagte, er habe die ganze Zeit oben am Bayou gewartet, bis er durch reinen Zufall an der Mole angekommen sei und uns für die Nacht aufgegeben habe. Nach etwa einer halben Stunde waren wir auf der anderen Seite des Flusses und hatten notgedrungen ein weiteres Gespräch mit Dr. Cotmann, der uns mit seinen besten Geschichten und Weinen unterhielt, bis die Kutschen bereitstanden und wir zu Mr. Burnside zurückfuhren. Unterwegs begegneten wir nur zwei berittenen Reitern mit klirrenden Armen, die , wie man uns sagte, die Nachtpatrouille waren; über ihre Aufgaben konnte ich jedoch keine genauen Angaben erhalten.

9. Juni. — Ein Gewitter, das den ganzen Morgen und Nachmittag bis drei Uhr anhielt. Als es aufklarte, fuhr ich in Begleitung von Mr. Burnside und seinen Freunden zum Abendessen mit Mr. Duncan Kenner, der etwa zehn oder zwölf Meilen oberhalb von Houmas lebt. Er ist einer der Sportsmänner des Südens, auf der Rennbahn von Charleston wohlbekannt und unterhält einen großen Stall mit Rennpferden und Zuchtstuten unter der Leitung eines Engländers. Die Jockeys waren Negerjungen, und als wir ankamen, ließen etwa ein halbes Dutzend von ihnen die Fohlen auf der Koppel laufen. Die wadenlosen Beine und hohlen Schenkel des Negers machen ihn zu einem wunderbaren Begleiter für das Schweinsleder, und diese kleinen Kerle saßen so gut auf ihren Pferden, dass man hätte meinen können, bis die Kurve der Rennbahn ihre schwarzen Gesichter und grinsenden Münder zeigte, er sähe eine Gruppe von John Scotts jungen Herren beim Training.

Die Carolinier sind echte Sportskanonen, und im Süden sorgen die Rennen in Charleston für fast ebenso viel Aufsehen wie unser Derby zu Hause. Einer der Gäste bei Mr. Kenner kannte die Sieger von Epsom Oaks und Ascot und zeigte mit Vergnügen sein Wissen über den „Rennkalender".

Es fällt jedoch auf, dass die Kreolen keine große Begeisterung für Pferderennen zeigen, sondern sich eher der Bewirtschaftung ihrer Plantagen und häuslichen Pflichten widmen; und es ist sogar bemerkenswert, dass sie in der gesetzgebenden Körperschaft des Staates keine herausragende Stellung einnehmen oder nach hohem politischen Einfluss und hoher Position streben, obwohl ihre Zahl und ihr Reichtum sie durchaus zu beidem berechtigen würden. Die Bevölkerung der kleinen Siedler, die an den Flussufern kaum der Armut entronnen sind, wird von Männern umworben, die größeren politischen Einfluss haben als die Großgrundbesitzer, da letztere es für unter ihrer Würde halten, auf die Künste der Demagogie zurückzugreifen.

10. Juni. – Endlich *venit summa dies et ineluctabile tempus* . Ich hatte so viel von der besten Seite dieser großartigen Institution gesehen, wie man nur sehen konnte – weniger, als ich mir von einem so vorbildlichen, gutherzigen, klar denkenden und ehrlichen Mann wünschen konnte. In der Stille eines herrlichen Sommerabends überquerten wir den Father of Waters, winkten dem guten Freund, der am Ufer stand, zum Abschied zu und kehrten unserem Zuhause, das wir hinter uns gelassen hatten, den Rücken. Es war dunkel, als das Boot Donaldsonville an der gegenüberliegenden „Küste" erreichte.

Es würde mich nicht überraschen zu hören, dass der Gründer dieser bemerkenswerten Stadt, die einst die Staatsarchive beherbergte, die heute nach Baton Rouge verlegt sind, ein Nordbrite war. Die Einfachheit und Sparsamkeit des Plans des Ortes spricht nicht gegen diese Ansicht, aber die Motive, die Donaldson dazu veranlassten, sein Rom westlich des Bayou La Fourche vom Mississippi aus zu gründen, müssen für alle Zeiten ein Geheimnis sein. Der ehrenwerte Schotte muss sehr verwirrt gewesen sein über seine Nachbarn, eine weit verstreute Kolonie spanischer Kreolen, die nicht schuften und nichts als Fischernetze spinnen, die besser leben als Salomon und wahrscheinlich genauso gut gekleidet sind, *ohne* die barbarischen Perlen und das Gold des hebräischen Potentaten. Nehmen Sie die sonderbaren, kleinen, unauffälligen, bescheidenen Häuser, die in den Tälern von Scarborough wachsen, stellen Sie die am wenigsten eindrucksvollen Herrenhäuser der Stadt Folkstone dazu, verteilen Sie diese breitblättrigen Rasen auf der Oberfläche der Sümpfe von Essex, pflanzen Sie ein paar Bäume davor, eröffnen Sie dann ein paar *Billardcafés* der Art Camping entlang der Hauptstraße, und schon haben Sie ein sehr gutes Donaldsonville geschaffen.

Ein Polizist begrüßt uns auf dem Treppenabsatz und macht uns die Ehre des Marktes, der eine armselige Geschichte von leeren Bänken, einem zu Rindfleisch verarbeiteten texanischen Bullen und einem Café zu bieten hat. Der Polizist ist ein großer, hagerer West Countryman; seine Geschichte ist einfach, und er hat sie zu erzählen. Er war einer von Dan Rices Begleitern – ein reisender Astley. Er kam nach Donaldsonville, sah eine der spanischen Schönheiten und wurde von ihr erobert, heiratete sie, wurde Wirt, scheiterte, lernte Französisch und ist jetzt Gemeindepolizist. Es lastete jedoch eine Last auf seinem Herzen. Er hatte die Angelegenheit gründlich studiert, aber er war noch nicht ganz am Ende. Wie lebten die Freunde, Verwandten und die Familie seiner Frau? Niemand konnte es sagen. Sie züchteten Hühner und fingen Fische; wenn die Plantagenbesitzer unter Druck standen, arbeiteten sie für 6 *Schilling und* 6 *Pence* pro Tag, aber das waren seltene Gelegenheiten. Der Polizist war vom Grübeln über die Sache ganz grau geworden und hatte „keine Ahnung, wie sie es gemacht haben".

Donaldsonville hat eine tolle Sache gemacht. Es hat zwei Kompanien Soldaten – allesamt Iren – für den Krieg bereitgestellt, und die dritte ist im Aufbau. Für Paddy gibt es in diesen Zeiten nicht viel zu tun, zu graben oder hart zu arbeiten! Der Schmied, ein riesiger Muskelprotz, beansprucht eine Befreiung mit der Begründung, dass „ein Teil von ihm aus Irland stammt; er hat nichts davon gehört, abgesehen von den Buks, die er gefahren hat", und tut sein Bestes, um zurück zu bleiben, aber die öffentliche Meinung ist gegen ihn.

Da der Dampfer erst im Morgengrauen von New Orleans ablegen konnte, war es eine Erleichterung, durch Donaldsonville zu schlendern und die Gesellschaft zu sehen, die aus mehreren Herren und verschiedenen Juden bestand, die in von Billardtischen flankierten Eichenbars Spiele spielten, die Hoyle unbekannt waren. Doktor Cotmann, der den Fluss überquert hatte, um Patienten zu besuchen, die an einem Anfall von Euchre litten, führte uns in einen kleinen Club, wo ich einer Reihe von Herren vorgestellt wurde, die ihre große Freude darüber äußerten, mich zu sehen, mir heftig die Hand schüttelten und weggingen; und schließlich in einer Wolke aus Moskitos am Flussufer in eine für sie vorbereitete Loge, die man Schlafzimmer nannte, verschwanden.

Diese Zimmer wurden aus Holz auf der Bühne in der Nähe des Flusses gebaut. „Warum kann ich nicht eines dieser Zimmer haben?", fragte ich und zeigte auf eine größere Moskitobox. „Es ist von Damen belegt." „Woher wissen Sie das?" „ *Parceque elles out envoyé leur butin.* " Es war köstlich, das französische „plunder" für Gepäck – die alte Phrase, die so schön wiedergegeben wurde – aus dem Mund des Mississippi-Schiffers zu hören.

Nachdem ich eine Nacht voller Unbehagen mit den geflügelten Dämonen meiner Kiste verbracht hatte, wurde ich durch das Dröhnen des Dampfkessels des Bootes geweckt, tauchte meinen Kopf zwischen ertrunkenen Moskitos ins Wasser und ging zur Anlegestelle. Der Polizist war gerade angekommen. Sein Adlerauge fiel auf ein großes flaches Boot, das längsseits vertäut war und auf dessen Heck mit Kreide „Schweinefleisch, Mais, Butter, Rindfleisch" usw. geschrieben stand. Mehrere „muntere" Bürger waren ebenfalls auf der Plattform. Nach Begrüßungen und Komplimenten sprach der Polizist: „Wann ist *sie* angekommen?" (er meinte das flache Boot.) Erster Bürger: „In der Nacht, schätze ich." Zweiter Bürger: „Es ist auch viel Whisky an Bord." Polizist (mit erfreuter Überraschung): „Das meinen Sie doch nicht ernst?" Erster Bürger: „Ja, Sir, einhundertzwanzig Gallonen!" Polizist (vom Patriotismus getrieben): „Es ist ein Westcountry-Boot; warum beschlagnahmen die Bürger es *nicht ? Und Whisky steigt von 17c.* auf 35 Cent pro Gallone!" Die Bürger murmeln zustimmend, und ich habe das Gefühl, dass der Whisky-Teil der Ladung nicht sicher ist. „Ja, Sir", sagt Bürger drei, „sie beschlagnahmen unser gesamtes Eigentum in Cairey (Kairo), und ich statuiere ein Exempel an dieser Ladung."

Weitere Gründe für die Beschlagnahmung wurden angeführt, und wahrscheinlich waren sie so stark wie der Whisky, der zweifellos vor langer Zeit nach den reinsten Grundsätzen getrunken wurde. Im Laufe des Gesprächs mit dem Geschmackskomitee, das sich versammelt hatte, wurde mir offenbart, dass die Boote, die mit Whisky beladen sind, der für Sklaven verboten ist, streng überwacht werden und dass die Grundsätze, wenn sie aus dem Westen des Landes kommen, ebenso verwerflich sind. „Haben Sie, Sir, von dem Kerl bei Duncan Kenner gehört, der neulich gefasst wurde?" „Nein, Sir, was war es?" „Nun, Sir, er war ein Mann, der hierher kam und zu den Nigger bei Kenner ging, um ihnen ihre Hühner abzukaufen. Er wurde gefasst, und sie fanden heraus, dass er viel Geld bei sich hatte." „Natürlich hatte er Geld, um die Hühner zu kaufen." „Ja, Sir, aber es sah verdächtig aus. Er war ein Kerl aus dem Westen, und er könnte sich an ihnen vergriffen haben. Zum Glück wurde er am Nachmittag nicht festgenommen." „Warum?" „Weil die Bürger ihn auf der Stelle gehängt hätten, wenn sie betrunken gewesen wären."

Die Acadia lag nun längsseits, und am frühen Morgen verschwand Donaldsonville rasch zwischen Bäumen und Wolken. Zu Bett, die Mückenbesuche wiedergutmachen, und nach einem langen Schlaf wieder auf die Szenerie blicken. Es ist schwer zu glauben, dass wir elf Meilen pro Stunde gegen den trüben Fluss gefahren sind, der noch genauso aussieht wie unten – dieselben Ufer, Biegungen, Treibholz und Bäume. In großen Abständen begegneten wir großen Holzflößen, die von ein paar Männern gesteuert wurden, die im Schatten einiger aufrecht stehender Bretter standen. Silberreiher und Blaureiher erhoben sich aus den Sümpfen. Bei jedem Landungssteg trugen die Weißen, die herunterkamen, eine Art Uniform. An einem der Landungsstege wurden zwei Schwarze in Ketten an Bord gebracht – gefangene Ausreißer – und sie sahen sehr unglücklich aus bei dem Gedanken, in den Schoß der patriarchalischen Familie zurückgebracht zu werden, der sie zweifellos so verschwenderisch entflohen waren. Ich fürchte, das gemästete Kalbsleder würde auf ihre Rücken geklebt werden.

11. Juni. – Vor Mittag legte der Dampfer in Baton Rouge an einem stationären Schiffsrumpf an, der einst mit Hilfe von Maschinen „über das Wasser segelte", jetzt aber als schwimmendes Hotel, Depot und Lagerhaus genutzt wurde – 315 Fuß lang und volle 30 Fuß auf dem Oberdeck über dem Flussniveau. Die Acadia hielt an und ich ging von Bord. Hier war mein Quartier, bis das Boot nach Natchez ankam. Der Besitzer des schwimmenden Hotels war etwas aufgeregt, weil einer seiner Diener weg war. Der Mann kam bald in Sicht. „Wo waren Sie, Sie ——?" „Weg, um Zeitungen zu kaufen, Massa." „Für wen, Sie ——?" „Ich kaufe sie für niemanden, Massa; ich verkaufe sie wieder, Massa." „Sehen Sie, Sie ——, wenn Sie jemals an Bord dieser Dampfer gehen, um sich mit Zeitungen zu beschäftigen, werde ich ——, aber ich werde Sie umbringen, denken Sie daran!"

Baton Rouge ist die Hauptstadt des Staates Louisiana und das dortige State House ist ein sehr kurioses und sehr neues Beispiel für schlechten Geschmack. Die Taubstummen-Anstalt in der Nähe ist in einem viel besseren Stil gehalten. Eigentlich wollte ich das Staatsgefängnis und Zuchthaus besuchen, aber der Tag war zu heiß und die Entfernung zu groß, und so speiste ich in einem sehr merkwürdigen kleinen kreolischen Restaurant mit der witzigsten alten Wirtin und der seltsamsten Gesellschaft der Welt.

Als ich zum Hotelboot zurückkehrte, waren Mr. Conrad, einer der Bürger des Ortes, und Mr. W. Avery, ein Richter des Bezirksgerichts, so freundlich, mich zu besuchen und einzuladen, noch eine Weile zu bleiben, aber ich musste ablehnen. Diese Herren waren Mitglieder der Heimatwehr und übten jeden Abend fleißig. Von den 1300 Wählern in Baton Rouge sind bereits mehr als 750 in den Krieg gezogen, und eine weitere Kompanie wird gebildet, um ihnen zu folgen. Mr. Conrad hat drei Söhne im Feld, und ein anderer möchte unbedingt folgen, und er und sein Freund, Mr. Avery, sind durchaus bereit, für die Trennung zu sterben. Der Kellner, der in der Bar Getränke servierte, trug eine Uniform, und sein Gewehr lag in der Ecke zwischen den Brandyflaschen. Abends fand im Bug ein patriotisches Treffen der Bürgersoldaten statt, bei dem Gesang und Whisky eine wichtige Rolle spielten, so dass man kaum schlafen konnte.

Pünktlich um sieben Uhr am Mittwochmorgen kam die Mary T. längsseits und brachte mich bald darauf weiter nach Natchez, durch eine Landschaft, die immer wilder und unkultivierter wurde, je weiter sie bergauf fuhr. Von den 1500 Dampfschiffen auf dem Fluss ist derzeit kein Zehntel im Einsatz, und den Besitzern dieser lukrativen Flottillen geht es „schlecht". Es war spät in der Nacht, als das Dampfschiff in Natchez ankam, und am nächsten Morgen früh suchte ich Schutz in einem anderen maschinenlosen Dampfschiff am Flussufer in Natchez-under-the-hill, das von seinen Besitzern für ein Hotel gehalten wurde.

Am Morgen fragte ich nach Frühstück. „Es gibt nichts zum Frühstück; gehen Sie zu Curry's an Land." Gehen Sie den Hügel hinauf zu Curry's – einer Bar, in der ein Kellner und Fliegen sitzen. „Kann ich frühstücken?" „Nein, Sir, es ist schon über eine halbe Stunde her." „Gar nichts zu essen?" „Nein, Sir." „Kann ich woanders welches bekommen?" „Ich schätze nicht." Ich war der

Überzeugung gewesen, dass ein Mann mit Geld in der Tasche in keinem Land, das als zivilisiert *gilt, verhungern könnte* . Ich kaute über ausgefallene *faute de mieux* und wurde zum Mittelpunkt der Anziehungskraft der Bürger, aus deren Gesprächen ich erfuhr, dass dies „Jeff. Davis' Fastentag" war. Einer bemerkte: „Das erinnert mich ganz an Sonntag; alle Geschäfte haben geschlossen." Ein anderer sagte: „Dann haben wir bald jeden Tag Sonntag, denn ich vermute, es wird sich für die meisten Geschäfte nicht mehr lohnen, länger geöffnet zu bleiben." Natchez, ein Ort mit regem Handel und Baumwollexport in der Saison, ist jetzt so langweilig – sagen wir, wie Harwich ohne Regatta. Aber es ist ultrasezessionistisch, *nil obstante* .

Mein Hunger wurde von Mr. Marshall gestillt, der mich durch eine Gegend wie die bewaldeten Teile von Sussex zu seinem gemütlichen Herrenhaus fuhr, voller schöner Bäume und den einzigen Rasenflächen und parkähnlichen Feldern, die ich bisher in Amerika gesehen habe.

Nach dem Abendessen nahm mich mein Gastgeber mit zu einem reichen Plantagenbesitzer, der auf eigene Kosten ein Kavalleriekorps aufgestellt und bewaffnet hat. Wir mussten in einer schmalen Gasse aussteigen und im Dunkeln zu Fuß zum Lager gehen; ein Wachposten hielt uns an, und wir bemerkten, dass im Lager eine Art militärischer Vorgehensweise herrschte. Der Hauptmann ging auf der Veranda der ärmlichen Hütte auf und ab, für die er sein Zuhause verlassen hatte. Auf dem Tisch seines kleinen Zimmers lag ein Taktikbuch – Hardees –. Unser Freund war voller Kampfgeist und sagte, er würde alles, was er auf der Welt besaß, für die Sache geben. Aber am Tag zuvor war eine Kavalleriegruppe, bestehend aus sechzig Herren aus der Gegend, im Wert von 20.000 bis 50.000 Pfund, in den Krieg nach Virginia aufgebrochen. Alles, was man sehen oder hören konnte, zeugte von dem großen Eifer und der Entschlossenheit, mit der der Süden in den Streit eingetreten ist. Aber sie schätzen die Macht der Vereinigten Staaten und die Loyalität des Nordens gegenüber der Union viel zu gering.

Den nächsten Tag verbrachten wir mit einer herrlichen Fahrt durch Baumwollfelder, Mais und hügelige Wälder, in deren Mitte sich einige reizende Wohnhäuser befanden. Ich überquerte den Fluss bei Natchez und sah eine schöne Plantage, auf der der Mais jedoch bei weitem nicht so gut war wie die Ernten, die ich an der Küste gesehen habe. Die Baumwolle sieht gut aus, und einige Pflanzen sind bereits in Blüte gestanden – Blüte, wie man es nennt –, die sich in ein auffälliges Rosa verwandelt hat und sich frech bewusst zu sein scheint, dass ihre Samenkapsel eine wichtige Rolle in der Welt spielen wird.

Die Bewohner der Gegenden an den Ufern des Mississippi und der umliegenden Binnenregionen sollten eigentlich ein fast nomadisches Volk sein, das von der Jagd und karger Landwirtschaft lebt, in der Freiheit, die ihre

Vorfahren dazu verleitete, Europa zu verlassen. Doch die Alte Welt hat für sie gearbeitet. Sie haben alle ihre Prüfungen bestanden; die Früchte ihrer Erfahrung, ihrer Arbeit, ihrer Forschung, ihrer Entdeckungen sind ihre. Der Dampf hat es ihnen ermöglicht, ihre Flüsse in Straßen zu verwandeln und Urwälder dem Tageslicht und dem Menschen zugänglich zu machen. All dies hätte ihnen jedoch wenig genützt, wenn nicht die Nachfrage der Industrie im Ausland und der zunehmende Luxus und die wachsende Bevölkerung des Nordens und Westens im Inland es ihnen ermöglicht hätten, in diesen Sümpfen und Hochländern Quellen des Reichtums zu finden, die reicher und sicherer sind als alle Goldminen der Welt.

Es musste Gnome geben, die diese Minen bearbeiteten. Die Sklaverei war eine Einrichtung, die ihnen zur Verfügung stand. In ihrer Entwicklung lagen alle materiellen Mittel, um den Wohlstand zu sichern, den Manchester ihnen eröffnete, und um ihre eigenen Landsleute mit Zucker zu versorgen. Die kleinen, kämpfenden, hoch verschuldeten Eigentümer von Sümpfen und Wäldern ließen ihre Neger arbeiten, um Dämme zu errichten, Bäume zu fällen, zu pflanzen und zu säen. Baumwolle für zehn Cent pro Pfund lieferte in jeder Kugel ein Nugget. Land konnte man für ein paar Dollar pro Acre haben. Neger waren dementsprechend billig. Männer, die ein paar Tausend Dollar verdienten, investierten sie in mehr Neger und mehr Land und liehen sich für denselben Zweck noch einmal so viel. Sie wurden fett und reich – ihr Vermögen schien keine Grenzen zu kennen.

Doch aus dem Norden kamen drohende Stimmen – das Echo der Gefühle der zivilisierten Welt, die ihre Übel bereute, drang in ihre Ohren, und sie merkten, dass ihre Füße aus Lehm waren und dass sie inmitten ihrer Macht ihrem Untergang entgegennickten. Der unvermeidliche Untergang erwartete sie, wenn sie diese Geräusche nicht ausblendeten und die tödlichen Äußerungen einstellten.

Für sie ist dies eine Frage von Leben und Tod. Wer sie in Zukunft zur Sprache bringt, muss, wenn sie nicht jetzt entschieden wird, mit der tödlichen Feindseligkeit rechnen, die sich jetzt gegenüber dem Norden zeigt. Der Erfolg des Südens – wenn er Erfolg haben kann – muss zu Komplikationen und Ergebnissen in anderen Teilen der Welt führen, auf die weder sie noch Europa vorbereitet sind. Über eines kann kein Zweifel bestehen – ein Sklavenstaat kann ohne Sklavenhandel nicht lange existieren. Die armen Weißen, die den Kampf gewonnen haben, werden ihren Anteil an der Beute verlangen. Das Land zum Bestellen ist im Überfluss vorhanden, und alles, was ihnen fehlt, um ein Vermögen zu machen, ist ein Vorrat an Sklaven. Das werden sie trotz ihrer Herren haben, es sei denn, eine stärkere Macht als die Sklavenstaaten verhindert die Erfüllung ihrer Wünsche.

Der Herr, in dessen Haus ich übernachtete, war sich der Gefahren der Zukunft bewusst und würde, wie viele andere, es nicht bereuen, sich und sein Eigentum in England in Sicherheit zu finden. Sein Vater war noch am Tag unserer Ankunft mit seinen Töchtern nach Kanada gereist, aber die konföderierten Behörden sind nun entschlossen, allen Personen, die sich ihrer patriotischen Verantwortung entziehen wollen, alles Eigentum zu konfiszieren. In solchen Angelegenheiten ist der Druck der Mehrheit unwiderstehlich, und eine Art Lynchjustiz verdrängt jede Nachlässigkeit seitens der Behörden. Im Süden, wo die Taten des Landes der Zypressen und Myrten leidenschaftlich übertrieben werden, wird diese Macht sehr rigoros ausgeübt. Die Sprache des Volkes selbst ist voll von Exzessen, die allgemein als Formen des Amerikanismus gelten. Als ich heute Morgen eine Zeitung durchblätterte, stieß ich auf eine sogenannte „Karte", die von einem gewissen „Mr. Bonner", das sich auf einen Streit zwischen ihm und einem stellvertretenden Generalquartiermeister über den Transport von Holz in Mobile bezieht und mit dem Satz endet, den ich als Beweis für den Stil, der im Süden toleriert, wenn nicht sogar bewundert wird, transkribiere: –

„Wenn es solch einen Schurken mit dem Herzen eines Shylocks und eines Schurken gibt, dann legen Sie mir Beweise vor, und ich werde ihn vor das Gericht der öffentlichen Meinung zerren und ihn einer so tiefen und verdammenswerten Schande überlassen, dass die Hand der Auferstehung ihn niemals erreichen wird."

ENDE VON BAND I.

FUßNOTEN:

[1] Seitdem wurde es vermutlich von Herrn Seward ausgeliehen und von ihm an Herrn Stanton übergeben. Lafayette gab es Washington, er gab auch dem Fort seinen Namen, das im Freiheitskrieg eine so herausragende Rolle gespielt hat - „ La liberté des deux mondes " - könnte wohl seufzen, wenn er sein Werk und das, wohin es geführt hat, sehen könnte.

[2] Seitdem in einem Duell von Herrn Rhelt getötet.

[3] Jetzt General der Konföderierten.

[4] Seitdem im Kampf gefallen.

[5] Seitdem getötet.